本书成果获得广东省省级科技计划项目“广东战略性新兴产业核心竞争力的培育及其制度创新研究”（2015A070704006）和广州市哲学社会科学规划项目“广州加快培育战略性新兴产业为主导产业研究”（2021GZYB04）资助，同时感谢田锦屏、方洪、肖霞、李同芳等同学在本书撰写过程中提供的帮助。

Research on Evaluation and Cultivation of Core Competitiveness of Strategic

EMERGING

Industries in Guangdong Province

广东省战略性新兴产业核心竞争力评价及培育研究

曹建云 / 著

中国财经出版传媒集团
经济科学出版社
Economic Science Press

图书在版编目（CIP）数据

广东省战略性新兴产业核心竞争力评价及培育研究 / 曹建云著. —北京：经济科学出版社，2021. 7
ISBN 978 - 7 - 5218 - 2714 - 9

Ⅰ. ①广… Ⅱ. ①曹… Ⅲ. ①新兴产业 - 产业发展 - 竞争力 - 研究 - 广东 Ⅳ. ①F269. 276. 5

中国版本图书馆 CIP 数据核字（2021）第 145754 号

责任编辑：杨 洋 卢玥丞
责任校对：杨 海
责任印制：王世伟

广东省战略性新兴产业核心竞争力评价及培育研究
曹建云 著
经济科学出版社出版、发行 新华书店经销
社址：北京市海淀区阜成路甲 28 号 邮编：100142
总编部电话：010 - 88191217 发行部电话：010 - 88191522
网址：www. esp. com. cn
电子邮件：esp@ esp. com. cn
天猫网店：经济科学出版社旗舰店
网址：http：//jjkxcbs. tmall. com
北京季蜂印刷有限公司印装
710 × 1000 16 开 22. 75 印张 420000 字
2021 年 8 月第 1 版 2021 年 8 月第 1 次印刷
ISBN 978 - 7 - 5218 - 2714 - 9 定价：85. 00 元
（图书出现印装问题，本社负责调换。电话：010 - 88191510）

前　言

战略性新兴产业是引领国家未来发展的重要力量，是主要经济体国际竞争的焦点。2020年全国两会期间，习近平总书记在看望经济界委员时强调，“要大力推进科技创新及其他各方面创新，加快推进数字经济、智能制造、生命健康、新材料等战略性新兴产业，形成更多新的增长点、增长极”①。广东作为我国改革开放的排头兵、先行地、实验区，不仅有走在全国前列的良好基础，也正在迎来走在全国前列的新机遇。习近平总书记在参加十三届全国人大一次会议广东代表团审议时发表的重要讲话中，对广东省经济社会发展提出了“四个走在全国前列”的新的更高要求，其中之一是在建设现代化经济体系上要走在全国前列。习近平总书记的重要讲话体现了对广东省发展全局的系统思考和殷切期望。广东省应以更大的努力开创工作的新局面，大力培育战略性新兴产业，构筑产业体系新支柱，推动广东省建设现代化经济体系走在全国前列，为我国建设社会主义现代化强国提供重要支撑。

广东省经济体系的突出短板是产业体系，经济发展质量和科技创新能力仍显不足，新旧动能转换在加快但接续不力的矛盾较为突出，特别是新兴产业整体创新水平不高，发展层次有待提升。如何把握全球科技革命和产业变革重大机遇，着力集聚创新资源和要素，提升战略性新兴产业的核心竞争力，加快形成以创新为主要引领的经济体系和发展模式，推进高质量发展，是广东省目前亟须解决的问题。

本书从创新驱动和高质量发展维度研究战略性新兴产业的发展，构建战略性新兴产业核心竞争力评价体系，结合广东省产业发

① 江虹霖：《在加快发展战略性新兴产业中实现逆境突围》，中国网，2020年6月16日。

展和政策实际情况，试图从三个方面研究提升战略性新兴产业核心竞争力的理论与实践问题：

一是战略性新兴产业核心竞争力的内涵是什么，评价体系如何构建，广东省战略性新兴产业核心竞争力水平如何。结合《国务院关于加快培育和发展战略性新兴产业的决定》中对自主创新能力的表述及已有文献，本书将产业核心竞争力界定为产业的创新能力和创新效率。在一般竞争力评价体系的基础上，结合核心竞争力的内涵和特征，构建了由创新规模竞争力、创新结构竞争力、创新环境竞争力和创新成长竞争力 4 个二级指标 38 个三级指标构成的战略性新兴产业创新能力评价体系，结果表明，广东省战略性新兴产业创新能力综合得分为 0.665，低于北京、江苏、浙江和上海，排名全国第 5，得益于广东雄厚的工业基础及科研投入，广东省战略性新兴产业创新规模竞争力和创新环境竞争力分别排名全国第 2 和第 3，但广东省创新结构竞争力和创新成长竞争力比较薄弱。使用规模报酬可变下的超效率 DEA 视窗分析模型，测算广东省战略性新兴产业的创新效率，结果表明：（1）2010～2016 年，战略性新兴产业的创新效率平均值达到 0.968，接近于 DEA 有效，同期非战略性新兴产业的创新效率仅为 0.511。（2）2010～2016 年，9 个战略性新兴产业细分行业创新效率差异明显，而且差异呈现扩大趋势，太阳能光伏产业、海洋产业、航空航天产业和高端电子信息产业的创新全过程效率达到 DEA 有效。（3）从创新过程来看，经济产出阶段的创新效率值与全过程创新效率值高度正相关，相关系数为 0.867，说明创新全过程效率大小主要取决于经济产出阶段的效率水平。

二是影响战略性新兴产业核心竞争力的主要因素有哪些，这些因素对广东省战略性新兴产业核心竞争力的影响如何。本书认为，判定战略性新兴产业核心竞争力影响因素应遵循以下两个基准：（1）环境因素和产业内在因素。产业的内部要素从根本上决定着产业竞争能力的强弱，但不可忽视产业的外部要素，产业外部要素为产业自身的发展提供了良好的发展环境和发展机遇，对产业的发展起着至关重要的作用。（2）突出产业内企业因素的关键性作用。企业及其产品是产业竞争的载体，产业核心竞争力是企业竞争力的综合体现。因此，要从宏观、中观和微观三个层面构建战略性新兴产业核心竞争力影响因素的分析框架。为全面反映各因素对创新能力和创新效率的静态和动态影响，采用灰色关联度方法和多元回归模型分析，结果发现，2010～2016年，与科技研发阶段和经济产出阶段创新能力关联度最高的是政府研发资助，产业市场化程度、产业规模和企业研发投入对科技研发阶段和经济产出阶段的创新能力均产生显著影响。企业研发投入与科技研发阶段创新效率的关联度最低，产业市场化程度、产业集中度和企业研发投入在现阶段显著抑制了战略性新兴产业科技研发阶段的创新效率，政府研发资助和产业规模对科技研发阶段的创新效率产生显著的正向影响。对外开放程度和政府研发资助对经济产出阶段的创新效率产生显著影响，二者的影响都是负向的。

三是广东省已有政策在促进战略性新兴产业发展方面绩效如何，应该实施怎样的促进政策和培育路径，促进产业迈向全球价值链中高端。(1) 围绕实施创新驱动发展战略，广东省将发展战略性新兴产业作为推进产业结构调整、加快经济发展方式转变、抢占经济科技发展制高点的重要举措，在人才队伍建设、金融支持、财政投入、税收优惠、政府采购等方面出台了一系列政策，促进了战略性新兴产业的发展。但是也存在人才流动和人才激励方面的政策相对不足、"产学研"联合研发专利产业化制度性障碍、增值税相关优惠政策不完善、政府采购监管法律制度不健全、战略性新兴产业资金扶持项目缺乏统筹规划、多部门协同不够充分、政策或制度执行力度不够、财政投入资金使用效率不高等问题。(2) 借鉴国外培育战略性新兴产业的经验和做法，广东省应该完善相关法律法规，强化规划指引；理顺产业政策与竞争政策的关系；加强选择性产业政策与功能性产业政策的协调运用；注重全产业链政策的均衡性；建立高效的创新组织体系，加强多部门沟通和协同，吸纳社会力量参与；强化政策工具的综合性和区域政策的协调性；健全创新政策绩效评价管理制度体系，强化政策绩效评价。(3) 遵循"科技研发—技术掌握—成果转化—产业推进"的思路，广东省应该重点通过关键技术供给机制、创新平台设计、科技人才工程、科技成果产业化及产业培育计划等，提升战略性新兴产业的核心竞争力。

本书是学术探究与应用分析相结合的成果，既有战略性新兴产业核心竞争力理论上的提炼，也有针对性强的培育战略性新兴产业核心竞争力的政策路径，是一本运用创新经济学分析产业发展的著作。本书包括9章内容，由广州国家创新型城市发展研究中心的曹建云撰写而成，感谢田锦屏、方洪、肖霞、李同芳等在本书撰写过程中提供的帮助。本书得到了广东省省级科技计划项目“广东战略性新兴产业核心竞争力的培育及其制度创新研究”（2015A070704006）和广州市哲学社会科学规划项目“广州加快培育战略性新兴产业为主导产业研究”（2021GZYB04）资助，特此感谢。

曹建云

2021年5月2日

目 录

第一章　引言

第一节　研究问题的提出

战略性新兴产业是引领国家未来发展的重要力量，是主要经济体国际竞争的焦点。2010 年，党中央高瞻远瞩，深刻把握全球科技和产业发展趋势，积极妥善应对国际金融危机，作出了加快培育发展战略性新兴产业的重要部署，接连出台了《国务院关于加快培育和发展战略性新兴产业的决定》《“十二五”国家战略性新兴产业发展规划》《“十三五”国家战略性新兴产业发展规划》等指导性文件和规划，为战略性新兴产业发展指明了具体方向，营造了良好的发展环境。十多年来，我国战略性新兴产业由小到大、从弱到优，涌现出一大批创新能力强、发展潜力大的优质企业和具备竞争力、配套环境好、带动作用大的战略性新兴产业。然而，我们应清楚地认识到，我国战略性新兴产业的增长潜力仍未完全释放，新动能的形成不足以完全接续传统产业，推动产业链迈向中高端仍有很长的路要走。近期美国对中兴、华为等国内科技公司的打压设障，充分暴露了我国在关键“卡脖子”领域技术研发和产业化的相对滞后，给我们敲响了警钟，加大科技创新力度、加快发展战略性新兴产业的紧迫性前所未有。凡事预则立，不预则废。全球经济版图的变化、主要大国的兴衰，科技革命往往是关键节点和分水岭，科技革命如逆水行舟，不进则退，谁能抢先抓住和充分利用机遇，谁就能取得更大的发展成就并在国际竞争中赢得战略优势。2020 年 5 月 23 日，习近平总书记在看望参加全国政协十三届三次会议的经济界委员时强调，“要大力推进科技创新及其他各方面创新，加快推进数字经济、智能制造、生命健康、新材料等战略性新兴产业，形成更多新的增长点、增长极”①。《中共中央关于制定国民经济和社会发展第十四个五年规划和二〇三五年远景目标的建议》也明确提出，加快壮大新一代信息技术、生物技术、新能源、新材料、高端装备、新能源汽车、绿色环保以及航空航天、海洋装备等产业，构建一批各具特色、优势互补、结构合理的战略性新兴产业增长引擎。

当今世界正经历百年未有之大变局，新一轮科技革命和产业变革深入发展，国际环境日趋复杂，不稳定性不确定性明显增加，发展环境的诸多变化将对战略性新兴产业的走势产生潜在的重大影响。一方面是国际发展环境变化带来的新挑战。当前世界经济增长持续放缓，世界经济政治格局加速演变，各类动荡源和风险点显著增多，为新兴产业发展带来诸多挑战，具体表现为全球产业合作格局重构、国际竞争态势趋于激烈、国际治理体系尚不完善（张振翼等，2020）。发达国家为了持续占领和控制国际分工的主动权，采取保护相关措施抑制发展中国家急速扩展的国际贸易业务，进而减弱发展中国家在全球价值链分工体系中的位置，这就不可避免会引致贸易流通障碍，发生贸易摩擦，随着摩擦频率的上升还会进一步导致摩擦范围的扩展和矛盾的升级，限制我国在全球产业链中位置的优化，长期以来我国战略性新兴产业发展所依托的全球化带来的技术扩散红利将显著弱化。另一方面是我国国内经济发展进入新阶段，战略性新兴产业在推动经济发展质量变革、效率变革、动力变革的过程中面临的创新阶段发生变化，新一轮科技革命和产业变革正处在重大突破的临界状态，前沿技术呈现集中突破态势，众多颠覆性技术创新快速扩散，促成战略性新兴产业向多个方向快速发展，并对传统产业产生全面冲击。我国战略性新兴产业长期采用引进、消化、吸收、再创新的发展路径，随着国内技术水平稳步提高、技术代差快速缩小，战略性新兴产业必须向基础型创新、引领性创新转型，重视前瞻性基础研究和应用基础研究，加快实施关键共性、前沿引领、现代工程和颠覆性等技术集群的创新突破。

面对日趋激烈的全球竞争，加快培育和壮大战略性新兴产业，必须要打造产业的核心竞争力，提升产业基础能力和产业链现代化水平。产业核心竞争力是产业发展到一定阶段产生的高层次竞争能力，在产业内外部各系统相互协调和耦合的系统整合能力上，产生的一种持续竞争优势，使产业保持长期动态发展的内在成长能力。产业核心竞争力的形成无疑要求注重统筹推进，补短板与锻长板并举，一方面要高度重视相关产业链条中的核心短板问题，以关键核心技术突破来保障国家经济安全，另一方面加快形成能够在国际产业链体系中拥有制衡能力的

① 《在加快发展战略性新兴产业中实现逆境突围》，载《人民政协报》2020 年 6 月 16 日。

重点“长板”，着力打造若干技术水平先进、产品性能优良和国际竞争力强的优势产业，培育一批“杀手锏”技术，在换道超车和抢占新一轮科技革命和产业变革制高点中形成独特优势。

探寻当前战略性新兴产业的“短板”和“长板”，当务之急是解决如何识别战略性新兴产业竞争力的问题。产业核心竞争力是一种竞争能力，但它不同于一般竞争力，它是产业所拥有的关键或者潜在关键因素组合所形成的特殊竞争能力，是产业竞争力中核心和关键的部分。只有结合战略性新兴产业的特点，构建战略性新兴产业的核心竞争力评价体系，客观评价战略性新兴产业的核心竞争力，才能弄清产业发展的瓶颈并找出制约战略性新兴产业发展的关键或者潜在关键要素，做到对症下药。

广东省是我国改革开放的前沿阵地，战略性新兴产业发展起步早，产业链条完整，市场化程度高，政策配套完善，是新动能的主要聚集地。习近平总书记在参加十三届全国人大一次会议广东代表团审议时发表的重要讲话中，对广东经济社会发展提出了“四个走在全国前列”的新的更高要求，其中之一是在建设现代化经济体系上走在全国前列。在我国经济下行压力加大的背景下，广东省如何依托和发挥自身优势，通过主动实施创新驱动发展战略，大力培育战略性新兴产业的核心竞争力，为我国发展战略性新兴产业探索可复制推广的经验做法，是值得思考的问题，也是本书研究的立足点和出发点。

综上，本书的核心研究问题为：如何识别战略性新兴产业的核心竞争力？广东省战略性新兴产业的“短板”和“长板”是什么？影响广东省战略性新兴产业核心竞争力的关键或者潜在关键要素是什么？广东省战略性新兴产业核心竞争力的培育路径是什么？本书研究的学术意义和政策参考价值如下：

第一，已有产业核心竞争力的研究基本限于对其内涵进行界定，至于战略性新兴产业核心竞争力由哪些关键因素组成？如何识别？这些问题还亟待理论探索。本书在参考产业竞争力评价标准及核心竞争力理论的基础上，结合战略性新兴产业的特性，构建出战略性新兴产业核心竞争力的综合评价体系，丰富了产业竞争力评价理论的内涵。

第二，战略性新兴产业是经济持续增长的战略突破口，如何在新的技术平台上发展战略性新兴产业，以核心技术和专业服务融入和掌控全球价值链的高端环节，实现价值链攀升和产业升级，是广东省发展迫切需要解决的重要课题。本书以产业核心竞争力为基础，剖析广东省战略性新兴产业的“短板”和“长板”，提出战略性新兴产业核心竞争力的培育路径，为广东省推动高质量发展、促进产业迈向全球价值链中高端的政策制定提供参考，有利于建设具有全球影响力的科技和产业创新高地。

第三，广东省作为我国改革开放的排头兵、先行地、实验区，研究广东省战略性新兴产业核心竞争力的培育问题，为我国发展战略性新兴产业探索可复制推广的经验做法，有助于构筑我国产业体系新支柱，为我国建设社会主义现代化强国提供重要支撑。

第二节　研究内容与框架

本书主要围绕如何培育战略性新兴产业的核心竞争力这个主题展开，回答广东省战略性新兴产业的核心竞争力是怎样的、为什么会这样、如何培育三个问题。主要研究内容如下：

第一，战略性新兴产业核心竞争力内涵及评价体系确定。结合产业发展趋势和世界技术发展潮流，回答“战略性新兴产业的核心竞争力是什么”，并构建战略性新兴产业核心竞争力的综合评价体系。

第二，广东省战略性新兴产业发展现状及其竞争力分析。对广东省战略性新兴产业规模、自主创新能力、重点产业发展状况及产业的空间布局进行分析，并以产业竞争力评价体系为基础评价广东战略性新兴产业的竞争力。

第三，广东省战略性新兴产业的核心竞争力评价。在战略性新兴产业核心竞争力综合评价体系的基础上，结合创新过程，从创新能力和创新效率两个方面对广东省战略性新兴产业的核心竞争力进行评价，回答“广东省战略性新兴产业的核心竞争力是怎样的”，剖析广东省战略性新兴产业的优势和劣势，为促进广东省产业升级和高质量发展提供政策方向。

第四，广东省战略性新兴产业核心竞争力的影响因素分析。从宏观、中观和微观三个层面构建战略性新兴产业核心竞争力影响因素的分析框架，对影响战略性新兴产业创新能力和创新效率的因素进行识别，揭示制约战略性新兴产业核心竞争力提升的瓶颈因素，为寻找提升战略性新兴产业核心竞争力的突破口提供数据支撑。

第五，广东省战略性新兴产业核心竞争力的培育路径分析。结合战略性新兴产业核心竞争力的影响因素，梳理广东人才队伍建设、金融支持、财政投入、税收优惠、政府采购等政策在促进战略性新兴产业发展方面的绩效及不足，借鉴国外培育战略性新兴产业的经验和做法，遵循“科技研发—技术掌握—成果转化—产业推进”的思路，从关键技术供给机制、创新平台设计、科技人才工程、科技成果产业化及产业培育计划等方面提出战略性新兴产业核心竞争力的培育途径（见图1－1）。

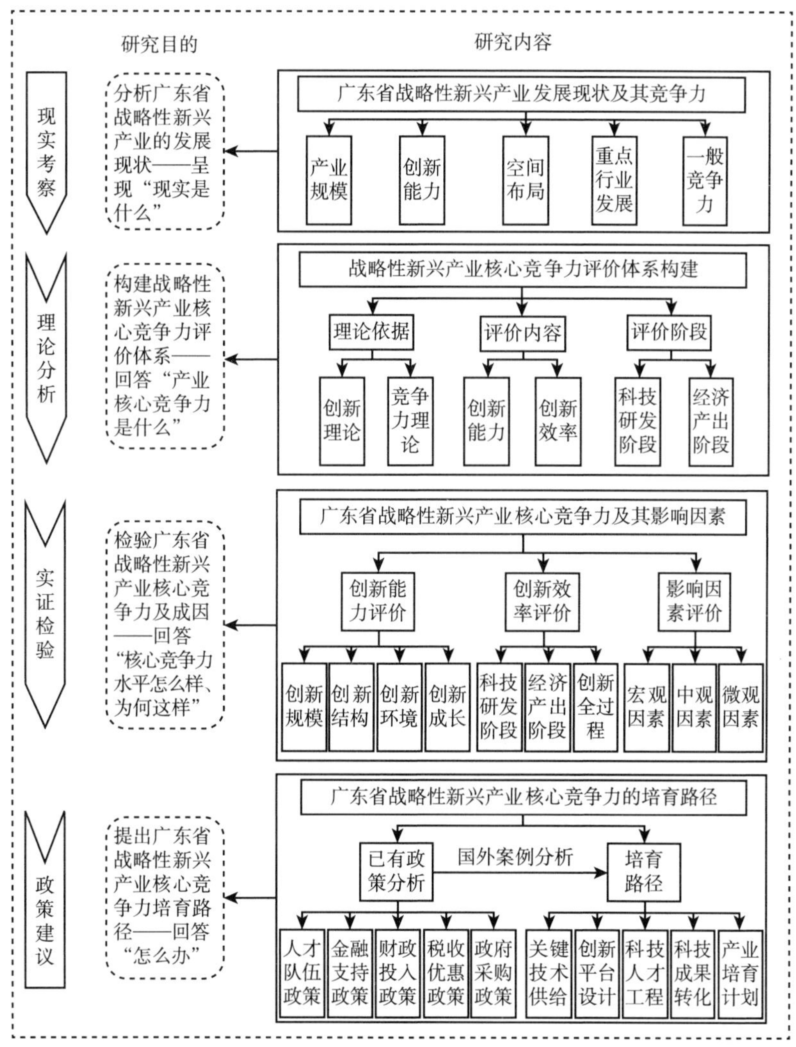

图1－1　研究内容的总体框架

第三节　研究方法与数据来源

本书采用理论、案例和实证分析相结合，定性与定量分析相结合的方法，用到的计量分析软件主要有 SPSS、STATA、DEAP、MATLAB 等。具体方法如下：

第一，用主成分方法评价战略性新兴产业创新能力，并进行 K-means 聚类分析。

第二，由于传统 DEA 模型只适用于分析横截面数据，但各个决策单元每年的前沿面并不相同，且大多数投资具有时滞性的特点，单独使用传统模型得出的同一决策单元在不同年度的效率值不具备可比性，DEA 视窗分析法能有效解决这个问题，本书采用规模报酬可变下的超效率 DEA 视窗分析模型测算战略性新兴产业的创新效率。

第三，利用灰色关联度分析法分析战略性新兴产业创新能力和创新效率的关联程度，及各影响因素与战略性新兴产业核心竞争力的关联程度。

第四，利用面板数据模型检验各因素对战略性新兴产业核心竞争力的影响。

第五，对世界先进国家和地区的产业促进政策进行案例分析，总结国外在培育战略性新兴产业中好的经验和做法，为广东省制定培育战略性新兴产业核心竞争力的政策提供参考。

本书的数据来源主要是《中国统计年鉴》《中国工业统计年鉴》《中国经济普查年鉴》《广东经济普查年鉴》《广东工业统计年鉴》《广东统计年鉴》《广东科技统计年鉴》等。

第四节　创新之处

本书主要有以下四个方面的创新：

第一，本书在参考产业竞争力评价标准及核心竞争力理论的基础上，结合战略性新兴产业的特性，构建战略性新兴产业核心竞争力评价体系，丰富竞争力评价理论的内涵，具有理论上的创新性。同时从产业核心竞争力角度衡量产业在国际和国内市场上的竞争状况，为产业分析提供一个新的研究视角，为培育和提升产业的竞争力提供了一个新的思路。

第二，相比已有文献，本书对战略性新兴产业创新效率的评价，无论是评价内容还是评价方法都更为科学。已有对战略性新兴产业创新效率的研究将决策单元作为“黑箱”处理，仅仅测算整个创新过程的效率，无法深入了解创新过程的内部运作，为了更加系统地分析创新过程，本书将创新生产活动分为科技研发和经济产出两个阶段，测算两个阶段的创新效率及整个创新过程的效率，探索创新过程的效率差异及其与创新效率的关联。同时已有对于战略性新兴产业创新效率的研究多数是基于产业整体，本书既将战略性新兴产业作为整体，与非战略性新兴产业的创新效率进行对比，又测算9个细分行业的创新效率，研究产业内部创新效率的特征。在研究方法上，单独使用传统模型得出的同一决策单元在不同年度的效率值不具备可比性，本书采用DEA视窗分析法进行测量。

第三，已有关于战略性新兴产业研究的专著，基本都是全国层面的，没有关于省级层面的研究，对于走在全国前列的广东省而言，其产业的发展和转型不仅仅关系到广东省的长远发展，而是关乎中国产业在全球价值链中定位的问题，要跳出中国面临的价值链“低端锁定”的困境，必须深入把握广东省产业的本质特征及问题，这是现有关于中国战略性新兴产业的研究无法做到的。

第四，在定量测度战略性新兴产业核心竞争力及其影响因素、梳理广东省培育战略性新兴产业政策的绩效及不足的基础上，借鉴国外经验，提出战略性新兴产业核心竞争力的培育路径，突出强调培育路径的可操作性和政策建议的可实践性，研究结论更有针对性和指导意义。

第二章　战略性新兴产业发展理论

2009 年 11 月 3 日温家宝同志在《让科技引领中国可持续发展》的重要讲话中，明确新能源、节能环保、电动汽车、新材料、生物科技、信息产业、空间海洋及地球深部开发利用等七大战略性技术领域，这是我国中央政府首次明确提出战略性新兴产业概念。2010 年 10 月出台《国务院关于加快培育和发展战略性新兴产业的决定》，对战略性新兴产业的发展意义、指导思想、发展目标、领域范围及政策措施等作出了规定，为各地区各部门制定相应的促进政策明确了方向。2011 年 5 月 30 日，胡锦涛同志在中共中央政治局就培育发展战略性新兴产业研究进行的第二十九次集体学习上强调，加快培育发展战略性新兴产业是我国经济社会发展的重大战略任务，要重点抓好“着力实现重点领域突破、着力增强自主创新能力、着力培育市场需求、着力深化国际合作、着力强化政策扶持”五方面的工作，进一步指明了我国战略性新兴产业的总体发展方向和政策制定思路。

战略性新兴产业的提出，标志着中国的产业政策开始进入一个新的发展阶段。在后金融危机时代，发展战略性新兴产业是我国应对国际金融危机的有效途径，是新一轮科技革命的客观要求，也是产业结构调整、实现经济发展方式转变的必然选择。

第一节　战略性新兴产业的提出背景及意义

一、战略性新兴产业的提出背景

（一）新一轮世界科技革命为新兴产业发展带来机遇

纵览历史，全球每一次大的经济危机都会伴随着科技的新突破，进而推动产业革命，催生新兴产业，形成新的经济增长点。1857 年爆发的世界经济危机引发了电气革命，推动人类社会从蒸汽时代进入电气时代，内燃机和电动机逐步取代蒸汽机，催生出电力、电器、汽车、石油化工等一批新兴产业，也提升了机械、冶金等产业发展水平。1929 年爆发的世界经济危机引发了电子革命，推动人类社会从电气时代进入电子时代，电子产业迅猛发展，带动了一批高技术产业崛起，加速了传统产业的升级换代。新一轮科技革命正在孕育爆发，这是由人类继续向前发展的强烈愿望和知识技术进步的创新突破所必然驱动的，具体表现在能源、资源、信息、先进材料等关系现代化进程的战略领域里，一些重要科学问题和关键技术发生革命性突破的先兆已经显现（杨祖荣，2009）。

由新一轮科技带来的机遇同样是革命性的，一是有效缩小差距乃至实现后发赶超的机遇。那些抓住过科技革命机遇实现腾飞的国家，都实现了跨越式发展，率先进入了现代化行列。二是调整优化经济结构和产业结构的机遇。科技进步特别是科研成果的产业化具有示范、扩散、辐射、加速效应，可以改造提升传统产业的生产方式和管理方式，催生新产业的形成和壮大，推动实现经济结构的战略性调整和产业结构的优化升级。三是切实改变粗放型经济增长方式的机遇。高科技的发展能够使生产要素结构中物质资料的作用和比重不断降低，使全世界都逐步走出一条资源节约型和环境友好型的增长之路。四是显著提高社会生产力的机遇。科技的重大创新与突破通过物化为新的劳动工具与劳动对象，通过学习教育提升劳动者的技能和素质，再通过优化组合改进组织管理能力和水平，从而不断提高劳动生产率和社会生产力。五是大幅提高人们生活水平与质量的机遇。新一轮科技革命和产业革命将在数字化、网络化、智能化、多样化、环保化、人性化的程度上、深度上和细节上更体贴、更舒适、更便捷，从而带给人们更多更大更高的幸福感。

培育和发展战略性新兴产业一方面顺应了科技革命的发展趋势，另一方面为科技创新转化的经济成果疏通了道路，促进科技革命的进一步发展，为更高层次的技术突破铺平了道路。

（二）2008 年金融危机推动世界经济格局的变革

2008 年金融危机使世界经济遭受重创，为应对经济低迷、失业严重的严峻形势，世界各国纷纷出台一系列经济复苏计划，一些主要国家都不约而同地把争夺经济科技制高点作为战略重点，把发展高技术产业作为带动经济社会发展的战略突破口，并给予强有力的政策支持。如美国政府大力支持新兴产业发展，力图在新能源、基础科学、干细胞研究、节能环保、智慧地球和航天等领域取得突破。欧盟将发展低碳经济视为新的工业革命，将低碳产业列为新兴产业的重点，从碳排放指标和节能与环保标准制定、科研经费投入、碳排放机制建设到低碳项目推广等率先步步为营，统领成员国大力发展低碳产业。日本政府把节能和新能源开发、环保、生物工程、海洋开发等产业列为重点扶持对象，大幅提高新能源研发和利用的财政预算，提出“环境能源技术创新计划”“低碳社会行动计划”“新经济成长战略”和“为扩大利用太阳能发电的行动计划”，制定了《能源合理利用法》《石油替代能源促进法》等法规，促进新能源产业发展。韩国政府注重低碳与绿色发展，政府研究与开发资金大力支持生物制药、机器人技术、脱盐设备、发光二极管、新型半导体、绿色轿车等领域发展。巴西依托自然条件，因地制宜着力发展生物能源、风能和核能等新能源产业，鼓励发展灵活燃料汽车。通过对可替代资源发电项目的鼓励计划，制定了管理风电场发展的政策，巴西已拥有“安格拉 1 号”“安格拉 2 号”两座核电站，正在新建“安格拉 3 号”核电站。

金融危机同样给我国带来了国内和国际的双重压力。在国内，传统产业遭受重创，很多中小企业由于资金困难而倒闭，造成了就业和增长的巨大压力。在国际上，由于各国纷纷加大科技创新力度，努力寻找化解金融危机的突破口，这给我国带来了巨大的国际竞争压力。国内和国际的双重压力使得我国消除金融危机影响、实现经济稳定增长的难度加大。一方面，传统产业由于技术含量低，产业附加值低，对于经济增长的贡献不大；另一方面，传统产业在金融危机中遭受了重创，难以对经济复苏、实现增长有实质性的作用。在这种背景下，战略性新兴产业便成为应对经济危机、促进经济复苏最为有效的手段之一，以战略性新兴产业为视角探索新的经济增长点是中国应对金融危机的内在要求（黄庆华，2011）。

（三）资源环境约束的压力

中国人均淡水仅为世界的 1/4，人均耕地不及世界的 1/2，人均煤炭探明可采储量为世界人均的 62%，人均石油探明可采储量为世界人均的 7%。我国正处于经济社会发展的战略转型期和全面建设小康社会的关键时期，工业化城镇化加速发展，面临着日趋紧迫的人口、资源、环境压力，现有发展方式的局限性、经济结构状况以及资源环境矛盾也越来越突出（蔡昉等，2008）。2017 年，我国生产粗钢 8. 32 亿吨，水泥 23. 16 亿吨，分别约占世界总产量的 49% 和 60%，绝大部分由中国自己消费掉了；2017 年中国能源消费总量达 3132. 2 百万吨油当量，同比增长 2. 8%，占全球能源消费总量的 23. 2% 和全球能源消费增长的 33. 6%，连续17年稳居全球能源增长榜首①。而同期我国的国民生产总值（GDP）仅占世界GDP的15%左右，这种依靠大量消耗资源支撑发展的方式是难以为继的。我国目前以世界9%的耕地养活了19%的人口是了不起的成绩，但到2030年，我国人口接近15亿人，人均耕地面积要在目前约1.46亩的水平上减少10%以上②，保障粮食安全的压力不断增大。尽管我国近年来对节能环保高度重视，也取得了巨大成绩，但环境污染问题仍不可小觑。据《2017年全国集中式饮用水水源地水质报告》，2017年全国有147个水源地水质出现过超标，占水源地总数的7.1%。另外，我国二氧化硫排放量、二氧化碳排放量均居世界前列，大气污染、垃圾围城、工业点源污染、农业面源污染问题仍很严重。

战略性新兴产业能源和资源消耗低，对环境的破坏程度远远低于传统产业，同时由于其产品科技含量高，具有较高的附加值，对经济总量的贡献相对传统产业更高。加快培育发展战略性新兴产业，不仅能够有效缓解全球日趋严峻的能源、资源、粮食、环境、气候、健康等问题，也将决定一个国家在经济全球化过程中的作用和地位。在新一轮的国际竞争中，我国必须从技术上进行创新和突破，超越传统产业的框架，培育和发展战略性新兴产业。

（四）经济发展方式转变的要求

早在20世纪80年代初实施科教兴国战略时，我国就把自主创新战略作为国家的核心战略，把培育发展新兴产业放在优先位置，并先后实施了“火炬计划”“863计划”等一系列旨在发展高科技、实现产业化的科技计划，我国新兴产业得以迅速发展，高新技术开发区不断涌现，高新技术成果转化率不断提高。但是总体而言，过去的40多年，我国经济增长主要依靠要素投入和环境容量驱动，产业发展长期以来过度依赖廉价的生产资料和劳动力资源，劳动密集型产业过度发展，随着国际市场要素价格的提高，产业发展所依靠的“人口红利”逐渐消失，经济增长遭遇了物质资料和生态环境的“瓶颈”；而且产业发展没有形成规模效应，造成国民经济结构畸形发展。

发展方式粗放、经济结构不合理带来的副作用逐渐显现，由此积累的体制机制的深层次问题越来越多。1998年亚洲金融危机期间，我国把汽车、房地产业列为支柱性产业，带动了经济快速复苏。而这种过分依赖汽车和房地产业的发展模式在应对2008年爆发的金融危机中受到了严峻挑战。2008年，房地产和汽车销售急剧降低，同时外需对经济的贡献率大幅萎缩，使得2009年经济增速降为

①② 中商产业研究院：《2017年全国粗钢产量分析及2018年预测：2017全年粗钢产量8.32亿吨》，中商情报网，2018年1月27日。

10 多年来的最低水平。经济要持续增长，就必须改变粗放型发展模式，实现产业结构的优化与升级，寻找新的产业化发展的突破口，即依靠科技创新实现技术上的突破、实现产业结构的调整和升级。发展战略性新兴产业不但可以实现产业结构的升级，还能够改变目前产业结构不均衡的现状。

二、发展战略性新兴产业的意义

我国正处在全面建设小康社会的关键时期，按照科学发展观的要求，抓住机遇，明确方向，突出重点，加快培育和发展战略性新兴产业，是抢占新一轮国际竞争中经济和科技发展制高点的有力举措，具有重要的意义。

（一）促进全面建设小康社会进程，实现经济社会可持续发展

我国人口众多、人均资源少、生态环境脆弱，又处在工业化、城镇化快速发展时期，面临改善民生的艰巨任务和资源环境的巨大压力。要全面建设小康社会、实现可持续发展，必须大力发展战略性新兴产业，加快形成新的经济增长点，创造更多的就业岗位，更好地满足人民群众日益增长的物质文化需求，促进资源节约型和环境友好型社会建设。

（二）促进产业结构调整升级，推动供给侧改革

战略性新兴产业的崛起及对传统支柱产业的替代是国家和地区竞争力的重要保障，及时选择和培育适合本国国情的战略性新兴产业，发展新的经济增长点，促进新旧产业实现更新换代是我国经济发展的必然选择。以战略性新兴产业更替部分正在甚至已经失去国际竞争力的产业，加快供给侧改革进程，实现吸引大量投资进入高科技产业，优化产业结构。通过高科技产业化提高投资效率，提升经济发展的质量效益，引导企业实现技术升级，提升产品的技术含量，有效化解低端落后产能过剩、高端供给不足等问题。

（三）促进经济发展模式转变，推动经济健康运行

作为创新驱动的新兴产业发展模式，发展战略性新兴产业是实现经济社会跨越发展、率先实现现代化目标的根本途径。世界主要发达国家不谋而合地选择战略性新兴产业作为主攻方向，以期在全球价值链中谋求有利位置。从经济和社会发展来看，发展战略性新兴产业有利于建立现代产业体系、造就经济增长内生动力、实现新一轮经济繁荣。“十三五”以来，战略性新兴产业总体实现持续快速增长，经济增长新动能作用不断增强，2015 ~ 2019 年，全国战略性新兴产业规

模以上企业工业增加值年均增速达到10.4%，高于同期全国总体工业增加值4.3个百分点，全国战略性新兴产业规模以上服务业企业营业收入年均增速达15.1%，高于同期全国规模以上服务业企业总体约3.5个百分点①。

（四）增强国际产业竞争力，掌握发展主动权，推动自主创新

加快培育和发展战略性新兴产业具备诸多有利条件，也面临严峻挑战。一方面，经过改革开放40多年的快速发展，我国综合国力明显增强，科技水平不断提高，建立了较为完备的产业体系，特别是高技术产业快速发展，规模跻身世界前列，为战略性新兴产业加快发展奠定了较好的基础。另一方面，我国也面临着企业技术创新能力不强，掌握的关键核心技术少，新技术新产品进入市场相关政策法规体系不健全，支持创新创业的投融资和财税政策、体制机制不完善等突出问题。全球经济竞争格局正在发生深刻变革，科技发展正孕育着新的革命性突破，世界主要国家纷纷加快部署，推动节能环保、新能源、信息、生物等新兴产业快速发展。加快培育和发展战略性新兴产业，掌握新兴产业重大关键技术，意味着我国从“中国制造”走向“世界创造”，代表我国站在世界技术与产业变革的前沿，将依靠自主创新参与到国际产业竞争中。

第二节　战略性新兴产业的内涵、特征及构成

一、战略性新兴产业的内涵

关于战略性新兴产业的提法，国外主要有4种：一是用“emerging industries”概念，表示新兴的产业或正显现的产业，具体涉及电动车、WEB交通数据、数字电视技术、电信产业、制造领域、生物能源及生物技术等相关产业；二是用“new industries”概念，表示新的产业，具体涉及硬软件、信息产业、电影产业、移动网络、医学等产业领域；三是用“the new and emerging industries”概念，表示新产业和新兴产业，具体涉及绿色产业、园艺产业、生物技术、信息技术、农业、生物能源与生物产品、化学领域、高技术及其产品等；四是用“newly emerging industries”概念，表示新出现的产业，具体涉及生物技术、计算机软件、轨道空间、缝纫机、收割机、自行车以及武器、绿色建筑、老年健康等产

① 《战略性新兴产业形势判断及“十四五”发展建议（下篇）》，国家信息中心网站，2021年1月6日。

业。其中，“emerging industries”和“new industries”相对占据主流地位，频次相对较高，基本上作为同一概念使用。相比“new industries”，“emerging industries”使用更多，国外普遍使用“新兴（emerging）+某产业”这一衍生提法，如新兴汽车产业、新兴信息技术产业、新兴旅游产业、新兴动植物产业、新兴绿色产业、新兴生物芯片产业等（孙国民，2014）。总的来看，国外新兴产业的概念主要侧重于市场、业务、技术以及新的产业业态等方面，新兴产业并不一定必然涉及产业的战略性地位。

新兴产业源于20世纪70～80年代，兴起于21世纪，特别是在2008年国际金融危机后陡增。特拉杰滕伯格（Trajtenberg，1990）以比较优势理论为基础，提出各国应充分发展具有比较优势的产业，尤其要重点发展极具潜力，对国民经济具有重大战略意义且能带动整个产业结构升级和优化的产业，形成一个能够充分发挥本国优势的产业结构。关于新兴产业的界定，波特（Michael E. Porter）在《竞争战略》一书中认为，新兴产业是指通过一些因素新形成的或重新形成的产业，这类因素包括技术创新、相对成本关系变动、新的消费需求的出现或其他经济及社会方面的变化（苏屹等，2013）。罗（Low）和亚伯拉罕森（Abrahamson）认为，新兴产业是处于产业发展初级阶段的产业，这个阶段包括从萌芽期到成长期（谢言等，2013）。麦家恩等（McGahan et al.）提出新兴产业处于产业发展生命周期的暂时阶段（朱雅彦，2012）。阿加瓦尔（Agarwal）等认为，新兴产业为少数公司的先导活动所创立，这些公司通常面临更大的不确定和风险，而且由于资源的迅速获取也能从先动优势中获益（殷铁良，2012）。因此，新兴产业是尚未成熟的新创或新出现的成长产业。从组织生命周期和演化视角看，新兴产业发展并非一帆风顺，很多企业无法跨越成长阶段进入成熟的发展阶段，有些企业原地踏步或静止后消亡。与此相反，部分学者从业务、就业增长以及范式转变视角来判定新兴产业，认为新兴产业是销售和就业方面全新和快速增长的产业领域，新兴产业往往等同于“范式转变”，如20世纪初的汽车行业及20世纪80年代的个人电脑软件产业（佘时飞，2010）。佩雷斯（Perez，2009）对2008年次贷危机展开研究时提出，金融危机既是虚拟经济泡沫，又是产业泡沫的体现，经济不可能脱离实体经济在虚拟经济中发展，需要重新审视全球技术经济状况和产业结构，尤其是要对新兴产业进行科学合理的测度和评价，遴选有战略性意义的新兴产业作为未来经济发展的重点和动力。弗里曼和佩雷斯（Freeman & Perez，1998）以技术经济范式为基础，提出技术经济范式渗透到整个经济体系中，不仅导致产品、服务、系统和产业依据自己的权利产生新的范围，还对经济的其他领域产生直接或间接的影响，选择战略产业或主导产业考虑的首要因素是以主导技术群为基础的产业技术经济范式。随着科学技术的不断发展和演进，主导技术群的不断变化必然引起战略产业或主导产业的技术基础的变化，表现为主导产业的更迭。即主导产业不断演变的过程就是技术经济范式演变的过程，是打破原有的经济主导模式和建立新的范式的过程。

美国经济学家罗斯托（W. W. Roston）首先提出主导部门和主导产业概念。在日本、韩国等国家通过政府扶持重点产业带动整个国民经济增长取得巨大成效之后，人们对这种具有战略意义的产业发展越来越重视。美国经济学家赫希曼（A. O. Hirschman）最早提出战略性产业概念，他将“战略部门”定义为处在“投入—产出”关系中关联最密切的经济体系。在此之后，“战略性产业”一词才被各种学术著作、研究论文、媒体以及政府研究报告频繁采用。与国外情况不同的是，我国则冠以“战略性”新兴产业的这一提法。《国务院关于加快培育和发展战略性新兴产业的决定》将战略性新兴产业定义为以重大技术突破和重大发展需求为基础，对经济社会全局和长远发展具有重大引领带动作用，知识技术密集、物质资源消耗少、成长潜力大、综合效益好的产业。

作为一个我国“自主创新”的词汇，战略性新兴产业在国外新兴产业概念的基础上赋予了新的内涵（见表2－1）。战略性新兴产业的含义分为战略性和新兴性两部分，不仅包含了高新技术产业“知识技术密集”的内涵，还要求具有“重大技术突破”和“重大发展需求”的产业基础；比一般的新兴产业多了“重大引领带动作用”的“战略性”要求。国内学者对战略性新兴产业的概念进行了界定，尤其强调产业的“战略性”特征，“战略性”主要体现在两个方面：一是产业所基于的主导技术的未来性和突破性，这一特性决定了主导技术的投资具有长期性和不确定性，因而需要更加“耐心”的投资和更加多样化的高强度学习和探索；二是产业所面向的现实和潜在的市场需求规模巨大，这一特性决定了战略性新兴产业的发展绩效涉及一国发展的深层次经济利益（程贵孙等，2013）。

表2－1　　国内战略性新兴产业概念界定

	概念界定的要点
万钢（2010）	“战略性”是针对结构调整而言的，在国民经济中具有战略地位，对经济社会发展和国家安全具有重大和长远影响，这些产业是着眼未来的，它必须具有能够成为一个国家未来经济发展支柱产业的可能性
肖兴志（2010）	战略性新兴产业是前沿性主导产业，不仅具有创新特征，而且能通过关联效应将新技术扩散到整个产业系统，能引起整个产业技术基础的更新，并在此基础上建立起新的产业间技术经济联系，带动产业结构转换

续表

	概念界定的要点
华文（2010）	“战略性”是指这些产业对经济和社会发展及国家安全具有全局性影响和极强的拉动效应；“新”是相对当前的经济发展阶段，这些产业的产品服务或组织形式是以前没有的；而“兴”就是指刚刚崭露头角，未来可能会高速增长，规模扩大，对经济发展有主导作用
刘洪昌（2011）	战略性新兴产业是指在国民经济中具有重要战略地位，关系到国家或地区的经济命脉和产业安全，科技含量高、产业关联度高、市场空间大、节能减排优的潜在朝阳产业，是新兴科技和新兴产业的深度融合，既代表着科技创新的方向，也代表着产业发展的方向
贺俊、吕铁（2012）	“战略性”所体现的经济学性质主要体现在以下两个方面：一是产业所基于的主导技术的未来性和突破性；二是产业所面向的现实的和潜在的市场需求规模巨大
剧锦文（2012）	战略性新兴产业是一个国家或地区因新兴科技与产业的深度融合而催生出的一批产业；尽管尚未形成市场规模，但掌握了核心关键技术，是具有广阔市场前景和科技进步引导能力的产业；它关系到国民经济长远发展和产业结构转型升级，代表着未来经济和技术的发展方向，对经济社会发展和国家安全具有重大和长远影响，是政府产业政策重点扶持的产业

资料来源：程贵孙、芮明杰：《战略性新兴产业理论研究新进展》，载《商业经济与管理》2013 年第 8 期。

界定战略性新兴产业的主要依据包括产品稳定并有发展前景的市场需求、有良好的经济技术效益并能带动一批产业的兴起。战略性新兴产业有三种生成机制（见图 2－1）：从传统产业分化和升级而来、由“重大市场需求”拉动而来或由“重大科学发现与技术创新”驱动而来。在科技创新驱动和市场需求拉动的作用下，新兴产业不断发展壮大，在市场和政府的双重推动下，战略性新兴产业逐步发展成熟，成为国民经济支柱产业。

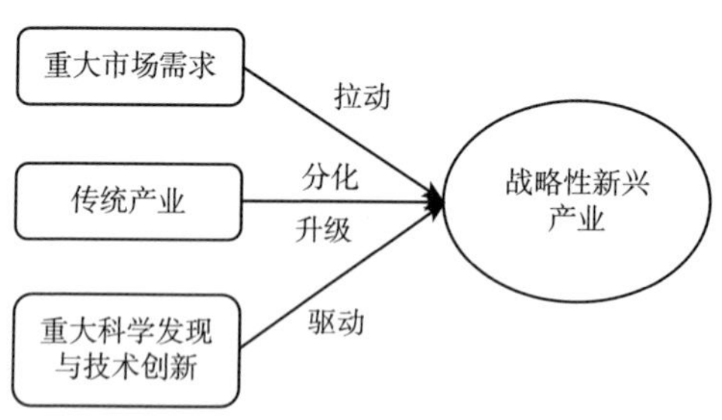

图 2－1　战略性新兴产业的生成机制

二、战略性新兴产业的基本特征

战略性新兴产业既具有新兴产业的一般特征，也具有不同于一般新兴产业的独特特征，包括战略导向性、高成长性、重大创新性和高风险性四个方面。

（一）战略导向性

温家宝在《让科技引领中国可持续发展》讲话中提出，战略决策、科技创新、领军人才和产业化这四个方面的储备决定着未来。当前我国已经把建设创新型国家作为战略目标，把可持续发展作为战略方向，把争夺经济科技制高点作为战略重点，战略性新兴产业将成为经济社会发展的主导力量。这些前瞻性、战略性和全局性安排，体现了自主创新、重点跨越、支撑发展、引领未来的科技发展战略方针。

战略性新兴产业与一般产业最为明显的区别就在于其“战略性”。所谓“战略性”是指产业对经济社会全局和长远发展具有重大引领带动作用，具有巨大的发展前景，关系到我国的国计民生。战略性新兴产业的战略导向特性体现在：（1）未来可预期的高度，具有巨大发展空间，有望成为社会经济支柱性产业；（2）自身增长幅度大，可快速发展与增长；（3）促进经济增长，对其他产业或行业也有较强的带动作用；（4）符合未来发展要求，具有绿色、低碳、低能耗等特征；（5）未来国家战略品牌，作为参与国际竞争的拳头产业存在；（6）影响人们的生产生活方式，改善生活质量。

（二）高成长性

战略性新兴产业是新兴产业，由于其产业技术是新的、工艺是新的、产品也是新的，潜在市场需求巨大，代表了未来产业发展的方向。新兴产业一般处于产业生命周期的萌芽期和成长期，技术上先进，具有较快增长率，有较大潜在需求，具有高成长性特点。换言之，由于存在巨大的潜在需求，战略性新兴产业将面临从幼稚产业到支柱产业的长期成长过程，发展空间巨大。

战略性新兴产业对国家、社会发展过程中的潜在需求的挖掘与满足是有前瞻性的，虽然认识到战略性新兴产业及其产品或服务的战略性和重要性有一个过程，但是随着进程的推进，市场巨大的潜在需求不断涌现，战略性新兴产业的优势将逐步凸显出来。战略性新兴产业将以其需求增长弹性大，市场扩张能力强等特点，实现产业规模快速甚至跳跃式增长，某些战略性新兴产业可能逐步演变成为具备相当规模的国民经济支柱性产业。

（三）重大创新性

新兴产业往往是随着新的科研成果和新兴技术的发明应用而出现的新的部门和行业。原有技术的创新和新技术的不断突破是新兴产业产生发展的基础；同时，新技术产业化发展迅速的部门，也能够迅速引入产业创新和企业创新。战略性新兴产业强调“重大技术突破”和“高度知识密集”，因此，战略性新兴产业创新程度要高于一般的新兴产业。

根据波特创新理论的解释，技术创新、相对成本变化、新消费需求出现或其他社会、经济的变化，都可能使某项新产品或新服务快速得到市场化。在世界经济体间联系日益紧密，逐步形成利益共同体的今天，国际竞争关系日益加剧，消费者需求不断更新变化，创新才符合科技进步和经济社会发展的需要。特别是战略性新兴产业作为产学研高度融合、知识技术密集、成长潜力大、综合效益好的产业，重大创新性是其不断发展的本质要求。

（四）高风险性

新兴产业是新形成或再形成的产业，它们来自技术的创新、相对成本关系的转变、新的消费者需求的产生，或者其他经济或社会的改变，因此会存在较大风险。表现为：（1）技术风险因素。主要来源于关键技术预料不足，相关实验基地和设备的缺乏以及技术与其他环节的不配套。根本性的技术变革及产品市场需求是非常难预测的，当前我国发展战略性新兴产业，没有可以遵循或模仿的技术路线，从一个技术的追随者转变为同行者，将会承受与发达国家一样甚至更多的技术难度和风险。（2）市场风险因素。考虑市场风险因素时应防止技术至上主义，在市场与技术的协同过程中，很容易产生一个错误的观点：技术越先进，其市场前景就越好。事实上，一项技术是否最终能在市场竞争中胜出，是受多个因素共同作用的，除了技术先进性以外，用户消费习惯、市场特点、规模大小、用户转换成本等因素同样起着关键作用。（3）生产风险因素。对产品创新来说，推出的新产品能否大规模生产，原材料来源是否有保障，都具有不确定性。战略性新兴产业满足的是潜在性需求，产品被开发创新后，其市场用途往往短时间内无法明确，大规模生产将可能会损害公司利益。产业或企业创新性产品将会威胁既有产品的市场地位，新的创新产品也可能会受到抵制，同时原材料的供应也影响着产品的持续创新。（4）财务风险因素。大部分创新都不同程度会遇到中途资金不足甚至资金链断裂的问题。虽然战略性新兴产业是高投入高产出的行业，但高昂的研发投入让战略性新兴产业内的绝大部分企业负重累累乃至望而却步，持续的资金投入甚至达到“烧钱”的地步。因此，财务风险是发展战略性新兴产业时不得不考虑的一个因素。(5）管理风险因素。主要源于大型企业组织内部的不协调。计算机互联网领域的惠普、戴尔、谷歌等企业在短短几十年就发展成为行业领先企业，是因为它们在发展时作为中小企业，比大型企业更善于捕捉变革机遇，同时中小型企业具备一定灵活性，船小好调头，在管理上更扁平快捷，管理风险更小。

三、我国战略性新兴产业的主要领域

《国务院关于加快培育和发展战略性新兴产业的决定》提出，根据战略性新兴产业的特征，立足我国国情和科技、产业基础，我国现阶段重点培育和发展节能环保、新一代信息技术、生物、高端装备制造、新能源、新材料、新能源汽车七大产业。各地基于本地区的产业基础和发展需要，也相继提出了本地区重点发展的战略性新兴产业领域，例如广东省提出将高端电子信息、半导体照明（LED）、电动汽车、生物制药、太阳能光伏、核电装备、风电等 11 个产业作为重点发展的战略性新兴产业。2018 年 11 月《战略性新兴产业分类（2018)》将战略性新兴产业由此前的 7 个增至 9 个，新增数字创意产业和相关服务业，即战略性新兴产业包括新一代信息技术产业、高端装备制造产业、新材料产业、生物产业、新能源汽车产业、新能源产业、节能环保产业、数字创意产业和相关服务业（见图 2 －2)。

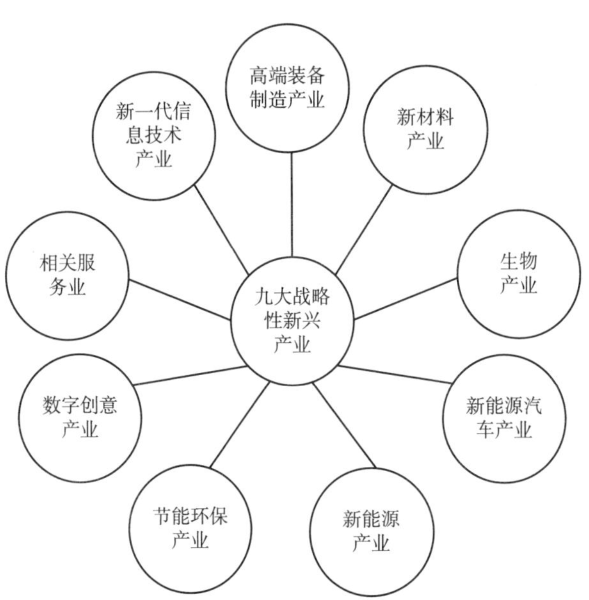

图 2 －2　我国重点发展的战略性新兴产业

新一代信息技术产业主要包括下一代信息网络产业，电子核心产业，新兴软件和新型信息技术服务，互联网与云计算、大数据服务，人工智能等范畴，并非单一产业，而是包含多个产业及核心技术在内的产业集群。高端制造产业是指制造业的高端领域，既包括传统制造业的高端部分，也包括新兴产业的高端部分，包括智能制造装备产业、航空装备产业、卫星及应用产业、轨道交通装备产业、海洋工程装备产业。新材料产业包括新材料及其相关产品、技术及服务，具体包括先进钢铁材料、先进有色金属材料、先进石化化工新材料、先进无机非金属材料、高性能纤维及制品和复合材料、前沿新材料、新材料相关服务等。生物产业指以生命科学理论和生物技术为基础，结合信息学、系统科学、工程控制等理论和技术手段，通过对生物体及其细胞、亚细胞和分子的组分、结构、功能与作用机理开展研究并制造产品，或改造动物、植物、微生物等并使其具有所期望的品质特性，为社会提供商品和服务的行业的统称，包括生物医药产业、生物医学工程产业、生物农业及相关产业、生物质能产业、其他生物业等。新能源汽车是指除汽油、柴油发动机之外所有其他能源汽车，包括新能源汽车整车制造，新能源汽车装置、配件制造，新能源汽车相关设施制造，新能源汽车相关服务，等等。新能源指刚开发利用或正在积极探索研究、有待推广的能源，如太阳能、地热能、核聚变能等能源，包括核电产业、风能产业、太阳能产业、生物质能及其他新能源产业、智能电网产业等。节能环保产业是以防治环境污染、改善生态环境、保护自然资源为目的而进行的技术产品开发、商业流通、资源利用、信息服务、工程承包等活动的总称，包括高效节能产业、先进环保产业、资源循环利用产业等。数字创意产业是依托数字技术，以创意为动力，进行文化价值的创造，促进生活服务与生产制造领域的数字化重构，推动数字经济发展的新型产业，包括数字创意技术设备制造、数字文化创意活动、设计服务、数字创意与融合服务等。

第三节　战略性新兴产业形成与发展的相关理论

一、战略性新兴产业的形成

产业是社会分工的产物，是社会生产力发展的结果，随着社会生产力水平和分工专业化程度的提高而不断变化和发展。战略性新兴产业形成、发展的过程是十分复杂的。关于其形成与发展的方式，有四种主流观点：完全新生的产业、从原有传统产业中分化得来、从已有产业中派生得来、由不同产业融合得来。推动战略性新兴产业形成和发展的因素主要有技术创新和市场需求两个方面，目前学者们的观点主要包括技术创新推动、市场需求拉动、技术创新推动和市场需求拉动共同作用三种类型。

（一）技术创新推动

20 世纪 50 年代以前，轧棉机（1974 年）、缝纫机（1846 年）、电话（1876 年）、电灯（1880 年）、汽车（1895 年）、静电复印术（1942 年）、电子计算机（1946 年）、晶体管（1950 年）等技术的广泛应用形成了一批新兴的、支持现代经济的产业群，改变了世界面貌。根据国际情报界和产业界预测，20 世纪的尖端科技，如生物工程、生物医学、光电子信息、软件技术、智能机械、超导技术、太阳能技术、太空技术、海洋技术、环保技术，将促使生物工程产业、生物医学产业、光电子信息产业、软件产业、智能机械产业、超导产业、太阳能产业、太空产业、海洋产业、环保产业等一系列新兴产业的形成（杨明，2003）。早期的研究者强调科学研究和技术发明对技术创新的推动作用，把技术创新视为一个线性的环节流程，他们认为，研究开发是创新的源泉，新兴产业形成的根本动力是新技术的产生和推广应用。

刘友金等（2001）揭示了技术创新和产业发展之间的内在关系，认为经过一段不断以"尝试—纠错—尝试"为特点的技术发展和变动时期，会出现一个将技术资源与市场需求联结起来的代表优秀产品的主导设计，如安德伍德 V 形打字机、福特 T 型车、IBM360 型计算机。主导设计为产品的发展提供了一个"标准"，降低了市场的不确定性。在主导设计出现后，产品基本稳定，大规模生产成为可能，专用生产设备逐步取代通用生产设备，创新重点从产品创新转移到了工艺创新。由于主导设计的出现使产品设计、生产程序与生产工艺日渐标准化，在市场需求稳定的情况下，大规模生产使制造效率大大提高，企业由此享受到大规模生产的好处。企业进一步创新的重点是以降低成本和提高质量为目标的渐进性工艺创新，这就为战略新兴产业的形成提供了强大的推动力（见图 2－3）。

在产业形成发展的技术创新推动模型中，技术创新创造需求，市场是创新成果的被动接受者。有学者认为，由于消费者都是有限理性，消费行为具有常规化和程式化的特点，通过市场需求带动创新，几乎是不可能的。在创新与需求的关系中，创新是主导的，是创新企业的市场努力诱导消费者改变需求偏好。当然，这也有一个发生在不同消费者间的社会适应的过程，创新产品很可能是根据最挑剔和复杂的消费者的偏好进行设计的，当它投入市场后，这部分消费先驱者首先接受这种新产品，然后通过社会的选择和适应过程改变普通消费者的偏好（陈弘

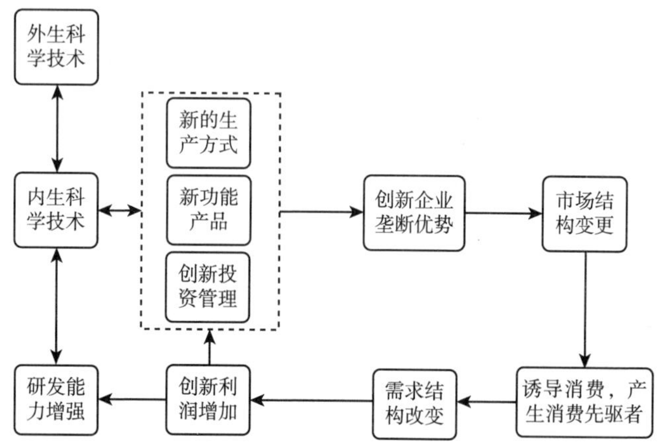

图 2-3　产业形成发展的技术创新推动模型

等，2008）。当消费者需求结构改变后，创新企业就能凭借对新产品的垄断优势和旺盛的需求得到巨额的垄断利润。当然，巨额利润又刺激了模仿行为，使得竞争加剧。为了在竞争中取胜，企业把利润的一部分用于研发，从而推动了新一轮的创新。

（二）市场需求拉动

20 世纪 60 年代，通过对大量技术创新现象的考察，部分学者发现大多数技术创新不是由技术推动引发的，社会需求起到了更为重要的作用。

施莫克勒（Schmookler，1966）的需求驱动模型认为，企业开展的所有创新活动乃至产业发展都是由市场需求驱动的，通过考察美国炼油、造纸、铁路和农业的投资、产出以及这些行业专利数量的关系，他发现，这些行业的投资、产出的变化都领先于专利数量的变化；在进行横截面的比较中，他发现了类似现象：1939 年和 1947 年的 20 多个产业的投资对数值分别与随后 3 年的资本品专利数存在高度的相关关系，由此表明，专利活动与其他经济活动一样，基本上是追求利润的经济活动，它受市场需求的引导和制约。因此，是市场需求牵动了技术创新行为。堀井亮（Ryo Horii，2006）研究发现，正是因为现存技术难以满足消费者的无限需求才催生了新技术的产生，同时也正是来自市场的利益补偿使企业克服了新技术使用所造成的高成本难题，激励了新产业的持续发展。鲁比克（Lubik）对英国新兴产业初创公司的调研发现，许多企业的创立就是需求拉动的，而一些以技术为基础创立的企业，在发展过程中也会因为有新的合作者、新的市场信息等出现而转向需求拉动型发展（王成刚，2021）。科斯坦丁尼娜（Costantinia）

在2015年分析了生物燃料产业领域相关促进政策的效果，发现影响市场需求规模与市场价格的政策是激励该领域创新的重要因素。美国麻省理工学院的马奎斯（D. Marquis）通过抽样调查567项不同的案例，发现只有1/5的技术创新是由技术本身发展而来的，3/4的技术创新是市场需求或生产需求引发的（吴贵生，2002）。因此，他们强调社会需求是技术创新的主要动力，并提出了产业形成的需求拉动模型。该模型强调技术创新是由市场需求和生产需求激发的，市场的拓展和成本的节约需求成为技术创新的主要动力，其产业形成的机理是技术推动模型的逆过程（见图2－4）。

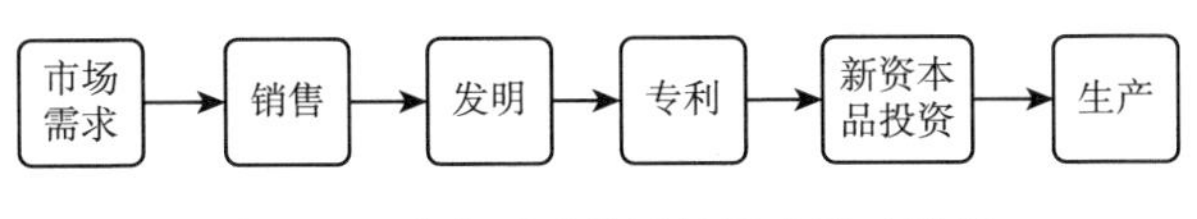

图2－4　产业形成发展的需求拉动模型

（三）科技创新与市场需求的互动作用

20世纪70年代末，英国的沃尔什（S. Walsh）、汤森（J. Tomnsen）和弗里曼（C. Freeman）等人对塑料、医药、化工等行业展开研究，发现科学、技术和市场的关联是复杂的、互动的、多方向的，创新和市场需求以一种互动的方式在技术发展中起着重要的作用，技术创新与需求互动的结论更为贴近客观事实，也更能把握现代技术创新和市场联系的本质。

科技创新会带来全新功能的产品或对现有产品功能的改进，而产品功能改进的价值只有在消费者接受并愿意支付时才会实现。技术创新与需求的互动就是通过产品全新功能或功能改进所带来的功能增值和消费者对这些功能增值认可程度及消费意愿的动态变化中体现出来的。由于技术的自然限制，技术创新的功能水平比消费者支付意愿先期到达成熟期，尽管需求还是随着技术功能的改进而不断增加，但由于创新的预期收益递减，企业进行创新的动力已下降，旺盛的需求则为企业在现在的功能水平上进行大规模生产创造了条件，随着消费者对各种产品的认识不断同化，较大的功能创新不能刺激消费者的支出意愿，在功能和价格间，消费者的选择焦点放在了价格上，这使企业的创新更多地集中于如何通过工艺创新，降低成本，通过低廉的价格吸引消费者。这时，只有全新技术带来的全新产品才能对需求进行强有力的刺激，促使在位企业或一些创新企业根据消费先驱者的偏好，进行新产品的创新，由此又引发技术创新与需求互动的循环。

技术创新与需求的互动产生新旧产业的更迭效应并带动产业升级。各产业的学习机会、知识积累和溢出渠道等有所不同，其技术创新机会也不同，当某个产业中的企业技术创新带来了重大新产品的开发，并由于创新企业的市场诱导和消费的示范效应，出现了技术创新和需求变动的良性互动，则会催生一个新兴产业的出现。因为大量基于需求而进行的技术创新会大幅度降低该产业部门的成本，使该产业部门进入一个高速增长期。高速成长的新兴产业，一方面由于劳动效率高吸引了生产要素从其他旧的产业部门转移到新兴产业，另一方面由于创新企业的市场诱导改变了消费结构，使对旧产品的需求不断下降，旧产业的生存环境恶化，从而使新旧产业的地位发生更替，新兴产业逐步成为主导产业，带动了产业的发展和升级。随着主导产业的继续发展，技术创新带来的功能报酬递减和消费者边际效用递减规律发生作用，最终使技术创新与需求先后或同步进入成熟期，从而使产品创新的速度降下来，产品需求的快速增长也稳定下来，主导产业的相对产出份额缩小，而部分消费先驱者对更新产品有了潜在需求，从而刺激了新的替代性技术逐步出现（汪琦，2006）。由此可见，技术创新和需求互动是新旧产业发生更迭的重要原因，也是带动产业发展的主要因素。

二、战略性新兴产业的影响因素

产业的形成与发展是一个不断向前推动的过程，市场需求、投资增长、技术创新、产业政策、资源因素和地区间的联动与协作等都会影响产业的形成和发展，战略性新兴产业的形成和发展既遵循一般产业的发展规律，也具有其自身特有的发展规律，在演进过程中，会受到诸多外部因素的影响和制约。

（一）科技创新与技术研发

科技创新是原创性科学研究和技术创新的总称，是指创造和应用新知识和新技术、新工艺，采用新的生产方式和经营管理模式，开发新产品，提高产品质量，提供新服务的过程，包括知识创新、技术创新和现代科技引领的管理创新三种类型。技术研发则指新品种、新技术从创新构思的产生直至品种、技术审核确定的环节，包括基础理论研究、核心关键技术储备、技术转化引用机制等多个方面。科技创新与技术研发产生新技术和新应用，打破以往僵化的利益格局，推动社会资源更有效的配置，促进产业加速成长，进而促进经济水平和质量的增长。根据新古典经济增长模型，用总量生产函数表示的经济增长模型能够清晰地解释技术进步因素对经济增长的巨大作用。

由于战略性新兴产业具有高技术性和知识密集型特征，一个国家或地区的科技创新和技术研发情况很大程度上决定了战略性新兴产业的发展状况。因此，各国产业界、科技界和政府均高度重视科技创新与技术研发对战略性新兴产业发展所起到的核心驱动作用，积极开展科技创新与技术研发，推动战略性新兴产业快速健康增长。

（二）市场需求

“创新 2.0”的核心理念就是将市场需求创新和用户创新提高到和科技创新同等重要的地位。市场需求因素主要对战略性新兴产业产生拉动作用，它和科技创新虽然都很重要，但作用力和作用方向都存在很大的不同。因此，市场需求因素在培育和发展战略性新兴产业中处于重要的一环，是影响战略性新兴产业发展的重要影响因素之一。在产业的形成期，企业会通过对未来市场需求状况的预测及消费者偏好的变动，判断市场的潜在需求，决定新产品的研发，以抢占未来市场份额和攫取高额的市场利润。这个过程存在较大的市场风险，持续时间也较长。当产业进入成长期和成熟期时，市场需求的拉动力逐渐变大，企业为获取稳定的利润来源，常常采取维持或扩大市场份额的做法。在市场经济条件下，企业以追逐利润为目标，必然以市场为导向，开发市场需求产品，在以高科技、知识密集为特征的战略性新兴产业中，市场需求是影响战略性新兴产业能否度过生存期、能否发展壮大的重要因素。

战略新兴产业成长动力的持续性最终还是需要市场的拉动，政府最后还是要把资源配置的权力给市场。市场需求的不断变化，需要更多新产品来满足和适应，需要技术创新来持续支持。市场需求的拉动力会刺激企业提供新产品的供给，同时，市场的潜在需求还将引导着市场消费的方向。在市场潜在需求的指导下，企业利用、开发和应用现有技术的积极性不断提高，会开发出新产品，形成新的市场。市场需求推进技术创新，技术创新决定了产业结构的变化和产业的成长动力，技术创新降低了企业的生产成本，提高了劳动生产率。在技术创新和技术扩散的过程中，又会促进产业分工的深化、产业结构和产品结构的进一步升级、换代，产业会形成新的活力，为战略性新兴产业的持续成长创造条件（曲永军等，2014）。

（三）资金供给

在产业创新链发展中，资金链最为重要，创新进行不下去很多时候都是因为资金链发生断裂。从发达国家发展经验来看，在产业创新链中，每个链节点都会有相应的资金介入，既有政府的扶持资金也有企业自有资金，最为重要的是不断会有金融投资资金的介入。战略性新兴产业发展到不同阶段，对资金的需求也具有不同特点。由于社会资金明显的逐利性，产业的研发投入具有高风险特征，研发过程中技术、财务以及市场不确定性使得研发成果难测，无法预料收益或损失。高风险和高投入的特征使得企业或社会资金自主从事研发创新活动的积极性较低，因此，需要积极发挥政府财政资金“四两拨千斤”的引导作用，引导社会资金流向战略性新兴产业，从而建立多层次、多元化的资金供给保障机制，推动战略性新兴产业的发展。

财政补贴促进研发投入，激励企业技术创新的方式主要有：一是向外界投资者传递企业发展态势良好的信号，降低外界投资风险感知，缓解融资压力；二是降低研发成本；三是弥补因研发外部性带来的私人收益低于社会收益的缺口，增加边际收益（熊勇清等，2018）。

（四）科技人才集聚

罗默（Romer，2007）、孙健等（2008）、曹威麟等（2015）指出科技人才集聚和产业集聚存在着相互促进的关系，科技人才在高技术产业中的流动和集聚会加快创新资源在产业内集聚，区域高新技术产业的不断发展又会进一步增强该区域对科技人才的吸引能力，两者间形成互动关系。

科技人才集聚与战略性新兴产业发展的内在互动机制表现为：第一，科技人才是战略性新兴产业发展的决定性因素，是战略性新兴产业无论在哪个阶段都需要的核心资源；科技人力资本不仅是战略性新兴产业赖以生存和发展的基础，而且日益成为战略性新兴产业收益的直接创造者，战略性新兴产业无论是处于形成期、成长期，还是成熟期和变革期，其核心技术人员的智力资源以及技术创新活动都是其存在和发展的先决条件。第二，科技人才集聚带来知识、技术、资金等要素的集聚，降低高技术企业研发、生产运营的交易成本，有利于发挥战略性新兴产业的规模化优势。根据卢卡斯的人力资本“内在效应”和“外在效应”理论，科技人才资本“内在效应”驱使集聚的形成，科技人才集聚则会进一步放大单个科技人才资本的“外在效应”，演变出在分散状态所没有的高效率，引起技术进步和生产率的提高，因而科技人才集聚的外部效应对于战略性新兴产业的发展会产生巨大的推动。第三，科技人才集聚有助于战略性新兴产业进一步升级，科技人才集聚带来的创新效应可以迅速扩散到周边企业，使得企业能够在最短的时间获得最新的技术，从而在竞争中处于更加有利的位置。第四，战略性新兴产业发展水平越高，对科技人才的吸引力越大，有利于人才集聚形成“马太效应”；从人力资本作用机制角度来看，科技人才集聚对于战略性新兴产业的知识和技术获取、消化、转化及利用都具有不可替代的作用（裴玲玲，2018）。第五，战略性新兴产业发展水平越高，其研发新技术的要求更加强烈，因而愿意为科技人才提供更好的工作岗位、薪酬和工作环境。

（五）政府扶持政策

政府扶持政策一般分为规范性政策和鼓励性政策，前者具有强制性，后者具有激励性，这两种力量共同形成促进战略性新兴产业发展的合力。有效的产业扶持政策能大大加快产业发展的步伐，实现产业赶超战略。一个国家或地区若能根据产业发展规律，针对战略性新兴产业制定完善的政策扶持体系，利用政策对产业进行全方位的扶持，将大大推动战略性新兴产业发展的速度和质量，最终提高本国产业在全球的产业竞争力。

战略性新兴产业成长动力的形成与持续，需要各级政府协调产业间的关系，主要包括五个方面：一是通过产业政策的制定和实施，推动和引导产业成长和发展，实现规模经济和专业化协作，逐步形成完整的产业链。二是促进企业竞争，推动资源优化配置，提高资源配置效率，创造有活力的市场环境。三是引导和推动产业升级，与国际先进发展水平同步，通过制定支持性政策，推动企业的技术创新能力，提高战略性新兴产业的国际竞争力。四是科学合理地协调战略性新兴产业布局，保障区域产业协调发展。后发地区要充分利用区域内部的资源优势，促进技术、人才、资金等要素向具有技术创新优势的企业和产业集聚。五是制定财税政策、金融政策，对产业内部企业进行资金支持，促使产业内的企业不断壮大，带动产业的进一步发展（曲永军等，2014）。

以上五个影响因素中，政策因素的作用尤为突出，其他几个因素在很大程度上都受到政策因素的影响。只有建立完善的产业扶持政策，才能不断完善科技创新与技术研发、市场需求、资金供给、科技人才集聚等，保证产业的健康有序发展。

三、战略性新兴产业的发展路径

从产业发展中的主导力量来看，与新兴产业一样，战略性新兴产业形成与发展的路径有三种：第一种路径是美国等西方国家普遍采用的市场主导的产业发展路径，充分依靠市场力量对产业发展进行自发调节；第二种路径是日本、韩国、新加坡等亚洲国家采用的政府主导的产业发展路径，由政府对新兴产业进行干预，推动产业发展；第三种路径是市场与政府相结合的发展路径。

（一）市场主导的内生路径

市场自发的新兴产业形成和发展实质是新产业在自然市场环境下依靠自身力量进行生存竞争，获得市场拉动的成长过程。市场自发形成新兴产业的优点在于：首先，新兴产业形成和发展过程中经历了严酷的市场竞争，产业素质比较高；其次，新兴产业形成和发展过程中经历了市场的严格选择，固有优势得到巩固和加强，产业自我发展能力与自我创新能力比较强。市场自发形成新兴产业的路径也存在不足：一是新兴产业形成和发展速度比较慢；二是新兴产业形成和发展有一定程度的盲目性、波动性，易受经济系统本身不确定性的影响；最后，存在“市场失灵”的情况，在一些公共领域或高外部性的环节，单纯依靠市场力量无法解决。

（二）政府作用下的外推路径

政府扶持的新兴产业形成和发展路径是指新兴产业在政府政策倾斜式扶持下参与产业竞争，获取必需的生产要素、经济资源和市场份额，逐步形成和发展的过程，实质是新兴产业在人为市场环境下进行生存竞争并逐步谋求发展的结果。政府扶持新兴产业形成和发展方式的优点在于：第一，新兴产业形成和发展速度比较快，产业从萌芽到确立市场地位经历时间比较短；第二，政府培育新兴产业目的性比较明确、前瞻性强，政策不易变动，不易受经济系统本身不确定性的影响；第三，新兴产业极化效应时间跨度比较短，扩散比较快，社会承担的新兴产业成长成本可能比较低。政府扶持新兴产业形成和发展的方式也存在不足：一是产业形成和发展过程中没有经历自然市场的严酷竞争，产业素质和市场自发方式相比可能会比较低；二是存在“政府失灵”现象，政府的过度干预将导致“寻租现象”和市场效率低下。总的来讲，以政府为主导的新兴产业发展策略，可以促进具有国际竞争力的大型企业崛起，鼓励和发挥中小企业在新兴产业发展中的活力和创新优势，但却不利于提高中小企业自身抵御风险的能力。

（三）市场和政府共同作用下的发展路径

新兴产业的形成和发展，纯粹的市场自发模式和纯粹的政府培育模式在现实经济社会中都是不存在的。就战略性新兴产业的培育和发展而言，通常情形是新兴产业在市场与政府政策共同构筑的环境中形成与发展，受到市场与政府政策的共同作用和影响。一方面，战略性新兴产业应遵循市场主导下的内生发展路径，充分发挥价格机制、竞争机制的激励功能，有效促进技术创新和资源要素优化配置；另一方面，政府应保有一定的控制权，发挥其举足轻重的引导和推动作用。

市场的内生动力与政府政策的推动在产业培育和发展过程中发挥着不同的作用。市场的内生动力是战略性新兴产业发展最根本的推动力量，处于决定性地位，而政府的推动则起着催化剂的作用，同样不可忽视。在战略性新兴产业发展初期，技术亟待突破，市场竞争力不强，政府强有力的扶持尤显重要。这种方式可以克服单纯市场形成模式和单纯政府扶持模式的不足，可以把二者的长处结合起来，形成市场推动和政府拉动的合力，更有利于新兴产业的发展。市场和政府结合的具体方式有两种：一是市场先进行自发的选择，政府力量再介入进行培育和扶持。二是政府先进行选择、培育和扶持，再接受市场的检验。不管选用哪种方式，都必须遵循战略性新兴产业发展的客观规律，产业发展规律和市场规律不可违背。

在我国，比较可行的选择是采用政府和市场共同作用的发展路径，政府通过制定完善的战略性新兴产业促进政策，根据产业发展规律对其进行扶持，加速推动产业的发展。在发展战略性新兴产业的培育和发展过程中，应充分利用好“国内、国际两种市场”，遵循内源式发展和外源式发展相结合的路径，一方面，走内源式发展道路，充分发挥后发优势，在引进基础上通过自主研发，实现赶超世界先进水平的技术进步目标；另一方面，积极开展国际技术合作，技术引进是技术自主创新的重要来源，是快速、低成本的技术进步路径。培育和发展战略性新兴产业，应力求实现内源式道路和外源式道路的优势互补，最终落脚点在自主创新上。

第四节　本章小结

本章阐述了战略性新兴产业提出的背景及意义，结合现有文献界定了战略性新兴产业的内涵、特征及我国战略性新兴产业的主要领域，梳理了战略性新兴产业形成与发展的相关理论。结果发现，推动战略性新兴产业形成和发展的因素主要有技术创新和市场需求两个方面，包括技术创新推动、市场需求拉动、技术创新推动和市场需求拉动共同作用三种类型。战略性新兴产业的形成和发展既遵循一般产业发展规律，也具有其自身特有的发展规律，科技创新与技术研发、市场需求、资金供给、科技人才集聚、政府扶持政策等是影响战略性新兴产业发展的主要因素。从产业发展中的主导力量来看，与新兴产业一样，战略性新兴产业形成与发展的路径有三种：第一种路径是美国等西方国家普遍采用的市场主导的产业发展路径，充分依靠市场力量对产业发展进行自发调节；第二种路径是日本、韩国、新加坡等亚洲国家采用的政府主导的产业发展路径，由政府对新兴产业进行干预，推动产业发展；第三种路径是市场与政府相结合的发展路径。

第三章　广东省战略性新兴产业发展现状

改革开放以来，广东省很好地发挥了试验田与排头兵的作用，在全国率先实现了经济的腾飞，也率先碰到了经济社会转型的深层次问题与结构性矛盾。如何顺利突破转型升级“拐点”，实现从量变到质变、从局部到整体、从战术到战略的转型，成功跨越“中等收入陷阱”，实现经济社会的“凤凰涅槃”，更好地完成“三个定位、两个率先”的历史使命，平稳高效地推进广东产业转型升级，形成全国可复制可推广的经验借鉴，继续成为带动全国发展的强大引擎，是广东省面临的战略任务。解决当前广东产业结构偏差明显、原始创新能力不足、制造业的国际投资回流、比较成本优势加速削弱等问题，就要打造经济增长新引擎、培育新的产业增长点，大力发展战略性新兴产业。

第一节　广东省战略性新兴产业的主要领域

《广东省现代产业体系建设总体规划（2010－2015年）》在《关于加快经济发展方式转变的若干意见》的基础上，明确了战略性新兴产业的战略部署和区域布局，提出在电子信息、生命健康、新能源、新材料、节能环保等领域加强技术攻关和产业布局，有条件的地方可积极发展航空航天、海洋工程装备等产业，重点推进珠三角地区加快发展战略性新兴产业，积极将广州、深圳建设成为战略性新兴产业发展的中心。近期重点是在高端新型电子信息、新能源汽车和半导体照明三大产业关键技术和产业发展的重大突破，抢占产业发展制高点，推进百强项目建设；到2015年，基本建成符合现代产业发展要求的战略性新兴产业体系（见图3－1）。

图 3 – 1　广东省战略性新兴产业主要领域

《广东省战略性新兴产业发展“十三五”规划》明确，“十三五”时期是广东省率先全面建成小康社会的决胜阶段，必须把战略性新兴产业摆在更加突出的位置，培育壮大新一代信息技术产业，推动生物、高端装备与新材料、绿色低碳、数字创意等发展成为支柱产业，加快形成以创新为主要引领的经济体系和发展模式，为加快建设国家科技产业创新中心提供重要支撑。该规划指出广东省新时期的发展重点为新一代信息技术产业、生物产业、高端装备与新材料产业、绿色低碳产业、数字创意产业和战略性产业。

由于数字文化创意和相关服务业 2018 年才正式纳入战略性新兴产业的分类，相关引导政策与产业数据较少，考虑到数据的可获得性，结合《国民经济行业分类（GBT 4754 – 2011)》《高技术产业统计分类目录》《关于加快培育和发展战略性新兴产业的决定》《十二五国家战略性新兴产业发展规划》，整理出广东省战略性新兴产业对应的中类行业。由于战略性新兴产业的行业分类与《广东工业统计年鉴》中的行业分类口径不统一，存在《广东工业统计年鉴》中部分中类行业分属于不同的战略性新兴产业的情况，如《广东工业统计年鉴》中铁路、船舶、航空航天和其他运输设备制造业就分别属于海洋产业和航空航天产业两个战略性新兴产业。为了统计战略性新兴产业相关数据，本书研究中，战略性新兴产业的行业分类与《广东工业统计年鉴》行业采用如下对应关系（见表 3 – 1）：

节能环保产业包括采矿业，通用设备制造业，专用设备制造业中除医疗仪器设备及器械制造以外的行业，电气机械及器材制造业，仪器仪表及文化、办公用机械制造业，工艺品及其他制造业，废气资源和废旧材料回收加工业。生物医药产业包括医药制造业和专用设备制造业中的医疗仪器设备及器械制造。新材料产业包括化学原料及化学制品制造业中涂料、油墨、颜料及类似产品制造，合成材料制造，专用化学产品制造；塑料制品业中塑料薄膜制造、泡沫塑料制造；非金属矿物制品中玻璃及玻璃制品、陶瓷制品。太阳能光伏产业包括非金属矿物制品中石墨及其他非金属。新能源汽车产业包括采用汽车制造业中的电车制造。海洋产业指铁路、船舶、航空航天和其他运输设备制造业中的船舶及浮动装置。航空航天产业指铁路、船舶、航空航天和其他运输设备制造业中的航空航天器制造。高端电子信息产业指通信设备、计算机及其他电子设备制造业。核电装备产业包括石油加工、炼焦及核燃料加工业。

在实证分析中，中类行业数据缺失的情况下，通过小类行业数据占中类行业数据的比重计算战略性新兴产业各指标值，小类行业数据占中类行业数据的比重依据《广东工业统计年鉴》《广东经济普查年鉴》《中国经济普查年鉴》计算得出。

表 3－1　广东省战略性新兴产业行业分类与《广东工业统计年鉴》行业对应

战略性新兴产业行业	《广东工业统计年鉴》行业	
高端电子信息产业	通信设备制造	电子器件制造
	雷达及配套设备制造	电子元件制造
	广播电视设备制造	家用视听设备制造
	电子计算机制造	其他电子设备制造
海洋产业	船舶及浮动装置制造	
航空航天产业	航空航天器械制造	
核电装备产业	核燃料加工	
节能环保产业	煤炭开采和洗选业	印刷、制药、日化生产专用设备制造
	烟煤和无烟煤的开采洗选	纺织、服装和皮革工业专用设备制造
	褐煤的开采洗选	电子和电工机械专用设备制造
	其他煤炭采选	农、林、牧、渔专用机械制造
	石油和天然气开采业	环保、社会公共安全及其他专用设备制造
	天然原油和天然气开采	电气机械及器材制造业
	与石油和天然气开采有关的服务活动	电机制造
	黑色金属矿采选业	输配电及控制设备制造

续表

战略性新兴产业行业	《广东工业统计年鉴》行业	
节能环保产业	铁矿采选	电线、电缆、光缆及电工器材制造
	其他黑色金属矿采选	电池制造
	有色金属矿采选业	家用电力器具制造
	常用有色金属矿采选	非电力家用器具制造
	贵金属矿采选	照明器具制造
	稀有稀土金属矿采选	其他电气机械及器材制造
	非金属矿采选业	仪器仪表及文化、办公用机械制造业
	土砂石开采	通用仪器仪表制造
	化学矿采选	专用仪器仪表制造
	采盐	钟表与计时仪器制造
	石棉及其他非金属矿采选	光学仪器及眼镜制造
	其他采矿业	文化、办公用机械制造
	通用设备制造业	其他仪器仪表的制造及修理
	锅炉及原动机制造	工艺品及其他制造业
	金属加工机械制造	工艺美术品制造
	起重运输设备制造	日用杂品制造
	泵、阀门、压缩机及类似机械的制造	煤制品制造
	轴承、齿轮、传动和驱动部件的制造	核辐射加工
	烘炉、熔炉及电炉制造	其他未列明的制造业
	风机、衡器、包装设备等通用设备制造	废弃资源和废旧材料回收加工业
	通用零部件制造及机械修理	金属废料和碎屑的加工处理
	金属铸、锻加工	非金属废料和碎屑的加工处理
	专用设备制造业	化工、木材、非金属加工专用设备制造
	矿山、冶金、建筑专用设备制造	食品、饮料、烟草及饲料生产专用设备制造
生物医药产业	医药制造业	兽用药品制造
	化学药品原药制造	生物、生化制品的制造
	化学药品制剂制造	卫生材料及医药用品制造
	中药饮片加工	医疗仪器设备及器械制造
	中成药制造	

续表

战略性新兴产业行业	《广东工业统计年鉴》行业	
太阳能光伏产业	石墨及其他非金属矿物制品制造	
新材料产业	涂料、油墨、颜料及类似产品制造	泡沫塑料制造
	合成材料制造	玻璃及玻璃制品制造
	专用化学产品制造	陶瓷制品制造
	塑料薄膜制造	
新能源汽车	汽车制造	

第二节　广东省战略性新兴产业的发展现状

一、产业规模不断壮大

按照《国务院关于加快培育和发展战略性新兴产业的决定》文件精神，广东省把加快培育和发展战略性新兴产业作为推进产业结构调整和转型升级、加快经济发展方式转变、建设幸福广东的重要举措和突破口，战略性新兴产业产业规模持续扩大，产业整体实力不断增强。

如图 3 - 2 所示，从工业总产值来看，2008 ~ 2018 年，广东省战略性新兴产业的工业总产值从 22646.02 亿元增长到 73877.21 亿元（2008 年可比价），总体呈现不断上升的趋势，平均每年增长 12.55%。从细分行业来看，高端电子信息产业的产业规模最大，2018 年产值为 39314.92 亿元，占战略性新兴产业总产值的 53.217%；其次是节能环保产业，2018 年产值为 23596.19 亿元，占 31.940%；新材料产业、核电装备产业、生物医药产业、海洋产业、太阳能光伏产业和航空航天器制造产业的产值分别占 6.713%、4.520%、2.972%、0.417%、0.177%、0.041%，新能源汽车产业的规模最小，2018 年的工业总产值为 2.77 亿元，仅占 0.004%。从增长速度来看，2008 ~ 2018 年，新材料产业增长最快，平均每年增长 28.589%，高端电子信息产业、太阳能光伏产业、新能源汽车产业及核电装备产业的年平均增长率分别为 28.310%、26.966%、19.326%、15.018%。同期节能环保产业、海洋产业、航空航天器制造业和生物医药产业增长速度较慢，甚至出现了负增长，年平均增长率分别为 5.043%、-0.347%、-0.347%、-4.224%。

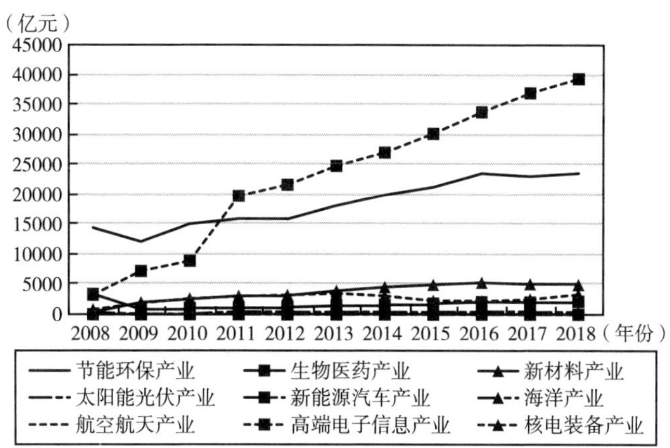

图 3－2　2008～2018 年广东省战略性新兴产业工业总产值

资料来源：作者根据《中国统计年鉴》《中国工业统计年鉴》《广东经济普查年鉴》《中国经济普查年鉴》《广东工业统计年鉴》等整理得出。

从从业人员来看，2008～2018 年，广东省战略性新兴产业的全部从业人员年平均人数从 539.288 万人增加到 684.92 万人，总体呈现不断上升的趋势，平均每年增长 2.419%。从细分行业来看，高端电子信息产业的从业人员年平均人数最多，2018 年从业人员年平均人数为 311.71 万人，占战略性新兴产业从业人员的 45.510%；其次是节能环保产业，2018 年为 280.522 万人，占 40.957%；新材料产业、生物医药产业、海洋产业、核电装备产业、太阳能光伏产业、航空航天器制造产业分别占 9.376%、3.050%、0.429%、0.384%、0.194%、0.094%，新能源汽车产业的从业人数最少，仅占 0.007%。从增长速度来看，2008～2018 年，高端电子信息产业从业人员增长最快，平均每年增长 22.582%，新材料产业、太阳能光伏产业、新能源汽车产业从业人员年平均增长率分别为 13.638%、11.977%、2.311%。生物医药产业 2018 年从业人员相比 2008 年下降 7.502%，主要原因为 2008～2009 年出现了大规模的减少，而 2009～2018 年从业人员不断增长。同期节能环保产业、航空航天产业和海洋产业这三个行业从业人员为负增长，年平均增长率分别为 －2.389%、－9.951%、－9.951%（见图 3－3）。

从主营业务收入来看，2008～2018 年，广东省战略性新兴产业的主营业务收入从 22040.375 亿元上升到 72433.326 亿元（2008 年可比价），总体呈现出上升趋势，平均每年上升 12.635%。从细分行业来看，2018 年高端电子信息产业的主营业务收入为 38175.992 亿元，占比最高，达到 52.705%；其次是节能环保产业，为 23468.146 亿元，占 32.400%；新材料产业、核电装备产业、生物医药产业、海洋产业、太阳能光伏产业、航空航天器制造产业分别占 6.664%、

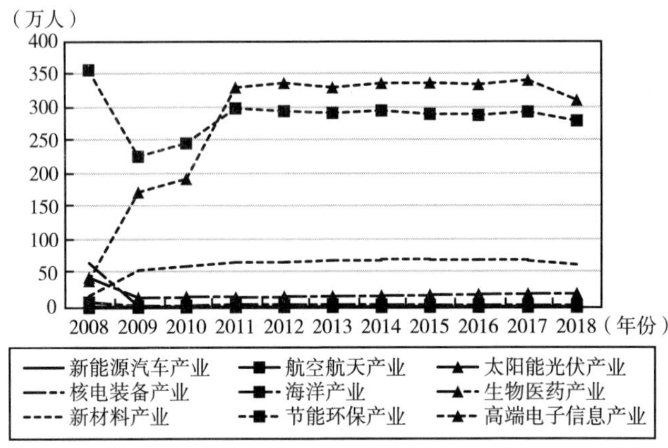

图 3-3　2008～2018 年广东省战略性新兴产业从业人员

资料来源：作者根据《中国统计年鉴》《中国工业统计年鉴》《广东经济普查年鉴》《中国经济普查年鉴》《广东工业统计年鉴》等整理得出。

4.734%、2.881%、0.398%、0.170%、0.045%，新能源汽车产业的主营业务收入最小，仅占0.003%。从增长速度来看，2008～2018 年，新材料产业增长速度最快，平均每年增长28.232%，高端电子信息产业、太阳能光伏产业、新能源汽车产业、核电装备产业、节能环保产业的主营业务收入年平均增长率分别为28.069%、26.614%、19.694%、15.773%、5.302%，同期海洋产业、航空航天器制造业和生物医药产业的主营业务收入不断下降，年平均增长率分别为-0.128%、-0.128%、-4.461%（见图 3-4）。

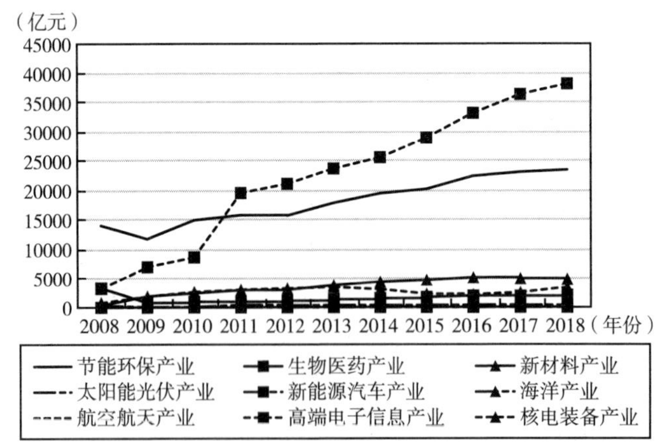

图 3-4　2008～2018 年广东省战略新兴产业主营业务收入

资料来源：作者根据《中国统计年鉴》《中国工业统计年鉴》《广东经济普查年鉴》《中国经济普查年鉴》《广东工业统计年鉴》等整理得出。

从利润总额来看，2008～2018年，广东省战略性新兴产业的利润总额从1589.265亿元增加到4393.262亿元（2008年可比价），总体呈现不断上升的趋势，平均每年增长10.703%。细分行业中，2018年节能环保产业的利润规模最大、占比最高，为1824.617亿元，占41.5322%；其次是高端电子信息产业，为1665.128亿元，占37.9019%；生物医药产业、新材料产业、核电装备产业、太阳能光伏产业、海洋产业、航空航天器制造产业分别占8.3673%、7.2229%、4.6702%、0.2610%、0.0248%、0.0195%，新能源汽车产业仅占0.0002%。从增长速度来看，新材料产业增长速度最快，平均每年增长48.340%，太阳能光伏产业、核电装备产业、新能源汽车产业、高端电子信息产业、节能环保产业和生物医药产业的利润年平均增长率分别为46.765%、30.372%、23.402%、19.011%、6.231%、3.232%（见图3－5）。

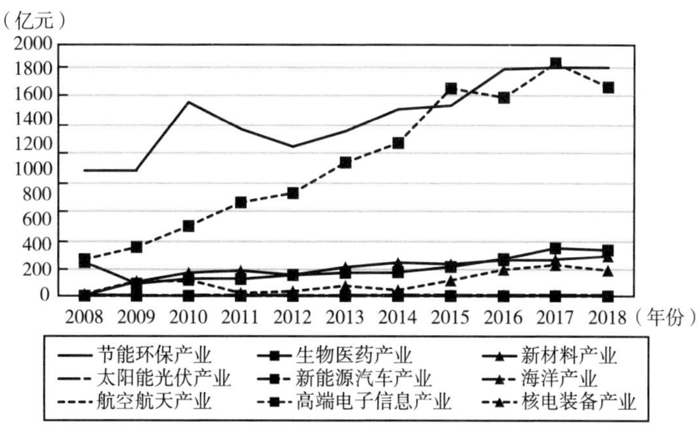

图3－5 2008～2018年广东省战略新兴产业利润总额

资料来源：作者根据《中国统计年鉴》《中国工业统计年鉴》《广东经济普查年鉴》《中国经济普查年鉴》《广东工业统计年鉴》等整理得出。

二、自主创新能力显著提升

战略性新兴产业的发展需要资金和人才的支撑和保障。创新资金投入方面，《关于加快经济发展方式转变的若干意见》《广东省战略性新兴产业发展“十二五”规划》和《广东省战略性新兴产业发展“十三五”规划》等文件都明确，加大财政投入力度，仅“十二五”期间，广东省财政就安排了220亿元支持战略性新兴产业发展，在政策支持下，广东研究与试验发展经费（Research and Development，R&D）投入强度不断增加，由2011年的1.96%增长至2019年的

2.88%。2019年，全国R&D经费支出22143.6亿元，比上年增加2465.7亿元，增长12.5%，R&D经费投入强度为2.23%，R&D经费投入超过千亿元的省（市）有6个，分别为广东（3098.5亿元）、江苏（2779.5亿元）、北京（2233.6亿元）、浙江（1669.8亿元）、上海（1524.6亿元）和山东（1494.7亿元）；R&D经费投入强度超过全国平均水平的省（市）有7个，分别为北京（6.31%）、上海（4.00%）、天津（3.28%）、广东（2.88%）、江苏（2.79%）、浙江（2.68%）和陕西（2.27%）[①]。可以看出，广东研发（R&D）经费投入总量在全国具有绝对优势，但从经费投入强度来看，相比北京、上海和天津，广东存在较大的差距。从战略性新兴产业细分行业的新产品开发经费支出、R&D项目经费内部支出、来自政府的补贴资金来看，2016年9个战略性新兴产业新产品开发经费平均支出为199.47亿元，其中高端电子信息产业和节能环保产业分别为1084.76亿元和482.22亿元；9个战略性新兴产业R&D项目经费内部支出平均为160.63亿元，其中高端电子信息产业和节能环保产业支出分别为862.59亿元和361.98亿元；地方财政对战略性新兴产业的补贴也在不断增加，2016年9个细分行业平均获得150.33亿元的政府补贴，高端电子信息产业、节能环保产业、新材料产业、生物医药产业获得的政府补贴资金较多，分别为1006.79亿元、250.21亿元、50.26亿元和41.04亿元。

从R&D人员来看，广东省R&D人员从2010年的44.658万人增长到2019年的109.154万人，增长144.424%，平均每年增长10.440%。横向对比来看，2019年广东省规模以上工业企业R&D人员全时当量为64.249万人年，超过江苏（50.838万人年）和浙江（45.175万人年），位于全国首位[②]。从R&D人员的地市分布来看，2019年广东省规模以上工业企业R&D人员，深圳、东莞、广州和佛山依次位列全省前四，分别为30.204万人、12.446万人、9.998万人和9.202万人，占比分别为36.005%、14.836%、11.918%和10.969%。从R&D人员的区域分布来看，珠三角、东翼、西翼和山区分布占93.458%、2.950%、1.277%和2.314%[③]。在《广东省中长期人才发展规划纲要（2010～2020年）》《广东省"珠江人才计划"》《广东省培养高层次人才特殊支持计划》《广东省"扬帆计划"》等人才政策下，2011～2016年广东省战略性新兴产业R&D人员全时当量增长了56.29%，年平均增长9.34%。从细分行业来看，高端电子新兴产业人才最多，为100.81万人年，在9个行业中占比最高，达到54.65%，其次是节能环保产业，为62.40万人年，占比为30.78%；从增长速度来看，新能源汽车人才

①② 国家统计局：《中国统计年鉴》（2020），中国统计出版社2020年版。

③ 广东省统计局：《广东统计年鉴》（2020），中国统计出版社2020年版。

增长幅度最大，2010～2016年增长250.87%，年平均增长20.20%，其次是太阳能光伏产业，增长210.30%，年平均增长16.03%（见表3－2）。

表3－2　　　　广东省战略性新兴产业创新投入与产出

战略性新兴产业分类	节能环保产业		生物医药产业		新材料产业	
	2011年	2016年	2011年	2016年	2011年	2016年
新产品开发经费支出（亿元）	224.515	482.220	30.683	79.426	57.787	135.765
R&D项目经费内部支出（亿元）	181.160	361.984	30.979	71.493	59.178	135.354
来自政府的补贴资金（亿元）	24.819	250.211	1.452	41.042	2.442	50.256
R&D人员全时当量（万人年）	7.368	13.433	1.074	2.097	2.170	3.456
新产品销售收入（亿元）	2989.501	4939.946	216.064	485.881	659.506	1417.196
有效发明专利数（件）	11887	26589	2309	4804	2242	4623
战略性新兴产业分类	海洋产业		航空航天产业		高端电子信息产业	
	2011年	2016年	2011年	2016年	2011年	2016年
新产品开发经费支出（亿元）	11.240	9.296	1.180	0.976	443.266	1084.762
R&D项目经费内部支出（亿元）	7.736	2.425	1.473	0.462	430.449	862.592
来自政府的补贴资金（亿元）	0.001	0.051	0.054	1.947	8.035	1006.786
R&D人员全时当量（万人年）	0.197	0.153	0.055	0.043	15.298	21.638
新产品销售收入（亿元）	361.398	19.272	0.840	0.045	6511.159	13746.224
有效发明专利数（件）	71	123	3	5	43997	96622
战略性新兴产业分类	太阳能光伏产业		新能源汽车产业		核电装备产业	
	2011年	2016年	2011年	2016年	2011年	2016年
新产品开发经费支出（亿元）	1.065	2.481	0.061	0.145	7.467	0.146
R&D项目经费内部支出（亿元）	1.162	2.898	0.034	0.086	3.640	8.399
来自政府的补贴资金（亿元）	0.065	1.057	0.000	0.003	0.068	1.645
R&D人员全时当量（万人年）	0.024	0.050	0.004	0.010	0.184	0.335
新产品销售收入（亿元）	4.716	10.462	0.087	0.222	125.743	95.454
有效发明专利数（件）	61	113	1	3	45	97

资料来源：根据《工业企业科技活动统计年鉴》《广东工业统计年鉴》《广东科技统计年鉴》统计得出。

在创新投入不断加大的情况下，战略性新兴产业的创新产出水平和能力不断提升。据广东省知识产权部门组织开展的行业专利统计分析，截至2019年底，广东省战略性新兴产业有效发明专利量16.39万件，占全国战略性新兴产业有效发明专利量的15%，位居全国前列，占全省有效发明专利55%，专利已成为广东省新兴产业高质量发展极其重要的创新资源和核心竞争力①。《广东省新一代信息技术产业创新发展专利导航研究报告》② 显示，广东省近 20 年的专利申请已超过 60 万件，占全国的 1/5 左右，近五年平均年增长率为 26. 26%，高于全国平均水平；广东省新一代信息技术产业近 20 年的授权专利有 198623 件，整体授权率为 33% 左右；在电子核心产品领域专利布局较多，占比为 29. 3%；在 5G 技术、高端芯片、操作系统等高端技术领域拥有全球领先技术。从新产品销售收入来看，2016 年广东省战略性新兴产业细分行业新产品平均销售收入为 2301. 63 亿元，其中，高端电子信息产业新产品销售收入超千亿元，为 13746. 22 亿元，节能环保产业位居第二，为 4939. 95 亿元。

三、主要行业发展情况

（一）节能环保产业

近年来广东省为建设节能环保产业强省，积极完善节能环保产业政策环境，相继发布了《广东省节约能源条例》《广东省大气污染防治条例》《广东省土壤污染防治条例》《广东省固体废物污染环境防治条例》等一系列法律法规，制定出台了《广东省节能减排“十三五”规划》《广东省关于促进节能环保产业发展的意见》《广东省 2017 年节能减排工作推进方案》《广东省打好污染防治攻坚战三年行动计划（2018 – 2020 年）》等政策措施，积极推广节能环保产品，大力发展节能环保技术，加快培育节能环保市场。

广东省节能环保产业已经建立了相对完善的产业链条，如节能环保装备产业链上环节的格林美股份有限公司，主要致力于生态环境材料、新能源材料以及超细粉体材料的研究和开发，在国内具有一定竞争力；涉及中游节能环保装备制造和售后服务的主要机构有广州禾信仪器股份有限公司和广州怡文环境科技股份有限公司等；涉及下游第三方环境监测检测机构的主要有中国广州分析测试中心以及广州中科检测技术服务有限公司等，其中，中科检测已成为广东省地区大型的第三方分析测试技术服务机构，承担科技部节能环保产业方面的国家级检测分析服务平台建设项目。同时新兴领域发展加快，高效节能产品制造正以绿色全生命周期理念快速创新全产业链管理模式，传统节能技术改造项目正向能源托管、融资租赁等区域化智慧能源体系转型，广东省在加快推广能源互联网、智能电网以

① 林琳：《广东战略性新兴产业有效发明专利量占全国 15%》，南方网，2020 年 4 月 20 日。

② 李幸子：《广东新一代信息技术产业创新专利增长迅速》，新华网，2020 年 4 月 16 日。

及“互联网+环保”的同时，正积极探索“互联网+回收”线上投废、线下物流的再生资源经营模式。

广东省打造了一批重大平台载体，如肇庆高新技术产业开发区等国家级环保产业园区和国家生态工业示范园区、南海国家生态工业建设示范园区暨华南环保科技产业园等环保生态工业园区，相关环保专业技术人员达12万余人，专业人才规模居全国前列。

节能环保产业企业总体保持稳中有升的良性发展态势，广东省环境保护协会的数据显示，2019年，46%的省内环保企业年营业收入有所提高；15%的环保企业年营业收入相比2018年有所下降。截至2018年，223家环保企业年营业收入为264亿元，2019年营业收入约300亿元，年增长率为13%。其中环境服务业企业129家，2018年收入为174亿元，2019年营业收入约200亿元，年增长率约15%；环境保护设备与产品制造企业30家，2018年收入19亿元，2019年营业收入约20亿元，年增长率约5%；从事环境服务业和环境保护设备与产品制造企业64家，2018年收入为71亿元，2019年收入约80亿元，年增长率约13%（王欢等，2021）。

节能环保产业创新能力稳步提升。2016～2017年，节能环保产业专利广东省申请量为27641件，占全国申请总量的17.95%；全国授权总量为82425件，广东省授权量为17574件，占全国授权总量的21.32%。从专利数据看，高校、科研机构和企业三大主体位于技术领先地位，主导着环保产业专利技术的发展。从专利的地域分布看，位于珠三角地区的广州、深圳、佛山、东莞、珠海五个城市的专利申请总量超过广东专利申请总量的80%（彭雪辉等，2018）。2019年，广东省绿色技术科技协同创新中心、粤陕甘环保产业联盟、粤港澳大湾区环保产业联盟以及环保中小企业公共技术服务平台相继建立，节能环保装备产业技术基础不断夯实，2019年节能环保产业有效发明专利量1.38万件，约占全国的11%①。

（二）核电装备产业

核电装备制造业是典型的技术密集型和资金密集型行业，大力发展核电装备制造业，实现技术和装备国产化、自主化，对于推动产业结构升级，培育和提升自主创新能力，转变工业发展方式具有重大意义。近年来，通过消化吸收国外先进技术，大力推进自主创新，我国核电关键设备和材料的自主化、国产化取得了

① 深圳市南山区工业和信息化局官网：《广东省十大战略性支柱产业集群和十大战略性新兴产业集群行动计划汇编》，2020年11月26日。

重大突破，发展壮大了一批为核电配套的装备和零部件生产企业，并掌握了关键设备设计、制造的核心技术，作为我国高端装备中具备国际竞争优势的领域，核电“走出去”已成为国家战略，核电出口成为我国优化出口贸易结构，推动国内高端装备制造产能释放的途径之一。

广东省已经成为全球核电产业链上的一块高地，拥有“华龙一号”核电品牌和台山核电项目、大亚湾核电站等重要工程基地，以珠江口为圆心的两小时经济圈里，已经集聚了从设计研发、设备制造、性能验证到工程建设、生产运营、人才培养的较为完善的核电产业链。具体表现为：

第一，广东省是核电设计研发高地。中国目前最闪亮的核电品牌“华龙一号”主要研发地位于深圳龙岗天安数码城的中广核工程公司设计院，“华龙一号”是中广核和中核集团联合研发的，具有完全自主知识产权的三代核电技术，中广核设计院作为“华龙一号”的主要研发地之一，是我国核能领域目前唯一的国家重点实验室，由科技部批准，是承担我国核电安全领域重大科研任务、研究解决核电领域相关重大科学问题的有效载体。在开展“华龙一号”研发设计的同时，“华龙一号”系统、设备的“全科体检中心”——“中广核综合热工水力与安全实验室”在深圳市宝龙工业区建设完成，是目前全世界同类设施中最先进的实验室，“全科体检中心”从检测核电站设备“寿命”到检测“心血管系统”，再到检测意外情况下的“免疫”能力，会通过各种实验及其数据，全方位检测核电站的设计是否合理。

第二，广东省核电工程建设能力突出。我国核电的国产化率，从大亚湾核电站建设时的1%，到岭澳一期的30%，逐步攀升到岭澳二期的64%，实现我国核电“自主设计、自主建造、自主建设、自主运营”，中广核是坚定的引领者和推动者。为了推动核电国产化，2009 年，中广核联合国内重要设备制造企业组建了“中广核核电设备国产化联合研发中心”，依托“政产学研用”协同创新体系的不断推进，中心成员已由创立之初的 58 家增加到目前的 80 多家，推动我国核电装备制造业不断壮大、竞争力不断提升。相映生辉的是，广东省的核电工程建设能力非常突出，中广核建立了我国首个专业化的核电工程建设和管理企业——中广核工程公司，在建核电机组规模连续多年保持世界第一，最高峰时一年有 16 台核电机组同时在建，并创造了一年内 5 台机组投入商运的国内最高纪录。此外，广东省台山核电成为欧洲压水堆（European Pressurized Reactor，EPR）全球首堆工程，台山核电项目一期工程建设 2 台 1750MW 机组，是世界上单机容量最大的核电站，也是中国首个 EPR 三代核电技术项目，作为台山核电常规岛及 BOP 部分的主要设计单位，面对技术难度高、管理难度大的第三代核电项目，中国能建广东院成立了“EPR 第三代核电科研项目组”，努力把握最前沿的核电技术，对台山核电一期工程进行超前研发，并在此基础上进行一系列的优化创新，形成一系列成熟的核心技术，为台山核电的稳步推进贡献力量①。

第三，广东省核电主设备市场占有率高。广州南沙的东方重机基地供应过 80 多台（套）核电主设备，国内核电主设备市场占有率超过 40%，7 个核电国产首台设备的记录诞生在这里。目前，东方重机具有年生产 4 套核电主设备的能力，中国所有的在建和大部分在运核电都烙着东方重机的身影。

第四，大亚湾为全国输送核电人才。大亚湾核电基地已经成为我国核电人才培养的“黄埔军校”，为国内各大核电站源源不断输送着人才，截至 2017 年 7 月，已累计培养核电技术研发设计人才超过 3000 名（其中国家级专家 96 名）、核电站操纵员超过 1500 名、核电站高级操纵员近 700 名、核电站维修和技术支持人才 5700 多名、核电工程管理人才 4400 多名。目前，大亚湾核电基地仅用于培训的固定设施投资就高达 20 亿元以上，其中投资两亿多元的 1∶1 核燃料模拟换料水池是全球仅有的两个换料培训设施之一②。

（三）新材料产业

新材料作为高新技术的基础和先导，应用范围极其广泛，它同信息技术、生物技术一起成为 21 世纪最重要和最具发展潜力的领域。

广东省既是新材料生产大省，又是新材料的需求大省，产业发展基础良好。2018 年，广东省新材料制造业总产值 7043.2 亿元，相关企业近 5000 家，产值较上年增长 5.3%。2019 年，广东省前沿新材料产业营业收入接近 500 亿元，产业技术水平和综合实力位居全国前列，其对高科技产业的先导和基础作用日益突出，关键材料的研制成果能够为先进设备和智能制造机器提供原料保障，支撑高端制造业的发展（陈彦玲，2020）。

得益于支撑前沿新材料的重大科技基础设施的建设，以及大科学装置、省实验室和高水平新型研发机构的布局，广东省聚集了一大批院士、顶尖科学家和各类创新要素，从而在开展碳纳米管、石墨烯、新型半导体、超导、非晶合金等前沿材料的基础研究和原始创新时实现了高起点、宽远景，逐渐形成新型科研体制和孕育世界级科技成果的创新链条。相比其他省市，广东省新材料产业研发水平较高，2016～2017 年新材料产业专利全国申请总量为 156764 件，其中广东省为 6771 件，位列全国第 2，占全国的 4.32%（彭雪辉等，2018），广东省在石墨

①② 广东省电力设计研究院：《中法两国元首为广东省台山核电成为 EPR 全球首堆工程揭牌》，载《南方能源建设》2018 年第 1 期。

烯、超材料、新型显示、新能源材料、生物医用材料、先进半导体、材料基因工程等领域形成了较强优势，产出了一批优秀的科研成果和专利，单晶石墨烯的工业化制备、超材料的规模化生产、印刷显示、超宽禁带半导体材料等关键技术取得了重大突破。

骨干企业带动作用凸显，产业集聚态势初步形成。“专精特新”“独角兽”“单项冠军”企业不断涌现，空间布局日趋合理，形成了梯次发展的良好格局，以广州、深圳、佛山、东莞、珠海等地市为核心，清远、惠州、韶关、江门、汕尾等地市快速发展，区域化聚集初步呈现。先进高分子材料、先进有色金属材料、锂离子电池材料、电子信息材料、先进建筑材料、新能源材料、生物医用材料、先进陶瓷材料等产业具有较为完整的产业链和完备的产业配套体系，产业集群效应明显（陈彦玲，2020）。

（四）生物医药产业

生物医药产业具有高技术、高投入、高风险、高收益、长周期的发展特点。广东省是我国主要的生物医药产业基地之一，中药和化学药制造的销售规模位居全国前列，形成了以医疗器械为特色、以生物药和生物技术服务为新增长点的生物医药产业体系。

2018 年广东省生物制药产业总产值 1366. 1 亿元，高性能医疗器械产业总产值 510. 5 亿元，企业数超 300 个，七大类医药商品销售总额约占全国比例的1/9，位居全国前列。广东省生物医药产业发展集聚效应凸显。全省生物医药产业规模的 95% 以上集中在珠三角地区，其中，广州、珠海、佛山等地已发展成为省内生物医药产业的主要集聚区，广州、深圳、东莞等地则发展成为医疗器械产业的主要集聚区，而岭南特色南药产业的前端（种植和初加工）主要集聚在粤东西北地区，后端（成品）则主要集聚在广州、佛山、江门等地，深圳从 2009 年开始就重点打造生物医药产业集群，2017 年生物医药产业增加值约 300 亿元，同比增幅高达 24. 6% ，产业规模超过 2000 亿元，在高端生物医学工程、基因测序和生物信息分析、细胞治疗等领域跻身世界前沿行列，基本形成了以坪山国家生物产业基地、国际生物谷两大生物医药产业集聚区为主导的产业空间格局，截至 2018 年 8 月，深圳市生物医药领域授权专利、商标、专著数量总数达 59714 项，仅次于北京，排名全国第 2（廖晓东等，2020）；广州 2017 年 3 月正式发布战略性新兴产业蓝图，通过实施“IAB”计划（新一代信息技术、人工智能、生物医药）等推动创新发展，截至 2018 年，广州在生物医药领域共集聚约 94030 家企业，其中 7560 家为研发生产型企业，占比约 8% ，11 家企业在 A 股和 H 股上市，培育和引进了百济神州、香雪制药、金域医学、达安基因等一批细分领域龙头企业；珠海 2018 年上半年生物医药业增加值增长 31.8%；东莞从 2008 年开始布局生物产业，2012 年在松山湖高新区投入近百亿元，建立生物技术产业合作基地，并成立国有独资的东莞市生物技术产业发展有限公司主导开发建设和运营管理，目前松山湖生物基地已聚集三生制药、深圳安科、上海医药等 300 余家生物技术企业，医疗器械、生物医药和医疗保健品等领域产业集聚态势明显①。

目前拥有广州国际生物岛、深圳坪山国家生物产业基地、珠海金湾生物医药产业园、中山国家健康科技产业基地等产业集聚区，拥有 3 家国家临床医学研究中心、2 家省实验室，建有国家基因库等一批重大科技基础设施，拥有中山大学、南方医科大学等一批知名医科大学，以及一大批具有国际竞争力的龙头骨干企业和创新型企业。

广东省生物医药产业研发创新能力位居全国前列。2016 年广东医药制造业拥有 R&D 人员折合全时当量 9375 人年，位居全国第 4 位；医药制造业 R&D 经费内部支出 35.5 亿元，位居全国第 4 位；医药制造业新产品开发经费支出 44.6 亿元，位居全国第 3 位；医药制造业有效发明专利数 3410 件，位居全国第 3 位；医药制造业技术改造经费支出 6.0 亿元，位居全国第 5 位；医药制造业高企办研发机构数为 285 家，位居全国第 4 位（廖晓东等，2020）。广东省内一批龙头骨干企业已在生物医药领域掌握了部分核心关键技术，如微芯生物历时 12 年自主研发的一类新药西达本胺，作为一种抗肿瘤口服药物填补了我国 T 细胞淋巴瘤治疗药物的空白（陈彦玲，2020）。《中国高技术产业统计年鉴》显示，2016 年广东医药制造业新产品销售收入为 1553 亿元，排名全国第 4②。

（五）新能源汽车产业

广东省从 20 世纪 90 年代初就开始关注新能源汽车，在国内最早承担科技部的攻关项目，在汕头建设了电动汽车运行试验示范区。根据《广东省电动汽车发展行动计划（2010）》，广东省政府计划用十年的时间把广东建设成为产业规模、品牌影响和技术水平均达到国际前列的世界电动汽车产业基地，电动汽车占到汽车总产值的 30%。《新能源汽车补贴政策 2015～2016 年广东省最新补贴标准》明确，2016 年新能源汽车的补贴范围主要在公交、环卫、出租、公务、邮政、物流、工程及私人领域示范推广的纯电动汽车、插电式混合动力汽车（含增程

---

① 《力争 2020 年突破 6000 亿元！广东省生物医药产业按下加速键》，中国制药网，2018 年 8 月 21 日。

② 国家统计局、国家发展和改革委员会、科学技术部：《中国高技术产业统计年鉴》，中国统计出版社 2017 年版。

式）及燃料电池汽车的新能源汽车购车。《广东省新能源汽车产业发展规划（2013－2020年）》提出，以纯电动汽车、插电式混合动力汽车、增程式电动汽车为产业发展重点。《广东省加快推动新能源汽车推广应用意见》进一步明确，到2020年广东省新能源汽车推广应用目标为25万辆，以实现公交电动化为主要方向，到2020年新能源公交车保有量占全部公交车比例75%以上，其中纯电动公交占65%以上（傅蔷等，2017）。

广东省电动汽车产业初具规模，形成了电动汽车整车、整车控制系统、动力电池组及管理系统、电机及驱动系统和充电系统等完整产业链。截至2019年，广东省已是国内主要汽车生产基地之一，共有规模以上汽车及零部件企业876家，随着比亚迪、广汽传祺等自主品牌发展壮大，小鹏汽车、腾势汽车、广汽蔚来等新能源造车企业逐步发展，形成了日系、欧美系和自主品牌多元化汽车产业格局，汽车产量连续三年居全国第1位，2019年，广东省汽车制造业营业收入8404.78亿元，实现工业增加值1768.35亿元，汽车产量311.97万辆，占全国汽车总产量12.2%，其中新能源汽车产量15.59万辆，占全国产量13.1%①。

与其他省份相比，广东省目前已拥有一批新能源汽车生产企业，比亚迪当属其中翘楚，五洲龙、广汽集团、广通、飞驶和陆地方舟等企业也均涉足电动汽车，范围涵盖客车、轿车、低速汽车和专用改装车等多个系列。在整车方面，部分混合动力汽车、纯电动汽车和LNG客车车型已开始批量生产。广东14款电动汽车进入国家《节能与新能源汽车示范推广应用工程推荐车型目录》，占总数的10%，数量居全国第二位。

在研发方面，2009年7月，由广汽集团牵头，广汽集团、华南理工大学和中山大学等单位发起，联合广东省内的电动汽车生产企业及相关零部件制造企业，以及国内外相关的高校和科研机构，成立了广东电动汽车省部产学研创新联盟，致力于整合广东省内乃至国内外产学研各方的优势资源。“十二五”期间，通过“官产学研相结合”的模式，广东省已经形成了较强的新能源汽车产业研发创新体系，并初步建成电动汽车实验检测平台。2018年，广东省组织实施了3批“新能源汽车”重大科技项目，共立项42项，总投入超过30亿元，其中省财政投入7.85亿元。广东省成功引进了中科院微电子所、北京理工大学、武汉理工大学等大院大所的国家级创新团队，建设了先进能源科学与技术广东省实验室、佛山（云津）氯能产业与新材料发展研究院、智能网联汽车系统应用工程技术研究中心等一批产业技术创新平台，推动了相关产业协调发展。目前广东省已建有新能

① 深圳市南山区工业和信息化局官网：《广东省十大战略性支柱产业集群和十大战略性新兴产业集群行动计划汇编》，2020年11月26日。

源汽车领域的省级重点实验室 8 个，高水平创新研究院 3 个，新型研发机构 9 个，工程技术研究中心 220 个产业技术创新联盟 12 个（田文颖，2020）。

在产业配套方面，广东关键零部件企业、能源供应企业和相关研发、检测平台单位等配套设施也竞相发展。动力电池生产企业方面，涌现了东莞新能源、珠海银通、迈科、力柏、TCL 金能、亿纬锂能和沃特玛等企业，此外，还有大洋电机、航盛和志成冠军等一批电机、电控企业。广东省政府还与南方电网公司签署了《加快电动汽车充电设施建设战略合作框架协议》，广东省发改委、广东电网和各市签署的《2010 年加快推进电网建设目标责任书》，为电动汽车的充电基础设施建设奠定下良好的基础。截至 2019 年 8 月，广东省公共类充电基础设施运营数量达到 53248 台，成为全国电动汽车充电基础设施运营数量第三大的省份，较 2018 年同期新增了 18620 台①。

（六）航空航天产业

航空航天产业是国家综合国力的集中体现和重要标志，是一个地区经济技术实力和工业化水平的重要标志，具有技术水平高、资本密集、产品附加值高、产业辐射带动能力强等鲜明特点，对广东建设国家战略科技力量，提升产业核心竞争力，实现经济高质量发展具有重要意义。

“十二五”初期，广东省航空航天产业发展尚处于起步阶段，发展基础较为薄弱，产业规模较小，其中飞机制造、航天器材制造基本处于空白阶段，而且产业处于零星分布状态，没有形成很好的产业关联和产业集聚效应。此后，广东省利用其雄厚的经济实力基础、良好的大型机场及独特的区位优势等，大力发展航空航天产业，2012 年中航工业通用飞机公司进驻珠海，珠海雁洲轻型飞机制造有限公司、珠海“红嘴鸥”复合轻型材料轻型飞机、珠海银通无人机等重点项目成形。截至目前，广东航空航天产业发展已经具有一定的实力，具体表现为：

一是珠海航空产业园已成为国家新型工业化（航空产业）示范基地。截至 2017 年末，园区累计引进航空类项目 70 多个，并与广东省科学院合作成立了航空航天装备研究所，自主研发能力较强；园区内的龙头企业中航通飞公司研制了全球最大水陆两栖飞机，并于 2017 年 12 月 24 日首飞成功，这是与 C919 大型客机和运 – 20 大型运输机并列的“国家三个大飞机工程”之一（李艳华等，2020）。

---

① 云鸟充电：《广东省电动车充电桩运营数量全国第三，以公共交流桩为主》，第一电动网，2019 年 10 月 15 日。

二是广州南沙打造航天航空产业园。2020 年南沙开始启动中科空天飞行科技产业化基地项目，项目位于南沙区大岗先进制造业基地内，规划用地 100 亩，总投资约 3.9 亿元，计划于 2022 年 8 月竣工投产试运行，项目建成后，一年可生产 30 发固体空天飞行器，将助推宇航动力研发等上下游关联产业集聚南沙。中科宇航拟在南沙建设集研制、生产、实验、总装及测试于一体的固体及液体火箭生产基地，并将集聚一批宇航动力研发、卫星研发、火箭卫星测控等上下游关联产业进驻，旨在打造“产学研政金”一体化、国际一流的航天产业集群。

三是广东省已集聚了一大批卫星应用机构和企业。以深圳市为例，目前多家企业已经进入小卫星制造领域。2016 年 7 月，深圳市政府与中国航天科技集团公司举行高通量宽带卫星项目签约暨亚太卫星宽带通信（深圳）有限公司成立仪式。2020 年 7 月，被命名为“深圳星”的通信卫星亚太 6D 卫星，经过 5 个月的太空漫游全面转入运营阶段，“深圳星”由亚太星通及其股东单位参与设计监造，中国空间技术研究院研制，历时近 4 年、投资 20 余亿元，从设计监造到投入使用，背后都有深圳科技公司的身影。“珠海一号”遥感微纳卫星星座首批两颗卫星 2017 年成功发射，这两颗卫星视频成像卫星的发射，提升了我国从内陆到沿海地理、生态环境、国土资源变化监测的时效性。2019 年国内首颗由国家立项、面向未来引力波空间探测技术试验卫星“天琴一号”发射成功，标志着中国天琴空间引力波探测计划迈进“太空试验”阶段。广东省在商业航天方面正逐渐形成产业闭环，从制造到应用服务构成了较为完整的产业生态。

（七）海洋产业

党的十九大提出坚持陆海统筹，加快建设海洋强国。海洋已成为经济社会发展不可或缺的组成部分，是广东实现“四个走在全国前列”、当好“两个重要窗口”的重要力量，对广东区域经济的发展发挥越来越举足轻重的作用。

广东省委、省政府高度重视海洋工作，出台了《中共广东省委广东省人民政府关于贯彻落实〈粤港澳大湾区发展规划纲要〉的实施意见》《广东省推进粤港澳大湾区建设三年行动计划（2018－2020 年）》和《广东省加强滨海湿地保护严格管控围填海实施方案》等多项政策文件。2019 年广东自然资源系统印发《广东省加快发展海洋六大产业行动方案（2019－2021 年）》，旨在加快培育海洋战略新兴产业，推动海洋经济高质量发展。广东 2020 年省级促进经济发展专项资金（海洋战略新兴产业、海洋公共服务），安排 3 亿元专项资金着力推动海洋电子信息、海上风电、海洋工程装备、海洋生物、天然气水合物和海洋公共服务等六大海洋产业技术研发、成果转化和基础研究。

根据《广东海洋经济发展报告（2020）》，广东省海洋经济总量保持了持续增长，2019 年广东海洋生产总值在全国率先突破 2 万亿元，达到 21059 亿元，同比增长 9.0%，占地区生产总值的 19.6%，占全国海洋生产总值的 23.6%，海洋生产总值连续 25 年位居全国首位。

产业链方面，目前广东已建立了从上游的海洋工程装备研发设计和原材料支持，到中游的钻井装备、生产装备、辅助船舶、配套设备等制造，再到下游的工程承包和油田服务的完整产业链条，初步形成了产业闭合生态圈。产业链上游拥有国家能源海洋石油钻井平台研发（实验）中心、广东省科学院、广东海洋大学、清华大学深圳研究院、深圳惠尔海洋工程有限公司等一批海洋工程装备研发设计机构，其中，深圳惠尔海洋工程有限公司已成长为在海洋油气开发方面世界领先的海洋行业解决方案供应商；产业链中游拥有招商局深圳重工、中船黄埔文冲船舶公司、粤新船厂、广新海事重工股份公司、广州广船国际股份公司；产业链下游拥有中国南海石油联合服务总公司、广东省粤南新海洋工程装备股份有限公司等工程承包和油田服务机构，其中，广东粤新海洋工程装备股份有限公司承建的两艘 54.8 米综合型消防船已于 2019 年 12 月在粤新海工南沙基地正式顺利下水，实现了内河消防救援船性能技术多个方面的突破和大幅提升（陈敏翼等，2021）。

广东省海洋产业结构不断优化，2019 年海洋三次产业结构比为 1.9∶36.4∶61.7，海洋第二产业比重同比下降 0.6 个百分点、第三产业比重同比上升 0.5 个百分点，海洋现代服务业在海洋经济发展中的贡献持续增强。主要海洋产业增加值 6820 亿元，同比增长 8.0%，海洋科研教育管理服务业增加值 7392 亿元，同比增长 11.3%，海洋相关产业增加值 6847 亿元，同比增长 7.7%。①

（八）新一代信息技术产业

新一代信息技术包括下一代通信网络、物联网、三网融合、新型平板显示、高性能集成电路和以云计算为代表的高端软件。2021 年 1 月 13 日，广州日报数据和数字化研究院（GDI 智库）发布"广东创新 TOP100 榜（2020）"，评价涵盖广东省内 10 个地级市及以上城市的 1083 家企业，数据显示，新一代信息技术产业共有 31 家企业上榜，依照国民经济行业二级分类，上榜企业从属于计算机、通信和其他电子设备制造业、软件和信息技术服务业以及电气机械和器材制造

① 广东省统计局：《广东统计年鉴》（2020），中国统计出版社 2020 年版。

业；新一代信息技术创新能力强劲，上榜企业平均发明总量为6301件，位居广东创新战略新兴产业企业百强榜首位，数量超过排名第2的先进制造业（所属上榜企业平均发明总量为5110件）；根据平均专利授权率、平均国际专利数、平均同族专利被引频次和发明总量复合增长率四项细分指标评价结果，新一代信息技术产业评分均位居各产业前列，表现出较强的创新能力与国际影响力①。

《广东省培育发展"双十"产业集群行动计划编制工作方案》中明确提出，将电子信息产业作为广东省战略性支柱产业集群加快推动培育发展。2019年广东省电子信息产业营业收入4.3万亿元，连续29年居全国第1，占广东省工业营业收入的29.4%，成为支撑广东省经济发展的主导力量。广东省在5G技术、高端芯片、操作系统等高端技术领域拥有全球领先技术，数字经济专利数量居全国前列，《广东省新一代信息技术产业创新发展专利导航研究报告》② 显示，广东省近20年的专利申请已超过60万件，占全国的1/5左右，近五年平均年增长率为26.26%，高于全国平均水平；广东省新一代信息技术产业近20年的授权专利有198623件，整体授权率为33%左右；在电子核心产品领域专利布局较多，占比29.3%；在5G技术、高端芯片、操作系统等高端技术领域拥有全球领先技术，2019年公布的中国电子信息百强企业中前十企业华为、联想、海尔、小米、北大方正、比亚迪、长虹、海信集团、京东方、TCL集团均在广东设立了总部或区域总部，广东省已成为中国重要的电子信息产业制造基地、研发基地、出口基地和物流中心。

从细分领域来看，广东省发展芯片产业具有下游市场广阔、产业集中度高、工业制造基础好、粤港澳大湾区发展环境优越等多重优势，随着供应链和产业链的逐步完善，广东芯片产业的技术实力不断攀升。2019年广东集成电路产量363.24亿块，同比增长20.76%，占全国集成电路产量的18%。全国集成电路设计十大企业，广东占据3席（海思半导体、中兴微电子、汇顶科技），其中海思半导体营业收入达842.7亿元，同比增长67.5%，在全球十大集成电路设计厂商中排名第3，居全国首位。深圳是全国集成电路设计业规模最大的城市，2019年设计业规模达1098.7亿元③。

从区域和行业布局来看，广东省新一代电子信息产业聚集明显，区域分布集中。新一代电子信息产业集群主要集中在通信设备制造业。2020年前三季度，

① 徐静：《4.3万亿元！广东省电子信息产业营收连续29年全国第一》，广州日报，2021年1月13日。

② 李幸子：《"数"立信心丨广东新一代信息技术产业创新专利增长迅速》，新华网，2020年4月16日。

③ 王彪、彭琳等：《广东电子信息产业逆势升级》，南方新闻网，2020年4月30日。

新一代电子信息产业9个中类行业中，通信设备制造业实现工业总产值15367.56亿元，同比增长5.6%，实现增加值3367.03亿元，增长6.1%，占新一代电子信息产业的比重分别为51.9%、55.1%，拉动该产业集群增长3.2个百分点。新一代电子信息产业主要分布在珠三角地区，以珠江东岸电子信息产业带为集聚区，粤东西北占比较少，2020年前三季度，珠三角地区新一代电子信息产业实现工业增加值5965.20亿元，增长1.3%，占广东该产业集群的96.7%①。

（九）高端电子信息产业

高端装备制造业是以高新技术为引领，处于价值链高端和产业链核心环节，决定着整个产业链综合竞争力的战略性新兴产业。全球制造产业竞争进入了新阶段，高端装备制造已成为了全球制造业竞争的焦点。习近平总书记曾指出，“装备制造业是制造业的脊梁，要加大投入、加强研发、加快发展，努力占领世界制高点、掌控技术话语权，使我国成为现代装备制造业大国”；“装备制造业是国之重器，是实体经济的重要组成部分，要把握优势，乘势而为，做强做优做大”。②

广东作为全国制造大省，一直以来都高度重视装备制造业特别是高端装备制造业的发展，制定出台了《珠江西岸先进装备制造产业带布局和项目规划（2015－2020年）》《广东省智能制造发展规划（2015－2025年）》《广东省先进制造业发展“十三五”规划》《关于进一步完善扶持先进装备制造业发展财政政策措施的通知》和《广东省培育高端装备制造战略性新兴产业集群行动计划（2021－2025年）》等，引导和带动广州、深圳、佛山、东莞、珠海等地大力发展高端数控机床、智能机器人、海洋工程装备、航空装备等高端装备制造业。

广东大力推进智能机器人、高端数控机床、海洋工程装备等领域产业技术研发平台建设，推动高端装备制造研发、设计和制造能力持续增强，新产品新技术不断取得突破。如在智能机器人领域，形成了中科院深圳研究院、清华深圳研究院、广东省智能机器人研究院、广东省机器人创新中心等一批高水平研发机构及平台，大大提升了机器人制造、系统集成和零部件研发创新能力；在海洋工程领域，形成了以广东省海洋工程装备技术研究所、广州船舶及海洋工程设计研究院、广东海洋大学深圳研究院、哈尔滨工程大学重点实验室、中国地质大学海洋

① 中商产业研究院：《2020年前三季度广东新一代电子信息产业聚集情况分析：集中珠三角地区》，中商情报网讯，2020年12月21日。

② 中央党校（国家行政学院）中青二班五支部调研组：《以创新驱动推动装备制造业高质量发展》，中国共产党新闻网，2019年12月25日。

工程技术研发中心（深圳）、南方海洋科学与工程广东省实验室（广州、珠海、湛江）等为代表的海洋工程装备科研机构及平台，在海洋工程装备研发、设计、制造和推广应用等方面拥有较强的竞争优势。

广东省在高端数控机床、海洋工程装备、航空装备、卫星及应用、轨道交通装备等领域引进建设了一批项目，培育了一批龙头骨干企业，高端装备制造研发、设计和制造能力持续增强，新产品新技术不断取得突破，在广州、深圳、东莞、珠海、佛山、中山、江门、阳江等地初步形成产业集聚态势。

第三节　广东省战略性新兴产业的空间布局

广东省战略性新兴产业在各区域的布局不尽相同，如节能环保产业主要分布在佛山、深圳、东莞、广州、中山、珠海、惠州等地，佛山、深圳、东莞、广州节能环保产业产值占广东的70%以上。新能源汽车产业主要布局在广州、佛山和深圳，作为全国重要的乘用车生产基地，广东新能源汽车产业依靠着广州、深圳两大核心城市，以广汽、比亚迪两大汽车集团为重点企业，形成整个珠三角新能源汽车产业集群，走在了全国的前列。风电产业主要分布在阳江，如阳江南鹏岛珍珠湾海风场是国内装机容量最大的海上风电项目。核电装备产业则主要在深圳和阳江，其中，大亚湾核电站位于中国广东省深圳市大鹏新区大鹏半岛，是中国大陆第一座大型商用核电站；阳江核电站是中广核集团在广东地区的第二核电基地，位于粤西沿海的阳江市（见表3－3）。

表3－3　广东省战略性新兴产业在各城市的分布情况

产业名称	主要分布城市	产业分布概况
节能环保产业	佛山、深圳、东莞、广州、中山、珠海、惠州	佛山大力发展节能环保产业，节能环保产业增速快且市场化程度高，加上深圳、东莞、广州，四座城市的节能环保产业产值占广东省的70%以上
生物医药产业	深圳、广州、揭阳、佛山	2005年，深圳被国家发展改革委认定为第一批国家生物产业基地；广州科学城区内生物医药研发机构已达25家，拥有一批高水平的研发企业和机构；揭阳产业科技园产业园核心区至2014年已投入12亿元，打造大健康产业链，促生物医药转型升级；佛山总面积约1000亩的生物产业园定位为国际生物产业中心、国际生物与金融产业交易中心
新材料产业	广州、佛山、深圳、肇庆、东莞、江门	广州有产值超亿元新材料企业140多家，并拥有亚洲最大的塑料改性企业金发科技，佛山有国家新材料产业基地

续表

产业名称	主要分布城市	产业分布概况
太阳能光伏产业	佛山、肇庆、潮州、清远、深圳	佛山2014年拥有首个分布式光伏发电站，拟打造太阳能光伏之城。加上肇庆、潮州和清远对于太阳能光伏资源的有效利用，产业创造了达全省约一半的产值
海洋产业	广州、佛山、江门、深圳	广州作为广东省海洋经济发展试点地区，海洋经济发展面临难得机遇。“十一五”期末，广州主要海洋产业增加值超1250亿元，连续多年位居全省前列
航空航天产业	广州、珠海、深圳	从发展布局来看，目前广东省航空产业主要依托广州白云机场、深圳宝安机场和珠海航空产业园等，初步形成了三大航空产业区
高端电子信息产业	深圳、东莞、惠州、广州	以华为、中兴、腾讯等深圳电子信息企业为主体的技术创新体系进一步优化，知识产权创造和运用水平明显提高，深圳高端电子信息产业产值超过全省产值的一半
新能源汽车产业	广州、佛山、深圳	作为全国重要的乘用车生产基地，广东新能源汽车产业依靠着广州、深圳两大核心城市，以广汽、比亚迪两大汽车集团为重点企业，形成整个珠三角新能源汽车产业集群，走在了全国的前列。珠三角地区成为全国纯电动公交车推广应用的示范区域，2015年广州推广应用各类新能源汽车10000辆，深圳年产20万辆，比亚迪占大部分
风电产业	阳江	阳江南鹏岛珍珠湾海风场是国内装机容量最大的海上风电项目。该风电项目规划装机总容量达40万千瓦，计划在2020年实现风机全部并网发电，项目建成后年上网电量约10.15亿千瓦时，超过阳江市2018年月平均用电量
核电装备产业	深圳、阳江	大亚湾核电站位于中国广东省深圳市大鹏新区大鹏半岛，是中国第一座大型商用核电站。阳江核电站是中广核集团在广东地区的第二核电基地，位于粤西沿海的阳江市

资料来源：作者根据相关资料整理得出。

从战略性新兴产业细分行业来看，不同城市的优势产业各不相同，如节能环保产业中，高效节能技术产业主要分布在深圳、东莞、惠州、佛山、珠海、江门、阳江等地区，环境治理产业主要分布在韶关、东莞、广州、中山、阳江、湛江等地区，污染行业治理产业主要分布在东莞、惠州、广州、阳江、湛江，清洁生产与循环经济产业主要分布在韶关、惠州、广州、珠海、阳江，环境监测产业主要分布在惠州、阳江，资源高效开发利用产业主要分布在深圳、惠州、广州（见表3-4）。

表 3－4　　战略性新兴产业各细分行业的空间布局

一级产业	二级产业	布局城市
节能环保产业	高效节能技术	深圳、东莞、惠州、佛山、珠海、江门、阳江
	环境治理	韶关、东莞、广州、中山、阳江、湛江
	污染行业治理	东莞、惠州、广州、阳江、湛江
	清洁生产与循环经济	韶关、惠州、广州、珠海、阳江
	环境监测	惠州、阳江
	资源高效开发利用	深圳、惠州、广州
新一代信息技术产业	新一代移动通信	梅州、东莞、惠州、广州、珠海、中山
	下一代互联网核心设备	汕尾、深圳、惠州、佛山、珠海、中山、湛江
	智能终端	惠州、阳江
	三网融合	云浮、湛江
	物联网	深圳、惠州、佛山
	集成电路	梅州、汕头、汕尾、东莞、惠州、广州、珠海、中山、阳江
	新型显示	韶关、汕尾、深圳、惠州、广州、佛山、中山、江门
	高端软件	汕头、深圳、广州、珠海、阳江、湛江
	高端服务器	深圳、惠州、广州
	数字虚拟技术	惠州、佛山、珠海、中山
	文化创意产业	广州、中山
生物医药产业	生物育种	深圳、中山、湛江
	医药生物技术	韶关、汕头、深圳、东莞、惠州、广州、佛山、珠海、中山、湛江
	创新药物	汕头、东莞、惠州、广州、佛山、珠海、中山、阳江、湛江
	新剂型、制剂技术	汕头、东莞、惠州、广州、珠海
	医疗仪器技术、设备	深圳、惠州、珠海、中山、湛江
	生物医药技术服务业	广州
高端装备制造业	空间基础设施建设	珠海
	轨道交通装备	广州、江门
	海洋工程装备	广州、珠海、中山、江门、湛江
	智能制造装备	深圳、惠州、广州、中山
新能源产业	太阳能	河源、东莞、广州、佛山、中山、阳江
	风能	东莞、广州、佛山、中山、江门、阳江、茂名
	生物质能	韶关、东莞、广州、佛山、阳江、茂名
	核能	韶关、深圳、江门、阳江

续表

一级产业	二级产业	布局城市
新材料产业	微电子和光电子材料	深圳、惠州、佛山、中山、江门、阳江
	新型功能材料	汕头、东莞、惠州、广州、佛山、珠海、中山、江门、阳江、湛江
	高性能结构材料	梅州、汕头、惠州、广州、佛山、珠海、中山、阳江、湛江
	纳米/超导/智能材料	韶关、梅州、深圳、惠州、珠海、中山、阳江
新能源汽车产业	动力电池	深圳、佛山、珠海、中山
	驱动电机	珠海、中山
	混合动力汽车	深圳、珠海、江门

资料来源：作者根据相关资料整理得出。

广州作为广东国家中心城市之一，重点发展新能源、节能环保、电动汽车、新材料等10个新兴产业；东莞市、珠海市、汕头市主要发展高端新型电子信息、生物医药等8个新兴产业；值得注意的是，虽然深圳重点发展的战略性新兴产业数量不多，主要是生物医药、互联网和新能源产业3个，但都涉及前沿科技，对未来科技、经济发展有重要影响（见表3－5）。

表3－5　　广东各地市战略性新兴产业布局

编号	城市	新兴产业
1	广州市	新能源、节能环保、电动汽车、新材料、新医药、海洋生物、软件和信息服务、新一代通信、物联网、
2	东莞市	高端新型电子信息、LED、电动汽车、太阳能光伏、新材料、节能环保、生物医药、海洋产业
3	珠海市	高端新型电子信息、生物医药、新能源、新能源汽车、新材料、航空、海洋工程、节能环保
4	汕头市	海洋工程、生物医药、高端电子信息、新能源汽车、LED、环保、新材料
5	佛山市	光电产业、新材料、现代服务业、新医药、环保、电动汽车
6	中山市	风电装备制造、LED、新能源汽车、节能环保
7	江门市	新光源、新能源、新材料、装备制造
8	清远市	高端新型电子信息、生物医药、新材料、节能环保
9	河源市	新电子、新能源、新材料、新医药

续表

编号	城市	新兴产业
10	深圳市	生物、互联网、新能源
11	梅州市	高端电子信息、生物制药
12	惠州市	光电产业
13	湛江市	海洋新兴产业
14	云浮市	三网融合

资料来源：作者根据相关资料整理得出。

第四节　本章小结

本章根据《关于加快经济发展方式转变的若干意见》《广东省现代产业体系建设总体规划（2010－2015年）》和《广东省战略性新兴产业发展“十三五”规划》等文件，梳理了广东省战略性新兴产业的主要领域。同时由于战略性新兴产业的行业分类与《广东工业统计年鉴》中的行业分类口径不统一，存在《广东工业统计年鉴》中部分中类行业分属于不同的战略性新兴产业的情况，本章明确了战略性新兴产业的行业分类与《广东工业统计年鉴》行业的对应关系。在此基础上，对广东省战略性新兴产业规模、自主创新能力、重点产业发展状况及产业的空间布局进行了分析，主要结论如下：

第一，广东省战略性新兴产业规模不断壮大。2008～2018年，广东省战略性新兴产业的工业总产值从22646.02亿元增长到73877.21亿元，平均每年增长12.55%；广东省战略性新兴产业的全部从业人员年平均人数从539.288万人增加到684.92万人，平均每年增长2.419%；广东省战略性新兴产业的主营业务收入从22040.375亿元上升到72433.326亿元，平均每年上升12.635%；广东省战略性新兴产业的利润总额从1589.265亿元增加到4393.262亿元，平均每年增长10.703%。

第二，广东省战略性新兴产业自主创新能力显著提升。广东省R&D经费投入强度不断增加，由2011年的1.96%增长至2019年的2.88%。2010～2016年，广东省战略性新兴产业R&D人员全时当量增长了76.110%，年平均增长9.891%。在创新投入不断加大的情况下，战略性新兴产业的创新产出水平和能力不断提升。截至2019年底，广东省战略性新兴产业有效发明专利量16.39万件，占全国战略性新兴产业有效发明专利量的15%，位居全国前列，占全省有效发明专利55%，专利已成为广东省新兴产业高质量发展极其重要的创新资源和核心竞争力。从新产品销售收入来看，2016 年广东省战略性新兴产业细分行业新产品平均销售收入为230.16 亿元，其中，高端电子信息产业新产品销售收入超千亿元，为1374.62 亿元，节能环保产业位居第二，为493.99 亿元。

第三，重点产业发展迅速，创新能力稳步提升，产业链不断完善。如 2019 年广东省节能环保产业企业营业收入约300 亿元，年增长率为13%，有效发明专利量1.38 万件，占全国的11%，打造了一批重大平台载体，如肇庆高新技术产业开发区等国家级环保产业园区和国家生态工业示范园区、南海国家生态工业建设示范园区暨华南环保科技产业园等环保生态工业园区，已经建立了相对完善的产业链条。再如广东省海洋产业生产总值 2019 年在全国率先突破 2 万亿元，达到21059 亿元，同比增长9.0%，占地区生产总值的19.6%，占全国海洋生产总值的23.6%，海洋生产总值连续25 年位居全国首位；产业链方面，已建立了从上游的海洋工程装备研发设计和原材料支持，到中游的钻井装备、生产装备、辅助船舶、配套设备等制造，再到下游的工程承包和油田服务的完整产业链条，初步形成了产业闭合生态圈。

第四，广东省战略性新兴产业在各区域的布局不尽相同。如节能环保产业主要分布在佛山、深圳、东莞、广州、中山、珠海、惠州等地，佛山、深圳、东莞、广州节能环保产业产值占广东省的70%以上。新能源汽车产业主要布局在广州、佛山、深圳，作为全国重要的乘用车生产基地，广东省新能源汽车产业依靠着广州、深圳两大核心城市，以广汽、比亚迪两大汽车集团为重点企业，形成整个珠三角新能源汽车产业集群，走在了全国的前列。广州作为广东国家中心城市之一，重点发展新能源、节能环保、电动汽车、新材料等 10 个新兴产业；东莞市、珠海市、汕头市主要发展高端新型电子信息、生物医药等 8 个新兴产业；值得注意的是，虽然深圳重点发展的战略性新兴产业数量不多，主要是生物医药、互联网和新能源产业 3 个，但都涉及前沿科技，对未来科技、经济发展有重要影响。

第四章　广东省战略性新兴产业一般竞争力评价

第三章已经对广东省战略性新兴产业的产业规模、自主创新能力、重点产业发展状况及产业的空间布局进行了分析。那么，广东省战略性新兴产业是否在全国具有竞争力？竞争力优势体现在哪里？9 个细分行业的竞争力是否存在明显的行业异质性？为了回答这些问题，本章通过构建一般竞争力评价体系，对广东省战略性新兴产业的竞争力进行测度，把握战略性新兴产业竞争力的优势、劣势及细分行业之间的差异。

第一节　一般竞争力评价体系构建

现有文献大多是在构建综合评价指标体系的基础上，采用主成分方法、模糊聚类方法等测算出产业竞争力水平。如贺正楚、吴艳和周震虹（2011）从产业关联度指标、需求收入弹性指标、生产率上升率指标、比较优势指标等主导产业评价指标出发，使用模糊数学分析对指标进行隶属度分析，得出包含产业全局性、产业关联性、产业先导性和产业动态性 4 个一级指标和 13 个二级指标的战略性新兴产业评价体系（见表 4－1）。

表 4－1　　　　贺正楚、吴艳和周震虹战略性新兴产业评价体系

一级指标	二级指标
产业全局性	经济增长率
	生产率上升率
	比较优势系数
	需求收入弹性

续表

一级指标	二级指标
产业关联性	感应度系数
	影响力系数
产业先导性	技术进步率
	技术密集系数
	科研经费增长率
产业动态性	就业增长率
	单位耗能产值率
	单位三废排放产值率
	区位熵

资料来源：贺正楚、吴艳、周震虹：《战略性新兴产业评估指标的实证遴选及其应用》，载《中国科技论坛》2011 年第 5 期。

谭蓉娟（2012）在贺正楚等人关于战略性新兴产业评价指标体系的基础上，加入了经济低碳化程度指标，通过主成分和模糊聚类方法，得到战略支持、市场需求、产业基础、经济效益、创新能力、成长潜力、产业关联、环境状况、发展风险等评价战略性新兴产业竞争力的 9 个因子，并对广东省战略性新兴产业的竞争力进行了测算（见表 4－2）。

表 4－2　　　　谭蓉娟战略性新兴产业竞争力及其影响因素变量

潜变量		观测变量
内生潜变量	战略性新兴产业竞争力	市场占有水平、利润水平
外生潜变量	战略支持	政策导向、体制创新、调控能力
	产业基础	基础设施、金融环境
	成长潜力	产业增长率、固定资产比重
	经济效益	经济增长率、产业总产值
	创新能力	核心技术拥有水平、技术进步率、专业人才保有水平
	市场需求	潜在市场规模、替代产品市场占有水平
	环境状况	能耗水平、碳生产力
	产业关联	产业感应度、产业影响力、产业辐射能力、产业聚集度、带动能力
	发展风险	技术稳定性、市场稳定性

资料来源：谭蓉娟：《战略性新兴产业竞争力维度结构与测度——低碳经济背景下广东省数据的实证研究》，载《科学学研究》2012 年第 5 期。

段健（2013）参考贺正楚的战略性新兴产业选择与评估指标、谭蓉娟的战略性新兴产业竞争力结构方程模型以及高新技术产业竞争力测度指标，依据战略性新兴产业竞争力模型，强调创新是支撑战略性新兴产业的核心竞争力，从目标层、准则层和方案层三个方面构建了反映创新驱动、市场驱动、要素支撑、企业因素、产业支撑、政策支持、发展风险、环境因素的26个指标评价战略性新兴产业的竞争力（见表4－3）。

表4－3　段健战略性新兴产业竞争力评价指标

<table>
<tr><th>目标层</th><th>准则层</th><th>方案层</th></tr>
<tr><td rowspan="26">战略性新兴产业竞争力</td><td rowspan="5">创新驱动</td><td>研发投入比例</td></tr>
<tr><td>研发人员数量</td></tr>
<tr><td>基础研究投入</td></tr>
<tr><td>专利授权数</td></tr>
<tr><td>技术进步率</td></tr>
<tr><td rowspan="2">市场驱动</td><td>市场销售率</td></tr>
<tr><td>进出口额比重</td></tr>
<tr><td rowspan="6">要素支撑</td><td>地区财政收入</td></tr>
<tr><td>后备土地资源</td></tr>
<tr><td>本科以上学历人员比重</td></tr>
<tr><td>拥有技术职称人员比重</td></tr>
<tr><td>实际利用外资水平</td></tr>
<tr><td>金融机构年末存款余额</td></tr>
<tr><td rowspan="5">企业因素</td><td>大中型企业数量</td></tr>
<tr><td>企业主营业务收入</td></tr>
<tr><td>企业利润</td></tr>
<tr><td>上市企业个数</td></tr>
<tr><td>企业研发投入比重</td></tr>
<tr><td rowspan="4">产业支撑</td><td>总产值</td></tr>
<tr><td>增加值</td></tr>
<tr><td>利税比重</td></tr>
<tr><td>产业集中度</td></tr>
<tr><td>政策支持</td><td>政府投入资金</td></tr>
<tr><td rowspan="2">发展风险</td><td>技术稳定性</td></tr>
<tr><td>市场稳定性</td></tr>
<tr><td>环境因素</td><td>资源和能源消耗率</td></tr>
</table>

资料来源：段健：《江苏省战略性新兴产业竞争力研究》，华东师范大学学位论文2013年。

毛静（2016）同样强调了自主创新能力在产业竞争力中的重要作用，构建了原始创新能力、集成创新能力、二次创新能力和自主创新环境4个一级指标和13个二级指标，并将集成创新能力作为产业核心竞争力，反映创新主体不断融合汇集新技术、新的科研成果，最终使产业转化为具有市场竞争力的优势产业能力（见表4-4）。

表4-4 毛静战略性新兴产业自主创新能力评价指标体系

创新能力	评价指标	指标计算公式
原始创新能力	R&D经费投入	
	R&D研究人员	
	企业研发强度	有研发机构的企业/企业总数
	发明专利人均拥有量	发明专利数/R&D人员折合当时全量
集成创新能力	新产品销售收入比重	新产品销售收入/新产品开发经费支出
	技术转移投入	购买国内技术经费支出
	新产品出口销售率	新产品出口额/新产品销售收入
二次创新能力	技术引进投入	引进技术经费支出
	技术改造投入	技术改造经费支出
	消化吸收投入	消化吸收经费支出
自主创新环境	GDP密度	GDP/区域面积
	政府支持力度	R&D内部经费中的政府资金投入
	产业固定资产交付使用率	新增固定资产/投资额

资料来源：毛静：《四川省战略性新兴产业自主创新能力评价》，成都理工大学学位论文，2016年。

董登珍、吴翠和龚明（2016）将自主创新产出能力纳入评价体系，提出了4个一级指标和16个二级指标，利用因子分析法对全国各省份战略性新兴产业自主创新能力进行定量测度并排序（见表4-5）。

表4-5 董登珍、吴翠和龚明战略性新兴产业自主创新能力评价指标体系

目标层	准则层	指标层
战略新兴产业自主创新能力	自主创新技术开发能力	R&D人员折合当时全量
		R&D经费支出
		R&D人员
		科研仪器设备投入

续表

目标层	准则层	指标层
战略新兴产业自主创新能力	科研成果转化能力	消化吸收经费
		技术改造经费
		新产品开发经费投入强度
		新产品开发项目数
	自主创新产出能力	专利申请数
		有效发明专利数
		新产品销售收入
		新产品出口收入
	自主创新环境支撑能力	创新意识
		R&D 人员素质
		市场盈利能力
		政府支持力度

资料来源：董登珍、吴翠、龚明：《湖北省战略性新兴产业自主创新能力评价研究》，载《科技进步与对策》2016 年第 12 期。

曹虹剑与余文斗（2017）在钻石模型基础上引入知识吸收和创新能力两大核心要素，运用因子分析方法，从产业环境、产业支撑和产业创新 3 个方面构建产业国际竞争力评价指标体系（见表 4－6）。

表 4－6　曹虹剑与余文斗战略性新兴产业国际竞争力评价指标体系

一级指标	二级指标	三级指标
产业环境	生产要素	从业人员平均人数
		企业办研发机构：机构人员
		资产总计/企业数
		企业办研发机构：机构数
		专利申请数
		R&D 人员
		资产总计
		资产负债率
	需求条件	主营业务收入
		利润总额
		出口交货值
		销售利润率

续表

一级指标	二级指标	三级指标
产业支撑	产业支撑与企业支撑	资产周转率
		R&D 经费内部支出：企业资金
		劳动生产率
		成本费用利润率
		销售收入
		流动资产/资产总额
	政府支持	应付所得税
		R&D 经费内部支出：政府资金
产业创新	创新投入	R&D 人员折合全时当量
		R&D 经费内部支出：人员劳务费
		R&D 经费内部支出：仪器和设备
	创新过程	新产品开发项目数
		新产品开发经费支出
		技术改造经费支出
		新开工项目个数
		机构经费支出
	创新产出	有效专利发明数
		新产品销售收入
		全部建成投产项目个数
		新增固定资产
		项目建成投产率
		固定资产交付使用率

资料来源：曹虹剑、余文斗：《中国战略性新兴产业国际竞争力评价》，载《经济数学》2017 年第 1 期。

王红军（2013）采用多级模糊综合评价法，从创新资源、创新业绩、生产能力、政府扶持力度、产业所在区域服务支撑水平、区域科研支撑能力 6 个方面设计创新能力评价模型，并采用德尔菲法确定各指标的权重（见表 4－7）。

表4-7　　王红军战略性新兴产业创新能力审计指标体系

	一级指标	二级指标
战略性新兴产业创新能力	创新资源	产业规模
		产业研发人员数量
		产业研发人员水平
		产业研发经费
	创新业绩	年申请专利数
		拥有专利数
		新产品收入
	生产能力	全员劳动生产率
		成本费用利润率
		流动资产周转次数
	政府扶持力度	政府产业政策
		政府财政金融政策
		政府相关优惠政策
	产业所在区域服务支撑水平	金融市场成熟度
		金融机构借贷意愿
		相关交易市场成熟度
	区域科研支撑能力	高校及科研院所相关专业水平
		高校相关专业招生规模
		战略性新兴产业相关科研院所规模

资料来源：王红军：《战略性新兴产业创新能力评估及提升路径研究》，载《技术与创新管理》2013年第5期。

欧凌峰（2013）针对技术创新视角下的新兴产业，从技术创新行为维度、技术创新效益维度、技术创新支持维度3个方面评价新兴产业竞争力（见表4-8）。

表4-8　　欧凌峰技术视角下新兴产业竞争力评价指标体系

	一级指标	二级指标
新兴产业竞争力	技术创新行为维度	地区科技投入
		产业科技人员投入
		政府科技投入
		科技合作项目
		新兴产业领军人物
		产业从业人员数

续表

	一级指标	二级指标
新兴产业竞争力	技术创新效益维度	新兴产业总产值
		新兴产业销售收入
		新兴产业税收收入
		新兴产业出口额
		年均专利授权量
		名优品牌商标数量
	技术创新支持维度	科技服务平台和机构
		外商投资企业数
		基础设施建设
		地区生产总值
		政府财政支出

资料来源：欧凌峰：《基于技术创新视角的广东省新兴产业竞争力评价研究》，华南理工大学学位论文，2013 年。

张治河、潘晶晶和李鹏（2015）参考《奥斯陆手册》，采用定性和定量指标相结合的方法，构建了由研发、产品/工艺创新、营销/组织创新、创新产出、创新环境 5 个主因素和 25 个细化指标构成的战略性新兴产业创新能力评价、演化及规律探索评价指标体系，并采用层次分析法和美国运筹学家萨蒂（A. L. Saaty）提出的 1 ~9 标度法确定指标权重（见表 4 –9）。

表 4 –9　　张治河等人战略性新兴产业创新能力评价指标

目标层	主因素层	指标层
战略产业创新能力评价	研发	设备水平先进情况
		R&D 活动经费投入
		科技活动人员投入
		研究人员素质
	产品/工艺创新	吸纳技术投入
		人员培训情况
		自主研究开发能力
		外资投入
		超前研究开发条件
	营销/组织创新	销售渠道建设情况
		人才激励制度

续表

目标层	主因素层	指标层
战略产业创新能力评价	营销/组织创新	企业家素质
		市场开拓能力
		企业内的研发生产营销部门间的交流与协调
	创新产出	输出技术收入
		专利情况
		产品销售收入
		科研机构产出
		研发成果投产率
	创新环境	政府部门支持力度
		人均可支配收入
		科研机构数
		邮电业务
		人均藏书量
		环境污染物排放量

资料来源：张治河、潘晶晶、李鹏：《战略性新兴产业创新能力评价、演化及规律探索》，载《科研管理》2015 年第 2 期。

黄欠（2013）将反映竞争结果的指标称为竞争力的实现指标，把反映竞争力和潜力的指标称为直接因素指标和间接因素指标，构建了因果关系—分析框架—统计指标的理论分析模型，建立了以江淮汽车股份有限公司新能源汽车为例的评价指标体系（见表 4－10）。

表 4－10　江淮新能源汽车竞争力评价指标体系

一级指标	二级指标	三级指标
江淮新能源汽车竞争力	资源条件	每百人中大学毕业生比例
		科研院所高级职称科研人员比例
		新能源汽车产业从业人数
		新能源汽车产业企业数
		新能源汽车产业平均固定资产
		新能源汽车产业固定投资占总投资比重
		固定资产总投资
		能源储量与多样性程度

续表

一级指标	二级指标	三级指标
江淮新能源汽车竞争力	产业环境	人均 GDP
		人均可支配收入
		人均新能源产品消费占总消费比重
		国内市场需求规模
		国内市场需求潜力
		人口素质水平
		新能源汽车产业市场占有率
		汽车普及率
	企业素质	全员劳动生产率
		产业集中度
		人均固定资产装备率
		成本控制水平
		产品质量保障水平
		价格水平
		产品品牌价值水平
		汽车年产量
	技术创新	R&D 人员比例
		R&D 经费占销售额比重
		教育培训费用支出占销售收入比重
		设有汽车或能源专业的高等院校个数
		从事新能源汽车专项研究的科研机构数量
		从事新能源汽车研究的科研人员数量
		新能源汽车科研成果项数
		专利指数
	相关与支持产业	每百人平均移动电话用户
		每百人平均互联网用户
		每万人平均公路拥有量
		公路人均拥有量增长率
		新能源汽车产业产值占第二产业比重
		新能源汽车产业对本地相关产业增长的拉动率
		公共教育占地区 GDP 比重
		零部件及相关产业发展水平
	政府作用	政策与法律体系完善度
		政府财政拨款占产业资金来源比重
		政府关注度

资料来源：黄欠：《安徽省战略性新兴产业竞争力评价研究》，安徽大学学位论文，2013 年。

综上所述，国内外学者主要是通过构建竞争力评价体系来测算战略性新兴产业的竞争力。本书研究借鉴已有文献的做法，参考曹建云（2012）的竞争力评价体系，从规模竞争力、科技竞争力、结构竞争力、环境竞争力和成长竞争力5个方面反映战略性新兴产业的竞争力，三级指标的选择依据如下：

规模竞争力方面，参考张治河、潘晶晶和李鹏衡量创新产出的产品销售收入指标，曹虹剑、余文斗、欧凌峰衡量生产要素的从业人员平均人数指标，黄欠衡量资源条件的固定资产总投资指标，段健衡量要素支撑的实际利用外资水平指标等，设定工业销售产值、从业人员平均人数、固定资产总额、利用外资额4个指标反映规模竞争力。

科技竞争力方面，参考董登珍、吴翠和龚明衡量自主创新技术开发能力、毛静衡量原始创新能力及张治河、潘晶晶和李鹏衡量研发的R&D经费支出指标，曹虹剑、余文斗衡量创新投入及董登珍、吴翠和龚明衡量自主创新技术开发能力的R&D人员折合全时当量指标，曹虹剑、余文斗衡量创新产出能力的有效专利发明数指标，段健衡量创新驱动的研发投入比例指标，贺正楚、吴艳和周震虹的科研经费增长率指标等，设定各省市人均R&D经费支出、R&D人员全时当量、有效发明专利数、R&D经费支出占GDP比重、有效发明专利占全国的比重、人均R&D经费支出增长率、R&D人员全时当量增长率7个指标反映科技竞争力。

结构竞争力方面，一方面反映工业内部结构，即规模以上工业中战略性新兴产业的占比，设定工业销售产值、从业人员平均人数、固定资产总额、利用外资额等占规模以上工业比重，另一方面反映三次产业结构，设定第二、第三产业比重。

环境竞争力方面，参考黄欠衡量产业环境的人均GDP指标和衡量相关与支持产业的每百人平均互联网用户指标，段健衡量市场驱动的进出口额比重指标，曹虹剑、余文斗衡量需求条件的主营业务收入、利润总额、出口交货值和销售利润率指标，欧凌峰衡量技术创新效益维度的新兴产业总产值、新兴产业销售收入和新兴产业出口额指标，王红军衡量生产能力的成本费用利润率指标等，设定人均GDP、进出口总额占GDP比重、每百人使用计算机、每百家企业拥有网站数、城镇人口占总人口的比重、出口交货值占工业销售产值比重、外资占工业销售产值比重、利润占主营业务成本比重8个指标反映环境竞争力。

成长竞争力方面，参考贺正楚、吴艳和周震虹的就业增长率指标，谭蓉娟衡量成长潜力的固定资产比重指标等，设定工业销售产值增长率、从业人员平均人数增长率、固定资产增长率、利用外资增长率4个指标反映成长竞争力。

利用规模竞争力、科技竞争力、结构竞争力、环境竞争力和成长竞争力5个二级指标和28个三级指标的评价体系，采用主成分分析法和层次分析法对广东战略性新兴产业的竞争力进行评价（见表4-11）。

表4-11　　　战略性新兴产业一般竞争力评价体系

一级指标	二级指标	三级指标	指标符号
一般竞争力	规模竞争力	工业销售产值	X_{11}
		从业人员平均人数	X_{12}
		固定资产总额	X_{13}
		利用外资额	X_{14}
	科技竞争力	各省市人均R&D经费支出	X_{21}
		R&D人员全时当量	X_{22}
		有效发明专利数	X_{23}
		R&D经费支出占GDP比重	X_{24}
		有效发明专利占全国的比重	X_{25}
		人均R&D经费支出增长率	X_{26}
		R&D人员全时当量增长率	X_{27}
	结构竞争力	工业销售产值占规模以上工业比重	X_{31}
		从业人员平均人数占规模以上工业比重	X_{32}
		固定资产总额占规模以上工业比重	X_{33}
		利用外资额占规模以上工业比重	X_{34}
		第二三产业占生产总值比重	X_{35}
	环境竞争力	人均GDP	X_{41}
		进出口总额占GDP比重	X_{42}
		每百人使用计算机	X_{43}
		每百家企业拥有网站数	X_{44}
		城镇人口占总人口的比重	X_{45}
		出口交货值占工业销售产值比重	X_{46}
		外资占工业销售产值比重	X_{47}
		利润占主营业务成本比重	X_{48}
	成长竞争力	工业销售产值增长率	X_{51}
		从业人员平均人数增长率	X_{52}
		固定资产增长率	X_{53}
		利用外资增长率	X_{54}

第二节　数据来源及数据处理

（一）数据来源

数据来源于《中国统计年鉴》《中国工业统计年鉴》《广东经济普查年鉴》《中国经济普查年鉴》。

（二）数据处理

为了避免一年中可能出现的异常值数据，采用2014～2015年的平均值，由于战略性新兴产业的细分行业对应于《中国工业统计年鉴》不同的工业中类或小类，而《中国工业统计年鉴》并没有各省区市的小类行业数据，因此，小类行业的数据根据《2013年中国经济普查年鉴》中，各小类行业占中类行业的比重推算，小类行业比重推算数据包括医疗仪器设备制造占专用设备制造业比重，涂料、合成、专用化学占化学原料和化学制品制造业的比重，塑料薄膜和泡沫塑料占塑料制品业的比重，玻璃及玻璃制品及陶瓷占非金属矿物制品的比重，石墨及其他非金属占非金属矿物制品业的比重，电车制造占汽车制造业的比重，船舶及相关装置占铁路、船舶、航空航天和其他运输设备制造业的比重，航空、航天器及设备制造占铁路、船舶、航空航天和其他运输设备制造业的比重。

由于各指标之间量纲差异较大，采取 Z 评分法进行无量纲化处理。计算公式如下：

$$Z_i = \frac{x_i - \bar{x}}{s} \tag{4-1}$$

其中，Z_i 是经过处理后得到的标准化值，x_i 为指标的实际值，$\bar{x}$ 为样本均值，s 为样本标准差。

第三节　一般竞争力评价

本书从两个方面评价广东省战略性新兴产业的竞争力，第一，为了把握广东省战略性新兴产业的综合竞争力，从规模竞争力、科技竞争力、结构竞争力、环境竞争力、成长竞争力5个方面评价广东省战略性新兴产业的竞争力，并进行区域对比分析，把握广东省战略性新兴产业的竞争力在全国的排名和地位。第二，为了反映战略性新兴产业细分行业之间在发展水平、发展速度和发展潜力等方面的差异性，对广东省战略性新兴产业的9个细分行业分别进行评价。

一、广东省战略性新兴产业的竞争力

对规模竞争力、科技竞争力、结构竞争力、环境竞争力、成长竞争力5个方面进行评价时，先进行KMO抽样适度测定（Kaiser-Meyer-Olkin measure of sampling adequacy）和球形巴特尼特法检验（Bartlett's Test of Sphericity），然后用主成分方法根据特征值提取因子、确定因子得分系数和各因子权重，最终得到竞争力得分值及其排名。

对标准化后的数据进行KMO抽样适度测定和球形巴特尼特法检验，结果显示，规模竞争力、科技竞争力、结构竞争力、环境竞争力、成长竞争力5个方面的指标KMO值均大于0.500，巴特尼特检验值对应的P值小于0.050，说明数据适合进行因子分析（见表4－12）。

表4－12　　KMO抽样适度测定和球形巴特尼特法检验

		规模竞争力	科技竞争力	结构竞争力	环境竞争力	成长竞争力
KMO抽样适度测定		0.735	0.797	0.761	0.659	0.636
球形巴特尼特法检验	近似卡方	149.802	175.132	78.931	237.263	26.508
	自由度	6	21	10	28	6
	显著性水平	0	0	0	0	0

在因子分析中，公因子的方差解释百分比代表了该公因子所能反映出的原始数据信息量比重。为了使提取的公因子更具有代表性，本书采用方差特征根大于1作为提取公因子的标准。根据提取出来的公因子，将标准化后的指标数据与因子得分系数相乘后累积相加，即可计算出每个公因子的得分。再以公因子的方差贡献率为权重，将公因子加权求和得到各个一级指标的得分。具体的表达式如下：

$$\begin{cases} F_{ik} = \sum_{j=1}^{m} Z_{ij} C_{ij}, i = 1,2,3,4 \\ S_i = \sum_{k=1}^{n} F_{ik} w_{ik} \end{cases} \tag{4-2}$$

其中，m 为因子个数，F_{ik}表示第 i 个一级指标的第 k 个公因子的得分，Z_{ij}表示第 i 个一级指标的第 j 个二级指标的标准化值，C_{ij}则代表对应的因子成分得分系数，S_i是第 i 个一级指标的得分，w_{ik}是公因子F_{ik}的方差贡献率权重。

（一）规模竞争力

根据特征值大于 1 的提取公因子标准，规模竞争力提取了 1 个因子，该因子代表了原来 4 个指标 87.033% 的信息量（见表 4－13）。

表 4－13　　规模竞争力提取因子情况

成分	初始特征值			提取平方和载入		
	合计	方差百分比（%）	累积百分比（%）	合计	方差的百分比（%）	累积百分比（%）
1	3.481	87.033	87.033	3.481	87.033	87.033

根据因子得分系数矩阵（见表 4－14），得到公因子F_{11}：

$$F_{11} = 0.284ZX_{11} + 0.276ZX_{12} + 0.255ZX_{13} + 0.256ZX_{14}$$

表 4－14　　规模竞争力因子得分系数

成分	工业销售产值	从业人员平均人数	利用外资额	固定资产总额
F_{11}	0.284	0.276	0.255	0.256

由此计算得出 31 个省区市规模竞争力水平。31 个省区市中，战略性新兴产业的规模竞争力差异明显，标准差接近 1，竞争力得分最低的是西藏（－0.889），广东战略性新兴产业的规模竞争力排名第 2（2.764），竞争力水平仅次于江苏（3.459）。相比其他省区市，广东战略性新兴产业的产值规模、从业人员数量、固定资产总额和利用外资规模方面都具有明显的优势，在全国的排名都在前三，充裕的投资使得广东省的规模竞争力在全国遥遥领先，但是与江苏省相比还存在一定的差距（见图 4－1）。

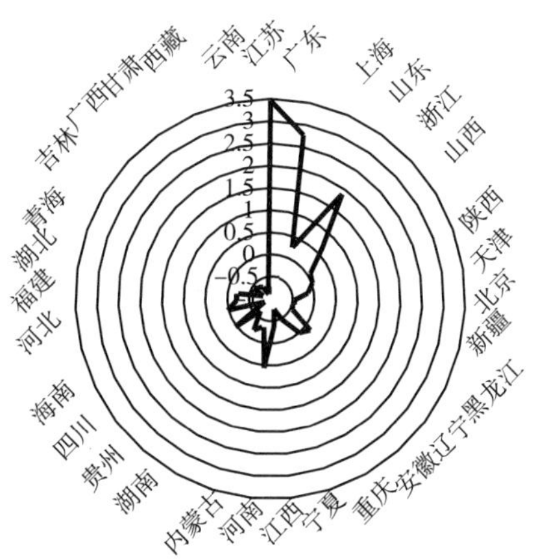

图 4－1 战略性新兴产业规模竞争力对比

（二）科技竞争力

根据特征值大于 1 的提取公因子原则，科技竞争力提取了 2 个因子，它们代表了原来 7 个指标 80.855% 的信息量（见表 4－15）。

表 4－15 科技竞争力提取因子情况

成分	初始特征值			提取平方和载入			旋转平方和载入		
	合计	方差百分比（%）	累积百分比（%）	合计	方差的百分比（%）	累积百分比（%）	合计	方差百分比（%）	累积百分比（%）
1	4.165	59.505	59.505	4.165	59.505	59.505	3.851	55.013	55.013
2	1.495	21.350	80.855	1.495	21.350	80.855	1.809	25.842	80.855

根据因子得分系数矩阵（见表 4－16），得到公因子 F_{21} 和 F_{22}：

$$F_{21} = 0.190ZX_{21} + 0.257ZX_{22} + 0.262ZX_{23} + 0.254ZX_{24} + 0.202ZX_{25} - 0.085ZX_{26} - 0.084ZX_{27}$$

$$F_{22} = 0.022ZX_{21} - 0.05ZX_{22} - 0.105ZX_{23} - 0.041ZX_{24} + 0.007ZX_{25} + 0.548ZX_{26} + 0.550ZX_{27}$$

其中，F_{21} 主要反映科技竞争力规模和结构，F_{22} 主要反映科技指标的增长速度，每个公因子的得分仅能代表一部分的竞争力。根据 2 个公因子解释百分比的比重分别为 59.505 和 21.350，确定 2 个因子权重分别为 0.736 和 0.264，并在此基础上计算出 31 个省区市战略性新兴产业的科技竞争力水平。

表 4－16　　科技竞争力因子得分系数

成分	各省市人均 R&D 经费支出	R&D 人员全时当量	有效发明专利数	R&D 经费支出占 GDP 比重	有效发明专利占全国的比重	人均 R&D 经费支出增长率	R&D 人员全时当量增长率
F_{21}	0.190	0.257	0.262	0.254	0.202	－0.085	－0.084
F_{22}	0.022	－0.050	－0.105	－0.041	0.007	0.548	0.550

我国 31 个省区市的科技竞争力差异明显，科技竞争力得分标准差为 0.782，竞争力得分最低的是西藏（－1.022），广东排名第 1（2.412），比排在第 2 和第 3 的江苏（2.047）和浙江（1.058）分别高出 0.365 和 1.354。在科技竞争力方面，广东省在有效发明专利数量及比重、R&D 经费支出比重、R&D 人员全时当量和人均 GDP 方面都具有明显优势，在全国排名处于前五，这得益于广东省在科研人才和资金方面的巨大投入。由于科技规模指标相对较大，使得广东省在人均 R&D 经费支出增长率和 R&D 人员全时当量增长率上排名比较靠后，与领先省市存在一定差距，广东省科技竞争力得分较高主要得益于第二主因子在科技竞争力评价中所占权重远小于广东省具有显著优势的第一主因子（见图 4－2）。

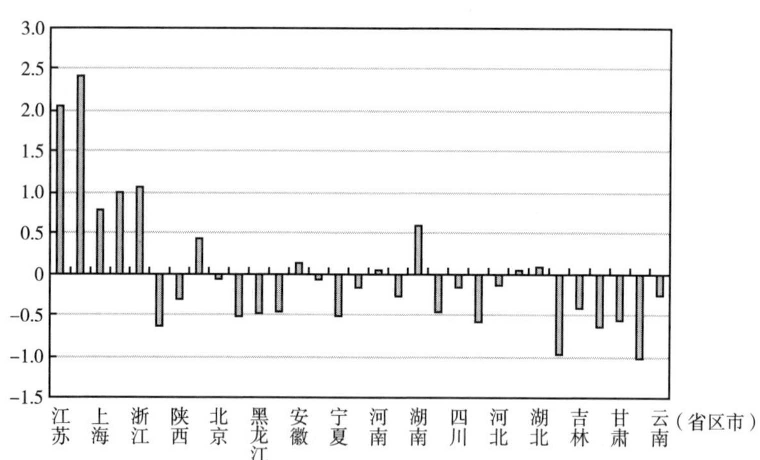

图 4－2　战略性新兴产业科技竞争力对比

（三）结构竞争力

结构竞争力提取了 1 个因子，该因子代表了原来 5 个指标 64.106% 的信息量（见表 4－17）。

表 4-17　结构竞争力提取因子情况

成分	初始特征值			提取平方和载入		
	合计	方差百分比（%）	累积百分比（%）	合计	方差的百分比（%）	累积百分比（%）
1	3.205	64.106	64.106	3.205	64.106	64.106

根据因子得分系数矩阵（见表 4-18），得到公因子F_{31}：

$$F_{31}=0.268ZX_{31}+0.278ZX_{32}+0.270ZX_{33}+0.266ZX_{34}+0.141ZX_{35}$$

表 4-18　结构竞争力因子得分系数

成分	工业销售产值占规上工业比重（当年价格）	从业人员平均人数占规上工业比重	固定资产占规上工业比重	利用外资额占规上工业比重	第二三产业占生产总值比重
F_{31}	0.268	0.278	0.270	0.266	0.141

我国 31 个省区市的结构竞争力差异明显，标准差接近 1，竞争力得分最低的云南（-1.603）与广东的差距达到 2.500。排名前三的分别是山西（2.944）、陕西（1.922）和上海（1.310），而广东省排名第 6（0.897），与排名前三的省区市存在明显差距。广东战略性新兴产业结构竞争力指标在 31 个省区市中均居于中等偏上水平，其中在产值、从业人数和第二三产业等对经济的贡献方面具有明显优势，在全国排名均在前五；在利用外资规模和固定资产投资占比方面分别排名第 8 和第 13，低于全国平均水平（见图 4-3）。

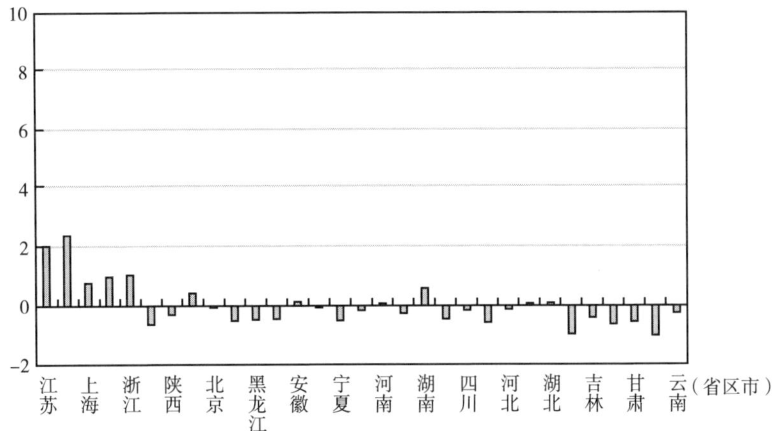

图 4-3　战略性新兴产业结构竞争力对比

（四）环境竞争力

环境竞争力提取了 2 个因子，它们代表了原来 8 个指标 77.548% 的信息量（见表 4－19）。

表 4－19　　环境竞争力提取因子情况

成分	初始特征值			提取平方和载入			旋转平方和载入		
	合计	方差百分比（%）	累积百分比（%）	合计	方差的百分比（%）	累积百分比（%）	合计	方差百分比（%）	累积百分比（%）
1	5.041	63.010	63.010	5.041	63.010	63.010	4.978	62.226	62.226
2	1.163	14.537	77.548	1.163	14.537	77.548	1.226	15.322	77.548

根据因子得分系数矩阵（见表 4－20），得到公因子F_{41}和F_{42}：

$$F_{41}=0.181ZX_{41}+0.206ZX_{42}+0.189ZX_{43}+0.116ZX_{44}+0.169ZX_{45}+0.139ZX_{46}+0.184ZX_{47}+0.057ZX_{48}$$

$$F_{42}=0.058ZX_{41}+0.160ZX_{42}+0.380ZX_{43}-0.190ZX_{44}-0.107ZX_{45}-0.189ZX_{46}-0.049ZX_{47}+0.769ZX_{48}$$

表 4－20　　环境竞争力因子得分系数

成分	人均GDP	进出口总额占GDP 比重	每百人使用计算机	每百家企业拥有网站数	城镇人口占总人口的比重	出口交货值占工业销售产值比重	外资占工业销售产值比重	利润占主营业务成本比重
F_{41}	0.181	0.206	0.189	0.116	0.169	0.139	0.184	0.057
F_{42}	0.058	0.160	0.380	-0.190	-0.107	-0.189	-0.049	0.769

其中，公因子F_{41}在人均 GDP、进出口总额占 GDP 比重、外资占工业销售产值比重、城镇人口占总人口的比重、出口交货值占工业销售产值的比重、每百家企业拥有网站数、每百人使用计算机等指标上都具有较高的载荷，说明公因子F_{41}主要反映市场规模、外商投资环境、外贸环境和信息化水平等。F_{42}在利润占主营业务成本比重上具有较高的载荷，主要反映战略性新兴产业的利润水平。根据两个公因子在方差贡献率分别为 63.14% 和 14.537%，计算出 2 个因子权重分别为 0.813 和 0.187，在此基础上得出 31 个省区市战略性新兴产业的环境竞争力水平（见图 4－4）。

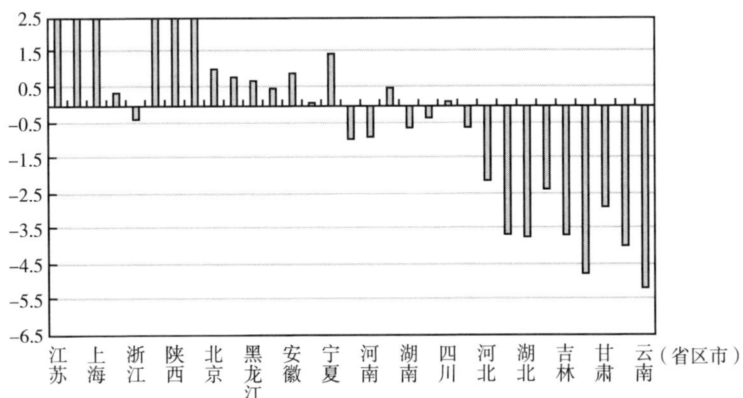

图4-4 战略性新兴产业环境竞争力对比

我国31个省区市战略性新兴产业的环境竞争力差异明显，标准差为0.834，竞争力得分最低的是甘肃，为-0.828，北京（2.409）、上海（2.409）和天津（1.240）依次位列前三，广东排名第4，为1.169，表明广东省战略性新兴产业在环境竞争力方面具有一定的优势，主要得益于广东省外向型经济的发展，出口和外资利用为广东战略性新兴产业的发展提供了良好的环境。

（五）成长竞争力

成长竞争力提取了1个因子，该因子代表了原来4个指标51.981%的信息量（见表4-21）。

表4-21 成长竞争力提取因子情况

成分	初始特征值			提取平方和载入		
	合计	方差百分比（%）	累积百分比（%）	合计	方差的百分比（%）	累积百分比（%）
1	2.079	51.981	51.981	2.079	51.981	51.981

根据因子得分系数矩阵（见表4-22），得到公因子F_{51}：

$$F_{51}=0.414ZX_{51}+0.426ZX_{52}+0.344ZX_{53}-0.100ZX_{54}$$

表4-22 成长竞争力因子得分系数

成分	工业销售产值增长率	从业人员平均人数增长率（万人）	固定资产合计增长率	利用外资额增长率
F_{51}	0.414	0.426	0.344	-0.100

我国31个省区市战略性新兴产业的成长竞争力差异明显，标准差接近1，竞争力得分最低的是辽宁，为-2.948，江西（1.897）、重庆（1.433）和贵州（1.334）依次位列前三，广东省排名第10，为0.478，略高于全国平均水平。从反映成长竞争力的指标数值来看，广东省各项指标值略高于全国平均水平，其中，产值增长率和从业人员人数增长率方面具有一定优势，但在固定资产增长率和利用外资额增长率方面排名比较靠后。这主要是因为广东省战略性新兴产业无论是固定资产总额还是利用外资等总量规模都是较大的，因此，成长竞争力不具有明显优势（见图4-5）。

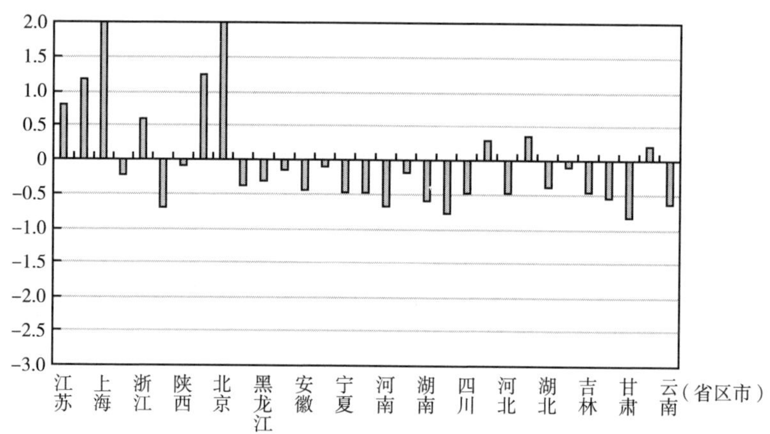

图4-5 战略性新兴产业成长竞争力对比

（六）综合竞争力

为了反映广东战略性新兴产业的综合竞争力，通过专家打分得到了规模竞争力、科技竞争力、结构竞争力、环境竞争力和成长竞争力5个二级指标的判断矩阵，对该矩阵进行一致性检验，比例为0.005（<0.050），表明该矩阵是一致性矩阵，且5个二级指标的权重分别为0.148、0.230、0.230、0.154和0.239（见表4-23）。

表4-23 判断矩阵

	规模竞争力	科技竞争力	结构竞争力	环境竞争力	成长竞争力
规模竞争力	1	1/3	1/3	1/3	1/2
科技竞争力	3	1	1	1	3
结构竞争力	3	1	1	1/3	4
环境竞争力	3	1	2	1	3
成长竞争力	2	1/3	1/4	1/3	1

计算5个二级指标的加权平均值，得到战略性新兴产业的综合竞争力数据。31个省区市中，战略性新兴产业竞争力最强的是江苏，得分为2.070，其次是广东，为1.920，综合竞争力排名高于全国平均水平的有江苏、广东、山西、上海、陕西、天津、山东、北京、浙江、安徽、重庆、宁夏、江西、河南14个省区市。为了把握全国31个省区市战略性新兴产业综合竞争力的来源和构成，采用K-means聚类法对31个省区市的5个竞争力结果进行聚类分析，31个省区市分为3种类型：

聚类1包括河北、内蒙古、吉林、安徽、福建、江西、河南、湖北、湖南、广西、海南、重庆、四川、贵州、云南、西藏、甘肃、青海、宁夏19个省区市。该类型包括的省区市最多，这些省区市战略性新兴产业综合竞争力大多低于全国平均水平，排名比较靠后，除了成长竞争力有一定优势外，其余竞争力都比较薄弱，规模竞争力、科技竞争力、结构竞争力、环境竞争力和成长竞争力得分的聚类中心分别为 -0.405、-0.356、-0.533、-0.427、0.310，说明这些地区的战略性新兴产业大多经济基础比较薄弱，缺乏创新投入，产业结构也不太合理，属于“综合竞争力薄弱型”。

聚类2包括北京、天津、山西、辽宁、黑龙江、陕西、新疆7个省区市。这些省区市的战略性新兴产业综合竞争力与全国平均水平比较接近，规模竞争力、科技竞争力、结构竞争力、环境竞争力和成长竞争力得分的聚类中心分别为 -0.183、-0.366、0.967、0.347、-1.056，结构竞争力相对较强，规模竞争力和环境竞争力处在中等水平，科技竞争力和成长竞争力比较薄弱。其中山西、陕西、天津、北京和新疆的结构竞争力排在全国前十名内，显著高于全国平均水平，属于“强结构竞争力型”。

聚类3包括上海、江苏、浙江、山东、广东5个省区市。这些省区市经济比较发达，代表了全国战略性新兴产业综合竞争力的领先水平，规模竞争力、科技竞争力、结构竞争力、环境竞争力和成长竞争力得分的聚类中心分别为1.795、1.864、0.672、1.138、0.302，除了产业的成长速度有所放缓导致成长竞争力比较薄弱外，其余4个方面的竞争力都非常强劲，在全国排名靠前，如规模竞争力方面，这些省区市位列全国前六，科技竞争力方面，这些省区市位列全国前五，结构竞争力和环境竞争力方面，上海、江苏和广东排名等排名均位列全国前六，属于“成长竞争力薄弱型”（见图4-6）。

从排名情况来看，广东省的综合竞争力排名全国第2（1.920），其中规模竞争力、科技竞争力、结构竞争力和环境竞争力非常强劲，在全国排名处于前6，各三级指标也表现出了一定的优势。竞争力发展比较均衡，五个竞争力水平都远

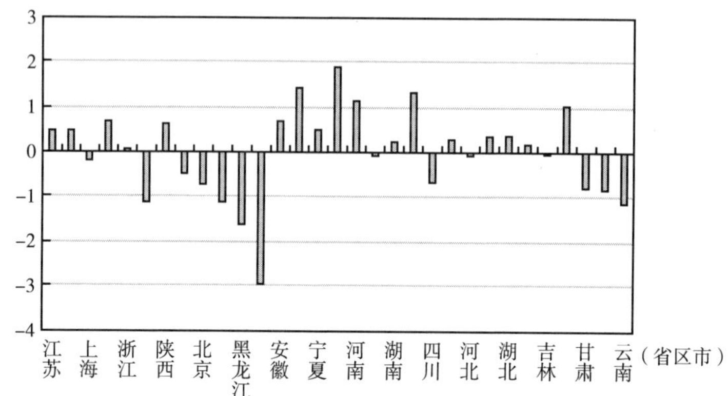

图 4－6　战略性新兴产业综合竞争力对比

高于全国平均值，这得益于广东庞大的产业规模、外资规模和科研投入优势。但正是因为各指标总量基数较大，导致成长速度稍显缓慢，主要体现在成长竞争力的增长率指标排名并不靠前，并且科技竞争力上的劣势指标也主要是表现在人均 R&D 经费支出增长率和 R&D 人员全时当量增长率方面。因此，广东未来的发展仍要保持继续进步的态势，注重增长率指标的发展（见表 4－24）。

表 4－24　广东省战略性新兴产业一般竞争力排名

地区	规模竞争力	科技竞争力	结构竞争力	环境竞争力	成长竞争力	综合竞争力
广东	2	1	6	4	10	2

二、广东省战略性新兴产业分行业的竞争力

对 9 个战略性新兴产业的细分行业数据进行主成分分析，发现科技竞争力指标无法通过 KMO 和球形巴特尼特法检验，变量之间的相关系数表明，R&D 人员全时当量、有效发明专利数和有效发明专利数占全国的比重 3 个指标的相关性非常高，删除“有效发明专利数占全国的比重”后，科技竞争力指标能通过 KMO 和球形巴特尼特法检验。因此，本部分分行业竞争力测算中，科技竞争力删除“有效发明专利数占全国的比重”指标。

（一）节能环保产业

根据前文战略性新兴产业的细分行业，节能环保产业包括采矿业、通用设备制造业、电气机械及器材制造业、仪器仪表及文化、办公用机械制造业、工艺品

及其他制造业、废气资源和废旧材料回收加工业和专用设备制造业等。对标准化后的数据进行 KMO 抽样适度测定和球形巴特尼特法检验，结果显示，规模竞争力、科技竞争力、结构竞争力、环境竞争力和成长竞争力的检验都满足 KMO 值大于 0. 500，且巴特尼特检验值对应的 P 值均小于 0. 050（见表 4 –25）。

表 4 –25　　节能环保产业竞争力的 KMO 和球形巴特尼特法检验

		规模竞争力	科技竞争力	结构竞争力	环境竞争力	成长竞争力
KMO 抽样适度测定		0. 715	0. 521	0. 708	0. 712	0. 677
球形巴特尼特法检验	近似卡方	131. 686	117. 015	86. 749	238. 841	40. 131
	自由度	6	15	10	28	6
	显著性水平	0	0	0	0	0

按照特征值大于 1 的标准进行因子筛选，规模竞争力、科技竞争力、结构竞争力、环境竞争力和成长竞争力分别提取了 1、2、2、2、2 个因子，提取的因子分别代表了原来指标 82. 675%、76. 606%、81. 555%、78. 111% 和 84. 201% 的信息量（见表 4 –26）。

表 4 –26　　节能环保产业竞争力主因子解释的总方差

成分	初始特征值			提取平方和载入			旋转平方和载入		
	合计	方差百分比（%）	累积百分比（%）	合计	方差的百分比（%）	累积百分比（%）	合计	方差百分比（%）	累积百分比（%）
规模竞争力主因子 1	3. 307	82. 675	82. 675	3. 307	82. 675	82. 675			
科技竞争力主因子 1	2. 924	48. 737	48. 737	2. 924	48. 737	48. 737	2. 902	48. 366	48. 366
科技竞争力主因子 2	1. 672	27. 869	76. 606	1. 672	27. 869	76. 606	1. 694	28. 240	76. 606
结构竞争力主因子 1	2. 891	57. 811	57. 811	2. 891	57. 811	57. 811	2. 672	53. 438	53. 438
结构竞争力主因子 2	1. 187	23. 744	81. 555	1. 187	23. 744	81. 555	1. 406	28. 117	81. 555
环境竞争力主因子 1	5. 063	63. 289	63. 289	5. 063	63. 289	63. 289	4. 973	62. 168	62. 168
环境竞争力主因子 2	1. 186	14. 822	78. 111	1. 186	14. 822	78. 111	1. 275	15. 943	78. 111
成长竞争力主因子 1	2. 343	58. 573	58. 573	2. 343	58. 573	58. 573	2. 307	57. 684	57. 684
成长竞争力主因子 2	1. 025	25. 628	84. 201	1. 025	25. 628	84. 201	1. 061	26. 517	84. 201

根据竞争力因子得分系数矩阵，以各因子方差的占比为权重，计算得出31个省区市节能环保产业竞争力5个二级指标的得分。在规模竞争力方面，排在第1的是江苏，得分为3.396，广东排在第3，得分为2.136，除固定资产投资比较薄弱外，其余指标均在全国排名前三；在科技竞争力方面，广东排名第1，得分为1.894，虽然科技竞争力较强，但是人均R&D经费支出增长率和R&D人员全时当量增长率在全国并不具有优势；在结构竞争力方面，排在第1的是山西，得分为2.601，广东排在第19，低于全国平均水平，得分为-0.209，除第二三产业对经济的贡献比较大以外，其余指标均低于全国平均水平；在环境竞争力方面，排在第1的是北京，得分为2.461，广东排在第4，得分为1.182，低于上海（2.319）和天津（1.270），主要是因为节能环保产业利润对经济的贡献比较小；在成长竞争力方面，排在第1的是重庆，得分为1.295，广东排在第9，得分为0.495，在全国处于中等水平（见表4-27、表4-28、图4-7）。

表4-27　节能环保产业竞争力主因子得分系数

因子	ZX_{11}	ZX_{12}	ZX_{13}	ZX_{14}				
F_{11}	0.297	0.291	0.247	0.261				
因子	ZX_{21}	ZX_{22}	ZX_{23}	ZX_{24}	ZX_{25}	ZX_{26}		
F_{21}	0.207	0.321	0.309	0.319	-0.057	0.010		
F_{22}	0.177	-0.046	-0.056	-0.041	0.536	0.518		
因子	ZX_{31}	ZX_{32}	ZX_{33}	ZX_{34}	ZX_{35}			
F_{31}	0.336	0.372	0.367	-0.012	-0.153			
F_{32}	0.049	-0.113	-0.082	0.539	0.683			
因子	ZX_{41}	ZX_{42}	ZX_{43}	ZX_{44}	ZX_{45}	ZX_{46}	ZX_{47}	ZX_{48}
F_{41}	0.182	0.205	0.200	0.100	0.172	0.131	0.185	0.078
F_{42}	0.065	0.118	0.378	-0.269	-0.045	-0.207	-0.056	0.740
因子	ZX_{51}	ZX_{52}	ZX_{53}	ZX_{54}				
F_{51}	0.407	0.355	0.381	0.066				
F_{52}	0.190	-0.172	0.028	0.946				

表4-28　节能环保产业竞争力主因子权重

因子	解释百分比（%）	权重
Z_1	82.675	1.000
Z_{21}	48.737	0.636
Z_{22}	27.869	0.364
Z_{31}	57.811	0.709

续表

因子	解释百分比（%）	权重
Z_{32}	23.744	0.291
Z_{41}	63.289	0.810
Z_{42}	14.822	0.190
Z_{51}	58.573	0.696
Z_{52}	25.628	0.304

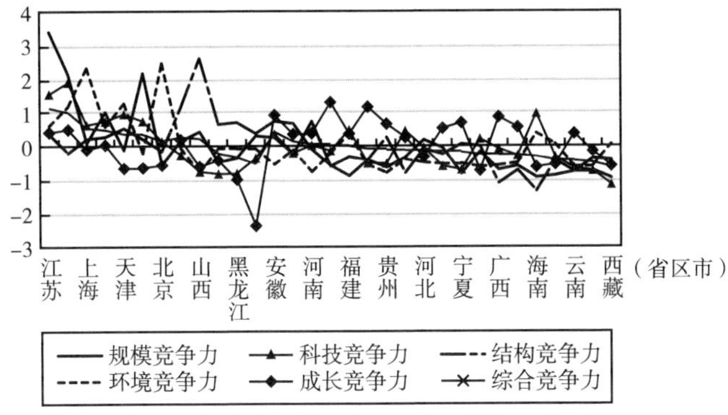

图4－7　各省区市节能环保产业的竞争力对比

根据前文的判断矩阵，规模竞争力、科技竞争力、结构竞争力、环境竞争力和成长竞争力在综合竞争力中的权重分别为0.148、0.230、0.230、0.154和0.239，计算5个二级指标的加权平均值，得到节能环保产业的综合竞争力得分。31个省区市中，节能环保产业综合竞争力最强的是江苏，得分为1.132，其次是广东，为1.003，综合竞争力排名高于全国平均水平的有江苏、广东、上海、浙江、安徽、天津、山东、陕西、山西、北京、内蒙古、河南、重庆13个省区市。为了把握全国环保产业的竞争力及广东环保产业在全国的地位，采用K-means聚类法对31个省区市进行聚类分析，31个省区市分为3种类型：

聚类1包括河北、内蒙古、吉林、安徽、福建、江西、河南、湖北、湖南、广西、海南、重庆、四川、贵州、云南、西藏、甘肃、青海、宁夏19个省区市，规模竞争力、科技竞争力、结构竞争力、环境竞争力和成长竞争力得分的聚类中心分别为－0.428、－0.258、－0.458、－0.449、0.368，除了成长竞争力高于全国平均水平外，其余4个二级竞争力指标得分均低于全国平均水平，产业基础比较薄弱，属于“综合竞争力薄弱型”。

聚类2包括山西、辽宁、黑龙江、陕西、新疆5个省份，规模竞争力、科技竞争力、结构竞争力、环境竞争力和成长竞争力得分的聚类中心分别为0.006、-0.833、1.427、-0.264、-1.118，科技竞争力、环境竞争力和成长竞争力较为薄弱，规模竞争力略高于全国平均水平，结构竞争力优势明显，属于“强结构竞争力型”。

聚类3包括北京、天津、上海、江苏、浙江、山东、广东7个省份，这类省份节能环保产业综合竞争力最强，规模竞争力、科技竞争力、结构竞争力、环境竞争力和成长竞争力得分的聚类中心分别为1.158、1.295、0.225、1.409、-0.201，除了成长竞争力比较薄弱外，其余4个二级竞争力指标得分均高于全国平均水平，尤其是江苏、山东、广东和浙江，其节能环保产业的规模竞争力位列全国前四；科技竞争力方面，除北京外其余6个省区市均位列全国前七；环境竞争力方面，除山东外其余6个省区市均位列全国前六，属于“成长竞争力薄弱型”。

从节能环保产业的综合竞争力得分来看，江苏（1.132）、广东（1.003）和上海（0.536）位列全国前三。整体而言，广东省节能环保产业的综合竞争力高于全国平均水平，这主要得益于较强的规模竞争力、科技竞争力和环境竞争力，需要注意的是，广东省节能环保产业的结构竞争力上存在明显劣势（见表4-29）。

表4-29　各省区市（不包括港澳台地区）节能环保产业综合竞争力排名

地区	规模竞争力	科技竞争力	结构竞争力	环境竞争力	成长竞争力	综合竞争力
江苏	1	2	9	5	10	1
广东	3	1	19	4	9	2
上海	11	7	12	2	18	3
浙江	4	6	10	6	17	4
安徽	8	10	3	23	3	5
天津	13	4	7	3	28	6
山东	2	5	13	16	27	7
陕西	10	18	2	11	16	8
山西	6	28	1	30	25	9
北京	21	12	18	1	23	10
内蒙古	15	17	5	15	14	11
河南	5	13	17	29	11	12
重庆	23	16	25	17	1	13

续表

地区	规模竞争力	科技竞争力	结构竞争力	环境竞争力	成长竞争力	综合竞争力
福建	16	8	29	8	13	14
江西	19	22	22	24	2	15
贵州	24	23	11	31	6	16
湖北	17	9	28	18	15	17
河北	9	14	16	19	20	18
四川	12	24	20	22	8	19
宁夏	28	26	14	21	5	20
新疆	20	30	6	12	21	21
湖南	14	11	15	28	29	22
广西	25	15	30	25	4	23
吉林	22	19	26	20	7	24
海南	30	3	31	7	26	25
黑龙江	18	29	4	14	30	26
青海	29	20	24	9	22	27
云南	27	25	27	27	12	28
甘肃	26	27	21	26	19	29
辽宁	7	21	8	13	31	30
西藏	31	31	23	10	24	31

（二）核电装备产业

核电装备产业包括石油加工、炼焦及核燃料加工业等，其规模竞争力、科技竞争力、结构竞争力、环境竞争力和成长竞争力的检验都满足 KMO 值大于 0.500，且球形巴特尼特检验值对应的 P 值均小于 0.050（见表 4－30）。

表 4－30　　　核电装备产业竞争力的 KMO 和球形巴特尼特法检验

类别		规模竞争力	科技竞争力	结构竞争力	环保竞争力	成长竞争力
KMO 抽样适度测定		0.549	0.719	0.728	0.650	0.574
球形巴特尼特法检验	近似卡方	93.529	113.054	81.071	147.014	13.051
	自由度	6	15	10	28	6
	显著性水平	0	0	0	0	0.042

按照特征值大于1的标准进行因子筛选，规模竞争力、科技竞争力、结构竞争力、环境竞争力和成长竞争力分别提取了2、2、2、3、2个因子，可以看出，提取的因子分别代表了原来指标92.584%、81.444%、81.131%、80.875%和70.741%的信息量（见表4-31）。

表4-31　　核电装备产业竞争力主因子解释的总方差

成分	初始特征值			提取平方和载入			旋转平方和载入		
	合计	方差百分比（%）	累积百分比（%）	合计	方差的百分比（%）	累积百分比（%）	合计	方差百分比（%）	累积百分比（%）
规模竞争力主因子1	2.675	66.866	66.866	2.675	66.866	66.866	2.667	66.673	66.673
规模竞争力主因子2	1.029	25.718	92.584	1.029	25.718	92.584	1.036	25.911	92.584
科技竞争力主因子1	3.249	54.158	54.158	3.249	54.158	54.158	3.235	53.924	53.924
科技竞争力主因子2	1.637	27.286	81.444	1.637	27.286	81.444	1.651	27.520	81.444
结构竞争力主因子1	3.028	60.565	60.565	3.028	60.565	60.565	2.542	50.837	50.837
结构竞争力主因子2	1.028	20.566	81.131	1.028	20.566	81.131	1.515	30.294	81.131
环境竞争力主因子1	3.711	46.385	46.385	3.711	46.385	46.385	3.462	43.270	43.270
环境竞争力主因子2	1.600	19.999	66.384	1.600	19.999	66.384	1.645	20.568	63.838
环境竞争力主因子3	1.159	14.491	80.875	1.159	14.491	80.875	1.363	17.037	80.875
成长竞争力主因子1	1.737	43.425	43.425	1.737	43.425	43.425	1.638	40.949	40.949
成长竞争力主因子2	1.093	27.316	70.741	1.093	27.316	70.741	1.192	29.792	70.741

根据竞争力因子得分系数矩阵，以各因子方差的占比为权重，计算得出31个省区市核电装备产业5个二级指标得分。在规模竞争力方面，排在第1的是山东，得分为2.717，广东排在第5，得分为0.703，规模竞争力高于全国平均水平的有山东、辽宁、福建、山西、广东、河北、江苏、陕西、内蒙古、上海、新疆11个省区市；在科技竞争力方面，广东排在第1，得分为2.146，除了人均R&D经费支出增长率和R&D人员全时当量增长率比较薄弱外，其余指标的贡献比较大，在全国排名均在前三；科技竞争力高于全国平均水平的有广东、江苏、浙江、海南、安徽、福建、山东、天津、湖北、上海、湖南、河南12个省区市；在结构竞争力方面，排在第1的是宁夏，得分为2.751，广东排在第22，得分为-0.477，结构竞争力高于全国平均水平的有宁夏、海南、新疆、甘肃、山西、黑龙江、辽宁、内蒙古、陕西9个省区市；在环境竞争力方面，排在第1的是北

京，得分为1.773，广东排在第4，得分为0.872，环境竞争力高于全国平均水平的有北京、上海、天津、广东、江苏、浙江、海南、重庆、福建、山东、辽宁11个省区市；在成长竞争力方面，排在第1的是天津，得分为2.595，广东排在第15，得分为-0.067，成长竞争力高于全国平均水平的有天津、贵州、湖南、江苏、江西、海南、福建、浙江、西藏、广西、山东、四川、山西13个省区市（见表4-32、表4-33、图4-8）。

表4-32　核电装备产业竞争力主因子得分系数

因子	ZX_{11}	ZX_{12}	ZX_{13}	ZX_{14}				
F_{11}	0.346	0.355	0.361	-0.030				
F_{12}	0.044	-0.169	0.091	0.965				
因子	ZX_{21}	ZX_{22}	ZX_{23}	ZX_{24}	ZX_{25}	ZX_{26}		
F_{21}	0.258	0.297	0.280	0.273	-0.050	0.016		
F_{22}	0.087	-0.020	-0.033	-0.061	0.550	0.542		
因子	ZX_{31}	ZX_{32}	ZX_{33}	ZX_{34}	ZX_{35}			
F_{31}	0.155	0.354	0.283	0.442	0.249			
F_{32}	0.328	-0.084	0.133	-0.330	-0.759			
因子	ZX_{41}	ZX_{42}	ZX_{43}	ZX_{44}	ZX_{45}	ZX_{46}	ZX_{47}	ZX_{48}
F_{41}	0.302	0.265	0.204	0.075	0.292	-0.150	0.094	0.019
F_{42}	-0.014	0.044	-0.082	-0.004	-0.039	0.017	-0.574	0.530
F_{43}	-0.181	-0.033	0.108	0.414	-0.106	0.762	-0.014	0.009
因子	ZX_{51}	ZX_{52}	ZX_{53}	ZX_{54}				
F_{51}	0.534	0.193	0.520	-0.190				
F_{52}	-0.118	0.490	-0.012	0.781				

表4-33　核电装备产业竞争力主因子权重

因子	解释百分比（%）	权重
Z_1	66.866	0.722
Z_2	25.718	0.278
Z_{21}	54.158	0.665
Z_{22}	27.286	0.335
Z_{31}	60.565	0.747

续表

因子	解释百分比（%）	权重
Z_{32}	20. 566	0. 253
Z_{41}	46. 385	0. 574
Z_{42}	19. 999	0. 247
Z_{43}	14. 491	0. 179
Z_{51}	43. 425	0. 614
Z_{52}	27. 316	0. 386

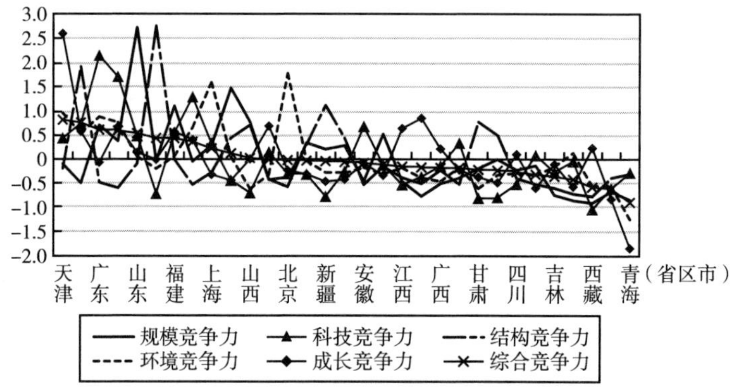

图 4－8　全国各省区市核电装备产业的竞争力对比

31 个省区市中，核电装备产业综合竞争力最强的是天津，得分为 0. 808，其次是海南，得分为 0. 753，综合竞争力排名高于全国平均水平的有天津、海南、广东、江苏、山东、宁夏、福建、浙江、上海、辽宁、山西 11 个省区市。为了把握全国核电装备产业的竞争力及广东核电装备产业在全国的地位，采用 K-means聚类法对 31 个省区市进行聚类分析，31 个省区市分为 3 种类型：

聚类 1 包括宁夏、山西、湖南、陕西、新疆、内蒙古、安徽、河北、江西、贵州、广西、湖北、甘肃、黑龙江、四川、河南、吉林、重庆、西藏、云南、青海 21 个省份，这类省区市核电装备产业的综合竞争力低于全国平均水平。其规模竞争力、科技竞争力、结构竞争力、环境竞争力和成长竞争力得分的聚类中心分别为 －0. 334、 －0. 443、0. 011、 －0. 534、 －0. 255，除了结构竞争力略高于全国平均水平外，其余 4 个二级竞争力指标均显著低于全国平均水平，属于“综合竞争力薄弱型”。

聚类 2 包括山东、福建、辽宁 3 个省区市，这类省区市综合竞争力水平均高于全国平均值，其规模竞争力、科技竞争力、结构竞争力、环境竞争力和成长竞争力得分的聚类中心分别为 2.272、0.264、0.144、0.083、0.126，属于“强规模竞争力型”。但需要注意的是，每个省份至少有一个二级竞争力指标得分低于全国平均水平，如山东和福建的结构竞争力，辽宁的科技竞争力和成长竞争力。

聚类 3 包括天津、海南、广东、江苏、浙江、上海、北京 7 个省份。其规模竞争力、科技竞争力、结构竞争力、环境竞争力和成长竞争力得分的聚类中心分别为 0.029、1.216、-0.094、1.566、0.713，典型的特点是结构竞争力较弱，得分低于全国平均水平，规模竞争力和成长竞争力处在中等水平，而科技竞争力和环境竞争力均比较强劲，说明这些地区拥有良好的创新环境和科技实力，但产业结构仍有待改善，属于“结构竞争力薄弱型”。

从核电装备产业的综合竞争力得分来看，天津（0.808）、海南（0.753）和广东（0.605）位列全国前三。广东省核电装备产业的规模竞争力、科技竞争力和环境竞争力在全国具有显著的优势，其得分在全国排名处于前五，而结构竞争力和成长竞争力比较薄弱，竞争力得分低于全国平均水平，从长远来看，广东省需要充分利用好庞大的产业规模和外资优势，进一步优化产业结构，促进核电装备产业更好更快地发展（见表 4-34）。

表 4-34　全国各省区市核电装备产业综合竞争力排名

地区	规模竞争力	科技竞争力	结构竞争力	环境竞争力	成长竞争力	综合竞争力
天津	15	8	13	3	1	1
海南	23	4	2	7	6	2
广东	5	1	22	4	15	3
江苏	7	2	28	5	4	4
山东	1	7	11	10	11	5
宁夏	13	27	1	17	14	6
福建	3	6	10	9	7	7
浙江	14	3	26	6	8	8
上海	10	10	15	2	21	9
辽宁	2	22	7	11	25	10
山西	4	26	5	30	13	11
湖南	20	11	21	22	3	12
北京	25	19	17	1	19	13

续表

地区	规模竞争力	科技竞争力	结构竞争力	环境竞争力	成长竞争力	综合竞争力
陕西	8	20	9	12	20	14
新疆	11	28	3	18	26	15
内蒙古	9	16	8	20	24	16
安徽	21	5	27	15	16	17
河北	6	14	12	21	22	18
江西	22	24	18	16	5	19
贵州	28	21	23	25	2	20
广西	24	15	14	26	10	21
湖北	19	9	25	14	18	22
甘肃	17	30	4	29	23	23
黑龙江	12	29	6	23	27	24
四川	18	23	20	19	12	25
河南	16	12	24	24	29	26
吉林	27	17	29	13	17	27
重庆	30	13	30	8	28	28
西藏	31	31	31	27	9	29
云南	26	25	19	28	30	30
青海	29	18	16	31	31	31

（三）新材料产业

新材料产业包括化学原料及化学制品制造业中涂料、油墨、颜料及类似产品制造、合成材料制造比例和专用化学产品制造，塑料制品业中塑料薄膜制造和泡沫塑料制造，以及非金属矿物制品有中玻璃及玻璃制品和陶瓷制品等。对新材料产业数据进行主成分分析，成长竞争力 KMO 小于 0.500，相关关系检验发现变量之间高度相关，删除“固定资产合计增长率”和“利用外资额增长率”后能通过 KMO 和球形巴特尼特法检验，因子的方差解释率较高，因此，在成长竞争力评价时剔除这两个指标。最终，规模竞争力、科技竞争力、结构竞争力、环境竞争力和成长竞争力的检验都满足 KMO 值大于 0.500，且球形巴特尼特检验值对应的 P 值均小于 0.050（见表 4－35）。

表 4－35　　新材料产业竞争力的 KMO 和球形巴特尼特法检验

类别		规模竞争力	科技竞争力	结构竞争力	环境竞争力	成长竞争力
KMO 抽样适度测定		0.765	0.500	0.662	0.732	0.500
球形巴特尼特法检验	近似卡方	140.170	114.538	60.873	198.955	10.165
	自由度	6	15	10	28	1
	显著性水平	0	0	0	0	0.001

按照特征值大于 1 的标准进行因子筛选，规模竞争力、科技竞争力、结构竞争力、环境竞争力和成长竞争力分别提取了 1、2、2、2、1 个因子，提取的因子分别代表了原来指标 83.380%、75.578%、78.187%、73.165% 和 77.386% 的信息量（见表 4－36）。

表 4－36　　新材料产业竞争力主因子解释的总方差

成分	初始特征值			提取平方和载入			旋转平方和载入		
	合计	方差百分比（%）	累积百分比（%）	合计	方差的百分比（%）	累积百分比（%）	合计	方差百分比（%）	累积百分比（%）
规模竞争力主因子 1	3.335	83.380	83.380	3.335	83.380	83.380			
科技竞争力主因子 1	2.902	48.373	48.373	2.902	48.373	48.373	2.902	48.366	48.366
科技竞争力主因子 2	1.632	27.206	75.578	1.632	27.206	75.578	1.633	27.213	75.578
结构竞争力主因子 1	2.750	55.006	55.006	2.750	55.006	55.006	2.612	52.245	52.245
结构竞争力主因子 2	1.159	23.181	78.187	1.159	23.181	78.187	1.297	25.942	78.187
环境竞争力主因子 1	4.710	58.875	58.875	4.710	58.875	58.875	4.703	58.786	58.786
环境竞争力主因子 2	1.143	14.290	73.165	1.143	14.290	73.165	1.150	14.379	73.165
成长竞争力主因子 1	1.548	77.386	77.386	1.548	77.386	77.386			

根据竞争力因子得分系数矩阵，以各因子方差的占比为权重，计算得出 31 个省区市新材料产业 5 个二级指标得分。规模竞争力方面，排在第 1 的是江苏，得分为 3.457，广东排在第 3，得分为 1.453，新材料产业规模竞争力高于全国平均水平的有江苏、山东、广东、河南、浙江、湖北、上海、湖南、四川、辽宁、河北 11 个省区市；科技竞争力方面，广东排名第 1，得分为 2.122，江苏位列第 2，得分为 1.652，有广东、江苏、海南、浙江、天津、山东、上海、安徽、福建、湖北、湖南、河南、北京 13 个省区市得分高于全国平均水平；结构竞争力方面，排在第 1 的是青海，得分为 2.404，广东排在第 17，得分为 －0.143，低于全国平均水平，广东新材料产业结构竞争力方面，除了第二三产业规模的贡献

比较大外，其他指标均排名比较靠后；在环境竞争力方面，排在第1的是上海，得分为2.561，广东排在第3，得分为1.355，有上海、北京、广东、天津、江苏、浙江、福建、海南、江西、西藏10个省区市的结构竞争力高于全国平均水平；成长竞争力方面，排在第1的是广西，得分为1.603，广东排在第12，得分为0.374，得分高于全国平均水平的有广西、河南、江西、贵州、陕西、重庆、西藏、宁夏、湖南、河北、湖北、广东、山东、安徽、福建、江苏、四川17个省区市（见表4－37、表4－38、图4－9）。

表4－37　　　　新材料产业竞争力主因子得分系数

因子	ZX_{11}	ZX_{12}	ZX_{13}	ZX_{14}				
F_{11}	0.294	0.282	0.286	0.229				
因子	ZX_{21}	ZX_{22}	ZX_{23}	ZX_{24}	ZX_{25}	ZX_{26}		
F_{21}	0.224	0.314	0.305	0.317	－0.040	0.027		
F_{22}	－0.065	0.046	0.032	－0.024	0.548	0.552		
因子	ZX_{31}	ZX_{32}	ZX_{33}	ZX_{34}	ZX_{35}			
F_{31}	0.261	0.210	0.381	0.359	0.141			
F_{32}	－0.207	－0.304	0.123	0.289	0.765			
因子	ZX_{41}	ZX_{42}	ZX_{43}	ZX_{44}	ZX_{45}	ZX_{46}	ZX_{47}	ZX_{48}
F_{41}	0.177	0.202	0.154	0.154	0.180	0.151	0.194	0.037
F_{42}	－0.158	0.120	0.102	0.182	－0.289	0.092	－0.017	0.836
因子	ZX_{51}	ZX_{52}						
F_{51}	0.568	0.568						

表4－38　　　　新材料产业竞争力主因子权重

因子	解释百分比（%）	权重
Z_1	83.380	1.000
Z_{21}	48.373	0.640
Z_{22}	27.206	0.360
Z_{31}	55.006	0.704
Z_{32}	23.181	0.296
Z_{41}	58.875	0.805
Z_{42}	14.290	0.195
Z_{51}	77.386	1.000

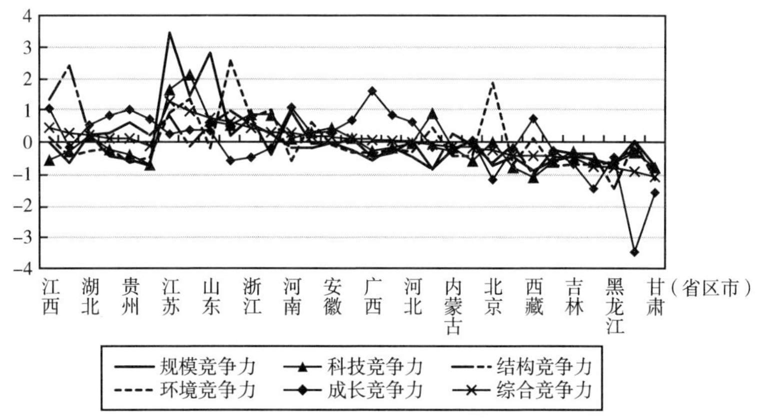

图 4 – 9 各省区市新材料产业的竞争力对比

我国 31 个省区市中，新材料产业综合竞争力最强的是江苏，得分为 1. 277，其次是广东，为 0. 967，综合竞争力排名高于全国平均水平的有江苏、广东、山东、上海、江西、浙江、天津、河南、青海、湖北、福建、安徽、重庆、贵州、湖南、广西、陕西 17 个省区市。为了把握全国新材料产业的竞争力及广东新材料产业在全国的地位，采用 K-means 聚类法对 31 个省区市进行聚类分析，31 个省区市分为 3 种类型：

聚类 1 包括河南、福建、安徽、湖南、广西、陕西、河北、海南、内蒙古、四川、北京、新疆、西藏、云南、吉林、山西、黑龙江、辽宁、甘肃 19 个省区市。其规模竞争力、科技竞争力、结构竞争力、环境竞争力和成长竞争力得分的聚类中心分别为 – 0. 320、 – 0. 334、 – 0. 556、 – 0. 284、 – 0. 193，这类省区市大多缺乏充裕的科研投入，产业竞争力比较薄弱，综合竞争力大多低于全国平均水平，属于“综合竞争力薄弱型”。

聚类 2 包括江西、青海、湖北、重庆、贵州、宁夏 6 个省区市，其规模竞争力、科技竞争力、结构竞争力、环境竞争力和成长竞争力得分的聚类中心分别为 – 0. 366、 – 0. 458、1. 107、 – 0. 390、0. 664，除了结构竞争力和成长竞争力存在一定优势外，其余竞争力均比较薄弱，说明这些省份对于新材料产业的科研投入匮乏，产业规模不大，属于“强结构竞争力和强成长竞争力型”。

聚类 3 包括江苏、广东、山东、上海、浙江、天津 6 个省区市。其规模竞争力、科技竞争力、结构竞争力、环境竞争力和成长竞争力得分的聚类中心分别为 1. 379、1. 515、0. 655、1. 289、 – 0. 052，这类省区市新材料产业综合竞争力较强，除了成长竞争力比较薄弱外，其余竞争力在全国均有显著优势，属于“成长竞争力薄弱型”。

从新材料产业的综合竞争力得分来看，江苏（1.278）、广东（0.967）和山东（0.746）位列全国前三。广东省新材料产业的优势在于科研投入较多，产业基础较好，规模竞争力、科技竞争力和环境竞争力得分均位列全国前三；但结构竞争力和成长竞争力比较薄弱。整体而言，广东省新材料产业的综合竞争力虽然处于全国领先水平，但产业结构仍有待改善，其竞争力与排在第一的江苏仍存在一定差距（见表4-39）。

表4-39　各省区市新材料产业综合竞争力排名

地区	规模竞争力	科技竞争力	结构竞争力	环境竞争力	成长竞争力	综合竞争力
江苏	1	2	4	5	16	1
广东	3	1	17	3	12	2
山东	2	6	7	12	13	3
上海	7	7	3	1	26	4
江西	12	23	2	9	3	5
浙江	5	4	6	6	25	6
天津	17	5	10	4	20	7
河南	4	12	19	24	2	8
青海	25	19	1	22	19	9
湖北	6	10	11	16	11	10
福建	13	9	20	7	15	11
安徽	14	8	14	11	14	12
重庆	18	17	8	14	6	13
贵州	23	22	5	26	4	14
湖南	8	11	21	18	9	15
广西	21	18	26	19	1	16
陕西	16	16	18	15	5	17
河北	11	14	25	17	10	18
海南	30	3	28	8	18	19
宁夏	28	28	12	23	8	20
内蒙古	15	15	9	21	23	21
四川	9	24	16	20	17	22
北京	27	13	27	2	28	23
新疆	20	30	15	27	21	24
西藏	31	31	29	10	7	25

续表

地区	规模竞争力	科技竞争力	结构竞争力	环境竞争力	成长竞争力	综合竞争力
云南	24	26	22	30	22	26
吉林	19	20	23	28	27	27
山西	22	25	24	29	29	28
黑龙江	26	27	31	25	24	29
辽宁	10	21	13	13	31	30
甘肃	29	29	30	31	30	31

（四）生物医药产业

生物医药产业包括医药制造业、专用设备制造业中医疗仪器设备及器械制造等。由于主成分分析中成长竞争力 KMO 小于 0.500，相关关系检验发现变量之间高度相关，删除“固定资产合计增长率”和“利用外资额增长率”后能通过 KMO 和球形巴特尼特法检验，因子的方差解释率较高，因此，在成长竞争力评价时剔除这两个指标。最终，规模竞争力、科技竞争力、结构竞争力、环境竞争力和成长竞争力的检验都满足 KMO 值大于 0.500，且球形巴特尼特检验值对应的 P 值均小于 0.050（见表 4－40）。

表 4－40　生物医药产业竞争力的 KMO 和球形巴特尼特法检验

类别		规模竞争力	科技竞争力	结构竞争力	环境竞争力	成长竞争力
KMO 抽样适度测定		0.827	0.642	0.539	0.740	0.500
球形巴特尼特法检验	近似卡方	158.422	109.572	73.408	177.247	4.685
	自由度	6	15	10	28	1
	显著性水平	0	0	0	0	0.030

按照特征值大于 1 进行因子筛选，规模竞争力、科技竞争力、结构竞争力、环境竞争力和成长竞争力分别提取了 1、2、2、2、1 个因子，提取的因子分别代表了原来指标 85.134%、79.478%、73.434%、74.201% 和 69.468% 的信息量（见表 4－41）。

根据竞争力因子得分系数矩阵，以各因子方差的占比为权重，计算得出 31 个省区市生物医药产业 5 个二级指标得分。规模竞争力方面，排在第 1 的是山东，得分为 3.195，广东排在第 4，得分为 0.944，广东省生物医药产业规模指标在全国排名均位列前五，生物医药产业有山东、江苏、河南、广东、浙江、吉林、河北、四川、湖北、上海、天津、北京、辽宁 13 个省区市的规模竞争力高于全国平均水平；科技竞争力方面，广东位列全国第1，得分为2.329，除了人均R&D经费支出增长率和R&D人员全时当量增长率外，其他指标在全国均具有显著优势，均位列前三，广东、江苏、浙江、海南、山东、福建、天津、安徽、上海、湖南、湖北、河南12个省区市的科技竞争力高于全国平均水平；结构竞争力方面，排在第1的是海南，得分为2.659，广东排在第29，得分为-0.786，仅高于福建和新疆；环境竞争力方面，排在第1的是北京，得分为2.515，广东排在第4，得分为0.874，得分高于全国平均水平的有北京、上海、天津、广东、海南、江苏、浙江、福建、西藏、内蒙古10个省区市；成长竞争力方面，排在第1的是重庆，得分为2.184，广东排在第14，得分为0.271，得分高于全国平均水平的有重庆、江西、河南、海南、宁夏、内蒙古、福建、山东、湖南、江苏、广西、陕西、新疆、广东、吉林、安徽、湖北17个省区市（见表4-42、表4-43、图4-10）。

表4-41　　生物医药产业竞争力主因子解释的总方差

成分	初始特征值			提取平方和载入			旋转平方和载入		
	合计	方差百分比（%）	累积百分比（%）	合计	方差的百分比（%）	累积百分比（%）	合计	方差百分比（%）	累积百分比（%）
规模竞争力主因子1	3.405	85.134	85.134	3.405	85.134	85.134			
科技竞争力主因子1	3.137	52.275	52.275	3.137	52.275	52.275	3.137	52.275	52.275
科技竞争力主因子2	1.632	27.203	79.478	1.632	27.203	79.478	1.632	27.203	79.478
结构竞争力主因子1	2.635	52.709	52.709	2.635	52.709	52.709	2.328	46.556	46.556
结构竞争力主因子2	1.036	20.725	73.434	1.036	20.725	73.434	1.344	26.877	73.434
环境竞争力主因子1	4.350	54.380	54.380	4.350	54.380	54.380	4.350	54.376	54.376
环境竞争力主因子2	1.586	19.821	74.201	1.586	19.821	74.201	1.586	19.824	74.201
成长竞争力主因子1	1.389	69.468	69.468	1.389	69.468	69.468			

表4-42　　生物医药产业竞争力主因子得分系数

因子	ZX_{11}	ZX_{12}	ZX_{13}	ZX_{14}				
F_{11}	0.287	0.284	0.283	0.225				
因子	ZX_{21}	ZX_{22}	ZX_{23}	ZX_{24}	ZX_{25}	ZX_{26}		
F_{21}	0.256	0.298	0.289	0.283	-0.026	0.023		
F_{22}	-0.055	0.041	0.026	-0.017	0.546	0.555		

续表

因子	ZX_{31}	ZX_{32}	ZX_{33}	ZX_{34}	ZX_{35}			
F_{31}	0.378	0.374	0.408	-0.005	0.207			
F_{32}	-0.056	0.064	-0.179	0.477	-0.765			
因子	ZX_{41}	ZX_{42}	ZX_{43}	ZX_{44}	ZX_{45}	ZX_{46}	ZX_{47}	ZX_{48}
F_{41}	0.208	0.210	0.178	0.144	0.211	0.076	0.196	0.042
F_{42}	-0.066	0.110	0.289	-0.139	-0.122	-0.449	0.004	0.543
因子	ZX_{51}	ZX_{52}						
F_{51}	0.600	0.600						

表 4-43　　　　生物医药产业竞争力主因子权重

因子	解释百分比（%）	权重
Z_1	85.134	1.000
Z_{21}	52.275	0.658
Z_{22}	27.203	0.342
Z_{31}	52.709	0.718
Z_{32}	20.725	0.282
Z_{41}	54.380	0.733
Z_{42}	19.821	0.267
Z_{51}	69.468	1.000

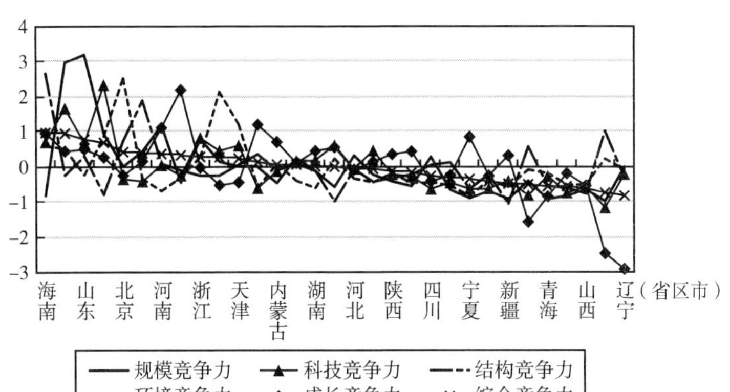

图 4-10　各省区市生物医药产业的竞争力对比

我国31个省区市中，生物医药产业综合竞争力最强的是海南，得分为0.975，其次是江苏，得分为0.954，综合竞争力排名高于全国平均水平的有海南、江苏、山东、广东、北京、吉林、河南、重庆、浙江、上海、天津、江西、内蒙古、湖北、湖南15个省区市。为了把握全国生物医药产业的竞争力及广东生物医药产业在全国的地位，采用K-means聚类法对31个省区市进行聚类分析，31个省区市分为3种类型：

聚类1包括海南、北京、吉林、重庆、江西5个省区市，其规模竞争力、科技竞争力、结构竞争力、环境竞争力和成长竞争力得分的聚类中心分别为-0.161、-0.239、1.441、0.483、0.852，这类地区生物医药产业综合竞争力排名处于中上游水平，竞争力值高于全国平均水平，同时产业结构竞争力优势明显，显著高于全国平均水平，属于“强结构竞争力型”。

聚类2包括上海、天津、内蒙古、湖北、湖南、福建、河北、安徽、陕西、广西、四川、贵州、宁夏、云南、新疆、黑龙江、青海、甘肃、山西、西藏、辽宁21个省区市，其规模竞争力、科技竞争力、结构竞争力、环境竞争力和成长竞争力得分的聚类中心分别为-0.394、-0.299、-0.289、-0.162、-0.313，这是成员最多的聚类，这类地区生物医药产业综合竞争力大多低于全国平均水平，但是在5个二级指标竞争力上也存在一定的优势，如宁夏在成长竞争力排名第5，上海在环境竞争力排名第2，西藏在结构竞争力排名第3，属于“综合竞争力薄弱型”。

聚类3包括江苏、山东、广东、河南、浙江5个省区市，其规模竞争力、科技竞争力、结构竞争力、环境竞争力和成长竞争力得分的聚类中心分别为1.816、1.497、-0.227、0.197、0.463，这类地区生物医药产业的综合竞争力较强，尤其是在产业规模上具有显著的竞争优势，属于“强规模竞争力型”。

从生物医药产业的综合竞争力得分来看，海南（0.975）、江苏（0.954）和山东（0.782）位列全国前三，广东排名第4（0.693），广东省生物医药产业的规模竞争力、科技竞争力和环境竞争力在全国具有显著优势，得分在全国排名均处于前四。但竞争力发展并不均衡，在结构竞争力和成长竞争力方面比较薄弱，尤其是结构竞争力得分远低于全国平均水平。广东需要充分利用自身的产业规模和创新优势，着重优化产业结构，推动生物医药产业的快速发展（见表4-44）。

表 4－44　　各省区市生物医药产业综合竞争力排名

地区	规模竞争力	科技竞争力	结构竞争力	环境竞争力	成长竞争力	综合竞争力
海南	26	4	1	5	4	1
江苏	2	2	19	6	10	2
山东	1	5	7	15	8	3
广东	4	1	29	4	14	4
北京	12	20	4	1	21	5
吉林	6	22	2	18	15	6
河南	3	12	9	30	3	7
重庆	19	17	15	16	1	8
浙江	5	3	21	7	18	9
上海	10	9	20	2	26	10
天津	11	7	11	3	25	11
江西	14	25	6	28	2	12
内蒙古	20	14	14	10	6	13
湖北	9	11	10	20	17	14
湖南	15	10	16	29	9	15
福建	22	6	30	8	7	16
河北	7	13	13	17	19	17
安徽	16	8	24	22	16	18
陕西	18	16	23	14	12	19
广西	21	19	18	23	11	20
四川	8	27	12	21	24	21
贵州	24	23	8	26	22	22
宁夏	28	28	27	31	5	23
云南	25	26	17	19	23	24
新疆	29	21	31	27	13	25
黑龙江	17	30	5	12	29	26
青海	30	18	25	13	28	27
甘肃	27	29	26	24	20	28
山西	23	24	28	25	27	29
西藏	31	31	3	9	30	30
辽宁	13	15	22	11	31	31

（五）新能源汽车产业

新能源汽车产业包括汽车制造业中的电车制造等，根据产业竞争力评价体系，规模竞争力、科技竞争力、结构竞争力、环境竞争力和成长竞争力的检验都满足 KMO 值大于 0.500，且球形巴特尼特检验值对应的 P 值均小于 0.050（见表 4－45）。

表 4－45　新能源汽车产业竞争力的 KMO 和球形巴特尼特法检验

类别		规模竞争力	科技竞争力	结构竞争力	环境竞争力	成长竞争力
KMO 抽样适度测定		0.728	0.625	0.774	0.664	0.510
球形巴特尼特法检验	近似卡方	298.513	98.165	216.504	155.090	25.848
	自由度	6	15	10	28	6
	显著性水平	0	0	0	0	0

按照特征值大于 1 进行因子筛选，规模竞争力、科技竞争力、结构竞争力、环境竞争力和成长竞争力分别提取了 1、2、2、2、2 个因子，提取的因子分别代表了原来指标 96.607%、75.032%、95.872%、68.374% 和 72.334% 的信息量（见表 4－46）。

表 4－46　新能源汽车产业竞争力主因子解释的总方差

成分	初始特征值			提取平方和载入			旋转平方和载入		
	合计	方差百分比（%）	累积百分比（%）	合计	方差的百分比（%）	累积百分比（%）	合计	方差百分比（%）	累积百分比（%）
规模竞争力主因子 1	3.864	96.607	96.607	3.864	96.607	96.607			
科技竞争力主因子 1	2.714	45.233	45.233	2.714	45.233	45.233	2.714	45.227	45.227
科技竞争力主因子 2	1.788	29.799	75.032	1.788	29.799	75.032	1.788	29.805	75.032
结构竞争力主因子 1	3.753	75.054	75.054	3.753	75.054	75.054	3.634	72.672	72.672
结构竞争力主因子 2	1.041	20.818	95.872	1.041	20.818	95.872	1.160	23.199	95.872
环境竞争力主因子 1	4.064	50.800	50.800	4.064	50.800	50.800	3.564	44.547	44.547
环境竞争力主因子 2	1.406	17.573	68.374	1.406	17.573	68.374	1.906	23.827	68.374
成长竞争力主因子 1	1.884	47.090	47.090	1.884	47.090	47.090	1.883	47.085	47.085
成长竞争力主因子 2	1.010	25.245	72.334	1.010	25.245	72.334	1.010	25.250	72.334

根据竞争力因子得分系数矩阵，以各因子方差的占比为权重，计算得出31个省区市的新能源汽车产业5个二级指标得分。规模竞争力方面，排在第1的是江苏，得分为1.940，广东排在第4，得分为1.546，江苏、山东、湖北、广东、吉林、上海、重庆、浙江、北京、河南、辽宁、安徽、河北、四川14个省区市新能源汽车产业规模竞争力均高于全国平均水平；科技竞争力方面，广东位列全国第1，得分为2.022，除此之外，还有江苏、海南、浙江、山东、安徽、天津、上海、福建、湖北、河南、湖南、河北12个省区市的科技竞争力高于全国平均水平；结构竞争力方面，排在第1的是吉林，得分为2.527，广东排在第13，得分为-0.115，新能源汽车产业结构竞争力高于全国平均水平的只有吉林、重庆、北京、湖北、上海、广西、天津、安徽、浙江、辽宁10个省区市；环境竞争力方面，排在第1的是北京，得分为2.235，广东排在第4，得分为1.047，表明广东新能源汽车产业具有良好的产业发展环境；成长竞争力方面，排在第1的是甘肃，得分为2.478，广东排在第14，得分为0.064，成长竞争力高于全国平均水平的有甘肃、山西、贵州、重庆、浙江、江西、河南、湖南、安徽、广西、江苏、天津、河北、广东14个省区市（见表4-47、表4-48、图4-11）。

表4-47　新能源汽车产业竞争力主因子得分系数

因子	ZX_{11}	ZX_{12}	ZX_{13}	ZX_{14}				
F_{11}	0.257	0.248	0.257	0.255				
因子	ZX_{21}	ZX_{22}	ZX_{23}	ZX_{24}	ZX_{25}	ZX_{26}		
F_{21}	-0.131	0.352	0.334	0.328	-0.084	0.038		
F_{22}	-0.198	0.017	0.005	-0.043	0.503	0.514		
因子	ZX_{31}	ZX_{32}	ZX_{33}	ZX_{34}	ZX_{35}			
F_{31}	0.246	0.268	0.247	0.303	-0.110			
F_{32}	0.101	-0.005	0.106	-0.307	0.903			
因子	ZX_{41}	ZX_{42}	ZX_{43}	ZX_{44}	ZX_{45}	ZX_{46}	ZX_{47}	ZX_{48}
F_{41}	0.221	0.264	0.351	0.104	0.221	-0.152	-0.061	0.072
F_{42}	0.036	-0.035	-0.348	0.175	0.065	0.518	0.408	0.175
因子	ZX_{51}	ZX_{52}	ZX_{53}	ZX_{54}				
F_{51}	0.492	0.465	0.270	0.005				
F_{52}	0.054	0.085	-0.237	0.961				

表 4-48　新能源汽车产业竞争力主因子权重

因子	解释百分比（%）	权重
Z_1	96.607	1
Z_{21}	45.233	0.603
Z_{22}	29.799	0.397
Z_{31}	75.054	0.783
Z_{32}	20.818	0.217
Z_{41}	50.800	0.743
Z_{42}	17.573	0.257
Z_{51}	47.090	0.651
Z_{52}	25.245	0.349

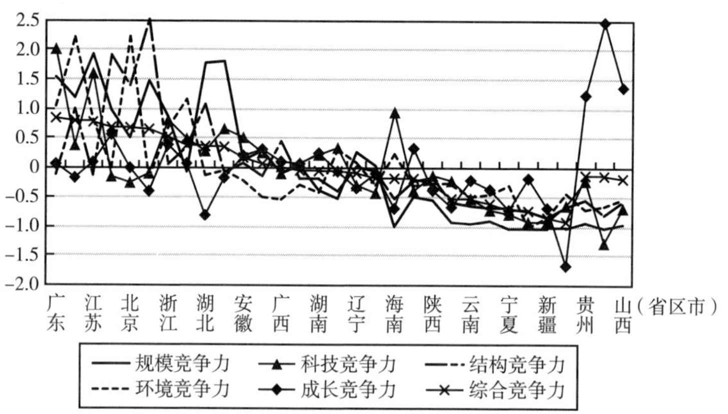

图 4-11　各省区市新能源汽车产业的竞争力对比

我国 31 个省区市中，新能源汽车产业综合竞争力最强的是广东，得分为 0.843，其次是上海，得分为 0.798，综合竞争力排名高于全国平均水平的有广东、上海、江苏、重庆、北京、吉林、浙江、天津、湖北、山东、安徽、河南、广西 13 个省区市。为了把握全国新能源汽车产业的竞争力及广东新能源汽车产业在全国的地位，采用 K-means 聚类法对 31 个省区市进行聚类分析，31 个省区市分为 3 种类型：

聚类 1 包括山西、贵州、甘肃 3 个省区市，其规模竞争力、科技竞争力、结构竞争力、环境竞争力和成长竞争力得分的聚类中心分别为 -0.973、-0.995、-0.784、-0.798、2.295，这类地区新能源汽车产业的综合竞争力较低，但是成长速度快，具有很大的成长潜力，属于“强成长竞争力型”。

聚类2包括河北、内蒙古、辽宁、黑龙江、安徽、福建、江西、河南、湖南、广西、海南、四川、云南、西藏、陕西、青海、宁夏、新疆18个省区市，其规模竞争力、科技竞争力、结构竞争力、环境竞争力和成长竞争力得分的聚类中心分别为 -0.507、 -0.277、 -0.419、 -0.420、 -0.356，这类地区新能源汽车产业的综合竞争力大多低于全国平均水平，5个二级竞争力指标均没有明显突出的优势，属于“综合竞争力薄弱型”。

聚类3包括北京、天津、吉林、上海、江苏、浙江、山东、湖北、广东、重庆10个省区市，其规模竞争力、科技竞争力、结构竞争力、环境竞争力和成长竞争力得分的聚类中心分别为1.205、0.796、0.989、0.996、 -0.047，这类地区新能源汽车产业综合竞争力较强，在全国具有显著的竞争优势，但是成长速度较慢，属于“成长竞争力薄弱型”。

从新能源汽车产业的综合竞争力得分来看，广东（0.843）、上海（0.798）和江苏（0.776）位列全国前三，广东省新能源汽车产业无论是规模竞争力、科技竞争力还是环境竞争力，在全国均具有明显的优势，在全国排名均在前四，但是结构竞争力和成长竞争力优势并不明显，尤其是结构竞争力得分，甚至低于全国平均值（见表4-49）。

表4-49　各省区市新能源汽车产业综合竞争力排名

地区	规模竞争力	科技竞争力	结构竞争力	环境竞争力	成长竞争力	综合竞争力
广东	4	1	13	4	14	1
上海	6	8	5	2	19	2
江苏	1	2	14	5	11	3
重庆	7	17	2	10	4	4
北京	9	20	3	1	15	5
吉林	5	15	1	13	25	6
浙江	8	4	9	6	5	7
天津	15	7	7	3	12	8
湖北	3	10	4	12	30	9
山东	2	5	12	11	18	10
安徽	12	6	8	14	9	11
河南	10	11	15	25	7	12
广西	16	14	6	27	10	13
河北	13	13	17	17	13	14
湖南	17	12	18	21	8	15

续表

地区	规模竞争力	科技竞争力	结构竞争力	环境竞争力	成长竞争力	综合竞争力
福建	19	9	20	7	16	16
辽宁	11	21	10	9	22	17
贵州	23	19	22	29	3	18
甘肃	28	31	30	28	1	19
四川	14	23	11	18	17	20
海南	26	3	21	8	28	21
江西	18	22	19	20	6	22
山西	25	26	23	26	2	23
陕西	20	16	16	15	24	24
内蒙古	22	18	24	16	26	25
云南	24	24	25	24	21	26
黑龙江	21	27	27	23	23	27
宁夏	30	28	28	19	29	28
西藏	31	30	29	31	20	29
新疆	27	29	31	30	27	30
青海	29	25	26	22	31	31

（六）航空航天产业和海洋产业

航空航天产业包括铁路、船舶、航空航天和其他运输设备制造业中的航空航天器制造。海洋产业包括铁路、船舶、航空航天和其他运输设备制造业中的船舶及浮动装置。由于工业销售产值、主营业务收入、主营业务成本、利润总额、从业人员平均人数、固定资产合计、利用外资额、港澳台资本、外商资本、出口交货值等指标只有铁路、船舶、航空航天和其他运输设备制造业的数据，没有海洋产业和航空航天产业细分数据，这些指标均按照 2013 年全国经济普查年鉴中铁路、船舶、航空航天和其他运输设备制造业中航空航天器制造、船舶及浮动装置两个行业的比重推算，导致两个行业的因子分析结果相同，因此，本书将两个行业合并分析。

航空航天产业和海洋产业的规模竞争力、科技竞争力、结构竞争力、环境竞争力和成长竞争力的检验都满足 KMO 值大于 0.500，且球形巴特尼特检验值对应的 P 值均小于 0.050（见表 4－50）。

表 4－50 航空航天产业和海洋产业竞争力的 KMO 和球形巴特尼特法检验

类别		规模竞争力	科技竞争力	结构竞争力	环保竞争力	成长竞争力
KMO 抽样适度测定		0. 854	0. 625	0. 652	0. 564	0. 625
球形巴特尼特法检验	近似卡方	201. 215	98. 158	158. 830	203. 932	48. 083
	自由度	6	15	10	28	6
	显著性水平	0	0	0	0	0

按照特征值大于1进行因子筛选，规模竞争力、科技竞争力、结构竞争力、环境竞争力和成长竞争力分别提取了1、2、1、2、2个因子，提取的因子分别代表了原来指标94. 076%、74. 695%、68. 561%、74. 568%和84. 472%的信息量（见表4－51）。

表 4－51 航空航天产业和海洋产业竞争力主因子解释的总方差

成分	初始特征值			提取平方和载入			旋转平方和载入		
	合计	方差百分比（%）	累积百分比（%）	合计	方差的百分比（%）	累积百分比（%）	合计	方差百分比（%）	累积百分比（%）
规模竞争力主因子1	3. 763	94. 076	94. 076	3. 763	94. 076	94. 076			
科技竞争力主因子1	2. 750	45. 828	45. 828	2. 750	45. 828	45. 828	2. 743	45. 711	45. 711
科技竞争力主因子2	1. 732	28. 866	74. 695	1. 732	28. 866	74. 695	1. 739	28. 984	74. 695
结构竞争力主因子1	3. 428	68. 561	68. 561	3. 428	68. 561	68. 561			
环境竞争力主因子1	4. 105	51. 311	51. 311	4. 105	51. 311	51. 311	3. 799	47. 485	47. 485
环境竞争力主因子2	1. 861	23. 258	74. 568	1. 861	23. 258	74. 568	2. 167	27. 084	74. 568
成长竞争力主因子1	2. 349	58. 718	58. 718	2. 349	58. 718	58. 718	2. 285	57. 126	57. 126
成长竞争力主因子2	1. 030	25. 755	84. 472	1. 030	25. 755	84. 472	1. 094	27. 346	84. 472

根据竞争力因子得分系数矩阵，以各因子方差的占比为权重，计算得出31个省区市航空航天产业和海洋产业竞争力5个二级指标的得分。规模竞争力方面，排在第1的是江苏，得分为4. 351，广东排在第4，得分为0. 786，航空航天产业和海洋产业规模竞争力高于全国平均水平的有江苏、山东、重庆、广东、浙江、辽宁、天津、上海、陕西、湖南、河南、湖北12个省区市；科技竞争力方面，广东位列全国第1，得分为2. 027，除了在人均R&D经费支出增长率和R&D人员全时当量增长率外，其他体现科技竞争力的各项指标排名均位列全国前三，科技竞争力高于全国平均水平的有广东、江苏、海南、浙江、山东、安徽、天津、福建、上海、湖北、河南、湖南、河北13个省区市；结构竞争力方面，排

在第1的是重庆，得分为3.229，广东排在第15，得分为-0.188；环境竞争力方面，排在第1的是上海，得分为2.091，广东排在第3，得分为1.161，此外，还有北京、海南、江苏、浙江、天津、福建、辽宁7个省区市航空航天产业和海洋产业的发展环境优于全国平均水平；成长竞争力方面，排在第1的是新疆，得分为2.801，广东排在第22，得分为-0.291（见表4-52、表4-53、图4-12）。

表4-52　航空航天产业和海洋产业竞争力主因子得分系数

因子	ZX_{11}	ZX_{12}	ZX_{13}	ZX_{14}				
F_{11}	0.263	0.258	0.261	0.249				
因子	ZX_{21}	ZX_{22}	ZX_{23}	ZX_{24}	ZX_{25}	ZX_{26}		
F_{21}	-0.161	0.347	0.329	0.320	-0.040	0.079		
F_{22}	-0.078	0.011	0.003	-0.062	0.531	0.533		
因子	ZX_{31}	ZX_{32}	ZX_{33}	ZX_{34}	ZX_{35}			
F_{31}	0.284	0.264	0.282	0.197	0.151			
因子	ZX_{41}	ZX_{42}	ZX_{43}	ZX_{44}	ZX_{45}	ZX_{46}	ZX_{47}	ZX_{48}
F_{41}	0.264	0.249	0.169	0.102	0.260	0.176	-0.052	0.107
F_{42}	-0.107	-0.031	0.045	0.225	-0.072	-0.017	0.453	-0.471
因子	ZX_{51}	ZX_{52}	ZX_{53}	ZX_{54}				
F_{51}	0.416	0.430	0.291	-0.097				
F_{52}	-0.123	-0.129	0.273	0.915				

表4-53　航空航天产业和海洋产业竞争力主因子权重

因子	解释百分比（%）	权重
Z_1	94.076	1.000
Z_{21}	45.828	0.614
Z_{22}	28.866	0.386
Z_{31}	68.561	1.000
Z_{41}	51.311	0.688
Z_{42}	23.258	0.312
Z_{51}	58.718	0.695
Z_{52}	25.755	0.305

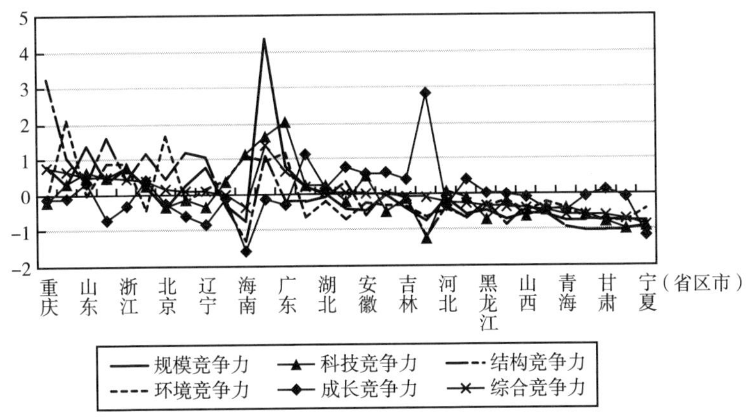

图 4－12　各省区市航空航天产业和海洋产业的竞争力对比

31 个省区市中，航空航天产业和海洋产业综合竞争力最强的是江苏，得分为 1.376，其次是重庆，为 0.764，综合竞争力排名高于全国平均水平的有江苏、重庆、上海、广东、山东、天津、浙江、湖南、河南、北京、陕西、辽宁、湖北、贵州、安徽 15 个省区市。为了把握全国航空航天产业和海洋产业的竞争力及广东在全国的地位，采用 K-means 聚类法对 31 个省区市进行聚类分析，31 个省区市分为 3 种类型：

聚类 1 包括重庆、上海、山东、天津、浙江、湖南、北京、陕西、辽宁、福建、海南 11 个省区市，其规模竞争力、科技竞争力、结构竞争力、环境竞争力和成长竞争力得分的聚类中心分别为 0.311、0.367、0.802、0.766、－0.466，这类地区的特点是成长竞争力相对比较薄弱，属于“成长竞争力薄弱型”。

聚类 2 包括河南、湖北、贵州、安徽、四川、吉林、新疆、河北、广西、黑龙江、内蒙古、山西、江西、青海、云南、甘肃、西藏、宁夏 18 个省区市，其规模竞争力、科技竞争力、结构竞争力、环境竞争力和成长竞争力得分的聚类中心分别为－0.475、－0.502、－0.540、－0.622、0.316，这类地区航空航天产业和海洋产业的综合竞争力大多低于全国平均水平，但成长较快，具有一定的发展潜力，属于“强成长竞争力型”。

聚类 3 包括江苏、广东 2 个省区市，其规模竞争力、科技竞争力、结构竞争力、环境竞争力和成长竞争力得分的聚类中心分别为 2.569、2.496、0.445、1.387、－0.281，这两个省份的航空航天产业和海洋产业综合竞争力较强，属于“强综合竞争力型”。

从航空航天产业和海洋产业的综合竞争力得分来看，江苏（1.376）、重庆（0.764）和上海（0.655）依次位列前三，广东排名第 4（0.648），广东省的优势在于具有一定的产业规模、较强的科技实力和良好的产业发展环境，劣势在于结构竞争力和成长竞争力较低（见表4－54）。

表4－54　各省区市航空航天产业和海洋产业综合竞争力排名

地区	规模竞争力	科技竞争力	结构竞争力	环境竞争力	成长竞争力	综合竞争力
江苏	1	2	5	5	20	1
重庆	3	19	1	11	19	2
上海	8	9	7	1	16	3
广东	4	1	15	3	22	4
山东	2	5	11	10	9	5
天津	7	7	2	7	28	6
浙江	5	4	9	6	23	7
湖南	10	12	4	23	7	8
河南	11	11	16	26	2	9
北京	16	20	8	2	21	10
陕西	9	16	3	13	27	11
辽宁	6	21	6	9	29	12
湖北	12	10	13	14	10	13
贵州	18	18	10	29	3	14
安徽	19	6	22	16	5	15
福建	15	8	18	8	18	16
四川	13	24	12	17	4	17
吉林	17	15	14	19	6	18
新疆	30	31	30	25	1	19
河北	14	13	20	22	24	20
广西	22	14	23	27	8	21
黑龙江	20	27	17	18	12	22
海南	27	3	31	4	31	23
内蒙古	24	17	24	12	13	24
山西	21	26	19	24	17	25
江西	23	23	21	15	25	26
青海	29	22	26	20	26	27
云南	25	25	29	28	14	28
甘肃	26	28	28	30	11	29
西藏	31	30	27	31	15	30
宁夏	28	29	25	21	30	31

（七）高端电子信息产业

高端电子信息产业包括通信设备、计算机及其他电子设备制造业等。由于主成分分析中成长竞争力 KMO 小于 0.500，相关关系检验发现变量之间高度相关，删除“工业销售产值增长率”和“利用外资额增长率”后能通过 KMO 和球形巴特尼特法检验，因子的方差解释率较高，因此，在成长竞争力评价时剔除这两个指标。最终，规模竞争力、科技竞争力、结构竞争力、环境竞争力和成长竞争力的检验都满足 KMO 值大于 0.500，且球形巴特尼特检验值对应的 P 值均小于 0.050（见表 4－55）。

表 4－55　　高端电子信息产业竞争力的 KMO 和球形巴特尼特法检验

类别		规模竞争力	科技竞争力	结构竞争力	环境竞争力	成长竞争力
KMO 抽样适度测定		0.770	0.616	0.835	0.629	0.500
球形巴特尼特法检验	近似卡方	261.124	93.074	161.976	143.494	10.999
	自由度	6	15	10	28	1
	显著性水平	0	0	0	0	0.001

按照特征值大于 1 进行因子筛选，规模竞争力、科技竞争力、结构竞争力、环境竞争力和成长竞争力分别提取了 1、2、1、3、1 个因子，提取的因子分别代表了原来指标 95.419%、74.221%、73.993%、77.124% 和 78.292% 的信息量（见表 4－56）。

表 4－56　　高端电子信息产业竞争力主因子解释的总方差

成分	初始特征值			提取平方和载入			旋转平方和载入		
	合计	方差百分比（%）	累积百分比（%）	合计	方差的百分比（%）	累积百分比（%）	合计	方差百分比（%）	累积百分比（%）
规模竞争力主因子 1	3.817	95.419	95.419	3.817	95.419	95.419			
科技竞争力主因子 1	2.712	45.208	45.208	2.712	45.208	45.208	2.702	45.026	45.026
科技竞争力主因子 2	1.741	29.013	74.221	1.741	29.013	74.221	1.752	29.196	74.221
结构竞争力主因子 1	3.700	73.993	73.993	3.700	73.993	73.993			
环境竞争力主因子 1	3.915	48.936	48.936	3.915	48.936	48.936	3.367	42.085	42.085
环境竞争力主因子 2	1.250	15.622	64.558	1.250	15.622	64.558	1.564	19.552	61.638
环境竞争力主因子 3	1.005	12.566	77.124	1.005	12.566	77.124	1.239	15.486	77.124
成长竞争力主因子 1	1.566	78.292	78.292	1.566	78.292	78.292			

根据竞争力因子得分系数矩阵，以各因子方差的占比为权重，计算得出31个省区市高端电子信息产业5个二级指标得分。广东省在规模竞争力、科技竞争力和结构竞争力3个方面均位列第1，得分分别为4.023、2.054、2.822；环境竞争力方面，排在第1的是北京，得分为1.961，广东排在第4，得分为0.859，表明广东省高端电子信息产业具有良好的产业发展环境；成长竞争力方面，排在第1的是内蒙古，得分为4.021，广东排在第16，得分为-0.301，成长竞争力高于全国平均水平的有内蒙古、新疆、贵州、陕西、重庆、江西、河北、云南8个省区市（见表4-57、表4-58、图4-13）。

表4-57　高端电子信息产业竞争力主因子得分系数

因子	ZX_{11}	ZX_{12}	ZX_{13}	ZX_{14}				
F_{11}	0.259	0.255	0.259	0.251				
因子	ZX_{21}	ZX_{22}	ZX_{23}	ZX_{24}	ZX_{25}	ZX_{26}		
F_{21}	-0.146	0.353	0.336	0.324	-0.041	0.075		
F_{22}	-0.123	0.010	0.004	-0.059	0.524	0.528		
因子	ZX_{31}	ZX_{32}	ZX_{33}	ZX_{34}	ZX_{35}			
F_{31}	0.256	0.260	0.256	0.176	0.202			
因子	ZX_{41}	ZX_{42}	ZX_{43}	ZX_{44}	ZX_{45}	ZX_{46}	ZX_{47}	ZX_{48}
F_{41}	0.224	0.284	0.400	0.112	0.224	-0.162	-0.093	-0.002
F_{42}	0.077	-0.035	-0.414	0.113	0.080	0.702	0.347	-0.174
F_{43}	-0.097	-0.075	0.050	0.241	-0.011	-0.144	0.429	0.735
因子	ZX_{52}	ZX_{53}						
F_{51}	0.565	0.565						

表4-58　高端电子新兴产业竞争力主因子权重

因子	解释百分比（%）	权重
Z_1	95.419	1.000
Z_{21}	45.208	0.609
Z_{22}	29.013	0.391
Z_{31}	73.993	1.000
Z_{41}	48.936	0.635
Z_{42}	15.622	0.203
Z_{43}	12.566	0.163
Z_{51}	78.292	1.000

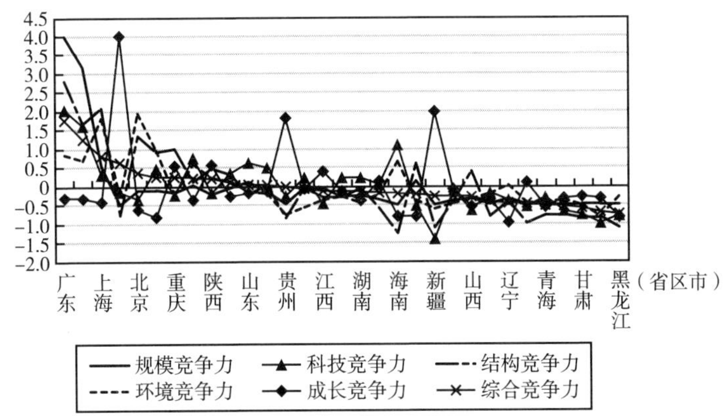

图4－13　各省区市高端电子信息产业的竞争力对比

31个省区市中，高端电子信息产业综合竞争力最强的是广东省，得分为1.775，其次是江苏，为1.265，综合竞争力排名高于全国平均水平的有广东、江苏、上海、内蒙古、北京、天津、重庆、浙江、陕西、福建、山东、安徽、贵州13个省区市。为了把握全国高端电子信息产业的竞争力及广东高端电子信息产业在全国的地位，采用K-means聚类法对31个省区市进行聚类分析，31个省区市分为3种类型：

聚类1包括上海、北京、天津、重庆、浙江、陕西、福建、山东、安徽、河南、江西、湖北、湖南、河北、海南、四川、广西、山西、吉林、辽宁、云南、青海、宁夏、甘肃、西藏、黑龙江26个省区市，其规模竞争力、科技竞争力、结构竞争力、环境竞争力和成长竞争力得分的聚类中心分别为－0.222、－0.100、－0.070、0.002、－0.278，表明该类地区高端电子信息产业的综合竞争力较弱，除了在产业发展环境方面略高于全国平均水平外，其余4个竞争力二级指标得分均低于全国平均水平，属于“综合竞争力薄弱型”。但是每个省区市均在某一方面具有优势，如上海的规模竞争力排名第3、结构竞争力排名第2，海南的科技竞争力排名第3，北京的环境竞争力排名第1，陕西的成长竞争力排名第4。

聚类2包括内蒙古、贵州、新疆3个省区市，其规模竞争力、科技竞争力、结构竞争力、环境竞争力和成长竞争力得分的聚类中心分别为－0.477、－0.806、－0.897、－0.775、2.617，这类地区高端电子信息产业的综合竞争力较弱，但成长较快，属于“强成长竞争力型”。

聚类3包括广东、江苏2个省区市，其规模竞争力、科技竞争力、结构竞争力、环境竞争力和成长竞争力得分的聚类中心分别为3.606、2.503、2.251、1.143、－0.308，这2个省份高端电子信息产业综合竞争力较强，具有产业规模、科技实力、产业结构和发展环境方面的优势，但是成长较慢，属于“成长竞争力薄弱型”。

从高端电子信息产业的综合竞争力得分来看，广东（1.775）、江苏（1.265）和上海（0.822）依次位列前三，广东省发展高端电子信息产业，在产业规模、科技实力、产业结构和发展环境上均具有显著的优势（见表4－59）。

表4－59　各省区市高端电子信息产业综合竞争力排名

省区市	规模竞争力	科技竞争力	结构竞争力	环境竞争力	成长竞争力	综合竞争力
广东	1	1	1	4	16	1
江苏	2	2	3	5	17	2
上海	3	9	2	2	23	3
内蒙古	25	15	22	16	1	4
北京	10	21	4	1	26	5
天津	9	7	6	3	29	6
重庆	12	18	5	15	5	7
浙江	6	4	11	7	21	8
陕西	13	17	8	8	4	9
福建	8	8	10	9	14	10
山东	5	5	16	11	13	11
安徽	11	6	12	12	11	12
贵州	21	19	26	30	3	13
河南	7	12	15	28	9	14
江西	16	23	13	21	6	15
湖北	15	10	17	17	12	16
湖南	14	11	14	24	22	17
河北	19	13	20	14	7	18
海南	27	3	31	6	27	19
四川	4	24	7	22	28	20
新疆	28	31	29	29	2	21
广西	20	14	18	26	10	22
山西	17	26	9	19	24	23
吉林	22	16	24	13	20	24

续表

省区市	规模竞争力	科技竞争力	结构竞争力	环境竞争力	成长竞争力	综合竞争力
辽宁	18	22	19	10	31	25
云南	24	25	28	25	8	26
青海	29	20	23	23	25	27
宁夏	30	27	21	20	18	28
甘肃	23	28	27	27	15	29
西藏	30	30	25	31	18	30
黑龙江	26	29	30	18	30	31

（八）太阳能光伏产业

太阳能光伏产业包括非金属矿物制品中石墨及其他非金属等。由于主成分分析中科技竞争力和成长竞争力的 KMO 均小于 0.500，相关关系检验发现变量之间高度相关，科技竞争力指标删除“各省区市人均 R&D 经费支出”、成长竞争力指标删除“固定资产合计增长率”后能通过 KMO 和球形巴特尼特法检验，因子的方差解释率较高，因此，在科技竞争力和成长竞争力评价时分别删除各省区市人均 R&D 经费支出、固定资产合计增长率这两个指标。最终，规模竞争力、科技竞争力、结构竞争力、环境竞争力和成长竞争力的检验都满足 KMO 值大于 0.500，且球形巴特尼特检验值对应的 P 值均小于 0.050（见表 4－60）。

表 4－60　　太阳能光伏产业竞争力的 KMO 和球形巴特尼特法检验

类别		规模竞争力	科技竞争力	结构竞争力	环境竞争力	成长竞争力
KMO 抽样适度测定		0.758	0.611	0.630	0.703	0.571
球形巴特尼特法检验	近似卡方	172.977	88.478	74.885	180.870	28.614
	自由度	6	10	10	28	3
	显著性水平	0	0	0	0	0

按照特征值大于 1 进行因子筛选，规模竞争力、科技竞争力、结构竞争力、环境竞争力和成长竞争力分别提取了 1、2、2、2、1 个因子，提取的因子分别代表了原来指标 81.672%、84.261%、78.262%、71.375% 和 65.814% 的信息量（见表 4－61）。

根据竞争力因子得分系数矩阵，以各因子方差的占比为权重，计算得出 31 个省份太阳能光伏产业 5 个二级指标得分。规模竞争力方面，排在第 1 的是河南，得分为2.693，广东排在第3，得分为2.083，太阳能光伏产业规模竞争力高于全国平均水平的有河南、山东、广东、江苏、四川、福建、湖北、河北、辽宁、湖南、安徽、江西、浙江13个省区市；科技竞争力方面，广东位列全国第1，比排在第2的江苏高0.477；结构竞争力方面，排在第1的是西藏，得分为1.890，广东排在第24，得分为-0.580，得分高于全国平均水平的有西藏、河南、江西、广西、贵州、湖南、海南、四川、福建、湖北、安徽、吉林、新疆、重庆14个省区市；环境竞争力方面，排在第1的是上海，得分为2.625，广东排在第3，为1.362，除此之外，还有北京、天津、江苏、海南、浙江、福建、西藏7个省区市的得分高于全国平均水平；成长竞争力方面，排在第1的是贵州，得分为1.453，广东排在第12，得分为0.371，太阳能光伏产业的成长速度略高于全国平均水平（见表4-62、表4-63、图4-14）。

表4-61　　太阳能光伏产业竞争力主因子解释的总方差

成分	初始特征值			提取平方和载入			旋转平方和载入		
	合计	方差百分比（%）	累积百分比（%）	合计	方差的百分比（%）	累积百分比（%）	合计	方差百分比（%）	累积百分比（%）
规模竞争力主因子1	3.267	81.672	81.672	3.267	81.672	81.672			
科技竞争力主因子1	2.590	51.800	51.800	2.590	51.800	51.800	2.588	51.764	51.764
科技竞争力主因子2	1.623	32.461	84.261	1.623	32.461	84.261	1.625	32.496	84.261
结构竞争力主因子1	2.848	56.964	56.964	2.848	56.964	56.964	2.339	46.778	46.778
结构竞争力主因子2	1.065	21.297	78.262	1.065	21.297	78.262	1.574	31.483	78.262
环境竞争力主因子1	4.608	57.601	57.601	4.608	57.601	57.601	4.481	56.015	56.015
环境竞争力主因子2	1.102	13.773	71.375	1.102	13.773	71.375	1.229	15.360	71.375
成长竞争力主因子1	1.974	65.814	65.814	1.974	65.814	65.814			

表4-62　　太阳能光伏产业竞争力主因子得分系数

因子	ZX_{11}	ZX_{12}	ZX_{13}	ZX_{14}				
F_{11}	0.299	0.301	0.292	0.201				
因子	ZX_{22}	ZX_{23}	ZX_{24}	ZX_{25}	ZX_{26}			
F_{21}	0.374	0.359	0.338	-0.045	0.034			
F_{22}	0.017	0.004	-0.032	0.555	0.553			
因子	ZX_{31}	ZX_{32}	ZX_{33}	ZX_{34}	ZX_{35}			
F_{31}	0.477	0.429	0.218	-0.243	-0.014			

续表

因子	ZX_{31}	ZX_{32}	ZX_{33}	ZX_{34}	ZX_{35}			
F_{32}	-0.234	-0.075	0.191	0.699	-0.431			
因子	ZX_{41}	ZX_{42}	ZX_{43}	ZX_{44}	ZX_{45}	ZX_{46}	ZX_{47}	ZX_{48}
F_{41}	0.164	0.228	0.176	0.190	0.152	0.159	0.183	0.118
F_{42}	-0.149	0.136	0.099	0.226	-0.266	-0.003	0.019	0.843
因子	ZX_{51}	ZX_{52}	ZX_{54}					
F_{51}	0.462	0.452	-0.299					

表 4-63　　太阳能光伏产业竞争力主因子权重

因子	解释百分比（%）	权重
Z_1	81.672	1.000
Z_{21}	51.800	0.615
Z_{22}	32.461	0.385
Z_{31}	56.964	0.728
Z_{32}	21.297	0.272
Z_{41}	57.601	0.807
Z_{42}	13.773	0.193
Z_{51}	65.814	1.000

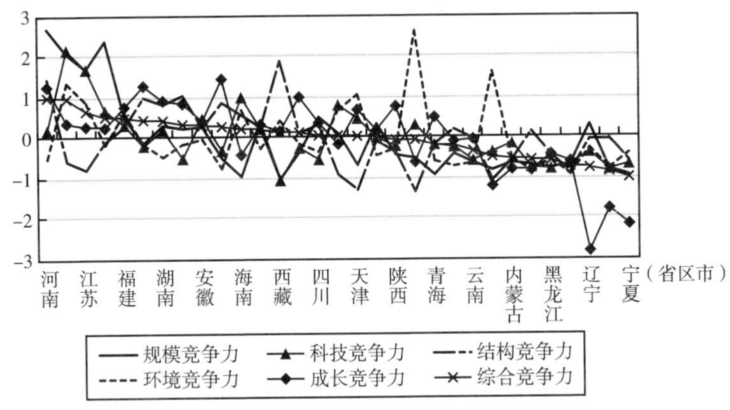

图 4-14　各省区市太阳能光伏产业的竞争力对比

31 个省区市中，太阳能光伏产业综合竞争力最强的是河南，得分为 1.002，其次是广东，为 0.972，综合竞争力排名高于全国平均水平的有河南、广东、江苏、山东、福建、广西、湖南、江西、安徽、贵州、海南、湖北、西藏、重庆、四川、浙江、天津、河北 18 省区市。为了把握全国太阳能光伏产业的竞争力及广东太阳能光伏产业在全国的地位，采用 K-means 聚类法对 31 个省区市进行聚类分析，31 个省区市分为 3 种类型：

聚类 1 包括青海、吉林、云南、内蒙古、新疆、黑龙江、山西、辽宁、甘肃、宁夏 10 个省区市，其规模竞争力、科技竞争力、结构竞争力、环境竞争力和成长竞争力得分的聚类中心分别为 -0.609、-0.708、-0.304、-0.749、-0.896，这类地区基本分布于经济发展比较落后的区域，缺乏产业优势，排名相对靠后，综合竞争力远低于全国平均水平，属于“综合竞争力薄弱型”。

聚类 2 包括河南、山东、福建、广西、湖南、江西、安徽、贵州、湖北、西藏、重庆、四川、河北、陕西 14 个省区市，其规模竞争力、科技竞争力、结构竞争力、环境竞争力和成长竞争力得分的聚类中心分别为 0.369、-0.096、0.714、-0.233、0.716、这类地区太阳能光伏产业的综合竞争力高于全国平均水平，但产业发展环境和科技实力不具有优势，属于“环境和科技竞争力薄弱型”。

聚类 3 包括广东、江苏、海南、浙江、天津、上海、北京 7 个省区市，其规模竞争力、科技竞争力、结构竞争力、环境竞争力和成长竞争力得分的聚类中心分别为 0.132、1.204、-0.994、1.536、-0.151，这类地区太阳能光伏产业的综合竞争力高于全国平均水平，具有明显的科技优势和良好的产业发展环境，但规模竞争力、结构竞争力和成长竞争力比较薄弱，属于“强科技竞争力和强环境竞争力型”。

从太阳能光伏产业的综合竞争力得分来看，河南（1.002）、广东（0.972）和江苏（0.663）依次位列前三，广东省发展太阳能光伏产业具有显著的规模竞争力、科技竞争力和环境竞争力优势，但是结构竞争力和成长竞争力相对较弱（见表 4-64）。

表 4-64　各省区市太阳能光伏产业综合竞争力排名

省区市	规模竞争力	科技竞争力	结构竞争力	环境竞争力	成长竞争力	综合竞争力
河南	1	12	2	22	3	1
广东	3	1	24	3	12	2
江苏	4	2	26	5	15	3
山东	2	5	19	14	16	4
福建	6	8	9	8	8	5

续表

省区市	规模竞争力	科技竞争力	结构竞争力	环境竞争力	成长竞争力	综合竞争力
广西	14	16	4	13	2	6
湖南	10	11	6	21	5	7
江西	12	23	3	12	6	8
安徽	11	6	11	10	11	9
贵州	18	20	5	28	1	10
海南	30	3	7	6	22	11
湖北	7	10	10	16	14	12
西藏	31	31	1	9	18	13
重庆	15	19	14	11	4	14
四川	5	24	8	18	13	15
浙江	13	4	28	7	21	16
天津	24	7	30	4	9	17
河北	8	13	18	20	17	18
陕西	17	17	21	15	7	19
上海	19	9	31	1	25	20
青海	28	15	20	25	10	21
吉林	16	18	12	27	20	22
云南	20	25	15	26	19	23
北京	27	21	29	2	28	24
内蒙古	21	14	23	23	26	25
新疆	23	28	13	30	27	26
黑龙江	25	29	22	24	23	27
山西	22	26	27	31	24	28
辽宁	9	22	17	17	31	29
甘肃	26	30	16	29	29	30
宁夏	29	27	25	19	30	31

分行业来看，广东省9个战略性新兴产业都具有较强的竞争力，综合竞争力均处于全国领先水平，在全国排名前四。在二级竞争力指标中，广东省的科技竞争力优势突出，9个细分行业的科技竞争力均位列全国第1，而且9个细分行业的规模竞争力和环境竞争力较强，均位列全国前五，相对较弱的是结构竞争力和成长竞争力（见表4－65）。

表 4-65　　广东省战略性新兴产业细分行业一般竞争力排名

产业	规模竞争力	科技竞争力	结构竞争力	环境竞争力	成长竞争力	综合竞争力
节能环保产业	3	1	19	4	9	2
核电装备产业	5	1	22	4	15	3
新材料产业	3	1	17	3	12	2
生物医药产业	4	1	29	4	14	4
新能源汽车产业	4	1	13	4	14	1
航空航天产业和海洋产业	4	1	15	3	22	4
高端电子信息产业	1	1	1	4	16	1
太阳能光伏产业	3	1	24	3	12	2

第四节　本章小结

本章构建了由规模竞争力、科技竞争力、结构竞争力、环境竞争力和成长竞争力 5 个二级指标和 28 个三级指标构成的产业竞争力评价体系，采用主成分分析法和层次分析法对广东省战略性新兴产业的竞争力进行评价，评价从两个层面展开，一是为了把握广东省战略性新兴产业的综合竞争力及其在全国的排名，从规模竞争力、科技竞争力、结构竞争力、环境竞争力、成长竞争力 5 个方面评价广东省战略性新兴产业的竞争力，并进行区域对比分析；二是为了反映战略性新兴产业细分行业之间在发展水平、发展速度和发展潜力等方面的差异性，对广东省战略性新兴产业的 9 个细分行业分别进行评价。主要研究结论如下：

第一，广东省战略性新兴产业的综合竞争力排名全国第 2（1.920），得分仅低于江苏（2.070），从二级指标得分来看，广东省战略性新兴产业的规模竞争力、科技竞争力、结构竞争力、环境竞争力和成长竞争力得分分别为 2.764、2.412、2.890、1.169 和 0.478，在全国排名分别为第 2、第 1、第 6、第 4 和第 10，竞争力发展比较均衡，五个竞争力水平都高于全国平均值，这得益于广东庞大的产业规模、外资规模和科研投入优势。但正是因为各指标总量基数较大，导致成长速度稍显缓慢，主要体现在成长竞争力的增长率指标排名并不靠前，并且科技竞争力上的劣势指标也表现在人均 R&D 经费支出增长率和 R&D 人员全时当量增长率方面。因此，广东省未来的发展仍要保持继续进步的态势，注重增长率指标的发展。

第二，广东省9个战略性新兴产业细分行业都具有较强的竞争力，节能环保产业、核电装备产业、新材料产业、生物医药产业、新能源汽车产业、航空航天产业、海洋产业、高端电子信息产业、太阳能光伏产业的综合竞争力在全国的排名分别为第2、第3、第2、第4、第1、第4、第4、第1、第2。在二级竞争力指标中，广东的科技竞争力优势突出，9个细分行业的科技竞争力均位列全国第1，而且9个细分行业的规模竞争力和环境竞争力较强，均位列全国前五，相对较弱的是结构竞争力和成长竞争力。

第五章　广东省战略性新兴产业的核心竞争力评价

第四章的分析表明广东省战略性新兴产业无论是整体还是细分行业，综合竞争力都较强，在全国具有一定的竞争优势，但是5个二级竞争力指标存在一定的差异，规模竞争力、科技竞争力和环境竞争力优势明显，结构竞争力和成长竞争力相对较弱，那么，广东省战略性新兴产业的核心竞争力如何？在全国是否具有竞争力？为了回答这些问题，本章从核心竞争力内涵出发，构建核心竞争力评价体系，并对广东省战略性新兴产业的核心竞争力进行评价，剖析广东省战略性新兴产业的优势和劣势，为促进广东产业升级和高质量发展提供政策方向。

第一节　核心竞争力的概念、特征及形式

一、产业核心竞争力概念

核心竞争力是企业竞争的基础，企业间的竞争归根结底是市场占有的竞争，体现为企业在生产和提供的产品和服务上的竞争，包括三大基本要素，即价格、质量和可获得性。价格是顾客首先考虑的因素，特别是生产原料、零件、半成品的制造业企业，基于生产成本的考虑，下游厂商高度重视产品的价格。价格高低的背后反映着企业的生产经营成本，也决定着企业的价格竞争优势。但价格与质量不能割裂看待，否则会造成产品低端化。质量是指产品或服务能满足顾客规定的和潜在需要的特性总和。有时顾客的需要（如性能、可靠性、寿命等要求）可以通过质量标准和供需双方签订的合同反映出来，但潜在的质量特性并不能完全反映在质量标准和合同中，甚至顾客也难以用语言明确表达出来。企业要提高质量竞争优势就不能仅满足于相关质量标准和订货合同要求。产品和服务的可获

得性是指顾客获取产品和服务的方便程度和及时性，在战略性新兴产业的考察中更多地被认为是运输能力及对未来需求进行库存的预测能力。当然，除了三大基本要素之外，还存在着品种、服务和品牌的竞争。企业通过竞争占有市场，但这不是一蹴而就的，良好的竞争力往往先给企业带来优势，如良好的业界口碑和独一无二的市场专利等，最终这些优势能够转化为企业市场占有率的提升。因此，评价企业尤其是正在发展中的企业能否在市场竞争中获得成功时，不仅仅要关注市场占有率，还要关注它是否具有即将转化为市场占有的优势。基于此，普拉哈拉德（K. Prahalad）和哈默尔（G. Hamel）在1990年首次指出核心竞争力是有助于公司进入不同的市场，为公司扩展经营能力基础的能力。通过“能力→优势→市场占有”的传导，核心竞争力一方面可以直接提高企业的市场占有率，另一方面通过塑造可转化为高市场占有率的企业优势能力间接提高市场占有率。

相对企业来说，产业是一个更加庞大的集合，它由各种或强或弱的具有相同或类似的专业技能知识的企业构成。因此，产业的核心竞争力是整个行业的企业所拥有的核心竞争力。现有研究对企业核心竞争力关注较多，产业核心竞争力尚无明确的界定。综合生产能力说认为，产业竞争力是某一产业在区域之间的竞争中，在合理、公正的市场条件下能够提供有效产品和服务的能力，是产业的供给能力、价格能力、投资盈利能力的综合（盛世豪，1999）。效率能力创新说认为，产业竞争力是属于不同国家的同类产业之间效率、生产能力和创新能力的比较，以及在国际间自由贸易条件下各国同类产业最终在产品市场上的竞争能力（张超，2002）。

产业核心竞争力与企业核心竞争力密不可分，微观企业的核心竞争力强弱决定了产业的核心竞争力，反过来，当某个地区或者国家的产业竞争力非常强的时候，它会促进当地新企业的产生和壮大，包括对专业人才的吸引、对投资资金的吸收等，持续地加速该产业的产业内竞争和创新过程，从而形成一个良性循环，使该地区的产业越做越强。但产业的竞争与企业间的竞争并不完全相同。产业的竞争更多地表现为地区或国家之间的竞争，如美国在航空航天领域表现得非常强势，而中国在该领域从无到有再到如今的国际前沿技术，充分表明了中国在该领域的核心竞争力不断提升，尤其是通过不断发挥国家科技重大专项的核心引领作用，使国有技术越来越具备和美国等老牌强国进行竞争的能力；其次，产业的竞争看重的是产业内部的网络结构，企业不再是单打独斗地进行科研或市场开发，更多的是在一个地区创新网络中合作和彼此学习。在工业4.0背景下，创新往往不是由产业中的单个企业完成的，产业的创新能力在很大程度上取决于创新网络的创新能力（该产业的综合研发产品的能力）和创新效率（该创新产品推向市场化的效率，包括完成市场化的时间和市场化深度），正如邓久根、卢凤姿

(2017)所说，创新是集体行为，单个主体很难促成创新。随着科学复杂化、技术深入化，创新所需的知识基础越来越复杂，创新系统中的各种因素越丰富、组合形式越多，就越能创造出更复杂、更高级的创新。不难发现，创新网络的创新能力和创新效率是产业竞争力中最为核心和关键的部分。

创新能力和创新效率是产业的核心竞争力这一点，与《国务院关于加快培育和发展战略性新兴产业的决定》和现有文献对产业核心竞争力的阐释是一致的。如在《国务院关于加快培育和发展战略性新兴产业的决定》一文中，关于提升产业核心竞争力的表述为“增强自主创新能力是培育和发展战略性新兴产业的中心环节，必须完善以企业为主体、市场为导向、产学研相结合的技术创新体系，发挥国家科技重大专项的核心引领作用，结合实施产业发展规划，突破关键核心技术，加强创新成果产业化，提升产业核心竞争力”，即核心竞争力体现为整个产业的自主创新能力和创新成果产业化。王宏起（2018）认为，战略性新兴产业核心能力是在创新网络基础上培育形成的产业持续协同创新与发展能力，即产业核心竞争力源于产业内各企业之间和内部的创新能力，当同产业内的企业不断提升核心竞争力并与产业内其他企业共同学习和提升创新能力时，整个区域内的产业核心竞争力便会不断增强。竞争力理论的创始人哈佛大学商学院教授迈克尔·波特（Michael Porter，2002）认为，产业竞争力是衡量国家或地区竞争力的重要指标之一，更大程度上受到了产业创新能力的影响，而不仅仅取决于一国的劳动力和资本要素。在全球化背景下，一国产业特别是制造业在国际市场上的竞争力，往往被认为是决定国家竞争力的关键，能够反映出一国产业在全球价值链中的分工地位和比较优势。郎咸平（2008）在产业价值链的“6+1”理论中提出，制造业是产业价值链中唯一的“硬的生产环节”，制造业具有竞争优势的国家往往沦为产业链的最低端。企业竞争实质上也是产业链的竞争，产业链的六个“软的生产环节”，即产品设计、原料采购、仓储运输、订单处理、批发经营、零售，实际上都是需要创新能力和创新效率的。当价值链各个环节的创新能力和创新效率得到提升时，便会增强产业的核心竞争力。综上，本书认为，产业核心竞争力就是同一产业内企业在整个创新网络的环境下合作学习，提升该地区或者国家产业价值链各个环节竞争优势的能力，表现为产业的创新能力和创新效率。

二、产业核心竞争力的特征

产业核心竞争力以创新能力和创新效率为基本内涵。从竞争层面来讲，创新能力和创新效率是产业发展的核心驱动力。

产业核心竞争力以市场需求为动力，以深度市场化和市场份额占有为最终目的。产业发展明显受市场需求驱动，市场规模大且拥有刚需应用场景的细分产品更受资本青睐，如2020年为防止新冠肺炎疫情扩散，机器人替代人工的需求被激发，越来越多的服务机器人被应用于医疗、配送等领域，服务机器人的市场空间进一步扩大①。产业的核心竞争力能直接或间接提升产品或服务的市场份额，在这种意义上来看，市场份额在一定程度上反映了产业核心竞争力。

产业核心竞争力具有区域性和网络结构特性。产业竞争体现为国家或地区间的竞争，地区产业发展受到该地区网络结构的影响，一旦创新能力强的企业在该地区形成了良好的网络关系，技术和知识的外溢效应会吸引更多的企业、人才和其他生产要素流入该地区，进一步强化产业核心竞争力。

三、产业核心竞争力的表现形式

有学者认为产业竞争力是在市场经济条件下，某一特定产业具有的开拓市场、占据市场并获得利润的能力。如郭京福（2004）认为，产业竞争力是指某一产业或整体产业通过对生产要素和资源的高效配置及转换，稳定持续地生产出比竞争对手更多财富的能力，表现为相对于竞争对手的产品价格、成本、质量、服务和品牌等方面的差异化能力。朱春奎（2003）认为，产业竞争力最终表现在产品、企业或产业的市场实现。

有学者将产业竞争力理解为一种成本优势，如樊纲（2001）认为竞争力是能够利用更低的成本生产出同质产品或利用同样的成本创造出更好、更多的产品；阎军（2017）认为成本优势才是真正的核心竞争力，因为价格是一个产业具有生命力最重要的因素，甚至可以决定产业未来的发展走向。

也有学者认为产业竞争力是综合能力的体现，如张金昌（2001）从竞争主体、竞争对象和竞争结果的角度，提出竞争力是竞争主体在争夺竞争对象过程中所表现出的某种力量，即“竞争力 = 优势 + 能力 + 吸引力 = 盈利能力”；金碚（1997）认为，产业竞争力是一国产业能够比其他国家的同类产业更有效地向市场提供产品或服务的综合素质，特定产业的国际竞争力就是该产业相对于外国竞争对手的生产力。

综上，产业竞争力具有市场盈利能力、成本优势、生产力等多种表现形式，产业核心竞争力突出表现为产业的创新能力和创新效率，体现在产品研发阶段的

① 哈工大机器人（合肥）国际创新研究院、中智科学技术评价研究中心：《机器人产业蓝皮书：中国机器人产业发展报告（2020－2021）》，社会科学文献出版社2021年版。

关键技术突破和产品市场化阶段的整个创新过程。如果说产业竞争力是价值链环节的比较优势，那么产业核心竞争力就是产生比较优势的源头，就像是参天大树长成前的那粒种子。

第二节 战略性新兴产业核心竞争力之创新能力评价

产业创新是推动产业发展的主要动因。首先，从供给看，产业技术创新可以改变产业生产技术基础，降低生产成本，提高产品质量和生产率，实现产业发展从量变到质变的飞跃。其次，从需求看，市场需求是技术创新的动力和源泉，同时，没有新技术的出现和应用，新需求的满足就无法实现。技术推动和需求拉动相互作用，推动着产业结构的变动和提高，实现产业升级。产业创新能力是指通过引入或开发新技术，推动产业发展的能力，产业创新能力的大小主要取决于企业创新能力，同时，它还与产业内企业组织结构、产品结构等紧密相关。

一、创新能力评价体系构建

增强创新能力是培育和发展战略性新兴产业的重点环节，如何发掘和评价不同地区的创新潜力从而实现资源的合理配置是我国政府亟须解决的问题，这也成为了学术界关注和研究的焦点。多数学者的研究集中在创新能力的影响因素方面，提赛（Y. Tsai，2009）等建立了新兴产业发展的阶段模型，提出融资和市场等因素会影响发展中国家战略性新兴产业的发展。欧佩蒂和卡纳布茨（E. Operti & G. Carnabuci，2014）以半导体企业专利的面板数据作为实证研究的对象，结果发现，知识溢出网络对企业创新能力有显著的正向影响。李苗苗等（2014）研究了财政政策、企业 R&D 经费投入和技术创新能力三者的关系，发现战略性新兴产业企业 R&D 经费投入对技术创新能力有正向作用，而财政政策与技术创新能力的关系比较复杂，并提出政府应当合理制定财政政策以产生积极的促进作用。曹勇等（2016）探究了创新能力与知识溢出效应、创新意愿之间的关系，结果表明创新溢出效应与创新意愿均能正向促进创新能力的增长。刘继兵等（2015）根据正规制度环境与非正规制度环境的理论基础，从政策环境和市场环境两个层面探究了制度环境因素对战略性新兴产业企业创新能力的作用机理。孙理军等（2020）认为国家的创新投入、产业政策等可以在提高战略性新兴产业的创新能力、生产能力与国际竞争力方面起到直接的促进作用，进而影响产业的自主发展水平。在创新能力的量化评价分析上，不同学者运用的评价方面与评价对象有所差异，施卓宏和朱海玲（2014）基于钻石模型构建了战略性新兴产业发展评价体系，对其产业潜力等进行了评估和分析。张治河等（2015）运用灰色模糊评判法和内核密度分析法，评价了21个样本城市的战略性新兴产业创新能力，发现创新能力发展遵循“蠕虫状”的演化规律。董登珍等（2016）以湖北省作为研究对象，构建了包含4个模块的自主创新能力指标体系，运用因子分析法评价了湖北省相对于其他省份的自主创新能力水平，并结合湖北省的资源禀赋提出相应的对策建议。邵云飞等（2020）将创新政策扶持能力加入到评价体系当中，运用因子分析和聚类分析法测度了我国31个省级行政区2010~2016年战略性新兴产业的创新能力，发现我国战略性新兴产业整体创新效率较弱，不同地区创新能力差异较大，“胡焕庸线”两侧差异尤为明显，且多数地区存在“木桶效应”。

参考已有文献，根据全面性、客观性、可比性、可操作性等原则，在一般竞争力评价体系的基础上，结合核心竞争力的内涵和特征，从创新规模竞争力、创新结构竞争力、创新环境竞争力和创新成长竞争力4个方面综合反映战略性新兴产业的核心竞争力，三级指标的选择依据如下：

在创新规模竞争力方面，参考董登珍、吴翠和龚明（2016）衡量自主创新技术开发能力及王红军（2013）衡量创新资源的R&D人员数量指标和R&D经费支出指标，曹虹剑、余文斗衡量创新过程的新产品开发项目数指标和新产品开发经费支出指标，毛静衡量技术改造投入以及董登珍、吴翠和龚明衡量科研成果转化能力的技术改造经费支出指标，董登珍、吴翠和龚明衡量自主创新产出能力和曹虹剑、余文斗衡量生产要素的专利申请数指标等，设定有R&D活动的企业、有新产品销售的企业、R&D人员、R&D经费内部支出、新产品开发项目数、新产品开发经费支出、技术改造经费支出、专利申请数、发明专利申请数9个指标反映创新规模竞争力。

在创新结构竞争力方面，参考段健衡量创新驱动的研发投入比例指标，毛静衡量企业研发强度的有研发机构的企业占比，黄欠衡量技术创新的R&D人员比例指标，设定有R&D活动的企业数占全部企业数的比重、有研发机构的企业数占全部企业数的比重、有新产品销售的企业数占全部企业数的比重、R&D人员占全部从业人员的比重、新产品开发项目数占科技项目数的比重、新产品项目内部支出占项目经费内部支出的比重6个指标反映创新结构竞争力。

在创新环境竞争力方面，参考欧凌峰衡量技术创新效益的新兴产业总产值、新兴产业销售收入和新兴产业出口额指标，王红军衡量政府扶持力度的政府相关优惠政策指标和衡量产业所在区域服务支撑水平的相关交易市场成熟度指标，段健衡量政策支持的政府投入资金指标和衡量市场驱动的进出口额比重指标，毛静衡量政府支持力度的 R&D 内部经费中政府资金投入指标，黄欠衡量产业环境的人均 GDP 指标和衡量相关产业的每百人平均互联网用户指标，曹虹剑、余文斗衡量产业支撑、企业支撑和王红军衡量生产能力的成本费用利润率指标等，设定新产品出口额、新产品销售产值占工业销售产值比重、享受各级政府对技术开发的减免税、政府资金支持、政府资金占 R&D 经费内部支出的比重、人均 GDP、进出口额占 GDP 比重、用每百人使用计算机数、每百家企业拥有网站数、城镇人口比重、地区社会融资占 GDP 比重、技术市场成交额占 GDP 比重、成本利润率 13 个指标反映创新环境竞争力。

在创新成长竞争力方面，参考贺正楚、吴艳和周震虹衡量产业先导性的科研经费增长率指标等，设定有新产品销售的企业增长率、R&D 人员增长率、R&D 经费内部支出增长率、新产品开发项目增长率、新产品开发经费支出增长率、技术改造经费支出增长率、专利申请数增长率、发明专利申请数增长率、新产品销售收入增长率、新产品出口增长率 10 个指标反映创新成长竞争力。

最终构建由创新规模竞争力、创新结构竞争力、创新环境竞争力和创新成长竞争力 4 个二级指标 38 个三级指标构成的战略性新兴产业核心竞争力评价体系（见表 5－1）。

表 5－1　　战略性新兴产业核心竞争力评价指标体系

一级指标	二级指标	三级指标
核心竞争力	创新规模竞争力	有 R&D 活动的企业数（Y_{11}）
		有新产品销售的企业数（Y_{12}）
		R&D 人员数（Y_{13}）
		R&D 经费内部支出（Y_{14}）
		新产品开发项目数（Y_{15}）
		新产品开发经费支出（Y_{16}）
		技术改造经费支出（Y_{17}）
		专利申请数（Y_{18}）
		发明专利申请数（Y_{19}）
	创新结构竞争力	有 R&D 活动的企业比重（Y_{21}）
		有研发机构的企业比重（Y_{22}）
		有新产品销售的企业比重（Y_{23}）
		R&D 人员占全部从业人员的比重（Y_{24}）
		新产品开发项目占科技项目的比重（Y_{25}）
		新产品项目内部支出占项目经费内部支出的比重（Y_{26}）

续表

一级指标	二级指标	三级指标
核心竞争力	创新环境竞争力	新产品出口额（Y_{31}）
		新产品销售产值占工业销售产值比重（Y_{32}）
		享受各级政府对技术开发的减免税（Y_{33}）
		政府资金支持（Y_{34}）
		政府资金占 R&D 经费内部支出的比重（Y_{35}）
		人均 GDP（Y_{36}）
		进出口额占 GDP 比重（Y_{37}）
		每百人使用计算机数（Y_{38}）
		每百家企业拥有网站数（Y_{39}）
		城镇人口比重（Y_{310}）
		地区社会融资占 GDP 比重（Y_{311}）
		技术市场成交额占 GDP 比重（Y_{312}）
		成本利润率（Y_{313}）
	创新成长竞争力	有新产品销售的企业增长率（Y_{41}）
		R&D 人员增长率（Y_{42}）
		R&D 经费内部支出增长率（Y_{43}）
		新产品开发项目增长率（Y_{44}）
		新产品开发经费支出增长率（Y_{45}）
		技术改造经费支出增长率（Y_{46}）
		专利申请数增长率（Y_{47}）
		发明专利申请数增长率（Y_{48}）
		新产品销售收入增长率（Y_{49}）
		新产品出口增长率（Y_{410}）

二、数据来源及数据处理

（一）数据来源

核心竞争力评价体系中涉及新产品、R&D 人员和经费支出等指标，这些指标细分行业数据只有在经济普查年鉴才能找到，因此，战略性新兴产业核心竞争力指标数据来自2013年《中国经济普查年鉴》。同时，考虑到数据可获得性，本节将战略性新兴产业作为整体进行分析，不对9个细分行业进行单独评价。

（二）数据处理

战略性新兴产业核心竞争力评价中，小类行业数据的推算、数据无量纲化处理、核心竞争力评价方法及指标权重的确定与前文一般竞争力评价相同。评价思路为：采用主成分分析法从多指标体系提炼公因子，提炼标准为方差特征根大于1，以因子的方差贡献率作为权重得出4个一级指标得分，然后结合层次分析法确定的一级指标权重，计算核心竞争力的综合得分。

三、创新能力评价

KMO抽样适度测定和球形巴特尼特法检验显示，4个二级竞争力指标KMO值均大于0.500，球形巴特尼特法检验对应的P值小于0.050，说明数据适合做因子分析（见表5-2）。

表5-2　　KMO抽样适度测定和球形巴特尼特法检验

类别		创新规模竞争力	创新结构竞争力	创新环境竞争力	创新成长竞争力
KMO抽样适度测定		0.791	0.674	0.713	0.732
球形巴特尼特法检验	近似卡方	731.720	145.222	339.615	224.557
	自由度	36	15	78	45
	显著性水平	0	0	0	0

（一）创新规模竞争力

创新规模竞争力提取了1个因子，该因子代表了原来9个指标88.717%的信息量（见表5-3）。

表5-3　　创新规模竞争力总方差解释

成分	初始特征值			提取平方和载入		
	合计	方差百分比（%）	累积百分比（%）	合计	方差的百分比（%）	累积百分比（%）
1	7.985	88.717	88.717	7.985	88.717	88.717

根据因子得分系数矩阵（见表5-4），得到公因子F_{11}：

$$F_{11}=0.118ZY_{11}+0.108ZY_{12}+0.123ZY_{13}+0.120ZY_{14}+0.124ZY_{15}+0.123ZY_{16}+0.106ZY_{17}+0.123ZY_{18}+0.115ZY_{19}$$

表 5-4　创新规模竞争力主因子得分系数

因子	ZY_{11}	ZY_{12}	ZY_{13}	ZY_{14}	ZY_{15}	ZY_{16}	ZY_{17}	ZY_{18}	ZY_{19}
F_{11}	0.118	0.108	0.123	0.120	0.124	0.123	0.106	0.123	0.115

计算得出 31 个省区市创新规模竞争力水平，31 个省区市战略性新兴产业创新规模竞争力差异显著，标准差接近 1，江苏（3.329）、广东（2.560）和浙江（2.107）依次位列全国前 3，创新规模竞争力高于全国平均水平的仅有江苏、广东、浙江、山东、安徽、上海、湖南、福建、河南 9 个省区市。广东省战略性新兴产业在创新规模方面具有明显的优势，各项指标排名在全国 31 个省区市中处于中等偏上水平，这与广东省在科研方面的投入是密不可分的，广东省的科研人员数量排名全国第 1，科研经费投入排名全国第 2，参与科研的企业数量排名全国第 3（见图 5-1）。

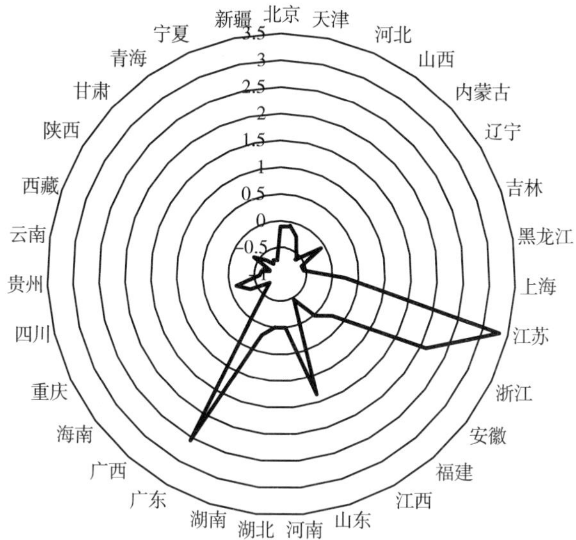

图 5-1　战略性新兴产业创新规模竞争力对比

（二）创新结构竞争力

创新结构竞争力提取了 2 个因子，代表了原来 6 个指标 83.134% 的信息量（见表 5-5、表 5-6）。

表 5-5　　创新结构竞争力总方差解释

成分	初始特征值			提取平方和载入			旋转平方和载入		
	合计	方差百分比（%）	累积百分比（%）	合计	方差的百分比（%）	累积百分比（%）	合计	方差百分比（%）	累积百分比（%）
1	3.644	60.727	60.727	3.644	60.727	60.727	3.163	52.715	52.715
2	1.344	22.407	83.134	1.344	22.407	83.134	1.825	30.419	83.134

表 5-6　　创新结构竞争力主因子得分系数

因子	ZY_{21}	ZY_{22}	ZY_{23}	ZY_{24}	ZY_{25}	ZY_{26}
F_{21}	0.341	0.290	0.296	0.245	-0.092	-0.127
F_{22}	-0.121	-0.098	-0.011	0.020	0.545	0.569

根据因子得分系数矩阵，得到公因子F_{21}和F_{22}：

$$F_{21}=0.341ZY_{21}+0.290ZY_{22}+0.296ZY_{23}+0.245ZY_{24}-0.092ZY_{25}-0.127ZY_{26}$$

$$F_{22}=-0.121ZY_{21}-0.098ZY_{22}-0.011ZY_{23}+0.020ZY_{24}+0.545ZY_{25}+0.569ZY_{26}$$

其中，F_{21}在有研发活动的企业比重、有新产品销售的企业比重、研发人员比重、有研发机构的企业比重 4 个三级指标上有较高的载荷，主要反映了创新过程中研发投入结构。F_{22}在新产品开发项目数占比、新产品项目支出比重 2 个三级指标上有较高的载荷，主要反映了创新过程中成果转化阶段创新投入结构。根据 2 个公因子方差解释百分比的比重分别为 60.727% 和 22.407%，确定 2 个因子权重分别为 0.730 和 0.270，并在此基础上计算出 31 个省区市创新结构竞争力得分。

全国 31 个省区市战略性新兴产业创新结构竞争力差异明显，得分标准差为 0.779，排名前 3 的依次是北京（1.811）、浙江（1.792）和江苏（1.659），创新结构竞争力高于全国平均水平的有北京、浙江、江苏、天津、安徽、上海、湖北、福建、海南、湖南、重庆、陕西、广东 13 个省区市，广东排名第 13，得分为 0.041，略高于全国平均水平，虽然广东科研投入规模优势明显，科研投入结构优势并不显著，广东省战略性新兴产业有 R&D 活动的企业占全部企业数的比例不到 20%，与创新结构竞争力排名第 1 的北京（41%）存在较大的差距（见图 5-2）。

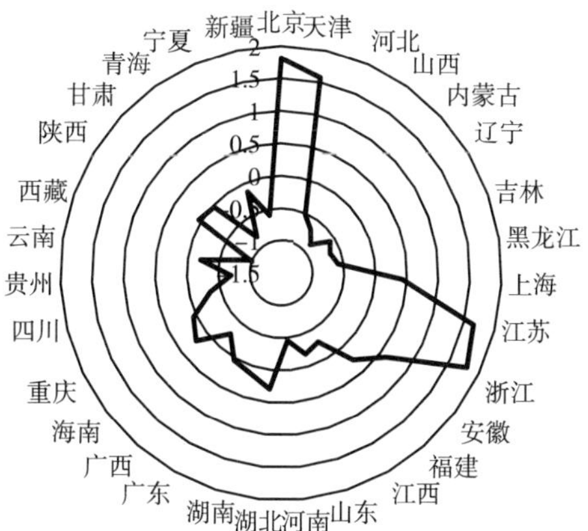

图 5－2　战略性新兴产业创新结构竞争力对比

（三）创新环境竞争力

创新环境竞争力提取了 4 个因子，代表了原来 13 个指标 83.401% 的信息量（见表 5－7）。

表 5－7　　　　创新环境竞争力总方差解释

成分	初始特征值			提取平方和载入			旋转平方和载入		
	合计	方差百分比（%）	累积百分比（%）	合计	方差的百分比（%）	累积百分比（%）	合计	方差百分比（%）	累积百分比（%）
1	5.644	43.412	43.412	5.644	43.412	43.412	4.125	31.731	31.731
2	2.702	20.784	64.196	2.702	20.784	64.196	3.181	24.470	56.201
3	1.279	9.839	74.035	1.279	9.839	74.035	2.068	15.905	72.106
4	1.218	9.366	83.401	1.218	9.366	83.401	1.468	11.295	83.401

根据因子得分系数矩阵（见表 5－8），得到公因子F_{31}、F_{32}、F_{33}和F_{34}：

$$F_{31} = -0.132ZY_{31} + 0.128ZY_{32} - 0.091ZY_{33} - 0.050ZY_{34} + 0.020ZY_{35} + 0.174ZY_{36} + 0.169ZY_{37} + 0.266ZY_{38} + 0.047ZY_{39} + 0.204ZY_{310} + 0.105ZY_{311} + 0.262ZY_{312} - 0.086ZY_{313}$$

$$F_{32} = 0.409ZY_{31} - 0.035ZY_{32} + 0.355ZY_{33} + 0.309ZY_{34} + 0.016ZY_{35} + 0.003ZY_{36} + 0.097ZY_{37} - 0.093ZY_{38} + 0.140ZY_{39} - 0.067ZY_{310} + 0.012ZY_{311} - 0.133ZY_{312} + 0.198ZY_{313}$$

$$F_{33}=0.177ZY_{31}-0.149ZY_{32}+0.069ZY_{33}-0.049ZY_{34}-0.052ZY_{35}-0.050ZY_{36}+0.122ZY_{37}+0.117ZY_{38}+0.053ZY_{39}-0.187ZY_{310}+0.480ZY_{311}-0.019ZY_{312}+0.502ZY_{313}$$

$$F_{34}=-0.050ZY_{31}-0.183ZY_{32}+0.004ZY_{33}+0.440ZY_{34}+0.644ZY_{35}-0.058ZY_{36}-0.069ZY_{37}+0.007ZY_{38}-0.152ZY_{39}+0.029ZY_{310}-0.170ZY_{311}+0.178ZY_{312}+0.060ZY_{313}$$

表 5-8　　创新环境竞争力主因子得分系数

因子	ZY_{31}	ZY_{32}	ZY_{33}	ZY_{34}	ZY_{35}	ZY_{36}	ZY_{37}
F_{31}	-0.132	0.128	-0.091	-0.050	0.020	0.174	0.169
F_{32}	0.409	-0.035	0.355	0.309	0.016	0.003	0.097
F_{33}	0.177	-0.149	0.069	-0.049	-0.052	-0.050	0.122
F_{34}	-0.050	-0.183	0.004	0.440	0.644	-0.058	-0.069
因子	ZY_{38}	ZY_{39}	ZY_{310}	ZY_{311}	ZY_{312}	ZY_{313}	
F_{31}	0.266	0.047	0.204	0.105	0.262	-0.086	
F_{32}	-0.093	0.140	-0.067	0.012	-0.133	0.198	
F_{33}	0.117	0.053	-0.187	0.480	-0.019	0.502	
F_{34}	0.007	-0.152	0.029	-0.170	0.178	0.060	

其中，F_{31}在新产品销售产值占工业销售产值比重、人均 GDP、进出口额占 GDP 比重、每百人使用计算机数、城镇人口比重、技术市场成交额占 GDP 比重 6 个三级指标上有较高的载荷，主要反映了战略性新兴产业创新活动的市场需求环境、信息化水平、城镇化水平。F_{32}在新产品出口额、享受各级政府对技术开发的减免税、政府资金支持、每百家企业拥有网站数 4 个三级指标上有较高的载荷，主要反映了政府对创新活动的支持规模。F_{33}在地区社会融资占 GDP 比重、成本利润率 2 个三级指标上有较高的载荷，主要反映了创新过程中融资环境和市场利润水平。F_{34}在政府资金占 R&D 经费内部支出的比重上有较高的载荷，主要反映了政府对创新活动的支持力度。

根据 F_{31}、F_{32}、F_{33}和F_{34}方差解释百分比的比重分别为 43.412%、20.784%、9.839%、9.366%，确定 4 个因子权重分别为 0.521、0.249、0.118、0.112，在此基础上计算 31 个省区市创新环境竞争力得分。31 个省区市战略性新兴产业的创新环境差异小于创新规模和创新结构，标准差为 0.600。战略性新兴产业的创新环境得分最高的是北京，得分为2.229，其次是上海，得分为1.266，广东位列第3，得分为0.926，此外，还有天津、江苏、陕西、浙江、西藏、黑龙江、海南7个省区市的得分高于全国平均水平。

广东省战略性新兴产业的创新环境在全国具有一定的优势，从反映战略性新兴产业创新活动的市场需求环境、信息化水平、城镇化水平的公因子F_{31}的得分来看，广东为0.019，在全国排名第8，比北京低4.263；从反映政府对创新活动的支持规模的公因子F_{32}的得分来看，广东为3.442，在全国排名第1；从反映创新过程中融资环境和市场利润水平的公因子F_{33}的得分来看，广东为0.364，在全国排名第7；从反映政府对创新活动的支持力度的公因子F_{34}的得分来看，广东为0.140，在全国排名第9。由此可以看出，广东省战略性新兴产业创新活动的环境优势主要体现在创新活动投入规模，虽然广东在享受各级政府对技术开发的减免税和政府资金方面排名全国第1，但由于广东GDP总量大，即使创新投入规模大，创新投入力度在全国也不具有明显的优势，同时在融资比例上也还有较大的提升空间（见图5-3）。

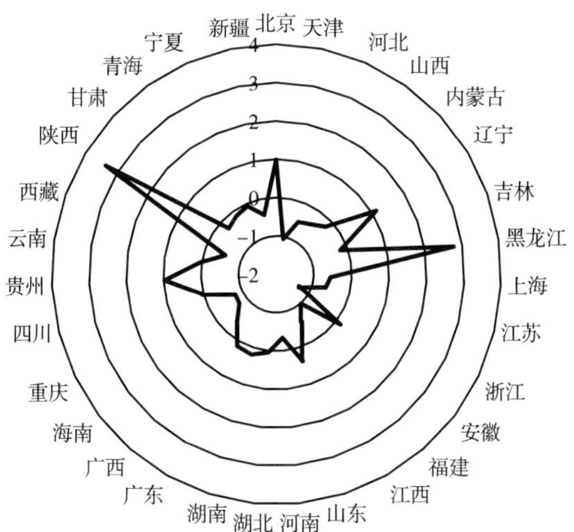

图5-3 战略性新兴产业创新环境竞争力对比

（四）创新成长竞争力

创新成长竞争力提取了3个因子，代表了原来10个指标80.830%的信息量（见表5-9）。

表5-9　创新成长竞争力总方差解释

成分	初始特征值			提取平方和载入			旋转平方和载入		
	合计	方差百分比（%）	累积百分比（%）	合计	方差的百分比（%）	累积百分比（%）	合计	方差百分比（%）	累积百分比（%）
1	5.146	51.461	51.461	5.146	51.461	51.461	4.072	40.725	40.725
2	1.614	16.141	67.603	1.614	16.141	67.603	2.047	20.469	61.194
3	1.323	13.227	80.830	1.323	13.227	80.830	1.964	19.636	80.830

根据因子得分系数矩阵（见表5-10），得到公因子F_{41}、F_{42}和F_{43}：

$$F_{41}=0.180ZY_{41}-0.166ZY_{42}+0.063ZY_{43}+0.069ZY_{44}+0.282ZY_{45}+0.163ZY_{46}+0.277ZY_{47}+0.203ZY_{48}-0.016ZY_{49}-0.176ZY_{410}$$

$$F_{42}=-0.164ZY_{41}+0.557ZY_{42}+0.396ZY_{43}+0.229ZY_{44}-0.119ZY_{45}+0.032ZY_{46}-0.086ZY_{47}+0.048ZY_{48}-0.174ZY_{49}+0.081ZY_{410}$$

$$F_{43}=0.185ZY_{41}-0.025ZY_{42}-0.155ZY_{43}+0.022ZY_{44}-0.098ZY_{45}+0.031ZY_{46}-0.095ZY_{47}-0.102ZY_{48}+0.515ZY_{49}+0.532ZY_{410}$$

表5-10　创新成长竞争力主因子得分系数

因子	ZY_{41}	ZY_{42}	ZY_{43}	ZY_{44}	ZY_{45}	ZY_{46}	ZY_{47}	ZY_{48}	ZY_{49}	ZY_{410}
F_{41}	0.180	-0.166	0.063	0.069	0.282	0.163	0.277	0.203	-0.016	-0.176
F_{42}	-0.164	0.557	0.396	0.229	-0.119	0.032	-0.086	0.048	-0.174	0.081
F_{43}	0.185	-0.025	-0.155	0.022	-0.098	0.031	-0.095	-0.102	0.515	0.532

其中，F_{41}在有新产品销售的企业增长率、新产品开发项目增长率、新产品开发经费支出增长率、技术改造经费支出增长率、专利申请数增长率、发明专利申请数增长率6个三级指标上有较高的载荷，主要反映了战略性新兴产业创新主体、创新成果转化投入、创新产出的增长；F_{42}在R&D人员增长率、R&D经费内部支出增长率2个三级指标上有较高的载荷，主要反映了战略性新兴产业创新活动在科技研发阶段的创新投入增长情况；F_{43}在新产品销售收入增长率、新产品出口增长率2个三级指标上有较高的载荷，主要反映了战略性新兴产业创新成果转化产值增长情况。

根据F_{41}、F_{42}和F_{43}方差解释百分比的比重分别为51.461%、16.141%、13.227%，确定3个因子权重分别为0.637、0.200、0.164，在此基础上计算31个省区市创新成长竞争力得分。31个省区市战略性新兴产业的创新成长差异小于创新规模和创新结构，略高于创新环境，标准差为0.687。战略性新兴产业的创新成长竞争力排名前 3 的分别是海南（1.203）、安徽（0.908）和湖南（0.564），此外，还有福建、江苏、江西、河北、广西、湖北、陕西、新疆、云南、宁夏、山东、四川、上海 13 个省区市的创新成长竞争力高于全国平均水平。

广东省战略性新兴产业创新成长竞争力得分为 -0.028，在全国排名第 19，从反映战略性新兴产业创新主体、创新成果转化投入、创新产出增长的公因子 F_{41} 得分来看，广东得分为 -0.264，在全国排名第 24，这主要是由于广东省创新主体和产出规模较大，导致增长率尤其是有研发机构的企业数量增长率和专利申请数增长率上存在一定劣势。从反映战略性新兴产业创新活动在科技研发阶段的创新投入增长的公因子 F_{42} 得分来看，广东得分为 0.135，在全国排名第 11。从反映战略性新兴产业创新成果转化产值增长的公因子 F_{43} 得分来看，广东得分为 0.689，在全国排名第 3。不难看出，广东省战略性新兴产业创新成长竞争力不高主要是由于创新投入和产出规模较大，导致创新投入和产出增长率优势不显著，需要看到的是，广东省战略性新兴产业创新成果转化效益显著，新产品销售收入增长率、新产品出口增长率在全国具有显著优势（见图 5 -4）。

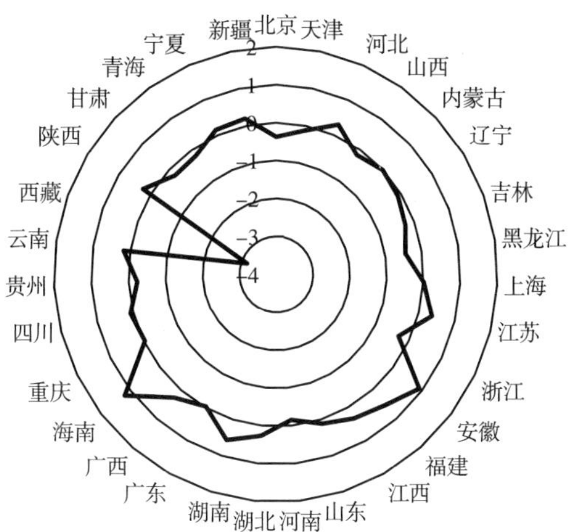

图 5 -4　战略性新兴产业创新成长竞争力对比

（五）创新能力综合评价

为了全面反映战略性新兴产业的创新能力，通过专家打分得到创新规模竞争力、创新结构竞争力、创新环境竞争力和创新成长竞争力 4 个二级指标的判断矩阵，对该矩阵进行一致性检验，得到一致性比率为 0.026（ <0.050），表明该矩阵为一致性矩阵。通过层次分析法确定创新规模竞争力、创新结构竞争力、创新环境竞争力、创新成长竞争力的权重，分别为 0.107、0.293、0.416、0.185。

计算4个二级指标的加权平均值，得到战略性新兴产业创新能力综合得分（见图5-5）。31个省区市的得分标准差为0.520，战略性新兴产业创新能力最强的是北京，得分为1.376，其次是江苏，为1.113，创新能力高于全国平均水平的还有浙江、上海、广东、天津、安徽、海南、陕西、福建、山东、湖北、湖南11省区市。为了把握全国31个省区市战略性新兴产业创新能力的来源和构成，采用K-means聚类法对31个省区市的4个二级竞争力结果进行聚类分析，31个省区市分为3种类型：

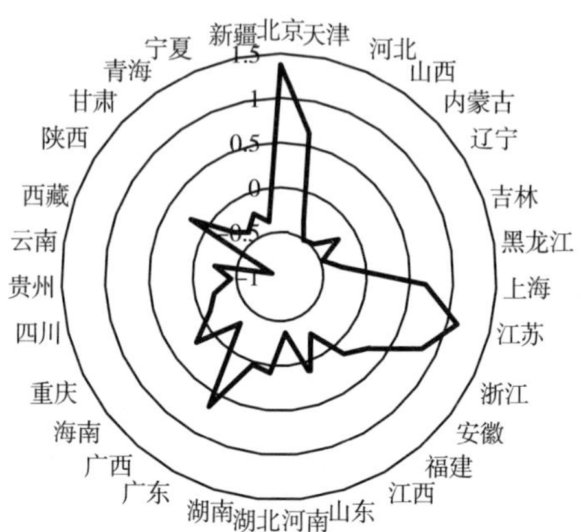

图5-5　战略性新兴产业创新能力综合得分

聚类1包括河北、山西、内蒙古、辽宁、吉林、黑龙江、江西、河南、广西、四川、贵州、云南、西藏、甘肃、青海、宁夏、新疆17个省区市。这类省区市基本分布于经济发展比较落后的西部和东北部，经济基础比较薄弱，缺乏足够的科研资金投入和科研人才队伍，工业化程度较低，基础设施落后，导致战略性新兴产业发展创新能力较为薄弱，17个省区市创新能力得分平均数为-0.709，低于全国平均水平，其创新规模竞争力、创新结构竞争力、创新环境竞争力和创新成长竞争力得分的聚类中心分别为-0.304、-0.337、-0.407、0.218，表明除了具有一定的创新潜力外，这类省区市无论是创新规模、创新结构还是创新环境都不具有优势，属于“创新能力薄弱型”。

聚类2包括安徽、福建、山东、湖北、湖南、海南、重庆和陕西8个省区市，创新能力得分平均数为0.233，略高于全国平均水平，其创新规模竞争力、创新结构竞争力、创新环境竞争力和创新成长竞争力得分的聚类中心分别为1.344、1.563、1.594、-0.106，表明除了创新成长速度较低外，创新规模、创新结构和创新环境均具有一定的优势，属于“创新能力均衡型”。

聚类3包括北京、天津、上海、江苏、浙江和广东6个省区市，创新能力得分平均数为1.699，在3类地区中得分最高，其创新规模竞争力、创新结构竞争力、创新环境竞争力和创新成长竞争力得分的聚类中心分别为 -0.780、-1.287、0.214、-4.586，这类地区创新成长竞争力劣势突出，其他核心竞争力在全国排名中都基本占据了前几名，如创新规模竞争力前三名为江苏、广东和浙江，创新结构竞争力前三名为北京、浙江和江苏，创新环境竞争力前三名为北京、上海和广东。由于这五个省区市都属于传统大省，发展战略性新兴产业的时间较长，因此其成长速度有所放缓，属于"创新成长竞争力薄弱型"。

广东省战略性新兴产业创新能力综合得分为 0.665，排名全国第 5，这得益于广东省厚实的工业基础及科研投入，使得广东省战略性新兴产业创新规模竞争力和创新环境竞争力分别排名全国第 2 和第 3，需要注意的是，广东省创新结构竞争力和创新成长竞争力比较薄弱，需要充分利用较好的产业基础和产业发展环境，进一步加大科研投入，吸引人才和资金流向战略性新兴产业，推动战略性新兴产业实现更快、更均衡的发展。

第三节　战略性新兴产业核心竞争力之创新效率评价

创新是把一种新的生产要素和生产条件的新结合引入生产体系，降低成本、提高劳动生产率，开发出满足市场需求的新产品。战略性新兴产业作为创新主体在我国经济发展中扮演重要角色，是提高综合国力和国家竞争优势的重要源泉。如果战略性新兴产业投入产出效率不高，资源就不会得到有效配置。只有能够实现资源有效配置的主体，才具备可持续发展的根本动力。

2016 年底，我国出台《"十三五"国家战略性新兴产业发展规划》，提出要把战略性新兴产业摆在经济社会发展更加突出的位置，大力构建现代产业新体系。创新效率是用来衡量在等量创新要素投入条件下，其产出与最大产出的距离，距离越大，则创新效率越低。创新效率反映了创新投入与创新产出之间的对比关系。在创新驱动成为发展战略的背景下，测算和研究战略性新兴产业的创新效率，深度剖析产业内部以及创新过程的短板，对于充分释放战略性新兴产业的新动能具有重要意义。

一、创新效率研究方法

按是否需要设定生产函数形式和估计参数，效率评价方法分为参数分析法和非参数分析法两类，其中创新效率评价的参数分析法以随机前沿分析方法（Stochastic Frontier Analysis，SFA）为代表，而非参数分析法应用较多的是数据包络分析（Data Envelopment Analysis，DEA）。战略性新兴产业创新效率的测算是一个多投入多产出的过程，涉及多个变量，考虑到投入产出过程的复杂性，使用数据包络分析 DEA 来研究战略性新兴产业的创新效率更为合理。

查恩斯等（Charnes et al.）在 1978 年首次提出 DEA 模型，由于无须事先设定函数和参数形式，DEA 模型自提出以来受到了广泛关注和应用。DEA 基础模型包括 CCR 模型和 BCC 模型，其中 CCR 模型假设规模报酬不变，假设较为苛刻，计算纯技术效率和规模效率的综合效率；BCC 模型则通过加入约束条件，测算规模报酬可变条件下各决策单元的纯技术效率，结果更具有可比性。但传统 DEA 模型不能对同时有效的决策单元做进一步的排序，其相对效率值都为 1，而且战略性新兴产业要素投入和产出具有时滞性，使用同一年份的投入和产出数据不能有效反映效率值。考虑到效率是一个相对概念，只有与同期的类似单元进行横向对比，才能了解被评价单位效率的真实水平。因此，参考安徒生和彼得森（Andersen & Petersen，1993）于 1993 年提出的超效率 DEA 模型以及查恩斯等（A. Charnes et al.，1984）提出的视窗分析法，本书使用规模报酬可变下的超效率 DEA 视窗分析模型测算战略性新兴产业的创新效率。

（一）超效率 DEA 模型

不同于传统模型，超效率 DEA 模型在评价某个决策单元时，排除了自身投入和产出，用其他所有决策单元投入和产出的线性组合代替，使得传统模型中无效决策单元的生产前沿面不变，而有效决策单元的生产前沿面后移。最终结果也不再限制在 0 ~ 1 的范围内，允许效率值超过 1，从而实现对有效的决策单元进行排序。超效率 DEA 模型的表达式如下：

$$\min\left[\theta-\varepsilon\left(\sum_{i=1}^{m}s_i^-+\sum_{r=1}^{s}s_r^+\right)\right]$$

$$s.t.\begin{cases}\sum\limits_{\substack{j=1\\j\neq j_0}}^{n}\lambda_j x_{ij}+s_i^-=\theta x_{j_0},i=1,2,\cdots,m\\ \sum\limits_{\substack{j=1\\j\neq j_0}}^{n}\lambda_j y_{rj}+s_r^+=y_{j_0},r=1,2,\cdots,s\\ \sum\limits_{j=1}^{n}\lambda_j=1\\ \lambda_j\geqslant 0,j=1,2,L,n,j\neq j_0,s^+\geqslant 0,s^-\geqslant 0\end{cases}\tag{5-1}$$

其中，θ 表示第 j_0 个决策单元的超效率值，$\theta \geqslant 1$ 说明决策单元为 DEA 有效且可以进行进一步的排序，$\theta < 1$ 说明决策单元为 DEA 无效。s 为非阿基米德无穷小量，m 和 s 分别表示每个决策单元的投入与产出种类，s^- 和 s^+ 分别为投入指标和产出指标的松弛变量。n 是决策单元的个数，x_{ij} 表示第 j 个决策单元在第 i 个投入指标上的值，y_{rj} 表示第 j 个决策单元在第 r 个产出指标上的值，λ_j 是第 j 个决策单元投入产出指标的权重系数。θ，λ_j，s^-，s^+ 是模型需要求解的未知参量。

（二）DEA 视窗分析

由于传统 DEA 模型只适用于分析横截面数据，但各个决策单元每年的前沿面并不相同，且大多数投资具有时滞性的特点，单独使用传统模型得出的同一决策单元在不同年度的效率值不具备可比性，DEA 视窗分析法能有效解决这个问题，它最早由查恩斯等（A. Charnes et al.，1994）提出，其基本思想是将不同时期的决策单元当成独立的决策单元来处理，再用移动平均法构建不同参考集，既可以通过比较同一时间跨度内不同年份的结果来分析决策单元效率的动态变化趋势，也能通过比较不同时间跨度内同一年份的数据来观察决策单元在某一段时期内效率的波动情况。具体步骤为：假定一共拥有 N 年的面板数据，首先确定窗口宽度 K=3，利用前 K 年的指标数据进行效率测算后，去掉第一年的数据，加入第 K+1 年的数据再次进行测算，如此反复操作，直到第 N-K+1 次加入第 N 年的指标数据进行测算，最终得到 DEA 视窗分析的所有结果。每个决定单元在各个视窗 W_n 都有 K 个年份的效率值，视窗的数量为 N-K+1，取每个年份在不同视窗的平均值作为被评价决策单元当年的效率值。正如王珂等（2013）指出，在 DEA 视窗分析中，决策单元在一定时期内的效率不但可以与同一时期其他决策单元的效率进行比较，而且可以与自身在不同阶段下的同一时期或相同阶段下的不同时期的效率进行比较。张恒等（2019）就利用超效率 DEA 模型及视窗分析的方法，评价了长江三角洲城市群 2010～2016 年五大细分科技服务业的发展效率。

二、样本、指标选取及数据来源

已有对于战略性新兴产业的研究多数是基于产业整体，如刘佳刚等（2015）、陈瑜等（2015）对战略性新兴产业整体的空间布局及空间形态创新进行了测度研究；方芳（2014）基于我国 2003～2012 年产业数据构建了战略新兴产业技术效率、规模效率和规模状态测度评价模型并进行测算；王春晨与徐晔（2016）利用超效率 DEA 计算出我国不同地区战略性新兴产业的效率，并通过面板 Logit 模型分析了影响效率的外部因素。已有研究缺乏对产业内部及产业间创新效率的研究，无法通过比较不同产业间或产业内部的效率直观地看出战略性新兴产业的相对弱势环节。因此，本章创新效率分析首先以 2010 ~ 2016 年广东省战略性新兴产业的 9 个细分行业即节能环保、生物医药、新材料、太阳能光伏、新能源汽车、海洋、航天航空、高端电子信息以及核电装备产业与 19 个非战略新兴行业即农副食品加工业，食品制造业，饮料制造业，烟草制品业，纺织业，纺织服装、鞋、帽制造业，皮革、毛皮、羽毛（绒）及其制品业，木材加工及木、竹、藤、棕、草制品业，家具制造业，造纸及纸制品业，印刷业和记录媒介的复制，文教体育用品制造业，化学纤维制造业，黑色金属冶炼及压延加工业，有色金属冶炼及压延加工业，金属制品业，电力、热力的生产和供应业，燃气生产和供应业，水的生产和供应业为研究对象，测算其效率值，并对战略性新兴产业与非战略性新兴产业的创新效率进行比较；然后以战略性新兴产业为研究对象，测算 9 个细分行业的效率，研究产业内部创新效率的特征。

由于已有对战略性新兴产业创新效率的研究将决策单元作为“黑箱”处理，仅仅测算整个创新过程的效率，无法深入了解创新过程的内部运作。为了更加系统地分析创新过程，本书借鉴冯志军与陈伟（2014）的方法，将创新生产活动分为科技研发（原始的技术创新投入转化为科技成果的过程）和经济产出（将科技研发阶段的成果进行经济转化）两个阶段，测算两个阶段的创新效率及整个创新过程的效率，探索创新过程的效率差异及其与创新效率的关联。

在投入产出指标的选取方面，章成帅（2016）梳理了现有文献中高技术产业创新效率指标，其中两阶段创新效率评价选取的指标主要有 R&D 人员、R&D 经费支出、专利申请数、专利授权数、新产品销售额与出口额等。在参考已有研究的基础上，结合数据的可获得性，在科技研发阶段，本书选取 R&D 人员折合全时当量和 R&D 内部经费支出作为投入指标，发明专利申请量和发明专利授权量作为产出指标；在经济产出阶段，选取科技研发阶段的产出指标即发明专利申请量和授权量，同时考虑到在实际生产时，经济产出阶段的投入除了专利外，还包括对技术进行改造与再研发产生的费用，将技术改造经费支出作为经济产出阶段的投入指标之一，最终产出指标为新产品销售收入和新产品出口值（见图 5 -6）。指标数据来源于《广东经济普查年鉴》《中国经济普查年鉴》。

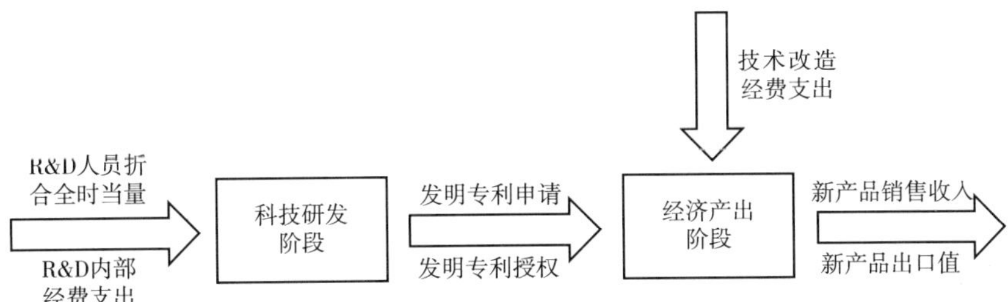

图 5－6　两阶段创新过程及投入产出指标

三、创新效率评价

（一）Pearson 相关系数检验

利用 DEA 模型进行分析时，所选取的投入与产出指标之间必须符合“同向性”假设，即投入量增加时，产出量不得减少。常用的方法是利用 Pearson 相关性分析进行检验。使用 Stata 对投入产出指标进行检验。结果显示，各阶段投入与产出变量的相关系数均为正且都在 1% 水平上通过显著性检验，说明选取的指标满足“同向性”原则，适合用 DEA 模型进行分析。

表 5－11　创新投入与产出变量 Pearson 相关性分析

	发明专利申请	发明专利授权	新产品销售收入	新产品出口值
R&D 人员折合全时当量	0.738 **	0.579 **		
R&D 内部经费支出	0.641 **	0.448 **		
发明专利申请			0.615 **	0.504 **
发明专利授权			0.424 **	0.317 **
技术改造经费支出			0.627 **	0.520 **

注：** 表示在 5% 水平上显著。

（二）战略性新兴产业与非战略性新兴产业创新效率比较

通过采用 Matlab 软件编程，基于超效率 DEA 视窗模型测算出 2010～2016 年广东省战略性新兴产业和非战略性新兴产业的创新效率。以 3 作为窗口宽度，一共有 5 个视窗，第一个视窗 W_1 为 2010～2012 年，第二个视窗 W_2 为 2011～2013 年，第三个视窗 W_3 为 2012～2014 年，第四个视窗 W_4 为 2013～2015 年，第五个视窗 W_5 为 2014～2016 年。

1. 科技研发阶段的创新效率

战略性新兴产业与非战略性新兴产业科技研发阶段超效率 DEA 视窗模型效率测算结果表明，2010 ~ 2016 年间两类产业的效率值都不高，处于 0.300 ~ 0.500 之间，标准差分别为 0.026 和 0.039，表明两类产业效率值随时间变动幅度比较小，效率值呈现上升的趋势，但是增长速度比较缓慢，这主要是因为广东省传统产业发展方式较为粗放，战略性新兴产业发展还处于培育阶段，产业技术创新能力较弱。《广东省战略性新兴产业发展“十三五”规划》表明，“十二五”期间拥有自主核心技术的企业不到 10%，大中型企业研发投入占销售额的比重不到 1%。此外，战略性新兴产业并没有呈现出其科技研发方面的优势，两类产业的效率值很接近，非战略性新兴产业的总体平均值为 0.356，略高于战略性新兴产业（0.355），前者 2012 ~ 2016 年的平均效率值均高于后者，但是差距并不大（见表 5 – 12）。

表 5 – 12　科技研发阶段超效率 DEA 视窗模型结果（两类产业间）

产业	视窗	2010 年	2011 年	2012 年	2013 年	2014 年	2015 年	2016 年	平均值	标准差
战略性新兴产业	W_1	0.349	0.337	0.331					0.355	0.026
	W_2		0.336	0.319	0.388					
	W_3			0.311	0.358	0.367				
	W_4				0.352	0.360	0.372			
	W_5					0.357	0.370	0.413		
平均值		0.349	0.337	0.320	0.366	0.361	0.371	0.413		
非战略性新兴产业	W_1	0.335	0.294	0.335					0.356	0.039
	W_2		0.309	0.321	0.394					
	W_3			0.313	0.367	0.404				
	W_4				0.363	0.363	0.402			
	W_5					0.355	0.358	0.426		
平均值		0.335	0.301	0.323	0.375	0.374	0.380	0.426		

2. 经济产出阶段的创新效率

经济产出阶段战略性新兴产业的创新效率值为 0.594，显著高于非战略性新兴产业（0.361）。除了 2016 年，其他年份战略性新兴产业效率都高于非战略性新兴产业，这主要因为战略性新兴产业本身就是知识技术密集、物质资源消耗少、综合效益好的产业，再加上近年来广东省战略性新兴产业发展迅速，日益成为新的经济增长点，因此，战略性新兴产业在经济产出阶段具有明显的优势。虽然战略性新兴产业的经济产出效率较高，波动也比较大，标准差达到0.140，说明经济转化能力稳定性不够，今后需要稳步提高战略性新兴产业科技研发成果的转化率（见表5－13）。

表5－13　　经济产出阶段超效率DEA视窗模型结果（两类产业间）

产业	视窗	2010年	2011年	2012年	2013年	2014年	2015年	2016年	平均值	标准差
战略性新兴产业	W_1	0.722	0.499	0.599					0.594	0.143
	W_2		0.481	0.497	0.606					
	W_3			0.547	0.570	0.582				
	W_4				0.676	0.460	0.740			
	W_5					0.992	0.446	0.490		
平均值		0.722	0.490	0.548	0.617	0.678	0.593	0.490		
非战略性新兴产业	W_1	0.346	0.398	0.445					0.361	0.093
	W_2		0.336	0.317	0.467					
	W_3			0.282	0.406	0.422				
	W_4				0.366	0.291	0.380			
	W_5					0.200	0.211	0.542		
平均值		0.346	0.367	0.348	0.413	0.304	0.296	0.542		

3. 创新全过程的创新效率

从创新全过程来看，得益于经济产出阶段的优势，2010～2016年，战略性新兴产业的创新效率平均值达到0.968，接近于DEA有效，同期非战略性新兴产业的创新效率仅为0.511。战略性新兴产业各个年份的平均效率值也都超过了0.850，2014年和2015年均超过1，达到DEA有效。从标准差来看，战略性新兴产业创新效率的波动比较大，但是效率依旧处于较高的水平，各视窗下的效率都在0.800以上。此外，两类产业的创新全过程效率要高于两个阶段的效率，表明在科技研发和经济转化阶段的衔接上处理较好，尤其是战略性新兴产业，两个分阶段的各个效率值都没有超过1，而创新全过程有多个效率值达到了DEA有效，这得益于“十二五”规划和“十三五”规划对产业链构建以及产业集聚效应的重视。“十二五”期间，广东省集聚效应不断显现，推进了15家国家高技术产业基地和42家省份战略性新兴产业基地建设，珠三角地区成为国家首批战略性新兴产业区域集聚发展试点（见表5－14）。

表 5-14　　创新全过程超效率 DEA 视窗模型结果（两类产业间）

产业	视窗	2010 年	2011 年	2012 年	2013 年	2014 年	2015 年	2016 年	平均值	标准差
战略性新兴产业	W_1	0.970	0.858	1.016					0.968	0.131
	W_2		0.866	0.830	1.024					
	W_3			0.929	0.856	0.984				
	W_4				0.997	0.853	1.121			
	W_5					1.296	0.828	1.087		
平均值		0.970	0.862	0.925	0.959	1.044	0.975	1.087		
非战略性新兴产业	W_1	0.432	0.474	0.562					0.511	0.087
	W_2		0.395	0.450	0.613					
	W_3			0.401	0.492	0.588				
	W_4				0.477	0.473	0.566			
	W_5					0.494	0.524	0.720		
平均值		0.432	0.434	0.471	0.527	0.518	0.545	0.720		

（三）战略性新兴产业内部效率分析

1. 科技研发阶段的创新效率

9 个战略性新兴产业超效率 DEA 视窗模型结果显示，2010～2016 年战略性新兴产业科技研发阶段的效率为 0.550～0.750，从变化趋势来看，2010～2016 年战略性新兴产业创新效率值呈现螺旋式上升趋势。9 个细分行业中，科技研发阶段效率较高的是太阳能光伏、新能源汽车和节能环保产业，前两个产业平均效率达到 DEA 有效，节能环保产业接近于 DEA 有效，且所有产业中只有这三个产业在多个年份效率大于 1，达到 DEA 有效。加快发展节能环保和新能源汽车产业是中央做出的重大战略举措之一，习近平总书记、李克强总理和其他领导多次做出批示，在可持续发展理念的驱动下，新能源和节能环保受到越来越多的关注，广东省作为经济大省着眼于未来绿色和谐城市的建设，大力发展绿色产业，通过科技创新为其注入强大的发展动力。科技研发效率相对较低的是高端电子信息产业和核电装备产业，两个产业所有年份的效率值均低于 0.300，与其他产业具有较大的差距，主要是由于广东省高端电子信息产业当前处于产业链和价值链的中低端位置，产业“缺核少芯”现象严重，关键核心技术对外依赖比较大；核电装备产业发展较晚，设计和研发能力尚处于起步阶段，核电专业科研机构和研发体系还有待进一步完善。

从标准差可以看出，不同产业在同一时间段、同一产业在不同时间段的变化比较大。产业间的差异尤为明显，标准差达到 0.300 ~ 0.450，可见，战略性新兴产业内部科研能力发展极不平衡，有些年份九个产业间最大差距甚至超过 1，如 2010 年新能源汽车产业的效率值是 1.145，而海洋和航天航空产业仅为 0.083 和 0.078，这源于广东省不同战略性新兴产业的规模差异比较大，如"十二五"规划中，2010 年新材料产业总产值接近 4360 亿元，而生物医药仅有 890 亿元左右，产业间的协同发展存在比较大的阻碍。不过，随着时间的推移，产业间的差距呈现逐渐缩小的趋势。产业效率随时间波动比较明显的是海洋和航天航空产业，标准差分别是 0.326 和 0.250。这两个产业虽然起点效率比较低，但是发展十分迅速，均从 2010 年不到 0.100 的效率到 2016 年效率超过 1，达到 DEA 有效（见表 5 - 15）。

表 5 - 15　　科技研发阶段超效率 DEA 视窗模型结果（9 个细分行业）

产业	视窗	2010 年	2011 年	2012 年	2013 年	2014 年	2015 年	2016 年	平均值	标准差
节能环保产业	W_1	0.986	0.996	1.034					0.954	0.116
	W_2		1.003	1.056	0.992					
	W_3			1.117	1.014	0.805				
	W_4				1.135	0.803	0.773			
	W_5					0.909	0.863	0.832		
生物医药产业	W_1	0.924	0.827	0.798					0.790	0.093
	W_2		0.849	0.828	0.844					
	W_3			0.843	0.863	0.672				
	W_4				0.926	0.672	0.650			
	W_5					0.762	0.715	0.681		
新材料产业	W_1	0.567	0.502	0.496					0.504	0.037
	W_2		0.509	0.515	0.522					
	W_3			0.524	0.538	0.454				
	W_4				0.561	0.454	0.444			
	W_5					0.516	0.491	0.473		
太阳能光伏产业	W_1	1.114	1.002	0.892					1.044	0.097
	W_2		1.064	0.977	1.019					
	W_3			0.999	1.119	1.042				
	W_4				1.329	1.020	1.006			
	W_5					1.074	1.000	1.005		

续表

产业	视窗	2010 年	2011 年	2012 年	2013 年	2014 年	2015 年	2016 年	平均值	标准差
新能源汽车产业	W_1	1.145	0.939	0.976					1.012	0.107
	W_2		0.842	0.889	1.219					
	W_3			0.889	1.135	0.998				
	W_4				1.142	0.998	0.984			
	W_5					1.029	0.998	0.997		
海洋产业	W_1	0.083	0.193	0.241					0.419	0.326
	W_2		0.210	0.258	0.241					
	W_3			0.267	0.247	0.440				
	W_4				0.264	0.484	0.718			
	W_5					0.540	0.727	1.375		
航空航天产业	W_1	0.078	0.168	0.203					0.354	0.250
	W_2		0.171	0.204	0.226					
	W_3			0.204	0.230	0.414				
	W_4				0.230	0.426	0.640			
	W_5					0.462	0.641	1.011		
高端电子信息产业	W_1	0.251	0.254	0.234					0.201	0.046
	W_2		0.261	0.243	0.205					
	W_3			0.250	0.210	0.154				
	W_4				0.210	0.156	0.148			
	W_5					0.154	0.149	0.142		
核电装备产业	W_1	0.192	0.090	0.142					0.131	0.027
	W_2		0.089	0.142	0.150					
	W_3			0.142	0.151	0.116				
	W_4				0.155	0.116	0.108			
	W_5					0.131	0.121	0.114		
平均值		0.594	0.554	0.569	0.625	0.585	0.621	0.737		
标准差		0.453	0.376	0.359	0.422	0.326	0.315	0.425		

为了进一步考察各产业创新效率随时间的变动情况，计算不同视窗下各年份的平均效率。结果显示，2010 年节能环保、生物医药、太阳能光伏、新能源汽车产业科技研发阶段的创新效率显著高于其他五个产业，尤其是太阳能光伏和新能源汽车产业达到 DEA 有效，效率值分别为 1.114 和 1.145，节能环保和生物医

药产业接近于 DEA 有效，效率值分别为 0.986 和 0.924。然而随着时间的推移，这四个产业效率出现下滑的趋势，尤其是生物医药产业的效率值大幅度降低，从 2010 年的 0.924 降到 2016 年的 0.681，降幅超过 26 个百分点。虽然生物医药技术在不断进步，市场对生物医药产业的需求也在快速增长，但是相比其他产业，广东省生物医药产业规模较小，“十二五”规划中其总产值在广东省 9 大战略性新兴产业中仅占 1.300%，科技创新能力发展缺乏足够的动力支持，导致其创新效率的发展相对于其他产业比较滞后。反观海洋产业和航空航天产业，其创新效率呈现明显的上升趋势，2010 年两个产业的科技研发阶段的创新效率都均低于 0.100，在 9 个战略性新兴产业中位列最后两位，2016 年效率值超过了 1，分别达到 1.375 和 1.011，排名上升到前两位，创新能力得到极大的发展，这在一定程度上得益于政策的推动，这期间广东省出台了《广东省海洋经济发展“十二五”规划》以及《广东省航空航天产业发展“十二五”规划》等文件，以海洋产业为例，“十二五”期间，广州、湛江先后被确定为国家海洋高技术产业基地，广州南沙新区成为国家科技兴海产业示范基地，广东省共组织实施海洋科技成果转化与产业化 37 项，促进创新方面取得一系列成果。此外，新材料、高端电子信息以及核电装备产业效率值在观察期内变动比较小，一直都处于较低的水平，科技研发能力还需进一步提高（见表 5－16）。

表 5－16　　　　9 个细分行业科技研发阶段各年份创新效率

产业	2010 年	2011 年	2012 年	2013 年	2014 年	2015 年	2016 年
节能环保产业	0.986	0.999	1.069	1.047	0.839	0.818	0.832
生物医药产业	0.924	0.838	0.823	0.878	0.702	0.682	0.681
新材料产业	0.567	0.506	0.512	0.540	0.475	0.467	0.473
太阳能光伏产业	1.114	1.033	0.956	1.156	1.046	1.003	1.005
新能源汽车产业	1.145	0.890	0.918	1.165	1.009	0.991	0.997
海洋产业	0.083	0.202	0.255	0.251	0.488	0.722	1.375
航空航天产业	0.078	0.169	0.204	0.229	0.434	0.640	1.011
高端电子信息产业	0.251	0.257	0.242	0.209	0.155	0.148	0.142
核电装备产业	0.192	0.090	0.142	0.152	0.121	0.115	0.114

在第一视窗至第四视窗下，节能环保、生物医药、太阳能光伏和新能源汽车产业创新效率具有绝对优势，其中第一视窗下新能源汽车产业效率值最高，第二

至第五视窗下太阳能光伏产业效率值最高。从创新效率的变动趋势来看，节能环保、生物医药以及高端电子信息效率下降趋势十分明显，每一个阶段效率值都在减少，新材料、太阳能光伏、新能源汽车和核电装备产业相对比较平稳。海洋和航空航天产业在第四视窗和第五视窗之间的效率值发生了一个“大跳跃”，这表明2016年是其创新能力发生实质改变的关键期，而这一年刚好是“十二五”规划结束后的第一年。不过，虽然这两个产业效率有了大幅提升，第五视窗下的创新效率依然没有达到DEA有效（见图5-7）。

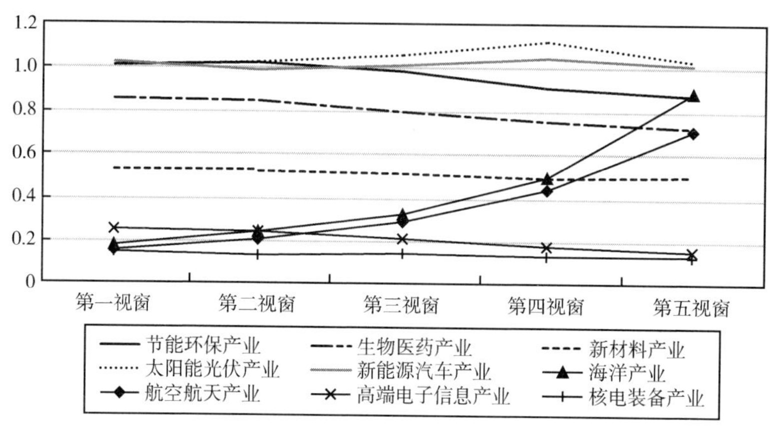

图5-7　9个细分行业科技研发阶段各视窗平均效率

2. 经济产出阶段的创新效率

前文已经表明，和非战略性新兴产业相比，战略性新兴产业在经济产出阶段的创新效率相对较高，但是将9个战略性新兴产业单独作为一个整体发现，2010~2016年经济产出阶段创新效率平均值分别是0.919，0.732，0.779，0.872，0.777，0.838，0.781，均属于DEA无效，说明广东省战略性新兴产业的科技成果转化能力并不高，经济效益获得能力较差，且效率值呈现螺旋式下降的趋势，亟须推进产业结构调整和转型升级，加快经济发展方式转变，提高产业化程度。九大产业中只有太阳能光伏产业、海洋产业、航空航天和高端电子信息产业平均效率达到DEA有效，效率值最大的是海洋产业，为1.375。节能环保产业、生物医药产业和新能源汽车产业的经济产出效率相对较低，各年份的效率值基本都低于0.500，这三个产业在产品市场方面的问题比较突出，节能环保产业监管体系尚不健全，产品标准化程度不高，且企业规模偏小，无法发挥规模效应的作用；生物医药产业的产品结构还不够完善，药物创新性不高，产业规模较小，容易受到大型跨国生物医药企业的冲击；新能源汽车产业虽然具备一定的基础，但是产品成本比较高，未能满足大规模商用的要求，产业发展未能实现自我良性循环。

2011～2016年经济产出阶段创新效率的标准差表明，无论是纵向还是横向比较，创新效率差异都比较明显。2010～2016年，效率值变动比较大的行业有太阳能光伏产业、海洋产业、航空航天产业、高端电子信息产业以及核电装备产业，其中航空航天产业标准差超过了0.600，表明科技成果转化能力很不稳定。节能环保产业、生物医药产业以及新能源汽车产业的效率值一直维持在较低的水平，变化不大。从各年份产业间的效率值来看，7个年份标准差都超过了0.400，产业内部经济转化能力很不平衡，差异最明显的是2010年，产业间创新效率值标准差为0.898，效率值最高的航空航天产业与效率值最低的生物医药产业差距达到2.321，但从变化趋势来看，战略性新兴产业内部的效率差异在逐渐缩小，标准差从0.898下降到了0.412（见表5－17）。

表5－17　经济产出阶段超效率DEA视窗模型结果（9个细分行业）

产业	视窗	2010年	2011年	2012年	2013年	2014年	2015年	2016年	平均值	标准差
节能环保产业	W_1	0.221	0.217	0.226					0.201	0.015
	W_2		0.209	0.222	0.197					
	W_3			0.183	0.182	0.189				
	W_4				0.185	0.192	0.198			
	W_5					0.191	0.198	0.203		
生物医药产业	W_1	0.217	0.268	0.326					0.377	0.082
	W_2		0.282	0.343	0.381					
	W_3			0.342	0.382	0.428				
	W_4				0.380	0.426	0.474			
	W_5					0.426	0.474	0.505		
新材料产业	W_1	0.511	0.596	0.704					0.764	0.116
	W_2		0.639	0.735	0.780					
	W_3			0.730	0.775	0.837				
	W_4				0.771	0.832	0.890			
	W_5					0.833	0.891	0.931		
太阳能光伏产业	W_1	0.637	0.793	1.119					1.075	0.311
	W_2		0.815	1.069	1.328					
	W_3			1.051	0.961	1.534				
	W_4				0.919	0.935	1.884			
	W_5					0.922	1.018	1.133		

续表

产业	视窗	2010 年	2011 年	2012 年	2013 年	2014 年	2015 年	2016 年	平均值	标准差
新能源汽车产业	W_1	0.352	0.230	0.159					0.169	0.063
	W_2		0.248	0.170	0.127					
	W_3			0.178	0.122	0.136				
	W_4				0.120	0.134	0.142			
	W_5					0.134	0.141	0.147		
海洋产业	W_1	2.327	0.948	1.583					1.375	0.404
	W_2		1.352	1.145	1.845					
	W_3			1.774	1.458	1.072				
	W_4				1.756	0.968	1.153			
	W_5					1.117	1.002	1.133		
航空航天产业	W_1	2.538	0.753	0.943					1.311	0.628
	W_2		1.408	1.145	1.462					
	W_3			1.814	1.383	0.759				
	W_4				2.768	0.760	0.758			
	W_5					1.168	1.002	0.999		
高端电子信息产业	W_1	1.078	1.010	1.057					1.238	0.435
	W_2		1.096	1.040	1.193					
	W_3			1.072	1.031	2.329				
	W_4				1.056	1.024	2.262			
	W_5					1.044	1.020	1.253		
核电装备产业	W_1	0.394	0.654	0.297					0.766	0.318
	W_2		1.660	0.619	0.450					
	W_3			0.984	0.717	0.788				
	W_4				0.816	0.815	0.719			
	W_5					1.000	0.855	0.727		
平均值		0.919	0.732	0.779	0.872	0.777	0.838	0.781		
标准差		0.898	0.450	0.500	0.641	0.490	0.565	0.412		

2010 年海洋和航空航天产业的创新效率值为 2.327，远超其他产业，达到 DEA 有效，从变化趋势来看，其创新效率值在波动中呈现下降趋势。与此同时，生物医药产业、新材料产业、太阳能光伏产业、高端电子信息产业以及核电装备产业经济产出阶段的创新效率值呈现明显的上升趋势，这些产业都属于《广东省

战略性新兴产业发展“十二五”规划》重点发展领域，“十二五”期间，广东省提出“显著增强战略性新兴产业对经济增长的贡献率，在主要领域实现最大突破”的发展目标，一系列的战略部署促进了这些重点产业的快速发展，发展速度走在全国前列。此外，节能环保产业和新能源汽车产业是效率值不高且呈现逐年降低趋势的两个产业，当前广东省能源消耗居高不下，污染减排压力不断增大，加快节能环保和新能源汽车产业的发展是深入实施绿色低碳发展战略的重点任务之一（见表5－18）。

表5－18　　9个细分行业经济产出阶段各年份创新效率

产业	2010年	2011年	2012年	2013年	2014年	2015年	2016年
节能环保产业	0.221	0.213	0.210	0.188	0.190	0.198	0.203
生物医药产业	0.217	0.275	0.337	0.381	0.426	0.474	0.505
新材料产业	0.511	0.617	0.723	0.776	0.834	0.890	0.931
太阳能光伏产业	0.637	0.804	1.080	1.070	1.130	1.451	1.133
新能源汽车产业	0.352	0.239	0.169	0.123	0.135	0.142	0.147
海洋产业	2.327	1.150	1.501	1.686	1.052	1.077	1.133
航空航天产业	2.538	1.080	1.301	1.871	0.896	0.880	0.999
高端电子信息产业	1.078	1.053	1.056	1.093	1.466	1.641	1.253
核电装备产业	0.394	1.157	0.633	0.661	0.868	0.787	0.727

从经济产出阶段五个视窗的平均效率来看，前两个视窗平均效率最高的是海洋产业，其次是航空航天产业和高端电子信息产业。后三个视窗高端电子信息产业效率值上升到第1，而海洋和航空航天次之。海洋产业、航空航天产业、节能环保产业和新能源汽车产业四个产业整体呈现下降趋势，海洋产业的下降程度最为明显。高端电子信息产业、太阳能光伏产业和核电装备产业在各个视窗下的效率值均呈现先上升后下降的趋势，新材料产业和生物医药产业的效率值呈现缓慢上升的趋势。从效率值的分布来看，战略性新兴产业内部效率具有明显的分层现象，海洋产业、航空航天产业、高端电子信息产业以及太阳能光伏产业属于上层，除了第一视窗下太阳能光伏产业以外，其他效率值都在1以上，达到DEA有效。新材料产业和核电装备产业属于中层，效率值为0.600～1，比较接近DEA有效。节能环保产业、新能源汽车产业和生物医药产业属于下层，各个视窗下的效率值都在0.500以下，距离DEA有效还有一定的空间（见图5－8）。

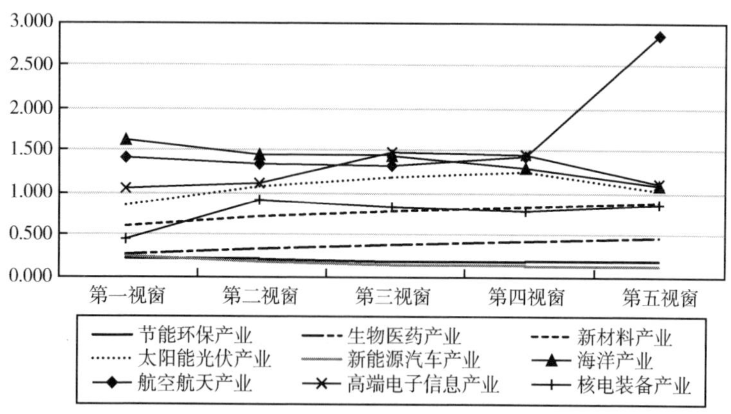

图 5-8　9 个细分行业经济产出阶段各视窗平均效率

3. 创新全过程的创新效率

从各产业的平均值来看，只有太阳能光伏产业、海洋产业、航空航天产业和高端电子信息产业的创新全过程效率达到 DEA 有效，其余产业按照效率值大小排序依次为新材料产业、节能环保产业、核电装备、生物医药产业、新能源汽车产业，效率值最小的新能源汽车产业，为 0.247；产业创新全过程效率随时间变动比较大的是高端电子信息产业，标准差达到 0.660，效率值比较稳定的是生物医药产业，标准差小于 0.100。从战略性新兴产业内部效率的平均值和标准差来看，2010～2016 年，战略性新兴产业整体创新效率呈现螺旋式上升的趋势，在 2016 年达到 DEA 有效，9 个细分产业整体创新效率的差异比较明显，而且差异呈现扩大趋势，标准差从 2010 年的 0.304 上升到 2016 年的 0.810，接近于 2010 年的 2.700 倍，说明广东省战略性新兴产业内部创新效率不平衡（见表 5-19）。

表 5-19　　9 个细分行业创新全过程各年份创新效率

产业	2010 年	2011 年	2012 年	2013 年	2014 年	2015 年	2016 年	平均值	标准差
节能环保产业	0.727	0.646	0.548	0.639	0.740	0.881	0.856	0.720	0.120
生物医药产业	0.344	0.355	0.393	0.434	0.484	0.530	0.564	0.443	0.086
新材料产业	0.677	0.702	0.769	0.810	0.863	0.906	1.048	0.825	0.128
太阳能光伏产业	0.839	0.906	1.104	1.136	1.201	1.611	1.134	1.133	0.249
新能源汽车产业	0.590	0.325	0.202	0.140	0.152	0.158	0.162	0.247	0.164
海洋产业	1.227	1.109	1.269	1.675	1.339	1.192	1.669	1.354	0.228
航空航天产业	1.227	1.109	1.258	1.386	1.110	1.224	1.669	1.283	0.195

续表

产业	2010 年	2011 年	2012 年	2013 年	2014 年	2015 年	2016 年	平均值	标准差
高端电子信息产业	1.137	1.075	1.076	1.093	1.316	1.807	2.855	1.480	0.661
核电装备产业	0.930	0.711	0.578	0.523	0.541	0.496	0.484	0.609	0.161
平均值	0.855	0.771	0.800	0.871	0.860	0.978	1.160		
标准差	0.304	0.303	0.393	0.492	0.415	0.538	0.814		

从 2010 ~ 2016 年各产业创新全过程效率值的变化趋势来看，节能环保产业、海洋产业和航空航天产业创新效率较为稳定，没有明显的上升或下降趋势。新能源汽车产业和核电装备产业效率呈现明显下降趋势，2010 ~ 2016 年下降幅度分别为 73% 和 48%，尤其是新能源汽车产业，创新效率在相对较低的水平下进一步下降。而生物医药产业、新材料产业和高端电子信息产业创新效率逐年上升，上升趋势最为强劲的高端电子信息产业，2016 年效率值达到 2.855，是 2010 年效率的 2 倍多。作为广东省率先突破的三大战略性新兴产业之一，高端电子信息产业的发展一直保持快速增长的态势，全省产业的总产值约占全国总产值的 1/3，连续多年居全国首位。此外，新材料产业的上升效果也比较显著，2016 年效率值为 1.048，达到 DEA 有效，广东省作为新材料生产大省和新材料需求大省，新材料产业具有良好的基础，技术水平和综合实力位居全国首位，为产业创新能力的快速发展提供了有力的支撑。

为了探索科技研发阶段、经济产出阶段的创新效率与创新全过程效率的关联，对两个阶段和创新全过程各视窗下的效率值进行比较，发现节能环保产业、生物医药产业、新能源汽车产业均是科技研发阶段效率值比较高，而经济产出阶段效率值比较低，虽然科技研发能力比较强，但是缺乏高效的科技成果转化效率，导致创新过程经济效益不高。新材料产业、海洋产业、航空航天产业、高端电子信息产业以及核电装备产业则与之相反，经济产出阶段的创新效率相对较高，创新效率很大程度依靠相对强大的科技转化能力。新材料产业虽然两个阶段的效率值都不高，但是各个视窗下整体创新过程的效率均高于两个阶段，说明产业在科技研发和转化两阶段的衔接较好。在 9 个产业中，太阳能光伏是唯一一个两阶段效率都较高的产业，除了第一视窗下的经济产出阶段，其他的效率值都超过了 1，达到 DEA 有效，并且整体创新过程的效率都明显超过两个阶段，科技的研发与经济转化协调程度较高。

对比发现，创新全过程效率值较高的产业不一定两个阶段的创新效率都高，如海洋、航空航天产业和高端电子信息产业，相反，创新全过程效率值较低的产业也不一定两个阶段的创新效率都低，如新能源汽车产业。因此，分阶段进行效率分析能更加清晰地了解产业创新过程的内部情况，挖掘过程中比较弱势的环节，这是仅仅进行整体效率分析所不能达到的效果。此外还可以发现，经济产出阶段对于创新过程的效率影响比较大。皮尔逊相关系数表明，经济产出阶段的创新效率值与全过程创新效率值高度正相关，相关系数为0.867，说明创新全过程效率大小主要取决于经济产出阶段的效率水平，对于经济产出阶段比较低效但科研阶段高效的产业，其创新全过程效率往往不高，如新能源汽车产业；而对于经济产出阶段高效但科研阶段低效的产业，其创新全过程效率往往也较高，如高端电子信息产业。因此，提升广东战略性新兴产业的创新效率，需要在确保足够的科研投入的基础上，大力促进创新成果转化能力的提升，加快科技成果的转化和推广，提高产业化程度，完善产业链结构和产业体系，促进产学研的紧密结合；最后是要提升自主创新能力和产业技术水平，掌握具有自主知识产权的关键核心技术，实现对更多创新技术的突破（见表5-20）。

表5-20　创新两阶段与创新全过程各视窗平均效率对比

产业	阶段	第一视窗（2010~2012年）	第二视窗（2011~2013年）	第三视窗（2012~2014年）	第四视窗（2013~2015年）	第五视窗（2014~2016年）
节能环保产业	科技研发阶段	1.005	1.017	0.979	0.904	0.868
	经济产出阶段	0.221	0.209	0.184	0.191	0.197
	整体创新过程	0.688	0.588	0.406	0.912	0.880
生物医药产业	科技研发阶段	0.850	0.841	0.792	0.749	0.719
	经济产出阶段	0.270	0.335	0.384	0.426	0.468
	整体创新过程	0.380	0.382	0.432	0.479	0.529
新材料产业	科技研发阶段	0.522	0.515	0.506	0.486	0.494
	经济产出阶段	0.603	0.718	0.781	0.831	0.885
	整体创新过程	0.731	0.753	0.808	0.854	0.943
太阳能光伏产业	科技研发阶段	1.003	1.020	1.054	1.118	1.026
	经济产出阶段	0.850	1.071	1.182	1.246	1.024
	整体创新过程	1.069	1.113	1.180	1.366	1.048
新能源汽车产业	科技研发阶段	1.020	0.983	1.007	1.041	1.008
	经济产出阶段	0.247	0.182	0.146	0.132	0.141
	整体创新过程	0.393	0.206	0.158	0.148	0.160

续表

产业	阶段	第一视窗（2010～2012年）	第二视窗（2011～2013年）	第三视窗（2012～2014年）	第四视窗（2013～2015年）	第五视窗（2014～2016年）
海洋产业	科技研发阶段	0.173	0.236	0.318	0.489	0.881
	经济产出阶段	1.619	1.447	1.435	1.292	1.084
	整体创新过程	1.221	1.344	1.419	1.419	1.379
航空航天产业	科技研发阶段	0.150	0.200	0.283	0.432	0.705
	经济产出阶段	1.411	1.338	1.319	1.429	1.056
	整体创新过程	1.210	1.209	1.268	1.416	1.171
高端电子信息产业	科技研发阶段	0.246	0.236	0.205	0.171	0.148
	经济产出阶段	1.049	1.110	1.477	1.447	1.106
	整体创新过程	1.102	1.110	1.327	1.558	1.640
核电产业	科技研发阶段	0.142	0.127	0.137	0.126	0.122
	经济产出阶段	0.448	0.910	0.830	0.784	0.861
	整体创新过程	0.713	0.586	0.518	0.503	0.598

第四节 战略性新兴产业创新能力与创新效率关联度分析

创新能力与创新效率是技术创新系统的两个决定因素，形成和增强创新能力是系统中主体发生创新行为的目的，创新效率是创新行为发生过程中从投入阶段到产出阶段创新资源的配置情况，是创新能力在创新过程中的表现。创新能力与效率之间既有区别，又有联系，研究二者的关联性对于系统创新绩效的提升是很有必要的。目前学术界对创新能力与创新效率的关系研究还比较少，从产业层面对其关系进行量化分析的文献还未能检索到。陈伟和冯志军（2010）、齐亚伟（2015）分别测度了黑龙江装备制造业的创新能力与创新效率，分析了创新能力与创新效率的协调性，但是没有构建具体的关联性量化模型。王海宁等（2018）以教育部直属64所高校作为研究对象，构建灰色关联度分析模型，探讨了科研转化能力与转化效率的关联性，汪卫斌和陈收（2007）构建计量回归模型对高科技企业核心竞争力与企业效率的关联性进行实证研究，虽然构建了具体模型，但他们的研究对象局限在高校和企业个体。

本节将在前文战略性新兴产业创新能力和创新效率数据的基础上，利用灰色关联度分析法探究二者的联系，为高效提升战略性新兴产业创新能力、实现产业高质量发展的政策制定提供参考和建议。

一、创新能力与创新效率关联性测度方法

灰色关联度分析通过分析系统中各因素序列曲线几何形状的相似程度来判断其关联度大小，曲线形状越接近，序列之间越相关，序列之间的相关关系越大，反之则越小。该方法适用于动态分析，且不受数据样本容量与数据分布等方面的限制。本研究采用灰色关联度分析方法研究战略性新兴产业创新能力与创新效率的关联性，具体步骤如下：

第一，确定参考序列。参考序列是用来描述系统行为特征的序列，将前文测算出来的战略性新兴产业创新效率作为参考序列（母序列），记为$X_0=[x_0(1), x_0(2), \cdots, x_0(n)]$；比较序列由系统行为的相关影响因素组成，将前文测算出来的战略性新兴产业创新能力作为比较序列（子序列），记为$X_i=[x_i(1), x_i(2), \cdots, x_i(n)]$，其中，$i=1, 2, \cdots, m$。

第二，数据无量纲化处理。由于数据的单位不同，量纲上存在差异，无法不能进行直接的比较。在计算灰色关联度之前，需要对数据进行无量纲化处理，采用Z评分法进行无量纲化处理。计算公式如下：

$$x_i'(q)=\frac{x_i(q)-\overline{x}_i}{s_i} \tag{5-2}$$

其中，$x_i'(q)$ 是经过处理后得到的标准化值，$x_i(q)$ 为 q 行业或区域第 i 个指标的实际值，$\overline{x_i}$为样本均值，s_i为样本标准差。

第三，计算灰色关联系数。根据 $\Delta_i(q)=|x_0'(q)-x_i'(q)|$ 计算差序列，求出两级最大差$M=\max_i\max_q\Delta_i(q)$，两级最小差$m=\min_i\min_q\Delta_i(q)$，最后计算灰色关联系数，计算公式如下：

$$\emptyset_i(q)=\frac{m+\rho^* M}{\Delta_i(q)+\rho^* M} \tag{5-3}$$

其中，ρ 表示分辨系数，$0<\rho<1$，ρ 值越小，分辨能力越强，通常情况下，ρ 取 0.5，主要是为了提高关联系数间的显著差异性，其设定值对关联系数和关联度没有影响（郭庆等，2017）。

第四，计算灰色关联度。求出灰色关联系数的算术平均值，即为各比较序列的灰色关联度，灰色关联度越大，表明战略性新兴产业创新能力对创新效率的作用越强。具体计算公式如下：

$$r_i = \frac{1}{n}\sum_{q=1}^{n} \varnothing_i(q) \tag{5-4}$$

二、创新能力与创新效率关联度测度

基于数据可得性，战略性新兴产业创新能力的测算是9个战略性新兴产业作为一个整体进行分析的，没有细分行业创新能力数据。本部分对创新能力与创新效率关联度的分析分为两个方面，一是采用一般竞争力测算数据与创新效率进行关联度分析，反映战略性新兴产业整体创新能力与创新效率的关系；二是采用两阶段创新能力指标与创新效率进行关联度分析，反映战略性新兴产业的创新各个阶段的能力与效率的关系。

（一）创新能力与创新效率关联度

用战略性新兴产业的一般竞争力测算数据与创新效率进行关联度分析，以战略性新兴产业创新能力各二级指标得分与综合得分作为比较序列，以创新效率作为参考序列，计算 F_1、F_2、F_3、F_4、F_5、F_6与创新效率的关联度 r_1、r_2、r_3、r_4、r_5、r_6。结果表明，战略性新兴产业创新能力与创新效率的关联度r_6为 0.7104，属于高度相关。

5 个二级指标与创新效率的关联度大小依次为$r_5 > r_4 > r_1 > r_2 > r_3$。二级指标成长竞争力$F_5$与创新效率的相关性最大，$r_5 = 0.7883$，说明创新能力增长对创新效率的提高具有关键性的影响，要实现创新资源的高效利用，需要重视战略性新兴产业创新能力的培育。二级指标环境竞争力F_4与创新效率的相关性排在第 2，$r_4 = 0.7487$，说明创新环境对创新效率的提高具有关键性的影响，要实现创新资源的高效利用，需要进一步优化创新环境，激活创新要素，提升创新能力，既要强化企业主体地位，激发创新活力，又要建设创新研发平台，加强“硬件”支撑，同时还要优化创新生态环境，厚植创新土壤，加速科技成果转移转化，建设“众创空间—孵化器—加速器—产业化基地”科技孵化体系，推进各类孵化载体投资多元化、机制多样化、体系网络化、服务专业化发展。围绕战略性新兴产业，联合高校、研究机构和企业等，培育创新型产业集群和高新技术产业基地或分中心，建设集研究、开发、设计、试制、中试、产业化为一体的科研与生产基地，加快推动相关产业创新发展；不断完善战略性新兴产业基础设施建设，加强对技术的引进、消化和吸收；同时加强对创新型人才的培养，加大政府资金对科技创新的支持力度，改善地区整体创新环境。二级指标规模竞争力F_1与创新效率的相关性排在第3，说明创新规模对创新效率的提高具有一定的影响，创新效率的提升还需要注重创新规模的提升，鼓励企业加大自主创新投入（见表5-21）。

表5-21　2010~2016年战略性新兴产业创新能力与创新效率关联度

类别	r_1	r_2	r_3	r_4	r_5	r_6
节能环保产业	0.818	0.433	0.629	0.795	0.843	0.745
生物医药产业	0.633	0.574	0.609	0.542	0.953	0.640
新材料产业	0.933	0.774	0.934	0.547	0.608	0.809
太阳能光伏产业	0.713	0.786	0.519	0.964	0.872	0.649
新能源汽车产业	0.615	0.533	0.603	0.579	0.623	0.593
海洋产业	0.835	0.949	0.922	0.739	0.724	0.858
航空航天产业	0.938	0.950	0.823	0.674	0.800	0.966
高端电子信息产业	0.358	0.685	0.337	1.000	0.997	0.350
核电装备产业	0.792	0.512	0.680	0.898	0.673	0.785
平均值	0.737	0.688	0.673	0.749	0.788	0.710

（二）创新两阶段中创新能力与创新效率关联度测度

为了反映战略性新兴产业的创新能力与创新效率的关联，采用各行业企业平均发明申请和授权数、各行业企业新产品销售收入占企业总产值的比重分别反映科技研发阶段的创新能力和经济产出阶段的创新能力，分析2010~2016年两阶段创新能力与创新效率的关联。

以战略性新兴产业各行业企业平均发明申请和授权数、各行业企业新产品销售收入占企业总产值的比重作为比较序列，以创新效率作为参考序列，计算F_1、F_2与创新效率的关联度r_{1i}、r_{2i}，其中，$i=1$，2，3分别指科技研发阶段、经济产出阶段和创新全过程，r_1是各行业企业平均发明申请和授权数与创新效率的关联度，科技研发阶段的创新能力与各阶段创新效率的关系，r_2是各行业企业新产品销售收入占企业总产值的比重与创新效率的关联度，经济产出阶段的创新能力与各阶段创新效率的关系。

结果表明，2010～2016 年，广东省战略性新兴产业科技研发阶段的创新能力与创新效率的关联度为 0.619，低于经济产出阶段的创新能力与创新效率的关联度（0.750），说明科技研发成果的转化比科技研发本身对创新效率有更大影响。

从创新过程来看，各个阶段的创新能力对同期的创新效率影响更大，科技研发阶段的创新能力与创新效率的关联度为 0.709，大于经济产出阶段的创新能力与科技研发阶段创新效率的关联度（0.665），同样，经济产出阶段的创新能力与创新效率的关联度（0.690），大于科技研发阶段的创新能力与经济产出阶段创新效率的关联度（0.672）。

从创新效率与创新能力的变化趋势来看，广东省战略性新兴产业科技研发阶段的创新能力与创新效率的关联度在波动中呈现下降趋势，从 2010 年的 0.622 下降到 2016 年的 0.602，同期经济产出阶段的创新能力与创新效率的关联度从 0.687 上升到 0.733，表明科技成果的转化能力对创新效率的影响越来越大（见表 5－22）。

表 5－22　2010～2016 年战略性新兴产业两阶段中创新能力与创新效率关联度

项目	r_{11}	r_{21}	r_{12}	r_{22}	r_{13}	r_{23}
2010 年	0.757	0.699	0.578	0.775	0.622	0.687
2011 年	0.723	0.679	0.723	0.679	0.610	0.673
2012 年	0.696	0.657	0.696	0.657	0.651	0.773
2013 年	0.714	0.676	0.714	0.676	0.631	0.821
2014 年	0.641	0.621	0.670	0.688	0.615	0.813
2015 年	0.714	0.685	0.625	0.673	0.601	0.749
2016 年	0.719	0.640	0.697	0.681	0.602	0.733
平均值	0.709	0.665	0.672	0.690	0.619	0.750

第五节　本章小结

在第四章广东省战略性新兴产业一般竞争力研究的基础上，本章进一步研究广东省战略性新兴产业的核心竞争力。

通过梳理已有文献和相关研究，本书将产业核心竞争力界定为产业的创新能力和创新效率。在一般竞争力评价体系的基础上，结合核心竞争力的内涵和特征，构建了由创新规模竞争力、创新结构竞争力、创新环境竞争力和创新成长竞争力4个二级指标38个三级指标构成的战略性新兴产业创新能力评价体系，并从创新能力和创新效率两个方面定量测度了广东省战略性新兴产业的核心竞争力，主要结论如下：

第一，广东省战略性新兴产业创新能力综合得分为0.665，低于北京、江苏、浙江和上海，排名全国第5，这得益于广东厚实的工业基础及科研投入，使得广东省战略性新兴产业创新规模竞争力和创新环境竞争力分别排名全国第2和第3，需要注意的是，广东省创新结构竞争力和创新成长竞争力比较薄弱，需要充分利用较好的产业基础和产业发展环境，进一步加大科研投入，吸引人才和资金流向战略性新兴产业，推动战略性新兴产业实现更快、更均衡的发展。

第二，从创新全过程来看，得益于经济产出阶段的优势，2010~2016年，广东省战略性新兴产业的创新效率平均值达到0.968，接近于DEA有效，同期非战略性新兴产业的创新效率仅为0.511。战略性新兴产业各个年份的平均效率值也都超过了0.850，2014年和2015年均超过1，达到DEA有效。

第三，2010~2016年，9个战略性新兴产业细分行业创新效率差异明显，而且差异呈现扩大趋势，太阳能光伏产业、海洋产业、航空航天产业和高端电子信息产业的创新全过程效率达到DEA有效，其余产业按照效率值大小排序依次为新材料产业、节能环保产业、核电装备、生物医药产业、新能源汽车产业，效率值最小的新能源汽车产业，为0.247，说明广东省战略性新兴产业内部创新效率不平衡。

第四，皮尔逊相关系数表明，经济产出阶段的创新效率值与全过程创新效率值高度正相关，相关系数为0.867，说明创新全过程效率大小主要取决于经济产出阶段的效率水平，提升广东省战略性新兴产业的创新效率，需要在确保足够的科研投入的基础上，大力促进创新成果的转化能力的提升，加快科技成果的转化和推广，提高产业化程度。

第五，对战略性新兴产业创新能力和创新效率进行灰色关联度分析，结果表明，①2010~2016年，广东省战略性新兴产业科技研发阶段的创新能力与创新效率的关联度为0.619，低于经济产出阶段的创新能力与创新效率的关联度（0.750），说明科技研发成果的转化比科技研发本身对创新效率有更大影响。②从创新过程来看，各个阶段的创新能力对同期的创新效率影响更大，科技研发阶段的创新能力与创新效率的关联度为0.709，大于经济产出阶段的创新能力与科技研发阶段创新效率的关联度（0.665），同样，经济产出阶段的创新能力与创新效率的关联度（0.690），大于科技研发阶段的创新能力与经济产出阶段创新效率的关联度（0.672）。③从创新效率与创新能力的变化趋势来看，广东省战略性新兴产业科技研发阶段的创新能力与创新效率的关联度在波动中呈现下降趋势，从2010年的0.622下降到2016年的0.602，同期经济产出阶段的创新能力与创新效率的关联度从0.687上升到0.733，表明科技成果的转化能力对创新效率的影响越来越大。

第六章　广东省战略性新兴产业核心竞争力的影响因素分析

提升战略性新兴产业核心竞争力是建设创新型国家、提升科技实力与技术创新的有效途径和最佳方式。研究探讨影响战略性新兴产业核心竞争力的关键因素，能促使广东省采取措施提高创新效率、增强创新能力和核心竞争力，具有重要的现实意义。

第一节　战略性新兴产业核心竞争力影响因素研究综述

第五章定量测度了广东省战略性新兴产业的创新能力和创新效率，本节梳理已有关于产业创新能力和创新效率影响因素的相关文献，为战略性新兴产业核心竞争力的影响因素框架构建提供依据。

一、战略性新兴产业创新能力影响因素研究

关于战略性新兴产业创新能力的影响因素，现有文献主要围绕知识产权能力、产业集群、金融支持、政府补助、产业政策与技术创新六个方面进行相关研究。

（一）知识产权能力

知识产权能力是指知识产权的创造、管理、保护和运用的综合能力，它已经成为构成企业能力及竞争力的重要因素。相较于知识产权保护，知识产权能力建

设更具有基础性意义。研究知识产权能力对战略性新兴产业创新能力的影响，首先需要透彻了解其发展过程机制。孙颖等（2013）对战略性新兴产业发展过程中的知识产权创造机制、知识产权交易机制以及知识产权保护机制进行了系统分析，指出了战略性新兴产业知识产权能力研究中存在的不足、相应的解决方法及未来的研究趋势。同时，要认识到国家实施的统一知识产权保护制度并非完全符合实际，因此，内在机制外化后的框架构建也需要改进提升（王华，2011）。在框架构建方面，李良成等（2014）构建了战略性新兴产业的知识产权公共政策三维分析框架；魏国平等（2015）基于自主创新能力、知识产权能力和竞争优势三者的内在机理，构建了战略性新兴产业知识产权能力与竞争优势的分析框架，并从政府层面、产业层面和企业层面对其发展提出了相应的对策。吴超鹏等（2016）研究了各省知识产权保护力度对企业的影响机制。此外，许多学者将目光投注于不同地域的战略性新兴产业创新知识产权能力研究，如周松兰等（2016）分析了广东自主创新的现状，测算了广东与韩国战略性新兴产业知识产权的差距，并设计了最优技术路线。埃斯特拉达等（Estrada et al.，2016）以响应佛兰德社区创新调查第五次浪潮的627家制造公司为样本进行Tobit分析，发现竞争对手合作的创新绩效影响取决于细粒度的组织内设计特征，特别是在存在内部知识共享机制和形式知识保护机制时，竞争对手协作会对产品创新绩效产生显著的积极影响。但也有学者认为，并不是知识产权保护强度越大，产品创新绩效就越好。姜南（2017）对中国各省域知识产权保护强度与战略性新兴产业专利竞争优势发展的关系进行了研究，认为中国省域的知识产权保护强度对某些战略性新兴产业专利竞争优势影响不明显，甚至有负向影响。综上，知识产权能力对战略性新兴产业的创新能力具有一定的影响，且这种影响因不同的机制、框架、组织设计和保护强度而不同。

（二）产业集群

近年来，国家发布的发展规划不断强调要加快推进战略性新兴产业集聚化发展，由此可见，产业集群对战略性新兴产业具有重要的影响力。许多学者从战略性新兴产业集群的概念界定入手来研究产业集群化发展。如喻登科等（2016）提出战略性新兴产业集群全要素网络概念，研究其结构和内在关系，并从动力与保障机制等方面进行了深入阐释；孙国民等（2018）界定了战略性新兴产业集群概念，提出其形成发展的五要素及形成条件，同时构建“四环”层级相互联结的战略性新兴产业集群发展的动力动态演化模型。国外研究显示，产业集聚会对企业产生积极作用。费恩（C. Fan，2003）探讨了东亚欠发达国家的产业集聚问题及其与经济发展和增长的关系，结果表明，空间集聚与生产力之间存在强烈的正相关关系，且成为许多制造业的特征，在自由化迅速发展的部门和地区显得尤为突出。海伦娜等（Y. Helena et al.，2009）提出一个研究框架，将公司的网络能力和网络位置视为卓越创新绩效的关键，并采用演绎定量研究与统计工具相结合的方法，对社交网络进行分析，其研究结果支持了网络能力和中央网络位置与创新绩效呈正相关的假设。格耶瓦里等（Gnyawali et al.，2013）研究了产业集群和网络对企业创新的互补效应并构建了概念模型。国内学者对如何运用产业集聚来增加企业创新能力、拉动经济发展进行了研究。涂文明（2012）从国家战略层、区域集聚层和技术—产业层三个层面，探讨了中国战略性新兴产业集聚的发展路径。还有一些学者对战略性新兴产业集群的协同演进进行了研究，如梁威等（2016）以江西省为例，对2011～2013年间其协调发展状况进行了系统评价；朱斌等（2016）分析了海峡两岸战略性新兴产业集群协同演进的六大“演化代”，阐述了两岸产业集群持续创新能力演进机理。在进一步的研究中，模型构建是大多数学者选择的方向。王宏起等（2016）设计以线上服务申请、线下资源整合与创新服务对接三方面为核心的共享平台O2O，构建标准化与集成化模式，以此来提高创新服务效率。

（三）金融支持

金融支持对于任何一个企业来说，都是生存的必备要素，对战略性新兴产业来说更是如此。对于金融支持产业发展问题，现有研究成果主要表现在两个方面：一是探讨其发展机理及影响因素，二是关注产业发展效率的测度与测度值的比较。在国外的研究中，李等（Lee et al.，2009）从资源角度出发，以2676家韩国中小企业为样本，探讨中小企业研发投资、区域定位和财务业绩之间的关系，发现金融支持或者融资约束都是政府或企业对被投资企业的财政影响。瓜里格利亚等（A. Guariglia et al.，2014）以2000～2007年期间120000多家主要非上市中国公司为调查对象，分析了融资约束对其创新活动的影响，并探讨了内部融资可用性对中国企业创新活动的制约，结果表明，融资约束对私营企业的影响最大，其次是外国企业，对国有企业和集体企业的影响最小。在国内研究中，部分学者探讨了战略性新兴产业金融支持的发展机理及影响因素。赵天一（2013）对战略性新兴产业科技金融支持路径及体系进行了研究。马军伟（2013）基于功能观视角，研究了金融支持产业发展的内在机理。金融支持分为直接金融支持与间接金融支持，杨荣海等（2017）认为直接金融支持与间接金融支持短期内对新兴产业上市公司企业治理带来的冲击会产生不显著的推动作用，同时这种冲击呈现慢慢递增的趋势，相对于直接金融支持来说，间接金融支持对新兴产业企业成长带来的冲击要更大，而直接金融支持带来的冲击则呈稳健增长态势。李萌等（2017）研究表明，间接融资支持和直接融资支持均将陆续成为战略性新兴产业发展的助推因素，其关键在于政府的合理引导。一些学者关注的是产业发展效率的测度及测度值的比较，如熊正德等（2010）以上市公司为研究对象，运用DEA方法，测度战略性新兴产业金融支持效率，并以此为基础构建了金融支持效率影响因素模型。马军伟等（2016）对江苏省战略性新兴产业的金融支持效率及其影响因素进行了评估。还有一些学者对战略性新兴产业发展的金融支持进行了研究。黄建康等（2016）从政策性金融、银行信贷、资本市场以及风险投资4个维度，提出江苏省战略性新兴产业发展路径的金融支持政策建议。总的来看，无论是金融支持还是其对立面融资约束，都对战略性新兴产业的发展具有重要影响。

（四）政府补助

政府补助是政府注入产业发展的血液。大部分学者认为政府补助对战略性新兴产业的创新能力具有促进作用。盖莱克等（D. Guellec et al.，2003）研究发现，政府资助能有效降低企业的创新成本和风险，提高企业创新的积极性。布朗兹尼等（R. Bronzini et al.，2016）评估了21世纪初在意大利北部地区实施的研发补贴计划对受益企业创新的影响。刘继兵等（2014）研究发现，政府补助对企业创新活动具有明显的刺激作用，可以显著提高企业创新产出和效率。陆国庆等（2014）以证券市场为研究对象，发现政府的创新补贴对企业绩效影响显著。随着研究的深入，学者们对政府补贴对企业绩效的全方位影响进行了研究。王茴等（2015）探讨了政府补贴对传统产业与战略性新兴产业竞争格局的影响，以及不同市场补贴形式对企业绩效影响的差异。武咸云等（2017）认为，政府补助的调节作用是在企业研发投入与企业价值的关系中体现出来的。叶祥松等（2018）认为，采取有针对性的政府补助有助于破解中国科技创新困境。张永安等（2019）以中国战略性新兴产业上市企业为研究对象，构建了包含政府补助、内部资源和企业创新绩效在内的创新系统。苗文龙等（2019）认为不同类型的政府财政支出对企业创新行为具有不同的引导作用。越来越多的学者发现，政府补助在一定程度上对企业创新造成了阻碍作用。布索姆（Busom，2000）研究发现，政府补助行为会带动更多的私人投入。张莉芳（2018）研究发现，政府补贴虽然可以促进战略性新兴产业企业创新能力的提升，但也会负向调节国际化战略对企业创新能力的促进作用，政府直接补贴会弱化这种促进作用，而间接补贴则反之。桂黄宝等（2019）研究发现，现阶段政府补贴对中国战略性新兴产业企业创新绩效具有负向激励作用，并且政府补贴对非国有企业创新绩效的影响大于其对国有企业的影响。由此可见，政府补贴作为战略性新兴产业创新能力的影响因素之一，在正向和负向两方面都发挥着作用。只有把握好政府补贴的力度，才能更好地发挥政府补贴对战略性新兴产业的促进作用，并有效减少其阻碍作用。

（五）产业政策

产业政策是由国家制定的，宏观上引导着国家产业的发展。产业政策，或者说制度环境，都对战略性新兴产业的创新发展具有一定的影响。无论是国内还是国外，产业政策都是国家非常重视的问题。英国为应对经济衰退，启动了“绿色振兴计划”；韩国为发展国家经济与扶持企业创新，制定了《新增长动力规划及发展战略》等（王欢芳等，2020）。凯特尔斯（M. Ketels，2007）认为美国制定了许多具有行业影响的产业政策。费尔德斯坦（Feldstein，2009）基于华盛顿政府和世界各地政府制定的大规模财政刺激计划，探讨了政府制定财政刺激计划的原因及设计潜在有用的财政刺激措施的原则。肯德戴（Kenderdine，2017）探讨了国家战略性新兴产业产业升级与创新政策纲领、区域创新与产业集群规划之间的关系，并在制度经济背景下，分析了中国产业发展、技术创新与升级的政策轨迹。国内学者也研究了产业政策对战略性新兴产业创新能力的影响。洪勇等（2015）研究发现，目前我国战略性新兴产业培育政策存在政策功能结构性失衡、政策内容执行性不足、政策主体协调性不够等问题，并提出了优化建议。靳光辉等（2016）分别从省际和公司两个层面，实证检验了政策不确定性对企业投资行为的影响。南晓莉等（2019）则以战略性新兴产业相关企业为研究样本，通过抑制效应与挤出效应双重视角，实证检验了政策不确定性对新兴产业企业研发投资的影响。在涉及国际竞争方面，谢申祥等（2018）研究认为，当产品质量存在的差异较大时，应采取补贴政策。

（六）技术创新

技术创新是企业发展的重要因素，对于战略性新兴产业而言更是如此。罗斯等（B. Los et al.，2000）利用美国制造业微观数据，研究了企业研发溢出效应和生产力的关系。克林（Koelling，2008）研究了不同类型的技术创新与企业绩效之间的关系，结果表明，所有研究类型的技术创新，包括互联网和非互联网产品或流程的技术创新，都与企业营业额具有正相关关系。卢比克等（S. Lubik et al.，2013）分析了制造企业的市场拉动和技术推动方向，并研究了这种方向在公司成长期间如何以及为何发生变化。国内学者主要研究了战略性新兴产业的发展机制与路径，如李娟娟（2013）探讨了战略性新兴产业成长中的产学研联盟创新影响因素，并在此基础上提出战略性新兴产业成长中的产学研联盟创新治理机制。部分学者对战略性新兴产业的技术创新提出了提升策略与发展建议。金成（2019）认为，产业创新聚集对企业的创新能力具有提升作用，技术创新能带来经济效益。

可以看出，学界对战略性新兴产业的研究数量较多，但大多数只是宏观地探讨战略性新兴产业的发展及某些影响因素。由于战略性新兴产业包含不同行业，各个产业的特性存在差异，对于具体某一个战略性新兴产业的发展还需要进行更广泛更深入的研究。

从研究方法来看，对战略性新兴产业创新能力影响因素的研究，主要有主成分分析法、数据包络分析方法、模糊综合评价方法、灰色综合评价方法、层次分析法、因子分析法、相关分析法等。如王章豹、孙陈（2007）采用主成分分析方法分析了装备制造业行业技术创新能力；钱燕云（2003）应用多集合 DEA 法对中德企业技术创新效率与有效性进行评价研究和比较分析；王国贞、田英法（2002）采用改进的模糊评价方法及线性综合法对工业产业技术创新能力进行了综合测度；高达宏（2010）用高技术产业创新能力指标建立起灰色系统，运用灰色关联度模型以及技术创新能力相关指标的数据，从创新投入与产出角度对我国高技术产业及其内部 5 个子产业的创新产出影响因素进行排序；陈萍等（2009）运用层次分析法，对基于投入产出指数的高技术产业技术创新能力进行了实证研究；常玉（2003）通过专家组分析可能导致西安高新技术企业技术创新能力弱的 12 个因素，应用解释结构模型分析，得出一个具有四层多级递阶结构的、导致西安高新技术企业技术创新能力弱的因素体系。

二、战略性新兴产业创新效率影响因素研究

由于产业创新过程涉及面较广且环节较多，是一个复杂的活动，因而影响产业创新效率的因素也多种多样。目前，国内外学者主要从两个层面选取影响因素指标，一是创新活动内部，主要包括企业规模、研发强度、劳动者素质、基础设施等；二是创新活动外部，主要包括政府支持、市场结构、经济环境、开放程度等。

（一）创新活动内部因素

国外学者对高技术产业创新效率影响因素的研究起步较早。一般认为对高技术企业创新效率影响最大的因素是研发资金及研发人员的投入。海格恩（Higon，2007）使用动态面板数据分析了影响英国高技术产业创新效率的因素，发现高技术产业内部和行业之间的研发投入对创新效率的提高具有促进作用。朱有为、徐康宁（2006）用随机前沿方法测算中国高技术产业的创新效率，并探索了中国高技术产业创新效率的影响因素，发现市场结构、产权结构、企业规模等因子的影响程度较大。方大春、张凡等（2016）研究了市场结构、企业规模、行业利润对高技术产业创新效率的影响，发现影响高技术产业创新效率的因素主要包括市场结构和企业规模。桂黄宝（2014）用 Malmquist 指数法测算了中国高技术产业的创新效率，利用空间计量模型探索中国高技术产业创新效率的影响因素，研究发现，在地理位置、企业规模、劳动力投入、开放程度、资本水平、工业进程、政府支持这些可能的影响因素中，地理位置的趋近与高技术产业创效率负相关，劳动力投入和企业规模与高技术产业的创新效率呈正相关关系。冯根福等（2006）、陈修德等（2010）研究大中型制造企业研发效率时发现，企业规模和企业所有制是影响行业创新效率的主要因素。代碧波等（2012）认为，我国制造业的创新效率受到很多因素的影响，企业规模对创新效率起正向促进作用，企业所有制对技术创新效率没有较大影响。袁勇（2012）研究了技术引进和产品出口、盈利能力、企业规模、运营能力、负债等因素对企业技术创新活动的影响。

（二）创新活动外部因素

李向东、李南等（2015）从区域和行业两个层面探索高技术产业创新效率的影响因素，结果表明，区域层面，政府支持、财政支持、国际贸易出口对高技术产业创新效率的影响较为重大；行业层面，影响高技术产业创新效率的因素仅包括国际贸易出口。王伟等（2017）运用非径向 EBM 模型评价了高技术产业技术开发、技术转化和市场化三个阶段的效率，并用面板 Tobit 模型实证检验企业规模、劳动者素质、研发强度、开放程度、政府支持、经济环境对高技术产业创新效率的影响，结果发现，研发强度、劳动者素质、经济环境能够促进中国高技术产业创新效率的提高。叶丹、黄庆华（2017）利用 DEA-Malmquist 方法测度我国 2005～2014 年 28 个省市高技术产业的创新效率，发现我国高技术产业整体科技水平不高，东部地区创新效率下降，中、西部地区创新效率提高，分区域实证分析表明，金融环境对全国及东、中部高技术产业创新效率产生了显著的正向影响；市场环境、劳动者素质对东、中部高技术产业创新效率产生了显著的正向影响；创业水平对东、中部创新效率起到了负面抑制作用；创新基础设施仅对中部地区高技术产业创新效率起到了正面促进作用；区域创新环境对西部地区高技术产业创新效率的影响并不显著。党国英、秦开强（2015）利用随机前沿分析 SFA 模型，对 2008 ~2012 年中国高技术产业五大类 23 个分行业的技术创新效率进行分析，结果表明，以专利申请数作为创新产出的高技术产业各分行业平均技术创新效率总体稳步升高，不同行业技术创新效率差异显著，在影响技术创新效率的诸因素中，知识产权保护水平存在显著的正向影响，技术差距与经济发展水平有着不明显的负向影响。柳瑞禹（2016）利用 Tobit 模型分析了中部六省 2001 ~ 2013 年科技创新效率的影响因素，发现外资利用水平等因素对科技创新效率有显著的正向影响，政府资金支持有显著的负面影响。朱钰等（2020）采用并联 DEA 方法测度了中部六省的区域整体和三大创新主体效率，并运用 Tobit 模型实证分析了知识产权发展水平、教育环境、信息基础环境、经济环境和政府的财政支持等因素对中部六省创新绩效的影响，研究发现，外界环境因素对区域整体和三大主体的创新效率产生显著异质影响。陈伟等（2015）采用 Tobit 模型分析了高专利密集度产业创新效率的影响因素，发现政府支持力度和产业科技水平与创新效率呈正相关关系，产业聚集度对高专利密集度产业创新效率起显著的消极作用。余泳泽等（2010）研究发现，市场化程度和政府政策支持对各地区高技术产业技术创新效率均有正的影响。

不难看出，学者们研究的影响因素不尽相同，关于产业创新效率影响因素的研究也尚未形成标准，没有一套完整的框架体系。从研究方法来看，学者们一般是采用随机前沿模型或 DEA 方法测度战略性新兴产业的创新效率，然后用 Tobit 进行多元回归分析各个主要因素对创新效率的影响。

第二节　战略性新兴产业核心竞争力影响因素框架构建

在参考已有研究的基础上，本书认为，判定战略性新兴产业核心竞争力影响因素应遵循两个基准：第一，环境因素和产业内在因素。产业核心竞争力的影响力量无非来自两个方面，一是产业外部环境，二是产业内部环境，产业的内部要素从根本上决定着产业竞争能力的强弱，但不可忽视产业的外部要素，产业外部要素为产业的发展提供良好的发展环境和发展机遇，对产业的发展起着至关重要的作用。第二，突出产业内企业因素的关键性作用。产业内部要素除影响产业自身的因素外，还应该包括构成产业的组成部分——企业的因素。企业及其产品是产业竞争的载体，企业及其产品的竞争力决定着所在产业的竞争力，分析产业核心竞争力的影响因素不能忽略企业层面因素如企业的发展战略、经营规模、管理方式与水平、组织结构等。综上，本书从宏观、中观和微观三个层面构建战略性新兴产业核心竞争力的影响因素分析框架。

一、宏观层面

宏观层面主要反映产业的外部环境与制度因素对产业核心竞争力的影响。

（一）市场需求

市场需求分为国内和国际市场需求，又包括市场需求规模和市场需求层次。市场需求状况对产业竞争力的影响主要体现为：第一，市场需求规模的影响。充足的市场需求对一个产业的影响是巨大的，一个产业如果没有市场需求的带动，那这个产业也就没有发展空间，较大的市场规模会刺激企业进行大规模的投资，改进技术和提高生产率，有助于提高那些具有规模经济特点的产业的竞争力；第二，市场需求层次的影响。国内市场消费需求层次高，有利于该国高档次产业的国际竞争力的形成；第三，市场需求增长率的影响。较快的经济增长会促进企业更快地采用新技术，并进行更多的投资；第四，市场需要信号灵敏度的影响。如果本国公司对消费者预期需求反应灵敏，及时调整生产条件，则有利于获取潜在的竞争优势。对于发达国家来说，由于国内经济国际化程度较深，产业发展大多处于成熟阶段，所以，国内市场需求和市场需求层次对产业竞争优势的形成起着重要作用。而在一些发展中国家，影响产业竞争力的因素则是国内市场需求规模和国际市场需求。依照我国目前所处经济发展阶段和人民实际消费水平来看，生活消费正处于急剧扩张期，消费市场的潜力很大，远未饱和，市场需求规模对于我国产业的发展起着至关重要的作用。规模较大的市场需求会促使企业加大投资，扩大生产规模，从而形成规模经济，降低产品成本，获得低成本竞争优势。

（二）政府行为

政府主要是为产业和企业提供所需资源，创造产业发展的必要环境。对于市场经济制度和市场竞争主体成熟程度不一样的国家，政府在提升产业国际竞争力时所起的作用是不一样的。在市场经济制度和市场竞争主体比较成熟的发达国家，政府只是影响产业竞争力的一个辅助因素；而对市场经济制度和市场竞争主体均不成熟的发展中国家或地区来说，政府可能就是一个决定因素。发展中国家由于市场经济体制不够完善、企业微观主体不甚成熟、国有经济比重较大等原因，政府所肩负的职责比发达国家要多（廖进球，1998）。由于发展中国家的经济发展带有浓厚的追赶性质，加上经济自由化民营化程度较低、企业参与国际竞争的能力较弱等原因，在日益激烈的国际竞争中，发展中国家往往处于劣势地位，迫切需要政府对产业发展提供有力的支持。我国是一个发展中国家，市场经济制度不完善，市场主体未发育成熟，国有经济在国民经济中所占比重较大，企业参与国际竞争的时间较短，经验不充分，要全面快速提升产业竞争力，在相当长的时期内需要发挥政府的积极作用。

政府无法直接提升产业竞争力，而是要通过改变钻石模型中四个基本要素的综合作用来影响产业竞争力，如政府通过制定相应的政策对产业竞争力产生实质性的影响，这些政策包括税收政策、补贴政策、产品质量标准政策、竞争的规章制度政策等。关于政府支持力度与创新效率之间的关系一直有不同的看法：一种观点认为，创新活动由于风险高、周期长，单独依靠市场调节无法使创新投入达到最佳状态，因此需要政府的扶持，通过政府资金投入对创新活动加以引导，从而有利于提高创新效率；另一种观点认为，政府支持创新主体更多是从社会效益出发，而非经济目标，导致政策性资金支持的使用效率较低，对创新效率产生负面影响。

（三）产业发展环境

战略性新兴产业是一种知识、技术密集的产业，需要高素质的人才、研发科研机构和高等院校从技术上支持高技术产业的发展。费尔德曼等（Feldman et al.，1996）研究表明，创新活动具有在那种产业界研究与开发活动、大学研究活动和熟练劳动力富集的区域集聚成群的空间倾向性。因此，必须依靠国家制定一系列促进战略性新兴产业发展的政策，引导、扶持战略性新兴产业的发展，吸引社会资源投入到战略性新兴产业领域。增长极理论和孵化器理论都认为高科技园区是高技术产业的密集地，能够创造良好的孵化环境，促使高技术企业不断繁衍和集聚，园区内企业相互之间的配合，能够降低交易成本，促进园区的整体发展和产业结构的转换升级。

除了政策扶持形成高科技园外，金融发展水平在很大程度上影响产业核心竞争力。熊彼特（Schumpeter，1911）最早论述了货币、信贷等金融要素的支持对技术创新与经济发展的积极作用，他特别强调金融中介机构对企业自主创新和经济增长的重要性，对金融体系支持与自主创新之间的正相关性给予了肯定。叶恩和汤森（Jeong & Townsend，2007）通过扩展转型期产出模型分解全要素生产率，结果表明，金融深化对技术创新效率贡献巨大。孙伍琴和朱顺林（2008）对我国23个省区市金融体系对技术创新效率影响的研究表明，各省区市金融发展促进技术创新效率，且省际间存在差异性。张自力等（2010）对广东省4个地区金融支持对高新技术企业自主创新的作用力开展研究，结果表明，金融支持与高新技术企业自主创新呈正相关关系，但各地区之间存在企业自主创新能力及金融支持效率的区域性差异。金融发展之所以影响创新效率，一是创新投入需要大量的资金，企业除了内源性融资以外，金融体系是企业获得外部资金的唯一途径；二是创新活动具有高度的风险性，金融体系通过提供资金来源多元化和为金融工具合理定价这些途径，可以最大化地分散创新投资风险；三是有效的金融市场可以通过价格信号引导资金投向具有开发新产品的企业来提高技术创新率。

二、中观层面

中观层面即产业层面，产业竞争力有其自身的内核，虽然产业竞争力依赖于产业内各企业的竞争力，但绝不是它们的简单缀合，而是有自己的构成和形成机理，产业组织结构和产业生命周期都会影响产业竞争力。

（一）产业组织结构

产业组织结构，包括产业集中度、市场结构分散度和产业区域集聚效应等方面。一般来说，产业集中度高、规模效益明显的产业，规模的扩大可以增强其竞争能力，因为规模扩大可以降低成本，并具有技术创新、减少不确定性的优势。但是规模扩大又会导致垄断现象的发生，可能抑制市场竞争，从而不利于竞争力的提高。因此，适度市场结构的分散化有利于加强市场的竞争性。产业布局的集聚效应也体现了产业结构能力。

产业竞争力虽然不完全取决于生产规模，但没有一定规模的产业是无法形成竞争力的。由于企业规模经济效应的存在，具有较大规模的大中型企业可以通过以下三个途径获取比较优势：一是对生产成本的影响。企业规模的扩大会导致生产成本降低，有利于提高劳动生产率，增强其国际竞争力。二是对企业创新能力的影响。战略性新兴产业是技术密集型的产业，企业规模的扩大意味着研发投入能力的增强，研发新产品的速率也会提高，能通过快速的产品更新来加强和维持产业竞争力。三是对议价能力的影响。规模大的企业在上游原材料的购买和下游产品的销售上都具有较强的议价能力，比较容易转嫁自身的成本，提高产业的竞争能力。因此，一个国家或地区要提升产业竞争力，应当在一个产业内培植若干个规模较大的企业或企业集团，形成以大企业（集团）为骨干，大量中小企业与之协作配套的产业组织结构。纵观世界各国竞争力较强的产业，往往都是那些产业集中度较高的产业。如美国的汽车、计算机、飞机制造业，日本的汽车、家电业等。

良好的产业组织结构有利于促进产业聚集。大中小企业高度分工协作，一些中小企业为了就近与大企业配套，往往选择大企业所在地周边建厂，随着配套企业数量的不断增加，便形成了产业的聚集，如云南的烟草加工业群、重庆摩托车群等都是由龙头企业带动而生成的。产业集群存在着一整套内在的激励机制，比如同行业企业利用地理接近性，通过合资、合作或建立联盟等方式共同进行生产、销售等价值活动，集群内部企业间处于分工协作的需要，对生产链细分下的专业产生专业化生产等，使该产业具有较显著的竞争优势。

（二）产业生命周期

产业生命周期一般分为创新、成长、成熟、衰退四个阶段。不同阶段影响产业竞争力的关键因素是不同的。创新阶段，产品在生产技术上、功能上的独创性是决定产业竞争力的关键因素；成长阶段，新技术日趋成熟，产品基本定型，产量增加，生产成本逐步下降，企业的营销能力、投资力度以及市场需求规模将是决定性的。成熟阶段，竞争主要集中在价格上，便宜的劳动成本和某些资源条件，日益成为决定产业竞争力的重要因素。衰退阶段，市场已经趋于饱和，消费者的需求层次提高，进行产品转型、生产工艺流程改造等非常关键，技术创新能力成为产业竞争力最为重要的决定因素。我国目前尚处于工业化初期到工业化中期的过渡阶段，在技术、人才、资金等方面处于比较劣势，拥有的只是劳动力成本和特定自然资源供给方面的比较优势，因此，最有可能获得竞争优势的产业势必是那些在发达国家已经处于成熟阶段的传统产业。

三、微观层面

产业是同类企业的集合，提高产业竞争力，首先需要提高企业竞争力。一般而言，一个产业内所拥有的大多数企业在技术、管理、人才、规模等方面与同业相比具有较显著的竞争优势，则该产业的竞争力就较强。因此，要提升产业竞争力，必须全面提高该产业内企业的素质水平。

（一）创新资源及创新投入

科研人员和科研经费是企业开展创新活动必须投入的资源，根据资源配置理论，企业对这些资源进行配置，力图使人与物以最佳比例结构投入到科研生产活动中，并获取最高收益。其中，科研人员配置既要考虑数量比例，又要考虑人才梯次结构。具体包括两个方面：一是人员结构配置，即研发人员与企业人数的比例，亨德里克斯等指出新产品开发项目中有效的人力资源配置对企业绩效具有重要影响；关和赵（Kwan & Chiu，2015）认为，在由知识创造、知识影响和知识传播组成的创新产出中，人力资本对知识创造具有显著正向影响，并且与制度支持一起对知识影响和知识传播产生交互作用。二是层次结构配置，即在科研人员中投入多少高层次研究人员。赫维茨等（Hurwitz et al.，2002）、李正卫等（2012）通过分析科研人员层次水平，认为创新活动中拥有中高级技术职称的人员越多，说明科研人员整体素质越高，越有利于促进知识获取、吸收和创造，并最终反映在创新绩效上；达希勒和克莱尔（Dakhi & Clercq，2004）的研究表明，人力资本质量与专利数量、高新技术出口占比显著正相关；冉秋红和任重（2012）运用 DEA 方法研究智力资本结构对企业自主创新绩效提升的内在机理；基辛（Keesing，1966）以美国在 10 个主要工业发达国家不同部门出口总额比重代表竞争能力，分析研究与开发要素与出口竞争力的关系，结果表明，从事研究开发活动的高质量劳动力比重大的部门，国际市场竞争能力就越强，出口比率就越高。

传统经济学家通常把生产要素定义为生产过程的投入物，作为规定如何使用这些投入物的工艺规程或方式方法的技术被排除在生产要素之外。但是作为生产过程中的知识、技巧和熟练程度积累的技术，不仅能够提高传统生产要素的生产率，而且还能改变传统生产要素在生产中的相对比例关系，从这个意义上说，技术不仅是一种独立的生产要素，而且是一种有别于传统生产要素的高等要素。科学技术无论是对宏观经济还是对企业的发展都起着至关重要的作用。一国技术水平的高低在很大程度上是依赖于该国在研究与开发上的投入，资金投入越多，该国生产的产品知识与技术密集度就越高，在市场竞争中的地位就越有利。加大研发费用的投入不仅有利于提高自身的技术创新能力，而且也能增强对国外先进技术的吸收和消化能力。格鲁勃（Gruber，1967）等人将 1962 年美国 19 个产业的资料按照研究和开发费用占整个销售额的比重以及科学家、工程师占整个产业全部雇佣人员的比重进行排列，结果发现，运输、电器、仪器、化学和非电器机械这五大产业名列前茅，这五大产业中，研究与开发费用占19个产业的78.2%，科学家和工程师占85.3%，销售量占39.1%，而出口量占72%，由此可见，具有较强研究实力的工业部门在生产的产品上占有明显的优势，更有能力获得比较利益。

（二）管理能力

企业的本质是资源、能力和制度的有机结合，管理能力是使各种资源相协调、各种能力相配备、各种制度相兼容的能力。管理能力的高低直接影响企业的竞争力。管理能力体现在向顾客提供产品或服务的各环节中，如市场需求调研能力、研发管理能力、生产制造管理能力、日常营销能力、销售及售后服务管理能力、全过程的计划组织管理能力。在这些能力中任何一个或多个领先于竞争对手的都有可能构成企业的核心竞争力（王建南，2005）。洛桑国际管理开发学院每年出版的《世界竞争力年鉴》，把评价国家竞争力的因素分为八个方面，即国家经济实力、国际化、政府管理、金融体系、基础设施、企业管理、科学与技术、国民素质，其中，企业管理竞争力与国家竞争力的相关系数为0.91，表明一国企业管理竞争力的高低决定着这一国家竞争力和产业竞争力的程度（中国人大竞争力与评价研究中心研究组，2001）。杨伟等（2011）对新创企业和成熟企业的分类样本实证分析发现，管理创新提高企业绩效体现为两个方面：一是管理创新提高新创企业内部经营能力，二是建立合理的内部管理创新流程，为企业获取资源、开拓市场提供机遇，并最终增强企业绩效。王铁男、涂云咪（2012）以管理创新能力作为调节变量探寻技术创新对企业绩效的影响，研究发现，管理创新能力正向调节促进技术创新能力，并影响企业绩效。

（三）知识吸收和创新能力

产业创新能力的提高不仅是产业内部自身创新能力的增强，对知识吸收能力的培育是创新能力提升的外在表现，知识吸收和创新是影响产业竞争力的核心因素，在当前知识经济条件下，一个产业要获得较强的竞争力，根本手段就是吸收国外的先进知识并勇于创新。藤田昌久和保罗·克鲁格曼（Masahisa Fujita & Paul Krugman，2011）通过建立动态均衡模型，对国际贸易进行研究发现，技术创新和扩散所形成的技术差距是形成各国贸易优劣势的决定性因素，而一个国家的贸易优劣势程度直接反映了这个国家产业竞争力的强弱。所以，发展战略性新兴产业，就要培养企业的知识吸收与创新能力。

知识吸收能力是企业获取、整合以及利用异质性资源的动态能力。知识吸收能力对企业创新绩效的影响在于：首先，企业本身所拥有的知识体系和经验能够有效地对所获取的异质性资源进行识别和利用，而新知识的增加则更进一步促进了对异质性资源的甄别、利用，从而使企业能够提升创新产出。其次，企业获取、整合以及利用资源的能力作为企业竞争优势的主要来源之一，其本身就是企业一种稀缺性资源，能为企业创造出更高的绩效。佛斯菲尔伊和特里博（Fosfuri & Tribo，2007）认为，吸收能力对企业创新绩效具有显著的正向影响作用。许骞（2020）以338家企业为调研样本，检验了创新开放度、知识吸收能力与企业创新绩效之间的关系，结果表明，知识吸收能力正向影响企业创新绩效，且在创新开放度与企业创新绩效关系间起中介作用。

（四）专利质量

2019年世界知识产权组织（world intellectual property organization，WIPO）发布报告显示，2018年中国已成为专利申请数量最多的国家，达154.2万件，接近全球总量的一半。专利数量飞升背后，潜藏着大量的“专利泡沫”，因而，专利质量越来越受到重视。国家知识产权局在《2019年深入实施国家知识产权战略加快建设知识产权强国推进计划》中明确提出，要强化知识产权创造质量导向，逐步引导企业专利工作重点由数量向质量转变。专利质量对企业，尤其是技术密集型企业，发挥着重要作用，与企业绩效息息相关，但目前学界关于专利质量与企业绩效的关系结论不一致。现有文献从技术、法律和经济三个维度衡量专利质量，专利质量技术维中，专利被引次数常被用来衡量发明专利的质量和技术影响力。纳林（Narin，1987）证明了被引次数是测量专利质量的可靠指标，与企业绩效正相关；李牧南等（2019）也发现专利被引次数促进了企业绩效的提升。但张晓月（2017）等指出，专利被引会造成技术溢出，对企业绩效有抑制作用；马赛斯（Maurseth，2002）研究表明在技术关联性强的行业，引用行为更频繁，溢出效应更明显，发生竞争的可能性会更高。专利质量法律维主要是指符合专利审核标准，在法律上拥有的质量和效力，权利要求数量是专利申请文本中最关键的部分，它的数量决定了该专利申请被授予的保护范围。伯杰（Berger）等（2012）认为，权利要求数量是核心专利的重要评估因素，能够促进企业绩效的提升。但也有学者指出，一项专利可以在法律上不存在任何漏洞，但专利本身不符合市场需求，因而不能带来实际的利益转化（Adam，2006）。专利质量经济维是指专利在实际运用中给专利权所有人带来的经济价值和经济前景，专利维持时间决定了专利产生经济效益的时间，尚克曼和佩克斯（Schankerman & Pakes，

1986）使用专利维持时间来衡量专利质量，提出那些在法定保护期间内幸存下来的专利能带来巨大的经济回报；万小丽（2013）以专利在第 8 年是否维持研究专利质量；张晓月等（2017）研究了企业维持年限超 6 年的发明专利数量对企业绩效影响。

第三节　广东省战略性新兴产业核心竞争力的影响因素实证

在战略性新兴产业核心竞争力影响因素分析框架的基础上，选择各影响因素的代理变量，对广东省战略性新兴产业核心竞争力的影响因素进行实证检验。

一、指标选择

从宏观、中观和微观三个层面选择影响战略性新兴产业核心竞争力的因素，宏观方面反映产业市场化程度、对外开放政策、政府研发资助，中观层面反映产业集中度、产业规模，微观层面反映专利质量、知识吸收能力、企业研发投入。

（一）产业市场化程度

行业的企业数量既是衡量产业市场化程度的指标，也是影响市场结构的重要因素，对行业的创新绩效有重要的影响。本书采用行业的企业数量衡量产业市场化程度。熊彼特（A. Schumpeter）认为，垄断与技术创新有着密切的关系，垄断利润是企业家创新的动力，垄断企业有更雄厚的研发资本和更强的风险承担能力来促进创新，研究开发在集中的行业里要比在自由竞争的行业里表现得更为突出，只有不完全竞争才是技术变革的源泉，是经济动态创新与技术增长的发动机。在一个充满竞争的市场上，模仿和侵权是经常发生的，创新主体不大能够确立其信息的所有权，而减少竞争却可以使创新行为得到更大的保护，从而为研究和开发提供相应的激励。然而，新古典经济学理论认为，在一个充满竞争的市场上，生存的压力必然迫使企业进行创新活动，这正是自由竞争使得经济生活充满活力的原因之一，只有市场竞争才能激励创新活动。阿罗（Arrow，1962）认为，企业在垄断的市场结构中可以享受着很高的垄断利润，导致企业创新动力的不足，垄断除了造成静态福利损失外还可能延缓技术进步。陈泽聪（2006）对我国制造业技术创新效率进行实证分析，发现市场竞争程度与创新效率呈负相关关系，企业规模、行业技术水平等和技术创新效率呈正相关关系。张庆（2013）以我国高技术产业 2004～2010 年分行业的面板数据为研究样本，分析了市场结构对创新效率的影响，结果发现，市场竞争程度与技术创新效率呈负相关关系，市场结构越趋于垄断，越有助于高技术产业技术创新效率的提升，验证了熊彼特假说。戴魁早和刘友金（2013）基于高技术产业面板数据，发现市场化程度会提升创新绩效且该作用在 2001 年中国加入 WTO 后更明显。

（二）对外开放程度

对外开放反映的是国际商品、服务、劳务、资本等要素的流动，本书采用外商资本和港澳台资本占比衡量行业的对外开放程度。对外开放与产业创新能力和创新效率的关系受到了学者们的广泛关注。张化尧（2012）通过全要素创新效率指标和全要素生产率的比对，认为进口和出口都带来了积极的技术溢出，但不同外溢机制的时滞不同。王惠（2017）研究发现，在东、中、西部地区，进口都产生了正向溢出效应，而出口对东部省区市的工业技术创新效率提升产生了杠杆效应，对中部省市则产生了挤出效应，对西部省市的影响则视分位点而定。宛群超（2018）认为，本省域及周围省域的 FDI 对该省创新效率均产生显著的挤出效应，这种效应在研发资本流动权重下更为明显。邓路（2009）基于 13 个行业的面板数据研究，发现 FDI 强度的增加对内资企业的自主创新水平存在负向影响，但外资企业本土化 R&D 投入增强能对内资企业产生示范效应，提升其自主创新效率。胡琰欣（2018）发现，2006～2015 年中国对外直接投资显著地逆向推动了区域创新水平的提高，且呈现出“U 形”非线性特征。

广东省作为改革开放的前沿阵地，四十多年的对外开放对广东省经济成长及国际影响力提升产生了强劲的助推作用，无论是进出口贸易还是吸收外资或对外投资，广东省都有了明显的提升，然而，在对外开放规模的极大扩张背景下，隐忧相伴而生，经济各领域的现实数据及专家学者的研究都表明，多年来对外开放格局带来的产业链低端锁定及某些核心领域长期缺席是广东省未来追求高质量发展及确保经济安全亟待破解的问题。对外开放是影响广东企业创新的重要外部变量，以对外开放结构性转型升级助推企业科技创新势在必行。

（三）政府研发资助

本书用科技经费中的政府资金来衡量政府对企业的研发资助。以往的研究在政府资助对创新绩效的作用上并没有统一的观点和结论。一种观点认为，政府补贴是最直接的支持政策，它通过直接赠予创新投入资金来帮助企业解决资源短缺问题（Chen et al.，2014）、减少融资成本（Gonzalez et al.，2005）、提高投资回报率（周亚虹等，2015），降低企业创新的边际成本和风险（白俊红等，2011），向社会传递利好信息（Feldman & Kelley，2006），促进企业创新。另一种观点认为，政府支持创新主体更多是从社会效益出发，而非经济目标，这使得政府对于这种政策性资金支持缺乏有效使用，导致对创新效率产生负面影响，如肖文等（2014）的研究结果表明，政府资助会降低行业的技术创新效率，因为政府对于远期技术的偏好限制了市场导向的技术创新活动，从而降低了行业技术创新效率，此外，政府对资金用途的管理缺失也导致了创新效率的下降。

（四）产业集中度

产业集中度用区位熵衡量。其定义为：一个区域某产业所占份额与整个经济中该产业所占份额之比。区位熵越大，表明产业的集中程度越高。产业组织学认为，市场结构决定市场行为，市场行为决定市场绩效。产业集中度明显影响市场结构，一般而言，产业集中度越高的产业，其销售利润率、技术创新和经济绩效都优于集中度低的产业。董成（2011）对中国高技术产业的产业集中度与企业创新绩效的相关性进行实证，结果表明，高技术产业的产业集中度与企业创新绩效存在长期与短期均衡关系，且二者均为正相关关系。王书山（2012）的研究结果表明，行业集中度对技术创新绩效有显著的正向影响，且影响明显强于对技术进步的影响，但对不同行业的影响程度不同。

（五）产业规模

用产业平均产值衡量产业规模，产业平均产值 = 产业生产总值/产业内企业单位数，反映了产业内企业的平均生产规模。学者们对企业规模与创新之间的关系进行了诸多研究，但理论框架和实证研究依然没有定论，争议主要集中在哪种规模（大、中、小型）企业更具创新能力和创新效率。熊彼特（Schumpeter，2012）最早提出的创新理论认为，相对小型企业而言，大型企业在创新研发上更具优势，因为只有大型企业才能为研发创新活动提供雄厚的资金支持，而且其管理制度更加完善，更能吸引高科技人才的加入，也具有一定的市场控制力，能通过多样化投资分散由研发创新失败带来的高风险。很多经济学家也通过实证研究支持了熊彼特的假说，如雷维利亚等（2012）在对西班牙的制造业进行研究时，指出大规模企业的创新效率相对较好，其与客户和供应商的关系是创新机会的重要来源。也有学者提出了不一致的观点，如斯托克（Stock，2002）对计算机现代工业行业的企业规模与动态创新进行分析，发现电脑调制解调器行业中，小型企业表现出更高的动态效率水平。谢雷尔（Schere，1990）以 1995 年全球 500 强企业中的 448 家企业为样本，发现大多数行业的企业规模与研发创新之间呈现倒“U”形关系。罗伯森等（Robson et al.，1987）对 1945 ~ 1983 年美国的 4378 个重大创新项目进行研究，发现中型企业创新效率要高于大型和小型企业。

（六）专利质量

用发明授权专利权利要求平均数衡量专利质量。专利权利要求平均数衡量的是专利在法律上的稳定性。专利质量是衡量技术创新能力的重要指标，宋艳等（2021）收集了信息技术硬件行业 179 家企业 2014 ~ 2018 年的面板数据，采用分层回归与分组回归的方法，探讨了专利质量与企业绩效之间的关系及其作用机理，发现权利要求数量对企业绩效有显著的促进作用，专利质量的提高会促进企业增加专利 R&D 投入，从而提高企业的专利产出效率。

（七）知识吸收能力

知识的吸收能力用发明授权专利平均引证专利数量衡量。大部分学者认为，知识的吸收能力是企业在当今知识时代下的一种重要的竞争优势，是企业管理知识的一系列能力，知识的吸收能力通过影响创新的速度、频率、幅度影响企业的创新效率。韦影（2005）把吸收能力作为中间变量研究企业社会资本与技术创新绩效之间的关系，结果表明，知识吸收能力在企业社会资本对技术创新绩效的正相关关系中发挥了中介作用。赵晓庆等（2009）以 2008 年中国电子信息百强企业为样本来研究网络位置、吸收能力对企业创新绩效的影响，发现吸收能力对企业绩效有显著的正向影响。

（八）企业研发投入

R&D 折合全时当量是衡量企业自身研发投入的一个重要指标，本书采用企业 R&D 折合全时当量的平均数作为研发投入指标。企业自身的研发投入对创新效率的影响不同于政府资助的作用，一方面，政府资助集中在基础研究领域，从长期看政府资助的创新效率更高，而企业自身研发投入集中在应用研究领域，因而，从短期看，企业自身研发投入的创新效率更高。另一方面，寻租腐败所导致的政府失灵会影响政府资助的使用效率，而企业则会因为信息的不对称所带来的市场失灵而影响研发资源的使用效率。赵红等（2011）采用重庆制造业 2000～2007 年的面板数据来分析 FDI 的 R&D 溢出和企业自身研发投入对行业创新效率的影响，结果表明，FDI、企业自身 R&D 资本投入和研发人员投入对其自主创新效率的提高均有显著的促进作用。李平等（2017）采用 2003～2012 年中国面板数据，研究了政府资助和企业研发投入对中国创新效率的影响，结果发现，政府研发资助对创新效率的影响为负，存在一定的“政府失灵”，企业研发投入能够促进创新效率的提高，“市场失灵”现象较少出现。

二、模型变量及实证方法

（一）模型说明和变量的描述性统计

本书分析 2010～2016 年 9 个战略性新兴产业创新能力和创新效率的影响因素，创新能力和创新效率数据来源于第 5 章的测算结果，其他数据来源于《广东工业统计年鉴》《广东经济普查年鉴》《广东统计年鉴》《广东科技统计年鉴》。

因变量方面，基于数据可得性，战略性新兴产业创新能力的测算是 9 个战略性新兴产业作为一个整体进行分析的，没有细分行业创新能力数据，本章用各行业企业发明申请和授权的平均数、各行业企业新产品销售收入占企业总产值的比重分别反映科技研发阶段的创新能力和经济产出阶段的创新能力。创新效率指标包括科技研发阶段创新效率、经济产出阶段创新效率和全过程创新效率三个指标。自变量方面，包括宏观、中观和微观三个层面 8 个指标。

为了全面反映各因素对创新能力和创新效率的静态和动态影响，本书采用灰色关联度方法和多元回归模型结合起来进行分析，灰色关联度模型中，以各影响因素指标数据作为比较序列，分别以创新能力和创新效率作为参考序列，计算关联度。静态面板模型如下：

$$
\begin{aligned}
Y_{ijt}\ or\ Z_{ijt} = \beta_0 + \beta_1 X1_{it} + \beta_2 X2_{it} + \beta_3 X3_{it} + \beta_4 X4_{it} + \beta_5 X5_{it} + \beta_6 X6_{it} \\
+ \beta_7 X7_{it} + \beta_8 X8_{it} + \varepsilon_{it}
\end{aligned}
$$

其中，i 代表战略性新兴产业的细分行业，$j=1$，2，3 分别表示科技研发阶段、经济产出阶段和创新全过程，t 代表年份，Y 和 Z 为因变量，分别表示创新能力和创新效率，$X1\sim X8$ 分别是产业的市场化程度、对外开放程度、政府研发资助、产业集中度、产业规模、专利质量、知识吸收能力、企业研发投入。由于变量间的数量级差太大，采用 Z 评分法对数据进行无量纲化处理（见表 6-1）。

表 6-1　　各变量无量纲化后的描述性统计结果

变量	均值	标准差	最大值	最小值	样本量
企业平均发明申请和授权数Y_1	8.16	6.74	25.82	0.73	63
企业新产品销售收入占企业总产值的比重Y_2	2875.16	9951.62	79620.26	6.93	63
科技研发阶段创新效率Z_1	0.61	0.38	1.38	0.08	63
经济产出阶段创新效率Z_2	0.61	0.38	1.38	0.08	63
全过程创新效率Z_3	0.54	0.46	1.84	0.00	63
企业单位数 X1	2093.02	2966.55	10527.28	1.73	63
外商和港澳台资本 X2	17586.53	25196.70	108020.03	314.17	63
政府补贴收入 X3	541.57	823.87	5547.22	-590.26	63
区位熵 X4	0.85	0.89	2.58	0.00	63
平均产值规模 X5	5.79	9.36	38.56	0.09	63
发明授权平均权利要求数 X6	0.91	2.11	11.87	0.00	63
发明授权平均引证专利次数 X7	1.09	4.09	31.91	0.00	63
企业平均 R&D 折合全时当量 X8	25.71	20.15	78.50	1.60	63

（二）战略性新兴产业核心竞争力之创新能力影响因素实证

对 2010～2016 年各影响因素与广东战略性新兴产业科技研发阶段创新能力的关联度排名，发现 $r_3 > r_8 > r_4 > r_7 > r_1 > r_5 > r_6 > r_2$，即排在前五的因素依次是政府研发资助、企业研发投入、产业集中度、知识吸收能力和产业市场化程度，政府研发资助与科技研发阶段创新能力的关联度最高，为 0.791，从变化趋势来看，呈现明显的上升趋势，关联度从 2010 年的 0.730 上升到 2016 年的 0.869；同期企业研发投入与科技研发阶段创新能力的关联度从 2010 年的 0.715 上升到 0.817，平均为 0.767，由此表明，广东省战略性新兴产业科技研发阶段的创新能力得益于政府的大力扶持和企业对科技研发的重视。知识吸收能力与科技研发阶段创新能力的关联度（0.715）略低于产业集中度与科技研发阶段创新能力的关联度（0.716），但从变化趋势来看，前者增长较快，从 2010 年的 0.714 上升到 0.747，后者从 2010 年的 0.710 上升到 2016 年的 0.725，说明知识吸收能力与战略性新兴产业科技研发阶段创新能力的关联程度越来越大（见表 6-2）。

表6-2　各影响因素与广东省战略性新兴产业创新能力灰色关联度

项目		r_1	r_2	r_3	r_4	r_5	r_6	r_7	r_8	平均
科技研发阶段创新能力	2010年	0.684	0.610	0.730	0.710	0.677	0.647	0.714	0.715	0.686
	2011年	0.683	0.659	0.698	0.702	0.686	0.657	0.668	0.744	0.687
	2012年	0.693	0.622	0.750	0.722	0.679	0.648	0.729	0.757	0.700
	2013年	0.703	0.654	0.777	0.728	0.673	0.652	0.719	0.770	0.709
	2014年	0.703	0.651	0.854	0.717	0.668	0.657	0.715	0.779	0.718
	2015年	0.710	0.652	0.856	0.711	0.679	0.661	0.715	0.785	0.721
	2016年	0.730	0.672	0.869	0.725	0.705	0.769	0.747	0.817	0.754
	平均	0.701	0.646	0.791	0.716	0.681	0.670	0.715	0.767	0.711
经济产出阶段创新能力	2010年	0.733	0.696	0.818	0.672	0.840	0.821	0.724	0.735	0.755
	2011年	0.751	0.779	0.710	0.711	0.796	0.799	0.773	0.741	0.757
	2012年	0.761	0.714	0.798	0.722	0.784	0.773	0.704	0.724	0.748
	2013年	0.770	0.744	0.803	0.748	0.758	0.744	0.704	0.718	0.748
	2014年	0.714	0.687	0.752	0.739	0.698	0.688	0.650	0.669	0.700
	2015年	0.751	0.684	0.739	0.713	0.683	0.719	0.688	0.672	0.706
	2016年	0.757	0.685	0.743	0.717	0.674	0.710	0.690	0.666	0.705
	平均	0.748	0.713	0.766	0.717	0.747	0.751	0.705	0.704	0.731

对个体和时间双固定效应模型和随机效应模型进行hausman检验，卡方统计量为177.4，概率值为0，拒绝随机效应模型的假定，采用双向固定效应模型。

从回归结果来看，产业市场化程度、产业集中度、产业规模、知识吸收能力和企业研发投入对科技研发阶段的创新能力产生显著影响，其中，产业市场化程度、产业规模对科技研发阶段的创新能力的影响是负向的，表明产业市场化程度的提高和产业规模的扩大在现阶段阻碍了科技研发阶段创新能力的提升。产业集中度、知识吸收能力和企业研发投入对科技研发阶段的创新能力的影响是正向的，产业集中度每提高一个百分点，科技研发阶段的创新能力会提升0.161个百分点；企业研发投入每增加一个百分点，科技研发阶段的创新能力会提升0.131个百分点；知识吸收能力每提高一个百分点，科技研发阶段的创新能力会提升0.023个百分点，这一研究结果与广东战略性新兴产业实际情况较为吻合，由于战略性新兴产业的创新活动特别是科技研发阶段，需要大量资金和人力等资源投入，且研发周期较长，产业集中度越高的产业，其销售利润率和经济绩效方面相比集中度低的产业具有一定的优势，从而能有更多的资金投入研发，促进科技研发阶段创新能力的提升。因此，现阶段提升战略性新兴产业科技研发阶段的创新能力，要进一步提高产业集中度、企业知识吸收能力和企业研发投入（见表6－3）。

表6－3　广东省战略性新兴产业科技研发阶段创新能力影响因素模型结果

因子	无固定效应	个体固定效应	时间固定效应	个体和时间双固定效应
$X1$	0.302***	－0.494**	0.332***	－1.313***
$X2$	0.019	－0.072	0.045	－0.013
$X3$	0.122***	0.022	0.142***	－0.014
$X4$	－0.298***	－0.066	－0.339***	0.161**
$X5$	0.107	0.122	0.171	－0.219***
$X6$	0.044	－0.003	0.049	－0.007
$X7$	－0.090*	－0.026	－0.102**	0.023**
$X8$	0.770***	0.669***	0.744***	0.131**
常数	－3.915***	5.320**	－4.774***	13.547***
样本数	63	63	63	63

注：*、**、***分别表示在10%、5%和1%的水平上显著。

对比灰色关联度分析结果和面板数据回归结果发现，政府研发资助虽然与科技研发阶段创新能力的关联度较大，但是其影响方向却是负向的，这可能是因为企业将政府研发资助作为自有研发投资的替代品，产生了“挤出效应”，从细分行业面板数据可以看出，一般创新效率较低的行业，政府研发资助比例往往较高；信息不对称产生的道德风险问题会加强政府挤出效应，挤出效应的产生削减了企业的研发规模，阻碍了企业科技研发阶段创新能力的提升，这与政府的初衷背道而驰，也是党的十八大之后中央政府主张让市场成为资源要素分配关键手段的重要原因。此外，产业市场化程度与科技研发阶段创新能力的关联度较大，但是其影响方向却是负向的，这与余明桂等（2021）的实证结果一致，余明桂等的研究结果表明，相对于竞争性企业，垄断性企业的专利产出在《反垄断法》实施后显著降低，但是《反垄断法》对不同性质企业的创新影响并不相同，《反垄断法》的创新抑制效应在国有企业中更为显著。因此，对战略性新兴产业科技研发阶段的创新来讲，垄断在一定程度上有积极作用，因为企业为了获得超额利润存在很强的创新激励，而垄断性企业不仅具有创新激励，也由于资金雄厚更能抵御创新失败的风险，具有更强的创新能力，过度竞争会削弱垄断企业通过价格手段追求超额利润的灵活性及通过技术创新来降低成本的动力，也不利于企业通过并购活动来提升创新能力。

对2010～2016年各影响因素与广东省战略性新兴产业经济产出阶段创新能

力的关联度排名，发现$r_3 > r_6 > r_1 > r_5 > r_4 > r_2 > r_7 > r_8$，即排在前五的因素依次是政府研发资助、专利质量、产业市场化程度、产业规模和产业集中度，政府研发资助与经济产出阶段创新能力的关联度最高，为0.766，从变化趋势来看，呈现明显的下降趋势，关联度从2010年的0.819下降到2016年的0.743；同期专利质量与经济产出阶段创新能力的关联度从2010年的0.821下降到0.710，表明广东省战略性新兴产业经济产出阶段的创新能力很大程度上受到政府的大力扶持和科技研发阶段的成果质量的影响。产业市场化程度与经济产出阶段创新能力的关联度（0.748）略高于产业规模与经济产出阶段创新能力的关联度（0.747），而且从变化趋势来看，前者呈现缓慢的上升趋势，从2010年的0.733上升到0.757，后者呈现明显的下降趋势，从2010年的0.840下降到2016年的0.674，说明对战略性新兴产业经济产出阶段的创新能力而言，产业市场化程度比产业规模的重要性更突出。

对个体和时间双固定效应模型和随机效应模型进行hausman检验，卡方统计量为53.5，概率值为0，拒绝随机效应模型的假定，采用双向固定效应模型。

从回归结果来看，产业市场化程度、产业规模和研发投入对经济产出阶段的创新能力产生显著影响，其中，产业市场化程度和研发投入对经济产出阶段的创新能力的影响是正向的，产业市场化程度每提高一个百分点，经济产出阶段的创新能力提升3.517%，研发投入每提高一个百分点，经济产出阶段的创新能力提升3.072个百分点，表明产业市场化程度的提高和研发投入的增加在现阶段能显著提升战略性新兴产业经济产出阶段的创新能力。产业规模对经济产出阶段的创新能力产生显著的负向影响，产业规模每提高一个百分点，经济产出阶段的创新能力会下降0.984个百分点。此外，在经济产出阶段，无论是对外开放程度、政府研发资助、产业集中度还是知识吸收能力对经济产出阶段创新能力的影响都是正的，不过影响不显著（见表6－4）。

表6－4　广东省战略性新兴产业经济产出阶段创新能力影响因素模型结果

因子	无固定效应	个体固定效应	时间固定效应	个体和时间双固定效应
*X*1	0.521***	1.604**	0.519***	3.517***
*X*2	－0.133	0.083	－0.179	0.032
*X*3	－0.106**	－0.026	－0.110**	0.052
*X*4	－0.149	1.115**	－0.150	0.608
*X*5	－0.540*	－1.681***	－0.527	－0.984**
*X*6	0.183*	－0.001	0.187	－0.017

续表

因子	无固定效应	个体固定效应	时间固定效应	个体和时间双固定效应
X7	-0.103	0.090	-0.129	0.014
X8	0.516***	2.141***	0.504***	3.072***
常数	4.416**	-11.338*	5.145**	-30.796***
样本数	63	63	63	63

注：*、**、*** 分别表示在10%、5%和1%的水平上显著。

对比灰色关联度分析结果和面板数据回归结果发现，无论是关联度还是回归系数，产业市场化程度对战略性新兴产业经济产出阶段创新能力的影响都是较大的，这也说明科技成果的转化需要良好的市场竞争环境，这与科技研发阶段刚好相反，科技研发具有较强的正外部性，过度竞争会减少创新激励，经济产出阶段是在已有科技研发成果的基础上对成果进行转化，充分的竞争能促进经济主体加大创新投入，在存在市场准入障碍的情况下，由于来自行业内已有竞争者或者潜在进入者的压力较小，拥有较高市场份额的企业可以凭借垄断优势保持市场领先地位，创新动力不足，从而影响创新能力的提升。产业市场化程度、产业规模与战略性新兴产业经济产出阶段创新能力的关系是一致的，正是由于充分的竞争有利于提升战略性新兴产业经济产出阶段创新能力，平均每个企业的产值规模越大，企业越容易在竞争中获得垄断优势，因此，产业规模与战略性新兴产业经济产出阶段创新能力负相关。

（三）战略性新兴产业核心竞争力之创新效率影响因素实证

2010~2016年，各影响因素与广东省战略性新兴产业科技研发阶段创新效率的关联度平均水平为0.677，各因素的排序为$r_3 > r_2 > r_7 > r_6 > r_5 > r_1 > r_4 > r_8$，其中，政府研发资助、对外开放程度、知识吸收能力和专利质量与广东战略性新兴产业科技研发阶段创新效率的关联度高于平均水平，政府研发资助与科技研发阶段的创新效率关联度最高，为0.72，从变化趋势来看，呈现明显的上升趋势，关联度从2010年的0.589上升到2016年的0.751；对外开放程度与科技研发阶段的创新效率关联度为0.711，从变化趋势来看，对外开放程度与科技研发阶段的创新效率关联度呈现缓慢的上升趋势，对比发现，在科技研发阶段，对外开放程度与创新效率的关联度（0.711）明显高于其与创新能力的关联度（0.646）。知识吸收能力和专利质量与科技研发阶段的创新效率关联度分别为0.694和0.685，前者略高于后者，二者与科技研发阶段创新效率的关联度均呈现明显的上升趋势，但是前者增长速度慢于后者，前者从2010年的0.671上升到2016年的0.697，后者从2010年的0.654上升到2016年的0.714。需要注意的是，企业研发投入与科技研发阶段创新效率的关联度最低，这可能与企业研发投入占地区生产总值的比重还不够高有关（见表6-5）。

表6-5　各影响因素与广东战略性新兴产业创新效率灰色关联度

项目		r_1	r_2	r_3	r_4	r_5	r_6	r_7	r_8	平均
科技研发阶段创新效率	2010年	0.688	0.678	0.689	0.703	0.666	0.654	0.671	0.607	0.669
	2011年	0.677	0.711	0.781	0.649	0.629	0.663	0.664	0.611	0.673
	2012年	0.708	0.709	0.692	0.657	0.652	0.673	0.689	0.632	0.677
	2013年	0.676	0.712	0.679	0.648	0.641	0.673	0.698	0.620	0.668
	2014年	0.662	0.741	0.710	0.620	0.697	0.728	0.730	0.647	0.692
	2015年	0.625	0.733	0.736	0.600	0.694	0.685	0.708	0.649	0.679
	2016年	0.608	0.697	0.751	0.610	0.681	0.714	0.697	0.665	0.678
	平均	0.663	0.711	0.720	0.641	0.666	0.685	0.694	0.633	0.677
经济产出阶段创新效率	2010年	0.695	0.769	0.769	0.619	0.703	0.717	0.690	0.774	0.717
	2011年	0.677	0.711	0.781	0.649	0.629	0.663	0.664	0.611	0.673
	2012年	0.708	0.709	0.692	0.657	0.652	0.673	0.689	0.632	0.677
	2013年	0.676	0.712	0.679	0.648	0.641	0.673	0.698	0.620	0.668
	2014年	0.665	0.712	0.618	0.629	0.680	0.657	0.632	0.739	0.667
	2015年	0.697	0.766	0.688	0.686	0.707	0.670	0.702	0.649	0.695
	2016年	0.706	0.719	0.688	0.692	0.686	0.669	0.684	0.652	0.687
	平均	0.689	0.728	0.702	0.654	0.671	0.675	0.680	0.668	0.683
全过程创新效率	2010年	0.706	0.640	0.663	0.721	0.702	0.709	0.684	0.728	0.694
	2011年	0.707	0.649	0.615	0.750	0.714	0.690	0.679	0.682	0.686
	2012年	0.729	0.620	0.670	0.750	0.698	0.681	0.660	0.663	0.684
	2013年	0.762	0.652	0.683	0.750	0.701	0.681	0.676	0.668	0.697
	2014年	0.763	0.669	0.656	0.771	0.692	0.683	0.672	0.643	0.694
	2015年	0.762	0.671	0.675	0.761	0.674	0.673	0.683	0.609	0.689
	2016年	0.776	0.692	0.694	0.779	0.688	0.722	0.695	0.597	0.705
	平均	0.744	0.656	0.665	0.755	0.695	0.691	0.678	0.656	0.693

对个体和时间双固定效应模型和随机效应模型进行hausman检验，卡方统计量为-84.65，检验统计量为负，不能满足检验的渐近性假设。个体固定效应模型调整后的拟合优度为0.895，时间固定效应模型调整后的拟合优度为0.482，

选择个体固定效应模型与随机效应模型进行 hausman 检验，卡方统计量为242.47，概率值为0，拒绝随机效应模型的假定，采用个体固定效应模型。

从回归结果来看，产业市场化程度、政府研发资助、产业集中度、产值规模和企业研发投入对科技研发阶段的创新效率产生显著影响，其中，产业市场化程度、产业集中度和企业研发投入对科技研发阶段的创新效率的影响是负向的，产业市场化程度每提高一个百分点，科技研发阶段的创新效率下降1.228%；产业集中度程度每提高一个百分点，科技研发阶段的创新效率下降0.789%；企业研发投入每提高一个百分点，科技研发阶段的创新效率下降1.359个百分点，表明产业市场化程度、产业集中度和企业研发投入的增加在现阶段显著抑制了战略性新兴产业科技研发阶段的创新效率。政府研发资助和产业规模对科技研发阶段的创新效率产生显著的正向影响，政府补贴每提高一个百分点，科技研发阶段的创新效率上升0.068个百分点；产业规模每提高一个百分点，科技研发阶段的创新效率上升0.815个百分点。表明战略性新兴产业科技研发创新效率的提高还有赖于政府补贴投入和产业规模的持续扩大。（见表6-6）。

表6-6　广东省战略性新兴产业科技研发阶段创新效率影响因素模型结果

因子	无固定效应	个体固定效应	时间固定效应	个体和时间双固定效应
X1	0.041	-1.228***	0.013	-2.061***
X2	-0.129	-0.112	-0.138	-0.105
X3	0.049	0.068**	0.040	0.017
X4	-0.088	-0.789**	-0.050	-0.583*
X5	-0.209	0.815***	-0.325	0.538*
X6	-0.016	-0.008	-0.012	0.007
X7	-0.060	-0.032	-0.058	-0.006
X8	-0.418***	-1.359***	-0.397***	-1.711***
常数	0.839	14.167***	0.862	22.811***
样本数	63	63	63	63

注：*、**、***分别表示在10%、5%和1%的水平上显著。

对比灰色关联度分析结果和面板数据回归结果发现，无论是关联度还是回归系数，政府研发资助对战略性新兴产业科技研发阶段创新效率的影响都较大，表明虽然政府研发资助有可能导致部分企业将政府研发资助作为自有研发投资的替代品，影响科技研发阶段的创新能力，但是必须承认，对于规模较小的创新主体来讲，政府研发资助确实能帮助企业解决资源短缺问题、减少融资成本、提高投资回报率，降低企业创新的边际成本和风险，提升企业创新效率。

2010～2016年，各影响因素与广东省战略性新兴产业经济产出阶段创新效率的关联度平均水平为0.683，各因素的排序为$r_2 > r_3 > r_1 > r_7 > r_6 > r_5 > r_8 > r_4$，其中，对外开放程度、政府研发资助、产业市场化程度与广东战略性新兴产业经济产出阶段创新效率的关联度高于平均水平，对外开放程度与经济产出阶段的创新效率关联度最高，为0.728，这表明开放程度是影响广东战略性新兴产业经济产出阶段创新效率提升的重要因素之一，从变化趋势来看，呈现明显的下降趋势，关联度从2010年的0.769下降到2016年的0.719；政府研发资助与经济产出阶段的创新效率关联度为0.702，政府研发资助与经济产出阶段的创新效率关联度呈现明显的下降趋势，对比发现，在经济产出阶段，对外开放程度与创新效率的关联度（0.728）高于其与创新能力的关联度（0.713）；而政府研发资助与创新效率的关联度（0.702）明显低于其与创新能力的关联度（0.766）。产业市场化程度和知识吸收能力与经济产出阶段的创新效率关联度分别为0.689和0.68，前者略高于后者，二者与经济产出阶段创新效率的关联度呈现完全相反的变化趋势，前者从2010年的0.695上升到2016年的0.706，后者从2010年的0.69下降到2016年的0.684，说明相比知识吸收能力，经济产出阶段的创新效率与产业市场化程度的关联度更高。

对个体和时间双固定效应模型和随机效应模型进行hausman检验，卡方统计量为55.66，概率值为0，拒绝随机效应模型的假定，采用双向固定效应模型。

从回归结果来看，对外开放程度和政府研发资助对经济产出阶段的创新效率产生显著影响，二者的影响都是负向的，对外开放程度每提高一个百分点，经济产出阶段的创新效率下降0.035个百分点；政府研发资助每提高一个百分点，经济产出阶段的创新效率下降0.135个百分点，表明对外开放程度和政府研发资助在现阶段显著抑制了战略性新兴产业经济产出阶段的创新效率。此外，产业市场化程度和知识吸收能力对经济产出阶段创新能力的影响都是正的，不过影响不显著（见表6－7）。

表6－7　　广东省战略性新兴产业经济产出阶段创新效率影响因素模型结果

因子	无固定效应	个体固定效应	时间固定效应	个体和时间双固定效应
*X*1	－0.154*	0.674	－0.120	0.662
*X*2	0.305***	－0.117	0.331***	－0.035*
*X*3	－0.002	－0.059	0.011	－0.135*
*X*4	0.085	－0.706*	0.041	－0.768
*X*5	0.176	－0.157	0.299	－0.228

续表

因子	无固定效应	个体固定效应	时间固定效应	个体和时间双固定效应
X6	-0.028	-0.013	-0.046	-0.059
X7	-0.013	-0.039	0.001	0.035
X8	0.041	0.114	0.013	-0.397
常数	-2.579	-6.600	-2.932	-5.928
样本数	63	63	63	63

注：*、**、*** 分别表示在10%、5%和1%的水平上显著。

对比灰色关联度分析结果和面板数据回归结果发现，无论是关联度还是回归系数，对外开放程度和政府研发资助对经济产出阶段的创新效率影响都是较大的。一般而言，技术溢出的重要媒介就是对外开放过程中的外商直接投资，外资的引入中含有专业知识的中间品进口、国际技术贸易、出口引致的技术学习等活动都能影响产业创新，外资进入加剧了东道国市场竞争，企业为了生存会不断进行技术创新，通过“干中学”或“看中学”，学习模仿外资企业的先进技术和经验，然而，外商直接投资对东道国创新效率的影响受到多方面因素如政府对企业创新行为的支撑等的制约，由于政府对企业创新行为的支持往往存在一定的偏向性和引导性，即政府会规定某些特定的行业、特定的技术发明或者特定研发项目等才能够获得支持，因此，过多的政府财政干预不仅给当地政府造成严重的财政负担，也会挤出外商对本地区企业的投资，进而抑制创新（雷淑珍等，2021）。

2010~2016年，各影响因素与广东省战略性新兴产业全过程创新效率的关联度平均水平为0.693，各因素的排序为$r_4>r_1>r_5>r_6>r_7>r_3>r_2>r_8$，其中，产业集中度、产业市场化程度和产业规模与广东省战略性新兴产业全过程创新效率的关联度高于平均水平，产业集中度与全过程创新效率的关联度最高，为0.755，从变化趋势来看，呈现明显的上升趋势，关联度从2010年的0.721上升到2016年的0.779；产业市场化程度与全过程创新效率的关联度为0.744，二者的关联度呈现明显的上升趋势；产业规模和专利质量与全过程创新效率的关联度分别为0.695和0.691，从变化趋势来看，二者与全过程创新效率的关联度呈现完全相反的变化趋势，前者从2010年的0.702缓慢下降到2016年的0.688，后者从2010年的0.709上升到2016年的0.722。产业规模与科技研发阶段创新效率较大的关联度，支持了熊彼特关于企业规模与企业创新的假说，大型企业具有足够的资源禀赋和相对完善的组织结构进行创新研发，由于固定和沉没成本的存在、研发资本的缺乏，小企业整体处于相对劣势的地位，进行研发的风险更大，往往因丧失研发动力而选择模仿式发展。

对个体和时间双固定效应模型和随机效应模型进行 hausman 检验，卡方统计量为 54.29，概率值为 0，拒绝随机效应模型的假定，采用双向固定效应模型。

从回归结果来看，仅有产业市场化程度 1 个因素对全过程创新效率产生显著影响，产业市场化程度每提高 1 个百分点，全过程创新效率提升 1.896%，这与刘鹓等（2020）的研究是一致的，刘鹓等认为，产业市场化程度在产业集聚影响产业创新绩效中起着调节作用，一方面由于集聚度加强了区域内的网络关系，形成规模效应，促进产业创新；另一方面，当集聚达到一定程度，网络关系密度过高产生拥挤、过度竞争等效应，导致要素、管理等各类成本增加，随着产业集聚网络关系密集度提升，成员竞争与合作关系变得极不稳定，创新动力减弱，管理成本也增加。美国波士顿 128 公路曾经是发达的高技术产业集聚中心，巅峰时达到 600 多家科技企业，然而其一度受制于创新方向高度同质化、模式单一等问题，屡次面临危机。相比之下，硅谷的高科技从业人员密度高居美国之首，企业网络密度也较为领先，其持续地创新产出，推动信息技术产业不断跨越式发展。虽然也有学者指出，硅谷存在高房价、高失业率等问题，其发展历史上也曾出现过互联网泡沫破灭引发失业潮等多次衰退危机，但硅谷通过一次又一次产业革新化解了困境，取得了发展。因此，市场化水平既可能促进集聚网络活跃度，又加剧了网络密度过高下的关系不稳定性。此外，产业规模、知识吸收能力和企业研发投入对全过程创新效率的影响都是正的，不过影响不显著（见表 6-8）。

表 6-8　广东省战略性新兴产业创新全过程效率影响因素模型结果

因子	无固定效应	个体固定效应	时间固定效应	个体和时间双固定效应
*X*1	0.656***	1.675***	0.684***	1.896**
*X*2	-0.379***	-0.040	-0.406***	-0.094
*X*3	-0.066**	-0.048	-0.055	-0.029
*X*4	-0.310***	-0.204	-0.356***	-0.273
*X*5	0.502**	0.176	0.619**	0.202
*X*6	0.074	-0.045	0.114	-0.039
*X*7	-0.085	0.025	-0.145	0.009
*X*8	-0.515***	0.023	-0.533***	0.143
常数	-1.175	-14.974**	-0.812	-16.895**
样本数	63	63	63	63

注：*、**、*** 分别表示在 10%、5% 和 1% 的水平上显著。

对比灰色关联度分析结果和面板数据回归结果发现，无论是关联度还是回归系数，知识吸收能力对战略性新兴产业全过程创新效率的影响都是较小的，这可能是因为从国外引进的通常是显性的技术知识，而真正驱动创新质量提升的是其背后的隐性技术知识，当技术吸收能力较强时，战略性新兴产业对引进技术的消化吸收程度更高，从而提升落后经济的创新对国外先进知识溢出的弹性（肖利平和谢丹阳，2016）。如果引进技术与本地联系不大，技术消化吸收能力不能够达到引进技术的要求，很容易对引进技术形成稳定的刚性需求，要么从技术人员、原材料、机器设备到包含核心技术或关键技术的中间投入品都依赖国外，要么引进的技术被“束之高阁”，导致自主创新的动机不足。徐欣（2013）指出在引进先进技术的同时，充分做好引进技术的消化和吸收，在此基础上，增加自主研发投入，以获取协同效应。同样，俞立平（2016）强调引进技术如果不能够有效地消化吸收，就会挤占有限的研发经费投入，造成技术引进与自主研发投入之间的替代，降低协同效应。可见，技术吸收能力会导致技术引进的创新质量激励效应具有显著的非线性特征。在不同的吸收能力区间，技术引进影响创新质量的方向和大小会存在差异。只有技术消化吸收能力处于合理区间，技术引进对创新质量的正向作用才能得到充分发挥。战略性新兴产业在引进国外技术的同时，必须强化引进之后的消化和吸收，努力提升技术消化吸收能力，否则技术引进对创新质量的正向作用很难得到充分发挥。

第四节　本章小结

第五章从创新能力和创新效率两个方面对广东省战略性新兴产业核心竞争力进行了测评，第六章进一步分析广东省战略性新兴产业核心竞争力的影响因素，揭示制约战略性新兴产业核心能力提升的瓶颈因素，为寻找提升战略性新兴产业核心竞争力的突破口提供数据支撑。

本章通过梳理已有文献，发现产业核心竞争力的影响力量无非来自两个方面，一是产业外部环境，二是产业内部环境。产业的内部要素从根本上决定着产业竞争能力的强弱，但不可忽视产业的外部要素。产业外部要素为产业自身的发展提供良好的发展环境和发展机遇，对产业的发展起着至关重要的作用。此外，产业内部要素除影响产业自身的因素外，还应该包括构成产业的组成部分——企业的因素，在战略性新兴产业核心竞争力的影响因素分析中，还需要突出产业内企业因素的关键性作用。基于此，本章从宏观、中观和微观三个层面构建了战略性新兴产业核心竞争力影响因素的分析框架，宏观方面反映产业市场化程度、对外开放政策、政府研发资助，中观层面反映产业集中度、产业规模，微观层面反映专利质量、知识吸收能力和企业研发投入。

为了全面反映各因素对创新能力和创新效率的静态和动态影响，采用灰色关联度方法和多元回归模型结合起来进行分析，主要研究结论如下：

第一，2010～2016 年，政府研发资助与科技研发阶段创新能力的关联度最高，为 0.791，其次是企业研发投入，二者与广东省战略性新兴产业科技研发阶段创新能力的关联度均呈现明显的上升趋势。多元回归结果表明，产业市场化程度、产业集中度、产业规模、知识吸收能力和研发投入对科技研发阶段的创新能力产生显著影响，其中，产业市场化程度、产业规模对科技研发阶段的创新能力的影响是负向的，表明产业市场化程度的提高和产业规模的扩大在现阶段阻碍了科技研发阶段创新能力的提升。政府研发资助虽然与科技研发阶段创新能力的关联度较大，但是其影响方向却是负向的。

第二，2010～2016 年，政府研发资助与经济产出阶段创新能力的关联度最高，为 0.766，专利质量与经济产出阶段创新能力的关联度从 2010 年的 0.821 下降到 0.710，表明广东省战略性新兴产业经济产出阶段的创新能力在很大程度上受到政府的大力扶持和科技研发阶段的成果质量的影响。产业市场化程度与经济产出阶段创新能力的关联度（0.748）略高于产业规模与经济产出阶段创新能力的关联度（0.747），而且产业市场化程度与战略性新兴产业经济产出阶段创新能力的关联度越来越大。多元回归结果表明，产业市场化程度、产业规模和研发投入对经济产出阶段的创新能力产生显著影响，产业规模对经济产出阶段的创新能力产生显著的负向影响，产业规模每提高一个百分点，经济产出阶段的创新能力会下降 0.984 个百分点。无论是关联度还是回归系数，产业市场化程度对战略性新兴产业经济产出阶段创新能力的影响都较大，说明科技成果的转化需要良好的市场竞争环境，这与科技研发阶段刚好相反。

第三，2010～2016 年，政府研发资助、对外开放程度、知识吸收能力和专利质量与广东省战略性新兴产业科技研发阶段创新效率的关联度高于平均水平，企业研发投入与科技研发阶段创新效率的关联度最低。多元回归结果表明，产业市场化程度、产业集中度和研发投入的增加在现阶段显著抑制了战略性新兴产业科技研发阶段的创新效率。政府研发资助和产业规模对科技研发阶段的创新效率产生显著的正向影响，政府补贴每提高一个百分点，科技研发阶段的创新效率上升 0.068 个百分点；产业规模每提高一个百分点，科技研发阶段的创新效率上升 0.815 个百分点。

第四，2010～2016 年，对外开放程度、政府研发资助、产业市场化程度与广东省战略性新兴产业经济产出阶段创新效率的关联度高于平均水平。多元回归结果表明，对外开放程度和政府研发资助对经济产出阶段的创新效率产生显著影响，二者的影响都是负向的，对外开放程度每提高 1 个百分点，经济产出阶段的创新效率下降 0.035 个百分点；政府研发资助每提高 1 个百分点，经济产出阶段的创新效率下降 0.135 个百分点，表明对外开放程度和政府研发资助在现阶段显著抑制了战略性新兴产业经济产出阶段的创新效率。无论是关联度还是回归系数，对外开放程度和政府研发资助对经济产出阶段的创新效率影响都较大，过多的政府财政干预不仅给当地政府造成严重的财政负担，也会挤出外商对本地区企业的投资，进而抑制创新（雷淑珍等，2021）。

第五，2010～2016 年，产业集中度与全过程创新效率的关联度最高，为 0.755，产业市场化程度与全过程创新效率的关联度为 0.744，产业规模与科技研发阶段创新效率较大的关联度，支持了熊彼特关于企业规模与企业创新的假说。多元回归结果表明，仅有产业市场化程度 1 个因素对全过程创新效率产生显著影响，产业市场化程度每提高 1 个百分点，全过程创新效率提升 1.896%。无论是关联度还是回归系数，知识吸收能力对战略性新兴产业全过程创新效率的影响都较小，这可能是因为从国外引进的通常是显性的技术知识，而真正驱动创新质量提升的是其背后的隐性技术知识，当技术吸收能力较强时，战略性新兴产业对引进技术的消化吸收程度更高。

第七章　广东省促进战略性新兴产业发展的政策及绩效

《国务院关于加快培育和发展战略性新兴产业的决定》明确了战略性新兴产业在抢占新一轮经济与科技制高点进程中的战略地位。为促进战略性新兴产业快速发展，广东省出台了一系列政策和措施，本章主要梳理广东省制定的人才政策、金融政策、财政补贴政策、税收优惠政策和政府采购政策及其实施绩效，结合第六章核心竞争力的影响因素分析，探究广东省战略性新兴产业核心竞争力培育中面临的制度障碍，明确广东省战略性新兴产业核心竞争力培育政策的改革方向和重点。

第一节　广东省促进战略性新兴产业发展的政策梳理

“十二五”和“十三五”时期，围绕实施创新驱动发展战略，广东省将发展战略性新兴产业作为推进产业结构调整、加快经济发展方式转变、抢占经济科技发展制高点的重要举措，出台了一系列政策，主要有：

2010 年 5 月，广东省委、广东省政府出台《关于加快经济发展方式转变的若干意见》，明确规定“十二五”期间，省财政每年新增安排20 亿元，共100 亿元，重点支持引导发展战略性新兴产业

2010 年 6 月，广东省经济和信息化委员会印发《广东省战略性新兴产业基地建设实施方案》，明确为加快培育一批批产业优势突出、示范效应明显、创新能力较强、产业链完善的战略性新兴产业基地，引导战略性新兴产业集聚集约发展，开展创建“广东省战略性新兴产业基地”工作。

2010 年 7 月，广东省财政厅制定了《广东省战略性新兴产业发展专项资金

管理办法（试行）》，提出由省财政设立战略性新兴产业发展专项资金，采用竞争性扶持方式，对战略性新兴产业发展给予支持引导。

2011 年 3 月，广东省经济和信息化委员会制定《2011 年促进战略性新兴产业加快发展行动方案》，明确围绕培育和发展高端新型电子信息、节能环保、新材料、高端装备制造和太阳能光伏五个重点产业领域，以“产业基地、骨干企业和重大项目”为抓手，着力提升产业自主创新能力、着力打造优势产业链和产业集群、着力营造良好发展环境，推动战略性新兴产业加快发展和提升发展，促进广东成为全国战略性新兴产业发展先导区。

2011 年 7 月，广东省政府出台《关于贯彻落实国务院部署加快培育和发展战略性新兴产业的意见》，提出要加大对战略性新兴产业的扶持力度，落实国家税收优惠政策，优先安排战略性新兴产业 100 强项目用地。

2012 年 3 月，广东省人民政府印发《广东省战略性新兴产业发展“十二五”规划》，明确把加快培育和发展战略性新兴产业作为推进产业结构调整和转型升级，加快经济发展方式转变，建设幸福广东省的重要举措和突破口，确定了高端新型电子信息、新能源汽车、半导体照明、生物、高端装备制造、节能环保、新能源和新材料等领域作为重点培育和发展的战略性新兴产业。

2012 年 10 月，高技术产业处印发《广东省战略性新兴产业基地发展指导意见》，明确争取在“十二五”期间，围绕高端新型电子信息、新能源汽车、半导体照明、生物、高端装备制造、新能源、新材料和节能环保等重点领域，培育建设一批产业特色明显、产业链比较完善、龙头企业主导、创新能力突出、辐射带动作用强的省级战略性新兴产业基地，并形成若干具有国内先进水平，产值规模超千亿的战略性新兴产业集群，使战略性新兴产业基地产值占全省战略性新兴产业总产值的比重达到 60% 以上。

2015 年 3 月，广东省人民政府印发《广东省工业转型升级攻坚战三年行动计划（2015 – 2017 年）》，明确以新一轮技术改造为主抓手改造提升现有产业，以珠江西岸先进装备制造产业带、珠江东岸电子信息产业带和粤东西北产业园区为重点培育新的经济增长极，推动制造业智能化，推进工业绿色发展，以工业转型升级推动广东经济转型升级。

2015 年 7 月，广东省人民政府印发《广东省智能制造发展规划（2015 – 2025 年）》，明确推动智能制造核心技术攻关和关键零部件研发，全面提升智能制造创新能力，推进制造过程智能化升级改造，实现“制造大省”向“制造强省”转变。

2016 年 4 月，广东省人民政府印发《珠三角国家自主创新示范区建设实施方案（2016－2020年）》，提出在全国率先形成以先进制造业、现代服务业和战略性新兴产业为支撑的产业发展新体系。该文件提出，截至2020年，珠三角先进制造业增加值占规模以上工业增加值比重超过55%，现代服务业增加值占服务业增加值比重超过65%，高新技术产品产值占规模以上工业总产值比重超过50%，形成20～30个具有较强国际竞争力的创新型产业集群，高新技术企业数量超过14000家。

2016年6月，广东省人民政府印发《广东省工业企业创新驱动发展工作方案（2016－2018年）》，提出重点支持省科学院等科研院所聚焦产业发展应用技术，加强工业共性与关键技术研发，兼顾重大技术和前沿技术应用基础研究，推进成果转化。鼓励科研院所开展重大关键技术联合攻关和重大装备消化创新，开发市场急需实用的新产品、新技术、新工艺。该文件指出2016～2018年，广东省将新建10个战略性新兴产业联盟、30个省级产业技术创新联盟。

2017年8月，广东省人民政府印发《广东省战略性新兴产业发展“十三五”规划》，提出到2020年，战略性新兴产业增加值占GDP比重达到16%，高技术制造业增加值占规模以上工业比重达30%以上，全省产业技术自给率达到75%，高技术制造业研发人员占比达10%，每万人发明专利拥有量超过20件，全省高新技术企业数量超过2.8万家，战略性新兴产业领域年主营业务收入超百亿元企业达110家，超千亿企业达13家。力争到2020年，新一代信息技术产业产值规模突破3万亿元，形成生物、高端装备制造、绿色低碳、数字创意等3至4个万亿元级支柱产业，成为全球战略性新兴产业的重要集聚区。

2017年8月，广东省发展改革委印发《广东省加快战略性新兴产业发展实施方案》，明确在大力发展五大支柱产业和四大战略性产业的同时，重点推进新一代信息网络、新型显示、智能制造、生物医药、智能交通装备、高端制造材料六大领域发展壮大。

2018年8月，广东省人民政府印发《广东省深化营商环境综合改革行动方案》，要求把“数字政府”改革建设作为着力点和突破口，以体制机制创新为关键，协同推进经济体制、行政管理体制等各领域改革，加快建设服务效率最高、管理最规范、综合成本最低的营商环境高地，奋力实现“四个走在全国前列”。

2020年5月，广东省人民政府印发《关于培育发展战略性支柱产业集群和战略性新兴产业集群的意见》，明确到2025年，瞄准国际先进水平，落实“强核”“立柱”“强链”“优化布局”“品质”“培土”六大工程，打好产业基础高级化和产业链现代化攻坚战，培育若干具有全球竞争力的产业集群，打造产业高质量发展典范。2020年9月广东省工业和信息化厅、广东省发展和改革委员会等多部门联合印发了《广东省发展新一代电子信息战略性支柱产业集群行动计划（2021－2025年）》《广东省发展绿色石化战略性支柱产业集群行动计划（2021－2025年）》等20个行动计划文件。

2020年9月，广东省人民政府印发《关于加快推进质量强省建设的实施方案》，明确激发市场主体追求高质量的内生动力，充分发挥市场配置资源决定性作用和更好发挥政府作用，推动质量共建共治共享，以高标准引领高质量发展，进一步提升质量有效供给，全力打造高质量发展高地。

2020年10月，广东省人民政府印发《广东省推进新型基础设施建设三年实施方案（2020－2022年）》，提出高质量建设5G网络、高水平建成全光网省，率先开展第六代移动通信（6G）、太赫兹通信等技术研发，争取在基础研究、关键核心技术攻关、标准规范等方面取得突破，聚焦材料、信息、生命、海洋、能源等重点领域，积极推动布局建设一批重大科技基础设施和科教基础设施。

以上政策对广东省战略性新兴产业的扶持是全方位的，包括对产业发展要素和产业发展环境两个方面，下面从人才队伍建设、金融支持、财政投入政策、税收优惠、政府采购等5个方面进行梳理。

一、人才队伍建设政策

一直以来，广东省聚焦推动产业转型升级，优化人才发展环境，厚植人才发展优势。2010年广东省人民政府印发《广东省中长期人才发展规划纲要（2010－2020年）》的通知，提出到2020年，全省人才发展跃上新台阶，全省人才总量达到2260万人，主要劳动人口受过高等教育的比例达到25%，每万名劳动力中研发人员超过46人年，高技能人才占技能劳动者比例达到30%，人力资本投资占国内生产总值比例达到15%，人才贡献率达到38%。为了实现目标，该文件提出优先培养引进高层次创新性科技人才、优先开发经济社会发展重点领域专门人才、统筹推进各类人才队伍建设、统筹推进区域人才协调发展4项人才发展任务，以及珠江人才引进计划、珠江人才引进计划、南粤英才培养工程、创新创业载体建设工程、战略性新兴产业人才开发路线图计划、党政人才素质能力提升工程、现代企业家和职业经理人培养计划、百万技能人才开发计划、百万农村实用人才培训计划、社会工作人才培养工程、教育名师培养工程、文化名家培养工程、卫生名医培养工程、老龄人才开发利用计划等13项重点工程。此后，大量的人才政策如“珠江人才计划”“南粤百杰”等相继出台，政策出台最为密集的2010年、2011年和2012年，分别出台了15、9、19项省级人才政策，2010～

2020年出台的人才政策包括人才引进、人才培养、人才评价、人才流动、人才激励、人才保障以及包含上述6类内容在内的综合型政策等7个类型，从类型来看，有以明确人才政策法律地位的法规条例类、以原则性指导为主的指导意见类、以规划人才发展为主的发展规划类、以工作管理规范为主的管理办法类和以落实工作为内容的实施细则类。

广东省战略性新兴产业人才队伍建设政策特点如下：

第一，对标产业发展需求，校准人才工作导向。为解决产业发展关键核心技术“卡脖子”问题，广东省坚持“基础研究、技术攻关、平台建设、人才团队、成果产业化”一体化部署，大力引进培养高水平创新研究团队，探索实行人才“揭榜挂帅”制度，引进国际国内高端金融智库、顶尖金融机构联合培养高素质金融人才，全面提升工业设计人才素质，加强培养现代物流专业人才，建设知识产权、人力资源、会展、律师、会计等专业服务人才培训基地。同时围绕重点培育发展十大战略性支柱产业集群、十大战略性新兴产业集群，统筹推进经营管理人才、创新研发人才、专业技术人才、技能人才等各类人才队伍建设。

第二，制定人才开发路线图，靶向寻访高精尖缺人才。改变漫天撒网、坐等上门的引才方式，制定战略性新兴产业人才开发路线图，以产业发展路径和技术难题攻关为指引，探索运用专利导航和大数据分析方法，搜索掌握关键核心技术的科研机构及领军人才，引导用人单位按照需求靶向引才，实现人才链、技术链、产业链无缝对接。2012年起，先后研究制定了半导体照明、高端新型电子信息、新能源汽车、绿色低碳、新一代信息技术、高端装备制造、绿色低碳、生物医药、数字经济、新材料、海洋经济、现代农业等重点产业人才开发路线图，把引才目标精准到人才个体和研究开发实体机构。

第三，聚焦重点产业，优化人才工程。“珠江人才计划”围绕重点发展的战略性新兴产业，制定《申报领域分类指导目录》，重点引进从事前瞻性、原创性研究或从事关键核心技术、颠覆性技术研究的顶尖人才团队。“广东特支计划”侧重对重点领域、重点专业人才加大扶持力度，将新一代信息技术、高端装备制造、网络安全和信息化、现代种业、精准农业人才纳入重点支持对象。“粤东粤西粤北地区人才发展帮扶计划”聚焦当地主导支柱产业或特色优势产业，依托骨干企业、重大项目、产业园区，全方位、全链条加快重点产业人才队伍建设，集中资源打造某一细分领域“单打冠军”。

第四，强化校企协同，定向培育人才。加快建设职业院校，强化校企协同育人，培养适应现代化产业需求的高素质人才。在学科专业设置方面，与产业精准对接，加快建设机器人、大数据、人工智能等新工科专业，组建跨学科、跨专业的产业学院。完善校企双制办学模式，促进技工院校与企业在专业建设、课程改革、师资培养、技术研发、技能评价等方面深度合作。推动校企联合搭建实践平台，推行面向企业真实生产环境的任务培养模式，开展学校与企业、专业与企业、班级与企业等多层次合作办学。推行以“招工即招生、入企即入校、企校双师联合培养”为主要内容的企业新型学徒制，由企业与技工院校、职业培训机构、企业培训中心等培训机构合作，组织企业技能岗位新招用和转岗等技能人员参加学徒培训，重点培养符合企业岗位需求的中高级技能人才。

第五，广东省人才政策具有较高含金量、政策重点突出。如2009年启动的“珠江人才计划”，在全国首开以政府名义、以团队形式规模化引进高层次人才之先河，1个团队资助金额最高可达1亿元，并在2009年就实现了人力资源成本费可占项目经费总额的30%等重大引才政策突破。2015年出台的《关于进一步改革科技人员职称评价的若干意见》提出的多项措施都走在全国前列，是近年来广东省力度最大的一次人才评价政策改革。广东省级人才政策类型丰富，全方位助力广东省人才强省战略建设，既有《广东省中长期人才发展规划纲要（2010－2020年)》等全省人才发展顶层设计方面的政策，又有针对制约广东省人才发展瓶颈问题的政策文件如《广东省引进高层次人才“一站式”服务实施方案》《广东省培养高层次人才特殊支持计划》《关于组织实施粤东西北地区人才发展帮扶计划的通知》。2019年11月，广东省委办公厅、省政府办公厅联合印发《关于加强新时代专业技术人才队伍建设的通知》，这是党的十九大以来首个省级专门面向专业技术人才队伍建设的综合性指导文件（见表7－1）。

表7－1　　主要文件中关于人才队伍建设政策的表述

文件名称	政策要点
《中共广东省委广东省人民政府关于加强吸引培养高层次人才的意见》	(1) 重点引进培养高层次人才。创新和科研团队、中国科学院院士、中国工程院院士；国家级重点学科、重点实验室、工程研究（技术）中心、工程实验室的首席科学家；获国家科学技术奖前两位完成人；现代生产性服务业和先进制造业高层次人才；掌握核心技术、具有自主知识产权或具有高成长性项目的境内人员和境外留学人员；高级企业经营管理人才；长江学者特聘教授和国家级教学名师；国家有突出贡献中青年专家、国家杰出青年基金获得者，国家百千万人才工程第一、二层次人选和新世纪百千万人才工程国家级人选；外籍及港澳台地区高端人才；哲学社会科学领域领军人才以及其他领域急需的高层次人才； (2) 实施创新和科研团队引进计划。对引进世界一流水平、国内顶尖水平或国际先进水平、国内先进水平的，省财政分别给予8000万～10000万元、3000万～5000万元、1000万～2000万元的专项工作经费； (3) 实施领军人才引进计划。省财政一次性提供500万元专项工作经费和100万元（税后）住房补贴； (4) 实施先进制造业和高新技术产业创业精英引进计划

续表

文件名称	政策要点
《关于加快经济发展方式转变的若干意见》	落实高层次人才引进计划，切实解决影响人才引进的突出问题，实施百千万高技能人才培养计划，省部共建职业能力开发评价示范基地
《广东省战略性新兴产业发展“十二五”规划》	提出人才引进培养工程，重点引进战略性新兴产业领域领军人才和创新团队，积极培养一批优秀尖端人才和职业技能人才，形成产业人才梯队
《广东省战略性新兴产业基地发展指导意见》	对于产业基地引进的高层次创新人才，制定实施个人所得税返还政策；对于产业基地企业引进的创新科研团队、领军人才和博士后等高端人才，鼓励产业基地所在地政府在安家补助、科研启动、住房、配偶安置、子女入学、技术及知识产权入股等方面制定相应激励措施。在产业基地设立大学生创新创业实习实践基地和博士后工作站。允许用人单位将人才引进的住房货币补贴、安家费、科研启动经费等费用列入成本核算
《广东省工业转型升级攻坚战三年行动计划（2015－2017年）》	强化工业人才支撑，实施“南粤百杰培养工程”“博士后培养工程”等重大人才项目，实施“广东省博士后国际交流计划”，重点支持工业领域高层次人才、紧缺型人才、创新创业人才和实用型人才的引进和培养。搭建协同育人平台，开展招生即招工、入校即入厂、校企联合培养的现代学徒制试点工作，发挥工业企业办学主体作用，健全工业企业参与制度，联合培养面向生产一线的技术技能人才
《广东省智能制造发展规划（2015－2025年）》	完善人才引进培养政策，培养一批具有国际领先水平的专家和学术带头人，培养和锻炼一批从事智能技术和装备研发的创新团队。建立重大智能制造项目与人才引进联动机制，建立重大项目产业人才的绿色通道。培养和造就大量面向高层次需求的实战型工程技术人才，提升在职人员劳动素质。深化产教融合，鼓励骨干企业与有条件的高等院校开展协同育人，培养大批在相关工程技术领域具有扎实素养的应用型人才。推动职业院校与制造业企业对接合作，提高技术技能人才培养的针对性、有效性。依托产业基地建设产业人才实训基地，开展人才定制培训，培训一批能操作、懂调试、会研究改进智能制造的实干型和应用型人才
《广东省工业企业创新驱动发展工作方案（2016－2018年）》	（1）创新人才培养。深化校企合作，共同建设重点专业，共同建立实训基地，开展订单培养和现代学徒制试点，培养企业急需的技术技能人才和本科应用型人才。深入实施高等教育“创新强校工程”，围绕新一代信息技术、先进装备制造、新材料产业、生物医药产业等重点发展领域，2016～2018年，加快推进7所高水平大学建设和18个重点学科建设项目； （2）强化人才引进机制。大力引进培养创新发展急需紧缺人才，加快海内外高端人才集聚。优化提升“珠江人才计划”，启动实施海外青年人才引进计划、海外专家来粤短期工作资助计划。深入实施“广东省特支计划”，推动更多人才入选“万人计划”。深入推进“扬帆计划”，启动实施“科技专家服务团”、“人才驿站”项目，建立柔性引才机制。到2018年，企业新引进领军人才20人及一批创新团队；工业领域每万名劳动力中研发人员超过45人年，高技能人才占技能劳动者比例达到30%

续表

文件名称	政策要点
《广东省战略性新兴产业发展“十三五”规划》	(1) 优化高层次人才引进政策。落实公安部关于支持广东省创新驱动发展和自由贸易试验区建设的出入境政策。探索开展技术移民制度、海外人才永久居留、出入境便利服务等试点； (2) 加快引进高层次人才。深入实施“珠江人才计划”“海外青年引进计划(博士后资助项目)”等，针对广东省战略性新兴产业重点领域发展需要，加大海外创新科研团队和高层次领军人才的引进力度，“靶向”弥补产业技术短板。鼓励柔性使用海外人才，支持有条件的地市建设海外人才离岸创新创业基地，充分发挥国（境）外人才的作用。支持广东省企业在国（境）外设立研发中心、分支机构、孵化载体，就地吸引和使用人才； (3) 加快培养创新型人才。实施“广东省特支计划”，大力培养一批本土高层次人才。深入推进高水平大学和高水平理工科大学建设，深化高校创新创业教育改革，在学位授权、研究生招生政策、人才和产学研合作平台等方面加大改革力度，加大战略性新兴产业重点领域人才培养力度； (4) 完善人才激励保障机制。深化职称制度改革，有序下放职称评审权限，推动高等学校、科研院所、新型研发机构、国有企业、高新技术企业、大型骨干企业自主评审。鼓励科技人员离岗创业，支持科技人员创业兼职。大力推进“扬帆计划”，扶持粤东西北地区引进培养紧缺拔尖人才。推行人才优粤卡服务，实施人才安居工程，为高层次人才在粤工作生活提供良好配套服务
《广东省加快战略性新兴产业发展实施方案》	强化人才支撑，实施“珠江人才计划”“广东省特支计划”“扬帆计划”等重大人才工程，面向战略性新兴产业特别是六大重点领域的人才需求，重点在科研、创业等方面引进和培养一批创新科研团队和高层次领军人才，“靶向”弥补产业人才短板。各战略性新兴产业集聚区应划拨专项用地用于建设人才周转公寓，并在土地出让配建面积中安排建设一定比例的人才房，通过“购租并举”的方式，保障战略性新兴产业高端人才的住房需求。完善在粤战略性新兴产业高端人才的出入境、医疗、配偶安置、子女入学等方面服务
《广东省深化营商环境综合改革行动方案》	全面实施外国人来华工作许可制度。对外籍高层次人才及家属，经相关主管部门推荐，可直接申请在华永久居留资格。对创新创业团队的外籍成员和企业选聘的外籍技术人才实施永久居留积分评估制
《关于加快推进质量强省建设的实施方案》	推动将质量专业知识纳入全省高等院校理工类、管理学类专业的基础课程，将质量、标准等基础知识培训纳入“广东省技工”工程，培养有专业、懂技术、熟悉质量管理的复合型技能人才。依托高等院校、专业机构、行业龙头企业等设立质量与标准化人才培训与实践基地，培养有技术、熟标准、精通外语的高端国际质量和标准化人才。完善质量专业技术人才评价标准，强化质量管理实践的职称评审导向，支持企业质量管理人员申报质量专业技术职称。围绕战略性产业集群和传统优势产业，遴选培育一批质量标准领军人才
《广东省“珠江人才计划”》	创新创业团队世界一流，资助 8000 万元；国内顶尖、世界先进，资助 3000 万～5000 万元；国内先进，资助 1000 万～2000 万元；领军人才每名资助 600 万元

续表

文件名称	政策要点
《广东省培养高层次人才特殊支持计划》	对科技创新领军人才、科技创业领军人才、科技创新青年拔尖人才入选者分别一次性给予80万元、80万元和50万元生活补贴
《广东省“扬帆计划”》	(1) 竞争性扶持市县重点人才工程项目。省财政分别给予市级项目150万元、A档县级项目80万元、B档县级项目50万元资助； (2) 引进创新创业团队项目。A、B、C三档引进10个创新创业团队，省财政按A、B、C三档分别给予800万元、500万元、300万元资助； (3) 引进紧缺拔尖人才项目。紧缺拔尖人才分A、B两档，省财政分别给予100万元、50万元资助； (4) 培养高层次人才项目。省财政给予每名培养对象20万元科研工作经费； (5) 培养高技能人才项目。对粤东西北地区新培养的高级技师资助1万元生活补贴； (6) 博士后扶持项目。对粤东西北地区在站博士后给予每人每年12万元，资助期不超过2年
《关于加强新时代专业技术人才队伍建设的通知》	(1) 提出加强新时代专业技术人才队伍建设的八项重点任务。加快粤港澳大湾区专业技术人才协同发展，促进湾区人才要素自由流动；推进专业技术人才服务乡村振兴发展，做好广东省艰苦边远地区和基层一线专业技术人才培养发展；加快集聚“高精尖缺”和高层次青年专业技术人才，吸引全球高层次专业技术人才来粤干事创业；全面提升专业技术人才能力素质；突出发挥专业技术人才职称导向作用，引导专业技术人员服务国家和省重大战略发展；促进专业技术人才顺畅有序流动，优化专业技术人才配置，释放体制内专业技术人才“红利”；创新专业技术人才激励机制，激发专业技术人才创新创业活力；强化专业技术人才服务保障； (2) 落实珠三角6市对口帮扶粤东西北12市的制度安排，建立专业技术人才对口帮扶机制。到2022年，选拔培养100名国家级人才项目后备人才、1000名省级人才项目后备人才、10000名地级以上市人才项目后备人才
《广东省经营性领域技术入股改革实施方案》	高等院校和科研院所以科技成果作价入股的企业，应从该科技成果技术入股股权或收益中提取不低于50%的比例，分配给高等院校或科研院所的科研负责人、骨干技术人员等重要贡献人员。科技人员所获科技成果技术入股奖励股权权属授予个人所有

资料来源：作者根据相关资料整理得出。

二、金融支持政策

战略性新兴产业的成长与发展都会受到经济金融环境和金融支持政策的影响。广东省战略性新兴产业正处于培育阶段，对资金的需求除了自身的积累和政府财政手段的扶持外，绝大部分依靠金融市场解决。一直以来，广东省对战略性新兴产业融资提供了较多的政策支持，如《关于贯彻落实国务院部署加快培育和发展战略性新兴产业的意见》明确，支持符合条件的企业在中小企业板、创业板上市融资或发行企业债券、公司债券、短期融资融券和中期票据，支持中小企业发行集合债券、集合票据；引导金融机构建立适应战略性新兴产业发展特点的信贷管理、信用评级和贷款评审制度，推进知识产权质押融资、产业链融资等金融产品创新；省财政安排的10亿元战略性新兴产业再担保资金，分年注资省级再担保机构，为战略性新兴产业企业提供再担保服务。《广东省战略性新兴产业基地发展指导意见》明确，支持金融机构在产业基地实施金融创新试点，建立和健全中小高技术企业投融资担保体系；鼓励银行开展知识产权融资业务和绿色金融产品创新，向产业基地企业提供知识产权质押贷款业务服务与排污权抵押贷款、清洁发展机制项目融资、合同能源融资、绿色消费信贷等绿色金融产品。《广东省战略性新兴产业发展“十三五”规划》指出，拓宽新兴产业直接融资渠道，支持符合条件的企业发行战略性新兴产业专项债券、双创孵化债券等创新品种融资；鼓励金融机构开发针对新兴产业企业的集合债券、集合票据等信贷产品；鼓励符合条件的银行业金融机构在依法合规、风险可控的前提下，探索开展投贷联动试点，与创业投资、股权投资机构实现投贷联动，加大对新兴产业领域创新型企业的金融支持。《广东省加快战略性新兴产业发展实施方案》则指出，支持战略性新兴产业企业利用发行专项债券等方式在多层次资本市场融资，用于优化债务结构以及战略性新兴产业领域兼并重组、购买知识产权等；加强政银企合作，建立战略性新兴产业项目常态化推介机制，每年向金融机构推荐优质战略性新兴产业项目100项以上；支持商业银行探索开展知识产权质押贷款等非抵押类创新模式贷款，支持保险机构探索发展知识产权保险。

广东省金融支持战略性新兴产业发展的政策特点如下：

第一，出台系列政策措施，强化顶层设计。2012年9月出台的《中共广东省委广东省人民政府关于全面推进金融强省建设若干问题的决定》，明确提出大力发展国际金融、科技金融、产业金融、农村金融、民生金融，进一步提高金融产业在现代产业体系中支柱产业的地位，到2015年，金融产业增加值占GDP和第三产业增加值比重，分别达到8%和15%以上，新建2个具有全国影响力的金融市场交易平台，直接融资比例提高到30%以上，建立地方金融管理体制，形成全国领先的金融政策、法治和信用环境。到2020年，主要金融发展指标达到中等发达国家水平，建成粤港澳紧密联系、集聚辐射力较强的国际化金融中心区域。

第二，开展试点示范，创新体制机制。2011 年，广州、佛山、东莞、深圳成为首批国家科技和金融结合试点，省科技、金融、人民银行、银监、证监、保监等部门和四市试点工作领导小组以省市联动方式，积极推进科技和金融结合国家试点工作。佛山市以广东金融高新技术服务区和佛山高新区为依托，成立一支 30 亿元的金融、科技、产业融合创新基金，创建“科技街”“民间金融街”“文旅街”三个创新集聚区，建设“企业信用平台”、“金融、科技、产业融合服务平台”、“创新创业投资退出平台”三个服务平台，高标准、高起点建设金融、科技、产业融合创新综合试验区。在科技银行试点方面，成立了中行番禺科技支行和东莞银行松山湖科技支行等面向科技型企业的新兴科技金融机构，实行独立的客户评级和准入机制、独立的拨备制度、独立的信贷审批机制、独立的风险管理措施。省科技厅与招商银行、光大银行、兴业银行、中国银行、中国出口信用保险公司等建立全面合作关系，支持科技型企业的信贷融资。知识产权质押融资试点方面，引入信用保险等机制，分别形成了财政资金补贴知识产权评估费、银行利息的“佛山南海模式”和财政资金参与知识产权质押贷款担保风险补偿的“深圳模式”。

第三，打造公共服务平台，丰富服务内容和方式。广东省生产力促进中心成立了“广东省科技型中小企业投融资服务中心”，搭建了项目研发资助平台、风险投资对接平台、企业上市辅导平台、贷款融资服务平台等科技金融公共服务平台，组建了广东省产权交易集团，建成了广州、前海和广东金融高新区三个区域股权交易中心。

第四，银行业和证券业大力支持战略性新兴产业科技成果转化。广东省科技厅和中国人民银行创立合作体系，对科技型企业的信用等级进行评级工作。广东省科技厅与中国建设银行共同进行科技金融先行实验工作，与广州、汕头、佛山、东莞、和清远先行城市共同创立了应对中小微型科技企业以“科技流”“技能流”为重点的创新科技资金评估体系。为了提高社会资金的配置效率，广东省政府将科技进步、鼓励创业等基金共 71 亿元，以资本金的形式投入广东省粤科金融集团，由该集团以建立分级投资、直接投资等手段提供并鼓励社会资本联合建立新的投资基金，主要投向地区科技生产改进、高新科研成果转化为产品、产业科技更新等创新创业核心范畴。截至 2018 年底，广东省粤科金融集团在广东省科技开发区创建了 7 个子公司及信贷分支部门，建立了 5 个科技成果转化的发展支持组织，把广东省的 7 个城市作为科技金融的先行实验区域，一共设立科技转化工程 4195 个、投入金额 62.89 亿元，吸引各种社会资本对科技金融的投入不低于 200 亿元（牛静敏等，2021）（见表 7－2）。

表7-2　　主要文件中关于金融支持政策的表述

文件名称	政策要点
《关于加快经济发展方式转变的若干意见》	(1) 加大金融对科技创新的支持力度。启动科技金融试点市工作，构建科技资本市场服务体系，加快建立广州、深圳两地技术产权交易中心； (2) 深化财政和投融资体制等改革。完善和规范财政转移支付制度，扩大专项资金竞争性分配制度改革。制定省政府投资项目管理办法，实施并联审批。打造省属金融控股公司。支持广州、东莞、佛山南海开展国家知识产权质押融资试点工作。深化农村信用社改革，全面推进村镇银行、小额贷款公司试点工作； (3) 积极支持探索知识产权质押融资机制，规范和细化知识产权质押融资政策； (4) 鼓励各地成立中小企业融资担保基金和政策性担保机构
《2011年促进战略性新兴产业加快发展行动方案》	加大金融对工业经济的支持力度，大力拓宽重点项目融资渠道
《关于贯彻落实国务院部署加快培育和发展战略性新兴产业的意见》	支持符合条件的企业在中小企业板、创业板上市融资或发行企业债券、公司债券、短期融资融券和中期票据，支持中小企业发行集合债券、集合票据。引导金融机构建立适应战略性新兴产业发展特点的信贷管理、信用评级和贷款评审制度，推进知识产权质押融资、产业链融资等金融产品创新。省财政安排的10亿元战略性新兴产业再担保资金，分年注资省级再担保机构，为战略性新兴产业企业提供再担保服务
《关于全面推进金融强省建设若干问题的决定》	大力发展国际金融、科技金融、产业金融、农村金融、民生金融，进一步提高金融产业在现代产业体系中支柱产业的地位。到2015年，金融产业增加值占GDP和第三产业增加值比重，分别达到8%和15%以上。金融服务实体经济能力显著增强，能适应社会融资规模增长与产业转型升级的需求。新建2个具有全国影响力的金融市场交易平台，直接融资比例提高到30%以上；金融服务社会民生的能力显著增强，保险深度和密度分别达到4%和3000元，社会建设、民生保障、中小微型企业、农村和欠发达地区的金融服务质量全面提升；金融改革创新实验区建设取得重要突破，粤港澳金融合作更加紧密，建立地方金融管理体制，形成全国领先的金融政策、法治和信用环境。到2020年，主要金融发展指标达到中等发达国家水平，建成粤港澳紧密联系、集聚辐射力较强的国际化金融中心区域
《广东省战略性新兴产业发展“十二五”规划》	(1) 省财政设立省战略性新兴产业创业风险投资资金，支持省粤科风险投资集团做大做强； (2) 设立省战略性新兴产业创业投资引导基金，引导和支持社会资金进入创业投资领域； (3) 鼓励发展天使投资、创业投资，支持产业投资基金、创业投资基金发展壮大； (4) 支持符合条件的企业在中小企业板、创业板上市融资或发行企业债券、公司债券、短期融资融券和中期票据，支持中小企业发行集合债券、集合票据； (5) 引导金融机构建立适应战略性新兴产业发展特点的信贷管理、信用评级和贷款评审制度，推进知识产权质押融资、产业链融资等金融产品创新； (6) 加强南方联合产权交易中心和华南技术产权交易市场建设，稳步推进区域性中小企业产权交易市场试点

续表

文件名称	政策要点
《广东省战略性新兴产业基地发展指导意见》	(1) 完善政银企合作机制，积极向金融机构推荐产业基地重点项目； (2) 支持金融机构在产业基地实施金融创新试点，建立和健全中小高技术企业投融资担保体系； (3) 鼓励银行开展知识产权融资业务和绿色金融产品创新，向产业基地企业提供知识产权质押贷款业务服务与排污权抵押贷款、清洁发展机制项目融资、合同能源融资、绿色消费信贷等绿色金融产品； (4) 优先支持产业基地内符合条件的企业在国内主板、中小企业板和创业板上市融资，支持产业基地内符合条件的企业发行企业债券，开展产业基地内企业进入证券公司代办系统进行股份转让试点工作； (5) 省战略性新兴产业创业投资引导基金重点扶持符合条件的产业基地建立战略性新兴产业创业投资基金，推荐产业基地内重点企业参与设立国家新兴产业创业投资基金，鼓励引进国内外知名创投机构，引导支持设立行业性创业投资基金
《广东省人民政府关于支持中小微企业融资的若干意见》	建立省中小微企业信用信息和融资对接平台、设立省中小微企业发展基金、完善中小微企业信贷风险补偿机制、强化银行机构对中小微企业的融资服务、开展中小微企业转贷方式创新试点、积极稳妥发展小额贷款、支持中小微企业利用多层次资本市场融资、依托互联网金融扩大中小微企业直接融资、依托互联网金融扩大中小微企业直接融资、支持开展中小微企业设备更新融资租赁、加大对中小微企业票据贴现支持力度、激活中小微企业抵质押物、建立中小微企业投融资纠纷快速调解机制
《广东省工业转型升级攻坚战三年行动计划(2015－2017年)》	(1) 鼓励省内银行业及金融机构调整信贷结构，创新金融产品和服务，提高审批效率，以风险可控、商业可持续为前提，对工业企业技术改造、先进装备制造业和智能制造等领域重大项目优先给予信贷支持，并在贷款额度、贷款期限及贷款利率等方面予以倾斜； (2) 鼓励金融资本、风投资金及民间资本集中投向工业转型升级的重点领域； (3) 制定出台专项政策着力破解小微企业融资难。积极争取国家政策性银行、商业银行等金融机构的贷款支持
《广东省智能制造发展规划(2015－2025年)》	(1) 加大信贷支持力度，引导银行业金融机构对技术先进、优势明显、带动和支撑作用强的智能制造项目优先给予信贷支持； (2) 支持金融和投资类企业、信用和融资担保企业、小额贷款机构等创新融资方式，为智能装备企业和制造业智能化改造拓宽融资渠道； (3) 鼓励发展天使投资、创业投资，支持产业投资基金、创业投资基金发展壮大； (4) 支持符合条件的企业在中小企业板、创业板上市融资或发行企业债券、公司债券、短期融资融券和中期票据，支持中小企业发行集合债券、集合票据； (5) 探索装备租赁和融资租赁模式，鼓励探索开展智能装备租赁和融资租赁业务，建立装备租赁和融资租赁担保机制，发挥金融杠杆作用； (6) 探索建立由项目业主、智能装备制造企业和保险公司风险共担、利益共享的产品保险机制

续表

文件名称	政策要点
《广东省工业企业创新驱动发展工作方案(2016-2018年)》	(1) 大力发展产业链金融业务，充分发挥创业板对创新型企业融资的平台作用，鼓励支持创新型、创业型、成长型中小微企业利用"新三板"融入资本市场； (2) 大力引导和推动区域性股权市场发展，促进科技初创企业融资，推动建立区域性股权市场与全国中小企业股权转让系统的合作对接机制； (3) 开展互联网股权众筹融资试点，完善创业投资、天使投资退出和流转机制。鼓励银行业金融机构新设或改造部分支（分）行提供科技融资担保、知识产权质押、股权质押等方式的金融服务，重点面向工业企业开展设备融资租赁服务； (4) 支持保险机构开展科技保险产品创新，支持保险机构开展首台（套）重大技术装备保险、省内自主品牌机器人保险等自主研发高科技装备保险业务； (5) 完善自主知识产权运营交易机制，大力发展知识产权金融
《广东省战略性新兴产业发展"十三五"规划》	(1) 拓宽新兴产业直接融资渠道。积极发展创业投资、推进创业板改革创新，充分发挥创业板对战略性新兴产业企业融资的重要平台作用。推动建立区域性股权交易市场与全国中小企业股份转让系统的转板机制。支持符合条件的企业发行战略性新兴产业专项债券、双创孵化债券等创新品种融资。引导金融机构加大对战略性新兴产业融资支持力度； (2) 加强金融产品和服务创新。鼓励金融机构开发针对新兴产业企业的集合债券、集合票据等信贷产品。在珠三角地区全面开展全国专利保险试点，常态化开展专利执行保险、侵犯专利权责任保险，探索知识产权综合责任保险、知识产权海外侵权责任保险、发明专利授权保险和专利代理人执业保险等专利保险新险种。开展科技、金融、产业融合创新发展试验，鼓励金融机构创新产品和服务，支持设立科技支行、科技小额贷款公司等金融机构或组织。探索开展投贷联动试点，与创业投资、股权投资机构实现投贷联动，加大对新兴产业领域创新型企业的金融支持
《广东省加快战略性新兴产业发展实施方案》	(1) 支持产业联盟发行集合债券。支持骨干龙头企业开展产业链金融服务，省相关贴息政策给予同等支持； (2) 采用省市政府共建、PPP等方式支持基地公共服务平台建设，鼓励金融机构为基地建设制定系统性融资规划，合理提高综合授信额度； (3) 加大产融合作支持力度。省财政出资的各类创新创业投资基金要加大对战略性新兴产业的支持力度，完善运作机制，重点投向种子期和初创期的战略性新兴产业企业。支持战略性新兴产业企业利用发行专项债券等方式在多层次资本市场融资，用于优化债务结构以及战略性新兴产业领域兼并重组、购买知识产权等。加强政银企合作，建立战略性新兴产业项目常态化推介机制，每年向金融机构推荐优质战略性新兴产业项目100项以上。支持商业银行探索开展知识产权质押贷款等非抵押类创新模式贷款，支持保险机构探索发展知识产权保险
《关于加快推进质量强省建设的实施方案》	鼓励金融机构将企业质量水平、标准水平、品牌价值等纳入企业融资授信重要依据，引导带动更多社会资本支持企业质量提升

续表

文件名称	政策要点
《广东省推进新型基础设施建设三年实施方案（2020－2022年）》	灵活运用财政资金、专项债、基金、企业债券、信贷、融资租赁等财政和金融工具，充分发挥市场主体作用，引导各类资金加大新型基础设施建设支持力度。推动银行金融机构实施新型基础设施信贷支持专项计划，加大对新型基础设施项目及产业链配套企业支持力度。建立新型基础设施项目主体及投资机构发行企业债、公司债注册绿色通道，拓宽低成本资金来源。用足用好地方政府专项债，支持符合条件的项目争取利用专项债券作为项目资本金。协调金融机构加大对专项债券安排项目配套融资支持力度
《培育发展战略性支柱产业集群和战略性新兴产业集群的意见》	全面增强要素保障能力。省财政结合财力统筹安排资金支持产业集群建设。切实提升金融服务集群建设能力，拓宽产业融资渠道，支持集群中符合条件的重点企业境内外上市、挂牌，多渠道扩大直接融资，大力发展龙头企业带动上下游中小企业的供应链金融

资料来源：作者根据相关资料整理得出。

三、财政投入政策

《关于加快经济发展方式转变的若干意见》《广东省战略性新兴产业发展专项资金管理办法（试行）》提出，“十二五”期间，省财政每年新增安排20亿元，共100亿元，重点支持引导发展战略性新兴产业。《广东省战略性新兴产业发展“十二五”规划》明确，“十二五”期间，省财政集中投入220亿元支持战略性新兴产业发展，其中安排部分资金设立战略性新兴产业发展专项资金，重点用于支持高端新型电子信息、新能源汽车、半导体照明三大产业；安排战略性新兴产业核心技术攻关专项资金30亿元；安排战略性新兴产业政银企合作资金50亿元；安排高层次人才成果奖励资金5亿元；安排创业风险投资资金10亿元；在省政府设立的创业投资引导资金中安排20亿元作为战略性新兴产业创业投资引导资金；安排战略性新兴产业再担保资金10亿元。可以看出，“十二五”期间广东省财政对战略性新兴产业的发展给予了极大的支持。随着各级财政对科研投入支持力度不断加大，为化解财政科研项目资金使用过程中的一些“痛点”，推动广东《关于进一步完善省级财政科研项目资金管理等政策的实施意见（试行）》落地见效，广东省财政厅于2018年3月出台《关于省级财政科研项目资金拨付管理的暂行规定》和《广东省财政厅关于省级财政社会科学研究项目资金的管理办法》两项政策文件，从建立科研项目资金拨付绿色通道以及完善社科项目资金管理等方面给出了具体的操作规范和指引，支持创新驱动发展。2018年4

月，由广东省财政出资71亿元设立的广东省创新创业基金完成工商注册，截至2018年7月，全省已设立了19只科技风险补偿基金，资金池达6.49亿元①。

广东省财政投入支持战略性新兴产业发展的政策具有以下特点：

第一，支持力度不断加大。“十二五”期间，省财政集中投入220亿元支持战略性新兴产业发展，《广东省工业转型升级攻坚战三年行动计划（2015—2017年）》明确，2015~2017年，省财政统筹安排516亿元，集中支持工业转型升级，其中技术改造资金168亿元、珠江西岸先进装备制造业发展250亿元、集成电路产业发展基金30亿元等都与战略性新兴产业有关。《广东省加快战略性新兴产业发展实施方案》明确，2018~2020年省财政已设立的用于创新和产业发展的各类财政专项资金，以不低于50%的比例支持战略性新兴产业发展，确保财政专项资金向战略性新兴产业创新和发展倾斜。具体到细分产业，以新能源汽车为例。广东省“2017年、2018年度省级新能源汽车推广应用专项资金计划”中分别安排8739万元、1.07亿元专项资金，用于大力推进新能源汽车在出租车、环卫、城市物流等方面的应用。

第二，财政资金投入与其他财政手段配合使用。财政资金在战略性新兴产业发展过程中主要发挥资金杠杆作用，通过基金、股权投资、贴息等方式，激活现有各类财政专项资金的带动作用，撬动更多社会资本投入战略性新兴产业。如《关于加快经济发展方式转变的若干意见》明确，要创新财政资金投入机制，通过竞争性安排，采取贷款贴息、以奖代补等方式，充分发挥财政投入“四两拨千斤”的杠杆作用和乘数效应，引导金融及其他社会资金投入，力争以百亿财政资金引导，拉动千亿以上社会资金投入至战略性新兴产业。

第三，财政资金投入方式从事前补助为主转为后补助为主。事前补贴容易导致“寻租”“骗补”等，不能对企业创新起到激励作用，近年来财政资金对战略性新兴产业的支持主要以事后补助为主，如《广东省加快战略性新兴产业发展实施方案》明确，对属于六大重点领域的国家高新技术企业，以其上一年研发投入为基数，按照10%的比例给予财政后补助支持；对于具有自主知识产权且国内首创（或可实现国际同类产品进口替代）的重大技术装备，按首次采购额20%的比例对装备购置应用方给予补贴；符合条件投保首台（套）重大技术装备综合险的装备研制生产单位，按照3%的实际投保费率上限及实际投保年度保费的80%给予事后奖补（见表7-3）。

① 陈伟峰：《从创新大省迈向创新强省 广东已形成超千亿新兴产业集群》，南方网，2020年12月17日。

表 7-3　　主要文件中关于财政投入政策的表述

文件名称	政策要点
《关于加快经济发展方式转变的若干意见》	(1) 统筹安排省级财政性专项资金，加大对经济发展方式转变的支持力度，重点支持现代产业500强项目； (2) “十二五”期间，省财政每年新增安排20亿元，共100亿元，重点支持引导发展战略性新兴产业； (3) 省财政安排产业转移奖励资金25亿元，进一步推进产业转移园区建设。对符合省级产业转移园区产业发展规划和集约用地条件的入园工业项目，允许按不低于所在地土地等级相对应工业用地出让最低标准的70%确定土地出让底价
《广东省战略性新兴产业发展专项资金管理办法（试行）》	“十二五”期间省财政原则上每年安排20亿元，五年投入100亿元，集中支持战略性新兴产业发展
《广东省战略性新兴产业发展“十二五”规划》	“十二五”期间，省财政集中投入220亿元支持战略性新兴产业发展，采取贷款贴息、担保贴息、无偿补助、以奖代补、股权投资、债权投资等多种支持方式，加强财政资金与金融资本结合，对技术研发、产业化、平台建设、重大项目、知识产权、产业集群、市场培育等环节进行全面支持。鼓励有条件的地级以上市设立相应的财政专项资金
《关于贯彻落实国务院部署加快培育和发展战略性新兴产业的意见》	(1) “十二五”期间，省财政集中投入220亿元支持战略性新兴产业发展，其中，安排战略性新兴产业核心技术攻关专项资金30亿元；安排战略性新兴产业政银企合作资金50亿元；安排高层次人才成果奖励资金5亿元；安排创业风险投资资金10亿元；在省政府设立的创业投资引导资金中安排20亿元作为战略性新兴产业创业投资引导资金；安排战略性新兴产业再担保资金10亿元； (2) 优先安排战略性新兴产业100强项目用地，属省立项的战略性新兴产业100强项目用地，由省按照轻重缓急、逐年解决的原则统筹安排；对符合省优先发展目录和集约用地条件的战略性新兴产业工业项目，允许按不低于所在地土地等级相对应工业用地出让最低标准的70%确定土地出让底价
《广东省战略性新兴产业基地发展指导意见》	(1) 省战略性新兴产业发展、重大科技专项、技术改造、现代信息服务等有关财政专项资金对于产业基地内符合条件的项目予以重点扶持，加大力度支持基地相关基础设施、公共服务平台、重大产业发展和技术攻关项目建设； (2) 积极支持符合条件的产业基地申报国家级战略性新兴产业示范基地并争取国家相关财政专项资金扶持； (3) 鼓励产业基地所在地政府根据地方财力和实际情况，研究设立专项资金对产业基地的建设和发展给予支持
《广东省人民政府关于支持中小微企业融资的若干意见》	加大对中小微企业投融资的财政资金支持。2015～2017年，省财政统筹安排专项资金66亿元，主要运用于设立中小微企业发展基金，开展股权投资，安排支持小额贷款、担保、风险补偿等专项资金，并综合运用业务补助、增量业务奖励、贴息、代偿补贴、创新奖励等方式，发挥财政资金的杠杆效应

续表

文件名称	政策要点
《广东省工业转型升级攻坚战三年行动计划（2015－2017年）》	2015～2017年，省财政统筹安排516亿元，集中支持工业转型升级。一是安排技术改造资金168亿元，其中企业技术改造专项资金75亿元、事后奖补资金93亿元，支持工业企业实施新一轮技术改造。二是安排财政资金143亿元、减免税费及事后奖补等107亿元，合计约250亿元，支持珠江西岸先进装备制造业发展。三是安排设立集成电路产业发展基金30亿元，支持集成电路重大项目建设。四是安排产业园区扩能增效专项资金约68亿元，支持省产业园基础设施建设、产业集聚发展、招商选资、企业创新，促进产业园区增效提质
《广东省工业企业创新驱动发展工作方案（2016－2018年）》	（1）运用财政后补助、股权投资等方式鼓励企业参与重大创新项目建设； （2）运用珠江西岸先进装备制造业基金和集成电路基金，加大对工业领域特别是先进装备制造业和高端新型电子信息产业发展的支持力度
《广东省战略性新兴产业发展“十三五”规划》	加大对战略性新兴产业种子期、初创期和早中期创新型企业的支持力度
《广东省加快战略性新兴产业发展实施方案》	（1）深入实施高新技术企业培育计划，建立培育后备库和数据库，完善高新技术企业培育的奖补政策，对纳入省高新技术企业培育库、未认定为国家高新技术企业的六大重点领域的企业，省市财政给予补助； （2）推行普惠性的财政支持政策。引导战略性新兴产业企业普遍建立研发准备金制度，制定发布企业研发准备金制度参考模板。发挥现有企业研发后补助政策的引导作用，对属于六大重点领域的国家高新技术企业，以其上一年研发投入为基数，按照10%的比例给予财政后补助支持； （3）2018～2020年，省财政已设立的用于创新和产业发展的各类财政专项资金，以不低于50%的比例支持战略性新兴产业发展； （4）大力推进首台（套）重大技术装备推广示范应用政策，建立健全首台（套）重大技术装备保险补偿机制，对于具有自主知识产权且国内首创（或可实现国际同类产品进口替代）的重大技术装备，按首次采购额20%的比例对装备购置应用方给予补贴；符合条件投保首台（套）重大技术装备综合险的装备研制生产单位，按照3%的实际投保费率上限及实际投保年度保费的80%给予事后奖补
《关于培育发展战略性支柱产业集群和战略性新兴产业集群的意见》	充分发挥省产业发展、创新、农业等政策性基金作用，省财政结合财力统筹安排资金支持产业集群建设
《关于加快推进质量强省建设的实施方案》	省级设立5亿元的广东省质量提升发展基金，主要用于支持提高制造技术及工艺水平、提升产品质量、研究推广先进质量管理方法、建设应用现代质量管理体系等质量创新和质量提升行为

资料来源：作者根据相关资料整理得出。

四、税收优惠政策

税收政策作为一种可以优化市场资源配置的重要手段，能够直接影响市场经济活动的各个环节，是国家宏观调控的重要工具。合理的税收政策对其产业发展有很好的促进作用。广东针对战略性新兴产业的税收政策主要以落实各项与该产业有关的税收优惠政策为主，包括税收抵扣、加速折旧、税收减免等。如《关于加快经济发展方式转变的若干意见》提出，落实增值税转型改革政策，允许一般纳税人企业抵扣其购进或自制固定资产所含的进项税款，落实技术改造项目进口设备免税和重大技术装备进口免税等。2014 年，《财政部国家税务总局工业和信息化部关于免征新能源汽车车辆购置税的公告》公布了《免征车辆购置税的新能源汽车车型目录》，明确通过审查的新能源汽车企业免增车辆购置税。2019 年，《广东省财政厅国家税务总局广东省税务局关于贯彻落实粤港澳大湾区个人所得税优惠政策的通知》明确，对在大湾区工作的境外高端人才和紧缺人才，其在珠三角九市缴纳的个人所得税已缴税额超过其按应纳税所得额的 15% 计算的税额部分，由珠三角九市人民政府给予财政补贴，该补贴免征个人所得税（见表 7 -4）。

表 7 -4　　主要文件中关于税收优惠政策的表述

文件名称	政策要点
《关于加快经济发展方式转变的若干意见》	(1) 全落实企业研发费用税前加计扣除政策，落实高新技术企业减按 15% 税率征收企业所得税； (2) 落实增值税转型改革政策，允许一般纳税人企业抵扣其购进或自制固定资产所含的进项税款； (3) 落实技术改造项目进口设备免税和重大技术装备进口免税等政策； (4) 落实支持基础设施建设税收政策，对企业从事符合国家规定条件的国家重点扶持的公共基础设施项目的投资经营所得，自项目取得第一笔生产经营收入所属纳税年度起，实行企业所得税“三免三减半”政策； (5) 对企业环境保护、节能节水项目所得，实行企业所得税“三免三减半”政策；对企业购置环境保护、节能节水等专用设备的投资额，实行税额抵免的企业所得税政策； (6) 符合国家产业政策要求或属于地级以上市人民政府扶持产业的纳税人，纳税确有困难的，可申请减征或免征房产税、城镇土地使用税
《关于贯彻落实国务院部署加快培育和发展战略性新兴产业的意见》	落实国家税收优惠政策。全面落实企业研发费用税前加计扣除、高新技术企业所得税优惠、进口设备减免税以及国家其他促进战略性新兴产业发展的税收优惠政策

续表

文件名称	政策要点
《广东省战略性新兴产业发展“十二五”规划》	全面落实企业研发费用税前加计扣除、高新技术企业所得税优惠、进口设备减免税、软件与集成电路产业增值税减免等国家促进战略性新兴产业发展的税收优惠政策
《广东省战略性新兴产业基地发展指导意见》	(1) 积极落实高新技术企业所得税减免、国家鼓励发展领域进口设备减免税等税收优惠政策; (2) 落实国务院和省关于促进中小微型企业发展的财税政策; (3) 深入落实企业研发费用税前加计扣除政策,并积极争取国家在条件较好的产业基地试点扩大加计扣除范围; (4) 将符合条件的产业基地公共技术服务平台纳入科技开发用品进口税收优惠政策范围; (5) 参照海关对飞机、船舶等特殊行业的保税监管理念,探索新型保税加工监管模式,支持发展高端装备制造等战略性新兴产业; (6) 对于产业基地引进的高层次创新人才,制定实施个人所得税返还政策
《广东省工业转型升级攻坚战三年行动计划(2015-2017年)》	安排财政资金143亿元、减免税费及事后奖补等107亿元,合计约250亿元,支持珠江西岸先进装备制造业发展
《广东省智能制造发展规划(2015-2025年)》	落实税收优惠政策,全面落实高新技术企业所得税优惠、进口设备减免税、软件与集成电路产业增值税减免、企业研发费用税前扣除等税收优惠政策
《广东省工业企业创新驱动发展工作方案(2016-2018年)》	大力落实高新技术企业税收减免政策,提升企业开展研发活动的积极性
《广东省战略性新兴产业发展“十三五”规划》	加大普惠性财税政策支持力度,积极争取国家加大对广东省在研发费用加计扣除税收优惠等方面的支持力度,引导企业加大研发投入
《广东省加快战略性新兴产业发展实施方案》	落实国家高新技术企业减免税优惠政策,做好政策宣传辅导,依托全省高新技术企业数据库,逐步建立高新技术企业减免税落实台账,确保企业足额享受优惠
《广东省深化营商环境综合改革行动方案》	(1) 持续推进办税便利化改革,简化纳税人办税流程,压减纳税人涉税资料四分之一以上。对房地产税(从价计征)、城镇土地使用税实行一年申报一次,对商事制度改革后新办企业货物和劳务税及附加推行首次有税申报。对跨省经营企业部分事项试行“全国通办”,优化大企业纳税服务机制。推行实名办税,建设标准化办税服务大厅,推广增值税电子普通发票,出台纳税人“全程网上办”和“最多跑一次”清单,提升办税便利化水平; (2) 优化进出口税费管理。取消出口退(免)税预申报,继续完善出口退(免)税无纸化管理,进一步下放外贸企业出口退(免)税核准权限,完善出口企业分类管理,及时准确办理退税。严格落实国家降低汽车等产品进口关税政策

续表

文件名称	政策要点
《关于加快推进质量强省建设的实施方案》	推动将企业质量创新和质量基础设施支出纳入研发经费支出范围，依法享受加计扣除税收优惠和创新券等其他扶持政策，支持企业加大质量投入
《关于深入推进企业研发费用税前加计扣除政策落实的若干措施》	(1) 建立研发费用税前加计扣除政策落实联合工作机制，将研发费用税前加计扣除额纳入全省创新驱动发展重点工作评价监测指标体系； (2) 在全面执行国家研发费用税前加计扣除政策基础上，鼓励有条件的地级以上市对评价入库的科技型中小企业增按25%研发费用税前加计扣除标准给予奖补，激励企业加强科技创新活动； (3) 分领域、分行业编制《企业研发费税收政策指引》、建立研发费用加计扣除台账跟踪机制、积极推动委托研发技术合同认定登记、完善异议项目协同处理流程
《广东“税务十条”》	着力支持科研攻关，大力服务相关企业加快科研攻关，辅导其落实好高新技术企业所得税优惠税率、研发费用加计扣除政策，及时、足额、优先为符合条件的生产相关药品、试剂、疫苗研发机构办理采购国产设备退税
《关于贯彻落实粤港澳大湾区个人所得税优惠政策的通知》	对在大湾区工作的境外高端人才和紧缺人才，其在珠三角九市缴纳的个人所得税已缴税额超过其按应纳税所得额的15%计算的税额部分，由珠三角九市人民政府给予财政补贴，该补贴免征个人所得
《关于我省实施小微企业普惠性税收减免政策的通知》	(1) 对增值税小规模纳税人减按50%征收资源税、城市维护建设税、房产税、城镇土地使用税、印花税（不含证券交易印花税）、耕地占用税和教育费附加、地方教育附加； (2) 增值税小规模纳税人已依法享受资源税、城市维护建设税、房产税、城镇土地使用税、印花税、耕地占用税和教育费附加、地方教育附加其他优惠政策的，可叠加享受本通知第一条规定的优惠政策
《关于创业投资企业和天使投资个人有关税收试点政策的通知》（财税〔2017〕38号）	公司制创业投资企业采取股权投资方式直接投资于种子期、初创期科技型企业满2年的，可以按照投资额的70%在股权持有满2年的当年抵扣该公司制创业投资企业的应纳税所得额
《关于贯彻落实纳税缴费便利化改革优化税收营商环境若干措施的通知》	(1) 落实落细减税降费政策，持续落实减免小规模纳税人增值税、阶段性减征免征企业社保费等优惠政策； (2) 提高增值税留抵退税政策落实效率。加强广东省增值税留抵退税全流程监控信息系统建设，提高退税效率。建立和畅通电子化和无纸化退税渠道，确保符合条件的纳税人及时获得退税款
《广东省部分企业所得税优惠事项管理目录（2017年版）》	(1) 民族自治地方的自治机关对本民族自治地方的企业应缴纳的企业所得税中属于地方分享的部分减征或免征； (2) 对设在广东省横琴新区、福建平潭综合实验区和深圳前海深港现代服务业合作区的鼓励类产业企业减按15%的税率征收企业所得税

续表

文件名称	政策要点
《关于提高研究开发费用税前加计扣除比例的通知（财税〔2018〕99号）》	企业开展研发活动中实际发生的研发费用，未形成无形资产计入当期损益的，在按规定据实扣除的基础上，在2018年1月1日至2020年12月31日期间，再按照实际发生额的75%在税前加计扣除；形成无形资产的，在上述期间按照无形资产成本的175%在税前摊销
《关于进一步完善研发费用税前加计扣除政策的公告》	制造业企业开展研发活动中实际发生的研发费用，未形成无形资产计入当期损益的，在按规定据实扣除的基础上，自2021年1月1日起，再按照实际发生额的100%在税前加计扣除；形成无形资产的，自2021年1月1日起，按照无形资产成本的200%在税前摊销

资料来源：作者根据相关资料整理得出。

支持战略性新兴产业发展的税收优惠政策特点如下：

第一，主要以落实国家税收优惠政策为主，如《关于贯彻落实国务院部署加快培育和发展战略性新兴产业的意见》明确，落实国家税收优惠政策，全面落实企业研发费用税前加计扣除、高新技术企业所得税优惠、进口设备减免税以及国家其他促进战略性新兴产业发展的税收优惠政策。同时积极争取国家加大对广东的税收优惠力度，如《广东省战略性新兴产业发展“十三五”规划》提出，积极争取国家加大对广东在研发费用加计扣除税收优惠等方面的支持力度，引导企业加大研发投入。

第二，从税收优惠来看，有直接税收优惠（优惠税率、税费退还）和间接税收优惠（加速折旧、延长亏损结转期限和研发费用加计扣除等）。近些年，税收政策对企业研发费用税前加计扣除关注较多，如《广东省战略性新兴产业发展“十二五”规划》《广东省战略性新兴产业基地发展指导意见》《广东省战略性新兴产业发展“十三五”规划》《关于加快推进质量强省建设的实施方案》中都涉及研发费用税前加计扣除，2019年国家加强了对高新技术产业的税收优惠力度，取消企业委托境外研发费用不得加计扣除的限制，将企业研发费用加计扣除比例提高到75%的政策适用范围由科技型中小企业扩大至所有企业，将高新技术企业和科技型中小企业的亏损结转年限由5年延长至10年。自2019年元旦起，连续两年对于各研发机构的国产设备采购全额退还增值税。2019年5月，税务总局《关于集成电路设计和软件产业企业所得税政策的公告》规定，“在2018年12月31日前自获利年度起计算优惠期，第一年至第二年免征企业所得税，第三年至第五年按照25%的法定税率减半征收企业所得税，并享受至期满为止。2021年1月广东省科技厅、广东省财政厅、广东省税务局联合制定了《关于深入推进企业研发费用税前加计扣除政策落实的若干措施》，明确持续推动企业研发费用税前加计扣除政策落实，并提出建立研发费用税前加计扣除政策落实联合工作机制，将研发费用税前加计扣除额纳入全省创新驱动发展重点工作评价监测指标体系；在全面执行国家研发费用税前加计扣除政策基础上，鼓励有条件的地级以上市对评价入库的科技型中小企业按25%研发费用税前加计扣除标准给予奖补，激励企业加强科技创新活动。

第三，税收优惠体系以企业所得税为主，针对战略性新兴产业的结构性减税政策相对较少。近几年普惠性减税包括扩大小型微利企业所得税优惠政策范围，调整增值税税率，即原适用16%税率的，税率调整为13%，原适用10%税率的，税率调整为9%。目前的结构性减税基本限于以下几种增值税：《关于我省实施小微企业普惠性税收减免政策的通知》明确，对增值税小规模纳税人减按50%征收资源税、城市维护建设税、房产税、城镇土地使用税、印花税（不含证券交易印花税）、耕地占用税和教育费附加、地方教育附加。取得不动产或不动产在建工程的进项税不再分两年抵扣；购进国内旅客运输服务的进项税允许从销项税额中抵扣；自2018年11月1日起，将现行货物出口退税率为15%和部分13%的提高至16%，9%的提高至10%，其中部分提高到13%，5%的提高到6%，其中部分提高到10%；2020年，财政部连续3年对于新能源汽车实行免征车辆购置税政策。2020年1月，财政部、工业和信息化部、海关总署、税务总局以及能源局联合发布《重大技术装备进口税收政策管理办法》，对于符合规定条件的企业及核电项目，为生产国家支持发展的重大技术装备或产品而确有必要进口的部分关键零部件及原材料，免征关税和进口环节增值税进一步简化税制，退税率由原来的七档减为五档（龚辉，2021）。

第四，社保费政策成为减税降费政策的“主力军”。新冠疫情期间，国家出台了一系列社保费免征、减征、延缴、缓缴政策，为企业降低用工成本、增强复工复产信心注入了一剂“强心针”。调查显示，接近90%的企业反映社保费“免”“减”“延”“缓”政策受惠明显，可以迅速降低社保费用占比和人工成本。受疫情影响，2020年上半年，广州地铁日均客流量出现大幅下降，疫情防控又需要投入大量人力、物力，开支增加，公司原本的招聘计划面临巨大压力，广东省出台的阶段性减免企业社保费政策，给企业注入了一剂强心剂，为广州地铁集团减负超过一亿元，使其招聘计划得以顺利延续①。

五、政府采购政策

政府采购政策是政府发挥宏观调控的重要手段，对正处于成长发展阶段的战

① 广东省财政厅、国家税务总局广东省税务局：《广东：全方位落实落细减税降费政策统筹推进经济社会发展成效明显》，载《中国财政》2020年第24期。

略性新兴产业产业化作用显著。由于战略性新兴产业产品大部分都是高新技术产品，鼓励高新技术产业发展的相关采购政策直接影响战略性新兴产业的发展。《中华人民共和国政府采购法》指出，政府采购应当优先采购环境保护产品、节能产品、自主创新产品，应当有助于实现保护环境、节能减排、支持自主创新等政策目标。2007 年国家出台了各政府机关必须要采购节能产品的规定，各地方政府必须要将节能型产品放在优先的位置进行采购，并且建立了节能产品清单管理制度，这种强制措施在一定程度上促进了节能环保产业的发展。同年，空调等 9 类产品进入政府采购清单，并列入国家强制采购的节能产品中。2009 年广东省财政厅和广东省科技厅联合印发《广东省自主创新产品政府采购的若干意见》，强调政府采购要在引导、鼓励、扶持和促进广东省自主创新中发挥重要作用。目前，广东省已经认定了多批自主创新产品，部分符合采购要求的自主创新产品已经纳入《广东省政府采购自主创新产品清单》，如广东省财政厅制定了环境标志产品政府采购品目清单和节能产品政府采购品目清单，A02010104 台式计算机、A02010105 便携式计算机、A02010107 平板式微型计算机、A02052301 制冷压缩机、A020609 镇流器、A020619 照明设备中的普通照明用双端荧光灯、A020910 电视设备等都被列为政府强制采购产品，大部分战略性新兴产业产品都符合自主创新产品的认定条件。

支持广东省战略性新兴产业的政府采购政策特点如下：

第一，政府采购方式不断创新。囿于政府部门所需物资与规模的限制，政府采购政策中可供创新的空间并不多，《关于贯彻落实国务院部署加快培育和发展战略性新兴产业的意见》提出，加快推进自主创新产品政府采购和工程首购制度，将工程建设、省属国有及国有控股企业采购重大机电装备纳入优先采购自主创新产品范围，鼓励使用具有自主知识产权的首（台）套核电重大技术装备产品，探索建立使用国产装备的风险补偿机制；支持临床必需、疗效确切、安全性高、价格合理的创新药物优先进入医保目录。探索有利于产业发展、灵活有效的市场准入管理制度，这些规定指引“十二五”期间的政策采购实践。《广东省战略性新兴产业发展“十三五”规划》和《广东省加快战略性新兴产业发展实施方案》明确，推动落实国家关于加大创新产品和服务的政府采购政策，借鉴英国政府的采购政策，试行创新产品与服务远期约定政府购买制度，既有效减少政府资金的采购风险，同时有效分散企业的创新风险，激励企业进行创新。2015 年 5 月，广东省财政厅、广东省科学技术厅联合出台《关于创新产品与服务远期约定政府购买试行办法》，引导远期购买制度的实施。

第二，重视政策采购对创新的积极作用。《广东省促进科技成果转化条例》

强调，各级人民政府应当通过政府首购、订购等政策措施，采购新技术、新材料、新工艺、新产品、新服务，支持科技成果转化；同时鼓励企业购买高等院校、科研机构等单位研发的科技成果，并实施进一步的转化，对于购买科技成果的企业，各级人民政府可按照技术合同交易额的一定比例给予补助。《广东省战略性新兴产业发展"十三五"规划》和《广东省加快战略性新兴产业发展实施方案》提出加大创新产品和服务的政府采购政策，试行创新产品与服务远期约定政府购买制度。政府采购支持创新的方式大致分为四种：第一种是"创新友好型"采购。采购机构组织购买的是无需研发的现有产品，此类政府采购对创新产品更多的是指导性而非必要性支持。"创新友好型"采购的做法是将与创新相关的标准写入招标文件作为技术规格要求。政府通过大量对含有创新技术产品或服务的购买，对这些技术的推广起到积极影响。第二种是"创新战略性"采购。行政机构出于某种需要，对一些特定的新技术、新产品或服务进行采购，而在采购前，这些技术或产品等尚不存在，此类采购属于以创新为导向的战略性政府采购。投标企业要在一定时间内对某技术或服务开发和研究，生产出符合行政机构需求的技术、产品或服务后，行政机构进行租赁或购买。第三种是 R&D 政府直接采购。直接采购 R&D 就是在 R&D 商业化前进行采购，不保证一定会采购研发后的产品或服务。这种采购方式多适用于政府为帮助中小企业在初期研发阶段减少经济压力。第四种是催化式政府采购。政府参与并支持私人购买者的购买决策，政府充当"催化剂"的角色，通过一系列宣传促进需求方和供给方进行有组织的对话（李研，2021）（见表 7－5）。

表 7－5　　主要文件中关于政府采购政策的表述

文件名称	政策要点
《广东省自主创新产品政府采购的若干意见》	（1）采购人在编制年度部门预算时，应当考虑优先购买自主创新产品，按照《清单》的范围编制自主创新产品政府采购预算，同时标明自主创新产品。对于纳入部门预算项目支出的自主创新产品政府采购项目，财政部门应优先予以保障； （2）各级财政部门应当将自主创新产品政府采购预算执行情况纳入预算支出绩效考评范围，在共性考评指标的经济和社会效益指标中，增加采购自主创新产品因素； （3）采用最低评标价法评标的项目，对自主创新产品可以在评审时对其投标价格给予 5%～10% 幅度不等的价格扣除。采用性价比法评标的项目，在商务评标项中增加自主创新产品评审因素，并给予自主创新产品投标报价 4%～8% 幅度不等的价格扣除。采用综合评分法评标的项目，对自主创新产品应当增加自主创新评审因素，并在评审时，在满足基本技术条件的前提下，对技术和价格项目按下列规则给予价格评标总分值和技术评标总分值的 4%～8% 幅度不等的加分

续表

文件名称	政策要点
《关于加快经济发展方式转变的若干意见》	全面落实自主创新产品政府采购政策，支持民营企业产品和服务纳入政府采购范围，落实企业研发费用税前加计扣除政策
《关于贯彻落实国务院部署加快培育和发展战略性新兴产业的意见》	加快推进自主创新产品政府采购和工程首购制度，将工程建设、省属国有及国有控股企业采购重大机电装备纳入优先采购自主创新产品范围，鼓励使用具有自主知识产权的首（台）套核电重大技术装备产品，探索建立使用国产装备的风险补偿机
《促进战略性新兴产业加快发展行动方案》	研究支持本地软件和信息技术服务政府采购的政策措施
《广东省工业转型升级攻坚战三年行动计划（2015－2017年）》	加大政府采购对自主创新产品的支持力度，优化科技创新投融资环境
《广东省促进科技成果转化条例》	各级人民政府应当通过政府首购、订购等政策措施，采购新技术、新材料、新工艺、新产品、新服务，支持科技成果转化；同时鼓励企业购买高等院校、科研机构等单位研发的科技成果，并实施进一步的转化。对于购买科技成果的企业，各级人民政府可按照技术合同交易额的一定比例给予补
《广东省战略性新兴产业发展“十三五”规划》	推动落实国家关于加大创新产品和服务的政府采购政策，试行创新产品与服务远期约定政府购买制度
《广东省加快战略性新兴产业发展实施方案》	推动落实国家关于加大创新产品和服务的政府采购政策，试行创新产品与服务远期约定政府购买制度
《关于创新产品与服务远期约定政府购买试行办法》	(1) 发挥政府购买和公共财政的引导功能，通过远期约定政府购买，降低创新风险，激发创新活力； (2) 远期约定购买必须围绕全省经济社会发展重大战略需求以及政府购买实际需求，充分发挥远期约定购买的示范作用，按照公开透明、公平公正、诚实信用的原则，规范开展创新产品和服务远期约定购买试点、示范和推广工作
《财政部发展改革委生态环境部市场监管总局关于调整优化节能产品、环境标志产品政府采购执行机制的通知》	(1) 对政府采购节能产品、环境标志产品实施品目清单管理； (2) 依据品目清单和认证证书实施政府优先采购和强制采购； (3) 逐步扩大节能产品、环境标志产品认证机构范围； (4) 加大政府绿色采购力度。对于未列入品目清单的产品类别，鼓励采购人综合考虑节能、节水、环保、循环、低碳、再生、有机等因素，参考相关国家标准、行业标准或团体标准，在采购需求中提出相关绿色采购要求，促进绿色产品推广应用

续表

文件名称	政策要点
《国有金融企业集中采购管理暂行规定》（财金〔2018〕9号）	国有金融企业集中采购应优先采购节能环保产品
《政府采购促进中小企业发展管理办法》（财库〔2020〕46号）	（1）采购人在政府采购活动中应当通过加强采购需求管理，落实预留采购份额、价格评审优惠、优先采购等措施，提高中小企业在政府采购中的份额，支持中小企业发展； （2）对于经主管预算单位统筹后未预留份额专门面向中小企业采购的采购项目，以及预留份额项目中的非预留部分采购包，采购人、采购代理机构应当对符合本办法规定的小微企业报价给予6%～10%（工程项目为3%～5%）的扣除，用扣除后的价格参加评审。适用招标投标法的政府采购工程建设项目，采用综合评估法但未采用低价优先法计算价格分的，评标时应当在采用原报价进行评分的基础上增加其价格得分的3%～5%作为其价格分； （3）接受大中型企业与小微企业组成联合体或者允许大中型企业向一家或者多家小微企业分包采购项目，对于联合协议或者分包意向协议约定小微企业的合同份额占到合同总金额30%以上的，采购人、采购代理机构应当对联合体或者大中型企业的报价给予2%～3%（工程项目为1%～2%）的扣除，用扣除后的价格参加评审。适用招标投标法的政府采购工程建设项目，采用综合评估法但未采用低价优先法计算价格分的，评标时应当在采用原报价进行评分的基础上增加其价格得分的1%－2%作为其价格分

资料来源：作者根据相关资料整理得出。

第二节　广东省促进战略性新兴产业发展的政策绩效

为促进战略性新兴产业的发展，广东省人民政府及各级部门出台了大量的政策、措施和管理办法，下面对人才队伍建设、金融支持、财政投入政策、税收优惠、政府采购等政策的实施绩效进行评价。

一、人才队伍建设政策实施绩效

"十二五"以来，通过实施一系列开放创新的人才培养、人才引进和人才激励政策以及人才专项资金项目的开展，广东省吸引了大批创新资源和高层次人才，人才队伍不断壮大。考虑到"珠江人才计划""广东特支计划"等数据可获得性，本章采用《广东统计年鉴》和《广东科技年鉴》上的公有经济企业、事业单位专业技术人员，R&D 人员，高层次人才等反映人才队伍建设情况。

从公有经济企业、事业单位专业技术人员来看，2010～2019 年广东公有经济企业、事业单位专业技术人员呈现明显上升趋势，2019 年为 156.007 万人，比 2010 年增长了 7%，平均每年增长 0.754%。其中，科学技术人员占比最低，仅为 0.497%。

从 R&D 人员来看，广东省 R&D 人员从 2010 年的 44.658 万人增长到 2019 年的 109.154 万人，增长 144.424%，平均每年增长 10.440%。横向对比来看，2019 年广东规模以上工业企业 R&D 人员全时当量为 64.249 万人年，超过江苏（50.838 万人年）和浙江（45.175 万人年），位于全国首位。从 R&D 人员的地市分布来看，2019 年广东规模以上工业企业 R&D 人员中，深圳、东莞、广州和佛山依次位列全省前四，分别为 30.204 万人、12.446 万人、9.998 万人和 9.202 万人，占比分别为 36.005%、14.836%、11.918% 和 10.969%。从 R&D 人员的区域分布来看，珠三角、东翼、西翼和山区分别占 93.458%、2.950%、1.277%、2.314%。

从高层次人才来看，2010～2019 享受国家津贴新增人数为 789 人，同期广东省高级职称批准人数逐年增加，由 2010 年的 19031 人增长至 2019 年的 30330 人，增长 159.372%，平均每年增加 5.315%。博士后招收人数增长较快，2010 年仅为 560 人，而 2019 年已达到 3835 人，增长 594.821%。

然而，在顶尖人才方面，广东与北京、上海、江苏等差距仍然较大，截至 2017 年底，广东省的全职两院院士仅有 43 名，少于北京（815 名）、上海（182 名）、江苏（100 名）等省市；“973 计划”首席专家、长江学者等顶尖人才也远少于北京、上海、江苏等省区市。此外，2018 年广东省专业技术人才已经达到 636 万人，其中高层次专业技术人员仅为 77 万人，仅占到大约 12%。可见，广东省高端人才仍然不足。

从广东省战略性新兴产业的人才情况来看，2010～2016 年规模以上工业企业 R&D 人员全时当量增长 76.110%，平均每年增长 9.891%。从细分行业来看，高端电子新兴产业人才最多，为 124.838 万人年，在 9 个行业中占比最高，达到 55.195%，其次是节能环保产业，为 68.559 万人年，占比为 30.312%；从增长速度来看，新能源汽车人才增长幅度最大，2010～2016 年增长 259.281%，年平均增长 23.758%，其次是太阳能光伏产业，增长 169.828%，年平均增长 17.991%（见表 7－6）。

表 7-6　　2010~2016 年广东省战略性新兴产业规上工业企业 R&D 人员全时当量　　单位：万人年

年份	合计	节能环保产业	生物医药产业	新材料产业	太阳能光伏产业	新能源汽车产业	海洋产业	航空航天产业	高端电子信息产业	核电装备产业
2010	23.404	6.155	0.869	1.913	0.019	0.003	0.205	0.058	14.030	0.153
2011	26.373	7.368	1.074	2.170	0.024	0.004	0.197	0.055	15.298	0.184
2012	29.342	8.581	1.278	2.428	0.029	0.005	0.188	0.053	16.566	0.214
2013	32.311	9.794	1.483	2.685	0.035	0.007	0.179	0.050	17.834	0.244
2014	35.280	11.007	1.688	2.942	0.040	0.008	0.171	0.048	19.102	0.275
2015	38.249	12.220	1.893	3.199	0.045	0.009	0.162	0.045	20.370	0.305
2016	41.218	13.433	2.097	3.456	0.050	0.010	0.153	0.043	21.638	0.335

资料来源：作者根据《广东经济普查年鉴》《中国经济普查年鉴》《广东工业统计年鉴》等整理得出。

二、金融支持政策实施绩效

在《中共广东省委广东省人民政府关于全面推进金融强省建设若干问题的决定》的指引下，广东省大力发展国际金融、科技金融、产业金融、农村金融、民生金融，提高金融产业在现代产业体系中支柱产业的地位及金融与产业、科技的融合发展。2010~2018 年，广东省本外币各项存款余额不断增加，2010 年仅为 8.2 万亿元，2018 年达到 20 万亿元，金融机构本外币各项贷款余额由 2010 年的 5.2 万亿元增长至 2018 年的 14.5 万亿元①。此外，广东省银行类金融机构种类和体系较为健全，科技银行的建立有力支持了战略性新兴企业的融资，截止至 2016 年，广东中行通过科技支行、政银风险分担、投资联动等方式累计为 1000 家科创企业提供授信 100 亿元②。

截至 2018 年，广东省上市公司共 588 家，市值总值达 7.641 万亿元③。广东省战略性新兴产业公司的上市数量也不断增加，占到全部上市公司大部分，然而，相比战略性新兴产业的总数，战略性新兴产业公司的上市率仍然很低，大部

① 广东省统计局：《广东统计年鉴》(2020)，中国统计出版社 2020 年版。

② 刘波、官铭超：《中行广东省分行发展科技金融扶持科创企业》，载《金融时报》2017 年 4 月 18 日。

③ 陈燕：《广东金融业增加值总量连续多年全国首位，金融业成经济发展主动力》，载《南方都市报》，2019 年 9 月 23 日。

分企业不能通过企业上市来获得资本。战略性新兴产业作为高新技术产业，需要大量的研发投入，与此同时，作为尚在成长阶段的产业，又具备成立时间短、风险大、经营不稳定的特点，使得一些金融机构对战略性新兴产业的信用贷款持有“模棱两可”的态度，一方面受制于配合国家产业政策的规定不得不进行贷款，另一方面战略性新兴产业未来经营业绩不确定性强，很容易产生坏账和不良贷款率，使得金融机构的贷款积极性不高，金融支持较弱，也会制约产业的转型升级和创新驱动型经济增长方式的建立。

从战略性新兴产业金融支持效率来看，由于无法获取广东省战略性新兴产业细分行业的金融相关数据，采用任征宇（2019）的研究结果反映广东省战略性新兴产业金融支持效率，虽然该研究以 2011 ~ 2017 年我国战略性新兴产业的上市公司作为研究对象，但由于上市公司中，广东省的企业占比较大，因此，也能在一定程度上反映广东省的情况。文章基于 DEA 方法测算并分析了战略性新兴产业的金融支持效率，得到如下研究结论：第一，2011 ~ 2017 年，战略性新兴产业的上市公司金融支持为 DEA 无效，即金融效率较低。从演变趋势来看，综合效率呈现先下降后上升的“U 形”趋势，2011 ~ 2014 年从 0. 415 下降到 0. 314，此后有所上升，2017 年为 0. 369。技术效率和规模效率均有相似的演变特点，且规模效率远高于技术效率。战略性新兴产业金融支持效率未呈现单边上升趋势，而是先下降后上升，表明在 2010 年国务院发布《关于加快培育战略性新兴产业的决定》后，对产业的金融支持产生短期的“虹吸效应”，促进金融支持效率上升，但是由于战略性新兴产业尚处于风险高、不确定性强的成长阶段，金融机构的信用贷款和外部投资者对其都具有谨慎心理，因此会有一个观望的阶段，随着战略性新兴产业业绩上升，产业投资回报率增加，其经营风险将大大降低，金融支持效率稳步回升。这一研究结论与邓彦等（2016）的研究结论是一致的，邓彦等人研究发现，2010 ~ 2014 年，广东省各城市金融支持战略性新兴产业公司的综合效率还不够高，在 85 家公司中，平均只有 17 家处于生产前沿面上，其余企业处于纯技术效率无效或纯技术效率与规模效率均无效的状态，而且纯技术效率偏低是导致综合效率不高的主要成因。第二，纵向看，每个产业的金融支持效率都呈现“先降后升”的演变特点，但每个产业的金融支持效率均高于战略性新兴产业整体的金融支持效率。横向看，2011 ~ 2017 年高端装备制造业的金融支持效率最低，平均值为 0. 444，新材料产业的最高，平均值为 0. 646（任征宇，2021）。不同年份中，各细分行业的金融支持效率差异较大，2011 年金融支持效率最高的是新能源产业，2012 ~ 2013 年是信息技术产业，2014 ~ 2017 年是新材料产业。第三，战略性新兴产业的金融支持效率在不同的融资方式、市场化水平、产权性质、企业规模下存在明显差异。以股权融资为代表的直接融资的战略性新兴产业金融支持效率均高于以商业贷款为代表的间接融资支持效率，前者均值水平为0.202，后者均值水平为0.097；低市场化地区的战略性新兴产业金融支持效率最高，均值为0.511，高市场化地区的效率最低，均值为0.367；国有企业的战略性新兴产业金融支持效率均值为0.401（任征宇，2021），低于非国有企业的战略性新兴产业金融支持效率；大规模企业的战略性新兴产业金融支持效率均值水平为0.367，低于小规模企业的战略性新兴产业金融支持效率（0.455）。可能的原因是国有企业、大规模企业、市场化程度高地区的企业存在“资本粗放”而非“资本集约”的心态，不将资本用于技术研发等创造效益的项目中，导致金融支持越多，企业经济效益越低，金融支持效率下降。邓彦等人（2016）对2010~2014年广东省的研究结果也显示，战略性新兴产业金融支持效率存在明显的区域差异，由于国家加大力度发展战略性新兴产业，并把广佛莞列为第一批科技金融结合试点城市，战略性新兴产业发展受国家政策和政府支持力度影响较大，广州、佛山、东莞三个城市金融支持综合效率由2010年的0.574增长到2014年的0.884，从动态变化趋势来看，广、佛、莞城市综合效率仍有不断提升的空间，在规模效率处于较高水平的情况下，应着重提升纯技术效率，即进一步提升金融管理效率和企业技术水平。

从金融支持对战略性新兴产业发展的影响来看，胡海青等（2019）对比研究了陕西和广东省政府财政科技投入、金融机构信贷支持、证券资本市场、地区金融发展水平对战略性新兴产业发展的影响，结果发现，广东省各项衡量金融支持的指标对战略性新兴产业发展的影响作用都要优于陕西省，政府财政科技投入、金融机构信贷支持、证券资本市场、地区金融发展水平等指标提升1%，广东省战略性新兴产业主营业务收入分别提高2.031%、1.007%、0.994%和1.767%，陕西省战略性新兴产业主营业务收入分别提高0.005%、0.011%、0.041%和0.026%，表明与陕西省相比，广东省经济实力相对较为发达，科技水平高，地理位置优越，开放程度高，利用创新资源集聚优势，科技人力、物力投入产出效果比较明显，各类资源发挥作用比较显著，战略性新兴产业发展良好，这一结论与第四章和第五章广东省与其他省区战略性新兴产业竞争力、创新能力和创新效率的横向对比结果是一致的。

从广东省2014~2018年科技创新战略专项资金的政策效果来看，金融政策扶持效果主要表现为：第一，产业技术创新与科技金融结合不断加深，具体表现：（1）省区市联动的科技信贷风险补偿政策有力地推动了银行服务科技型中小企业。以广州市为例，2015年起，省区市联动共同设立科技信贷风险准备金，省级财政累计投入6000万元，与广州市财政出资4亿元[①]共同设立科技型中小企业信贷风险补偿资金池，面向社会公开征集8家合作银行，建立财政资金与银行资金投向创新创业的联动机制。截至2018年6月，资金池共撬动中国银行等8家合作银行为全市903家科技企业提供信用贷款，授信总额超过106亿元，实际发放贷款额超过78.83亿元，财政资金放大超过15倍[②]。（2）科技再担保基金服务科技型中小企业成效明显。2014年，省产业技术创新与科技金融结合专项资金分两批安排16007万元出资成立科技再担保基金，为省内担保机构或支持科技型企业发展的担保项目提供再担保。截至2017年底，科技再担保基金计业务发生额3.035亿元，累计扶持科技型企业项目39个[③]，较好地实现了科技再担保基金扶持科技型中小企业的政策性目标。（3）以创投基金培育科技型中小企业取得了较好的效果。创投联动专题资金带动各类社会资本投入科技创新领域超过10亿元，有力支持科技型中小企业开展自主创新。（4）科技金融服务网络覆盖全省。广东市科技厅建设全省科技金融综合服务中心网络，在线下建立了31个科技金融综合服务中心，实现全省覆盖，珠三角地区广州、东莞、中山等分中心建设成果丰硕，粤东西北地区汕头、湛江、韶关等分中心建设快速推进，形成了区域化和个性化的科技金融服务模式。其中，广州市科技金融综合服务中心自成立以来，先后开展各类大型活动80余场，为超过5000家企业提供科技金融服务，推动4000多家科技企业进入重点培育库，2016年为761家企业推荐获得贷款211亿元[④]，有力推动了广州市科技型企业与资本的对接。第二，创新券补助有力地推动了中小微企业的微创新，具体表现为：（1）省区市（县）三级联动，推动中小微企业加大创新投入。2015～2017年，广东省财政共安排科技创新券资金1.8亿元，带动全省各地市、县（区）财政投入近3亿元，撬动全省中小微企业科技创新投入超16亿元[⑤]。（2）有效引导中小微企业积极利用广东高校与科研院所的科技资源。该专项资金中，申请科技创新券企业数量6642家，发放科技创新券企业数量5222家，发放科技创新券金额66775.97万元，兑换科技创新券企业数量3169家，兑现科技创新券金额28339.9万元[⑥]。

此外，张屹巍等（2016）研究发现，金融投入显著促进了广东区域经济协调发展。2009～2014年，金融支持广东区域经济协调发展的绩效分别为0.827、0.813、0.828、0.773、0.827、0.871，平均为0.828。粤东西北地区从信贷资金投入到转化为投资、消费、区域间贸易和技术进步，这一经济转化阶段的绩效分

①②③④⑤⑥ 广东省财政厅：《2014－2018年科技创新战略专项资金绩效评价报告》，2019年3月1日。

别为0.873、0.845、0.902、0.828、0.865、0.898，从投资、消费、区域间贸易和技术进步投入到经济差距缩小阶段的绩效分别为0.94、0.958、0.915、0.919、0.947、0.959，经济转化阶段的绩效低于经济差距缩小阶段的绩效，表明要进一步提高金融促进广东区域经济协调发展的整体绩效，关键是要在经济转化阶段发力，提高经济转化阶段的绩效。

三、财政投入政策实施绩效

《关于加快经济发展方式转变的若干意见》《广东省战略性新兴产业发展"十二五"规划》《广东省战略性新兴产业发展"十三五"规划》等明确加大财政投入力度、创新财政资金投入机制，通过竞争性安排，采取贷款贴息、以奖代补等方式，充分发挥财政投入"四两拨千斤"的杠杆作用和乘数效应，引导金融及其他社会资金投入，力争以百亿财政资金引导，拉动千亿以上社会资金投入至产业发展中，仅"十二五"期间，省财政就安排了220亿元支持战略性新兴产业发展，《广东省工业转型升级攻坚战三年行动计划（2015－2017年）》明确，2015～2017年省财政统筹安排516亿元集中支持工业转型升级。总体来看，广东省R&D经费投入强度不断增加，由2011年的1.96%增长至2019年的2.88%。2019年，全国R&D经费支出22143.6亿元，R&D经费投入强度为2.23%，R&D经费投入超过千亿元的省（市）有6个，分别为广东（3098.5亿元）、江苏（2779.5亿元）、北京（2233.6亿元）、浙江（1669.8亿元）、上海（1524.6亿元）和山东（1494.7亿元）；R&D经费投入强度超过全国平均水平的省（市）有7个，分别为北京（6.31%）、上海（4.00%）、天津（3.28%）、广东（2.88%）、江苏（2.79%）、浙江（2.68%）和陕西（2.27%）①。可以看出，广东省R&D经费投入总量在全国具有绝对优势，但经费投入强度相比北京、上海和天津还存在一定的差距。

从财政投入资金使用效率来看，李成等（2016）开展了广东省财政支持战略性新兴产业企业的问卷调查，调查范围包括广州、深圳、佛山、东莞、珠海、中山、江门、惠州、肇庆、河源、梅州、潮州、汕头等地的企业，被调查的企业大多属于广东战略性新兴骨干企业和培育企业，结果表明：（1）广东省财政支持战略性新兴产业的综合效率为0.407，整体而言，财政资金的资源配置未达到最优状态，存在未充分利用现象；纯技术效率和规模效率分别为0.950、0.429，都

① 广东省统计局：《广东统计年鉴》（2020），中国统计出版社2020年版。

没有达到最优状态，表明广东省财政支持战略性新兴产业的运行效率和管理水平有待提高。广东省财政支持战略性新兴产业纯技术效率的均值是 0.950，这说明财政资金在保持投入比例和产出水平不变的情况下，如果能够达到有效的运作水平，可以减少 5% 的投入。（2）战略性新兴产业细分行业的财政支持效率值为 0.258～0.538，均未达到 DEA 有效，其中，新材料和 LED 产业的财政支持效率最低，分别为 0.258 和 0.283，财政支持效率最高的是新能源和高端装备制造产业，分别为 0.538 和 0.503，这 2 个产业的纯技术效率都为 1，达到 DEA 有效，但规模效率分别为 0.538 和 0.503，所以应加大财政的投入力度，以提高财政支持效率。

以广东省 2014～2018 年科技创新战略专项资金为例，对广东省财政投入资金进行政策效果评价。为加强创新链与产业链、资金链融合，加快推进知识创新、技术创新、协同创新、转化应用和环境建设，2014～2018 年广东省开展了高新技术企业培育、前沿与关键技术创新、产业技术创新与科技金融结合、创新券补助等四个专题项目，旨在全面提升广东省科技创新能力与产业竞争力。项目取得的主要绩效如下：第一，高新技术企业培育成效良好。具体体现：（1）高企总数增长速度全国领先，高企规模位居全国第一。2013～2015 年，广东省高企数增长率分别为 19.4%、16.1%、19.6%，在政策实施后，2016 年、2017 年高企数增长率分别为 78.8%、66.6%，2015～2017 年广东省高新技术企业数分别是 11105 家、19857 家、33073 家，2016 年广东省高企数首次赶超北京，位列全国第 1①。根据 2016 年火炬统计数据，广东省高企收入总额、净利润总额、上缴税收总额、挂牌上市企业数、高企科技活动人员汇总数、科技活动经费投入汇总额、发明专利授权量汇总数等 8 大总量指标均名列全国第 1。（2）高企个体创新活力持续提升。相比 2014 年，2016 年广东省高新技术企业每年户均研发项目数由 3.1 项增长到 3.4 项，户均授权发明由 1.80 件增长到 1.91 件。2017 年全省高企营收总额 4.61 万亿元，新产品产值 2.34 万亿元，新产品产值营收占比达到 49.0%②。（3）广东省区域创新能力提升。2017 年广东省区域创新能力评价首次跃居全国第 1，企业创新综合指标对评价排名提升贡献最大，特别是研发投入、企业专利、有效发明拥有量及新产品销售收入等与高企认定条件相关的指标增速明显。广东省入围 2017 年中国高新技术企业千强共 183 家，高于北京 148 家、江苏 125 家③。第二，前沿与关键技术创新实现多项突破，具体表现为：（1）完成了重点领域核心关键技术布局，取得了一批关键技术成果。通过实施重大科技

①②③ 广东省财政厅：《2014－2018 年科技创新战略专项资金绩效评价报告》，2019 年 3 月 1 日。

专项政策，有53项瞄准国际领先或先进水平，181项瞄准国内领先或先进水平。截至2019年6月，广东省重大科技专项已经申请发明专利3858件，申请专利合作协定（patent cooperation treaty，PCT）专利177件，授权发明专利463件，授权国外专利22件，获得软件著作权999项，发表SCI论文1371篇、EI论文723篇、ISTP论文126篇[①]。（2）搭建了一批产学研协同创新联盟，突破了一批产业发展技术瓶颈。共有151家企业牵头承担了省重大科技专项项目，其中高新技术企业126家，国家创新型企业18家，通过省重大科技专项技术突破带动80多个细分行业技术进步，省重大科技专项专利产品或专有技术已实现新增销售收入145.304亿元，新增利税20.680亿元[②]。（3）建设了一批公共服务平台，为科技创新提供全方位服务。广东省重大科技专项强化创新公共服务平台建设，布局了20多个创新公共服务平台，已制定国家、行业和地方标准149项，开展技术服务10557项，服务企业21308家[③]。（4）培养集聚了一大批创新创业人才团队，为提升创新实力构建了坚实的基础。在省重大科技专项的资助下，已培养和引进了大批科技创新人才，引进人才1357名，引进院士4人、国家“千人计划”17人、留学归国人员117人，聘用国外专家36人；培养人才6759名，其中，54人获得正高职称，106人获得副高职称，485人取得博士学位，805人取得硕士学位[④]。

以东莞市2016～2018年度分布式光伏发电项目为例，对广东地市财政投入资金进行政策效果评价。该项目从2016年开始安排资金，2016～2018年预算安排3450万元，实际支出3062.31万元。项目建设目标为“十三五”期间力争每年完成并网发电60兆瓦，其中2016完成并网装机容量为43.43兆瓦，目标完成率为72.38%；2017年完成并网装机容量为54.92兆瓦，目标完成率为91.53%；2018年完成并网装机容量为64.98兆瓦，目标完成率为108.3%，2016～2018年，东莞市累计完成光伏装机容量200兆瓦，每年发电超过2亿千瓦时，光伏发电代替火电，每年节约标准煤约6.7万吨，减少碳排放约16.3万吨，分别实现二氧化硫和氮氧化物减排1400吨和460吨，环境效益明显。通过项目建设，东莞在营的光伏制造、应用企业及相关配套企业已达400多家，这些企业为社会提供就业岗位超11000个，经过3年多的发展，东莞市光伏产业链已基本形成，在珠三角各市中具有明显的优势[⑤]。

---

①②③④　广东省财政厅：《2014－2018年科技创新战略专项资金绩效评价报告》，2019年3月1日。

⑤　东莞市财政局：《2016－2018年度分布式光伏发电项目绩效评价报告》，2019年9月5日。

四、税收优惠政策实施绩效

在《关于深入推进企业研发费用税前加计扣除政策落实的若干措施》《广东“税务十条”》《关于贯彻落实粤港澳大湾区个人所得税优惠政策的通知》《关于我省实施小微企业普惠性税收减免政策的通知》《关于创业投资企业和天使投资个人有关税收试点政策的通知》等一系列政策措施下，2013～2016年，广东省国税系统（不含深圳）减免企业所得税税额实现每年上一台阶，相继突破300亿元、400亿元、500亿元，减免企业所得税额由2013年的259.9亿元，增长到2016年的572.7亿元，四年累计减免企业所得税1553.6亿元。企业所得税减免税增幅也逐年加快，2013年至2016年增幅分别为13.3%、20.6%、30.0%、40.5%①，减税额度呈逐年几何叠加态势，有力推动了广东省经济结构战略性调整和产业转型升级，并在扩大社会就业、促进民生改善等方面发挥了积极作用。在各项所得税优惠政策中，国家双创优惠政策减税效果显著，高新技术企业优惠、研发费用加计扣除、小型微利企业所得税优惠减免税额持续快速增长，2016年减免税额分别为119.2亿元、69.0亿元、29.5亿元，比2013年增长了1.0倍、2.6倍、5.7倍，年均增长率为26.0%、53.7%、88.5%②。2018年，广东省全年累计为企业减税2314亿元。2019年1月9日颁布的减税降费政策，尤其惠及应税所得额在100万元以内的小微企业和100万元至300万元的小微企业，其需缴纳的企业所得税实际税负率分别降至5%和10%，地方税的六税两费更是通通减半③。2020年广东省为各类市场主体减税降费3000亿元④。

减税政策取得了以下成效：

第一，微观层面上引导着企业个体转型发展。在广东省新旧动能转换的关键时期，税收优惠政策增强了企业的创新意愿和创新能力，引导企业不断加大研发投入，同时提高了企业盈利能力和竞争力。2016年广东省国税辖管的享受研发费用加计扣除的企业共6462户，加计扣除额达279.8亿元，分别同比增长102.3%、64.5%。在小型微利企业所得税优惠、高新技术企业优惠、研发费用加计扣除等政策下，企业盈利能力及竞争力稳步攀升。2016年，广东国税盈利

①② 广东省环境保护产业协会：《广东四年减免企业所得税1553亿 减税额度每年递增》，南方网，2017年8月21日。

③ 《经济日报》官方账号：《广东减税降费激发多重发展效应》，载《经济日报》2020年10月29日。

④ 广东省税务局：《我省将怎样减轻企业负担，推动企业高质量发展？推10项措施今年减负预计超500亿》，载《南方日报》2021年3月1日。

企业的利润率为6.7%，与2015年持平，比2013年、2014年分别提高了0.7个百分点和0.3个百分点，其中高新技术企业的利润率为9.5%，比全省盈利企业平均水平高2.8个百分点。税收优惠政策的全面落实，扶持了企业发展，涵养了税源，带动了税收增长。以2016年度为例，2016年共减免企业所得税572.69亿元，企业所得税年度实际应纳税额1465.98亿元，同比增加201.11亿元，增长15.9%，广东省企业盈利能力持续提升，利税效应显现，形成了“优惠减税—企业发展—税收增长”的良性发展局面①。

第二，宏观层面上高新技术企业等税收优惠政策推动广东省战略性新兴产业向价值链高端升级。2016年，广东省国税管辖的享受高新技术企业4000户、享受软件和集成电路企业优惠政策企业172户，分别同比增加1761户、33户；营业收入分别达14142.0亿元、307.3亿元，分别同比增加4720.4亿元、110.0亿元②。

第三，提高出口退税率等政策为稳外贸注入“强心剂”。提高出口退税率、优化出口退税流程等政策措施，增强了外贸企业抵御外部风险的能力。如广东木森日用品有限公司受疫情在全球蔓延影响，企业生产经营陷入困境，税务部门实行出口退税“随到随审”，2020年累计办理出口退税7022万元，缓解了公司的资金周转困难。中山市力科电器有限公司2019年出口额近1.5亿元，疫情使其面临出口成本提高、资金压力增大的难题。2020年，企业已累计收到1200.5万元的出口退税，资金压力得以缓解，企业开始拓展线上销售渠道，实现保订单稳产能③。

第四，税收优惠政策对民营企业发展起到了积极作用。2018年，广东省税务系统深化增值税改革，共减税约277亿元，其中民营企业减税168亿元，一个点的税率下调带来的还有城建税、教育费附加和地方教育费附加等费用的减少，降低了企业的经营成本和税收负担。以格力为例，各项税收优惠政策为格力带来了显著的减税降负效果，2016～2018年格力电器享受高新技术企业所得税优惠约57.7亿元，研发加计扣除优惠0.56亿元，实现出口退税41.82亿元，大大增强了格力电器的市场竞争力④。

---

①② 广东省环境保护产业协会：《广东四年减免企业所得税1553亿 减税额度每年递增》，南方网，2017年8月24日。

③ 广东省财政厅、国家税务总局广东省税务局：《广东：全方位落实落细减税降费政策统筹推进经济社会发展成效明显》，载《中国财政》2020年第24期。

④ 《广东：减税降费激发多重发展效应》，载《山东经济战略研究》2020年第11期。

五、政府采购政策实施绩效

在《中华人民共和国政府采购法》和《广东省自主创新产品政府采购的若干意见》等政策推动下，广东省加大创新产品和服务的政府采购，并试行创新产品与服务远期约定政府购买制度。根据广东省政府采购大数据研究院、政府采购大数据网联合发布的《2018 年度广东省政府采购大数据分析报告》，2016～2018 年广东省政府采购呈现以下特点：第一，政府采购总规模有所回落。2018 年度累计项目中标总金额比上年下降 27.25%。项目数也有下降趋势，较上年整个年度减少 2.52%。总体而言，2018 年广东省政府采购采购大额项目影响项目规模有所回归，但随着政府采购不断规范化，广东省政府采购市场仍有较大增长空间。第二，政府采购千万以上大额项目增多。根据广东省政府采购中标项目平均金额，2016～2018 年，大额采购如百万级和千万级项目明显逐年增多，其中百万金额项目数量增长尤为明显。第三，政府采购项目中，服务类项目增速最快。2018 年广东省政府采购服务类和工程类项目数量有所上升，货物类项目数量呈现明显下降态势。第四，政府采购中，民营企业中标数量占较大比重。2018 年中标单位总数较 2017 年增长加快。其中，2016～2018 年，民营企业中标单位占比很高，达到 85%，表明政府采购的市场化、阳光化运作程度较高。第五，从采购方式看，2016～2018 年，政府采购中，以公开招标为主，询价采购比重较低，最低的采购方式为邀请招标，就 2018 年来看，广东省政府采购中，公开招标采购额占 74.23%，公开招标采购项目数量占 62.43%。

从政府采购对环境和能源的影响来看，桂黄宝等（2021）对包括广东省在内的 30 个省区市的政府采购与环境保护关系进行了研究，结果发现，第一，政府采购政策促进环境质量改善的政策效果并不明显。虽然政府采购政策与环境污染程度呈正相关性，但在 10% 的水平下不显著，可能的原因是政府绿色采购的立法体系不够健全，2003 年实施的《中华人民共和国政府采购法》和 2015 年实施的《中华人民共和国政府采购法实施条例》虽然明确提出将环境保护作为重要政策目标，但其对政府绿色采购的主体范围、采购标准、采购方式以及法律责任等未做相关的规定。政府虽然出台了有关绿色采购的实施意见，但由于意见缺乏法律强制性，其发布的采购清单仅作为采购的推荐性标准，导致其执行效果欠佳。而且政府绿色采购的绩效考核与监督机制不够完善。第二，在建立政府强制采购节能产品制度和加入《政府采购协议》前后，政府采购政策对环境质量改善的作用存在显著差异。2001～2007 年，政府采购政策与环境污染程度的关系呈显著的正相关，表明政府采购规模扩大抑制了环境质量的改善；但2008～2017年二者呈现负相关关系，且在5%的水平下显著，说明近年来政府采购政策对环境质量具有明显的改善作用。究其原因可能在于政府积极履行《政府采购协议》职责，在绿色采购法规、制度及环境标准等方面不断完善，如改善了绿色产品结构、增加技术投入、补贴绿色生产等，对环境质量的改善具有推动作用。当然政府绿色采购制度开始逐步完善也起到了积极作用，2011年，中国“十二五”规划首次将政府绿色采购列入国家的中长期发展规划，明确提出要完善强制采购制度等要求，2015年《中华人民共和国政府采购法实施条例》明确将节约能源、保护环境作为其重要目标。尽管如此，目前政府采购政策对环境改善的促进作用仍然十分有限，2008～2017年政府采购规模对环境污染的影响系数仅为-0.099，即政府采购规模每增长1%，在不考虑其他影响因素的情况下，环境污染指数就会降低0.099%，环境质量就会改善0.099%（桂黄宝等，2021），影响程度较小，整体来看，政府采购政策与环境质量改善之间存在着不显著的负相关关系。

第三节　广东省促进战略性新兴产业发展政策的不足

一、人才队伍建设政策的不足

在《广东省中长期人才发展规划纲要（2010-2020年）》《广东省“珠江人才计划”》《广东省培养高层次人才特殊支持计划》《广东省“扬帆计划”》等政策下，2010～2016年广东战略性新兴产业R&D人员全时当量增长了76.110%，年平均增长9.891%，但是对比北京、上海、江苏等省区市，广东省高层次人才如“973计划”首席专家、长江学者等顶尖人才偏少。政策实施效果无疑与政策制定和政策执行存在一定的关联，在人才队伍建设方面，广东省政策不足体现为以下几点：

第一，广东省人才相关政策大多通过项目补助等方式进行，但是项目执行过程中存在监管不严、资金到位不及时、绩效目标过于笼统和考核标准不明确等问题，一定程度上影响了人才引进政策效果。以2014～2017年广东省人才工作专项资金为例，该项目执行过程中存在的问题具体如下：一是部分项目建设的绩效目标较为笼统模糊，没有细化和量化，以2016年百千万工程青年拔尖人才、百千万工程领军人才项目为例，其格式化的申报书只要求申请人填写和承诺“入选本项目后，全职在粤连续工作不少于三年”，没有三年工作目标方面的内容，即工作计划和工作设想，没有明确的量化考核目标，而且“入选者每年由所在单位进行一次考核”的要求缺乏相应的考核规则，不利于监管部门和用人单位对人才方面的相关资金的使用情况进行考核评估。二是部分项目质量不高，存在评审核定过程把关不严的情况，如 2013 年珠江人才计划高性能锂离子动力电池研发与产业化创新团队项目，其外部协作费超过了科研经费总额 10% 的规定额度。三是部分项目承诺的带头人或核心成员诚信度不足导致项目被迫终止，部分用人单位没有按照要求对入选者进行年度考核，未能有效掌握项目的实施情况和阶段成果，比如 2015 年第五批珠江人才计划可穿戴医疗传感网研发团队带头人没按照合同要求来粤工作，以致用人单位最终终止项目。四是部分项目的资金存在未及时到位甚至未到位的情况，如 2015 年珠江人才计划比贝特新药开发创新团队，此项目省财政厅专项资金于 2016 年 3 月 7 日到账 6000 万元，而已签订的珠江人才计划合同书中承诺的广州市配套专项资金 3000 万元却迟迟未到位。五是由于资金实际使用周期较短、部分单位专项资金管理办法不够完善等问题，部分到位资金的使用率较低，如 2013 年珠江人才计划氮化物半导体照明产业技术创新团队，该单位于 2019 年 4 月得到了专项资金，但在前三年该专项资金的使用率仅为 9%[①]。

第二，广东省人才队伍建设政策类型分布不均衡。广东省 2006 ~ 2015 年出台的人才政策中，引进类、培养类、评价类、流动类、激励类、保障类、综合类的数量分别是 9 项、6 项、14 项、1 项、3 项、16 项、28 项。从横向来看，综合类人才政策数量远高于其他 6 类，占人才政策总数的 36%；流动类和激励类的人才政策非常少，仅占人才政策总数的 1% 和 4%。即广东省人才政策类型以综合类政策为主，7 种政策类型分布不均衡，人才流动和人才激励方面的政策相对不足（刘佐菁等，2017）。

第三，广东省人才政策实施细则偏少，而且制定具有一定的滞后性。2006 ~ 2015 年广东省级人才政策中，以管理办法类政策数量最多，共 35 项，占 45%，实施细则类仅为 16 项，占总数的 21%。2004 年中共广东省委、广东省人民政府出台《贯彻〈中国中央、国务院关于进一步加强人才工作的决定〉的意见》后，相关政府部门为贯彻落实该意见，必须结合自身实际并进行大量的调查研究和论证后方可制定出台科学可行的人才政策实施细则，因此时隔一年多后，直至 2006 年、2007 年，相关部门制定的人才政策才陆续出台。2008 年广东省委、广东省

① 广东省诚安信会计师事务所有限公司：《2014 - 2017 年广东省人才工作专项资金使用绩效评价报告》，新浪网 2018 年 12 月 15 日。

人民政府《关于加快吸引培养高层次人才的意见》出台后，2010 年、2011 年、2012 年连续 3 年，广东省级人才政策才出现大幅度增加。

第四，人才政策效果评估力度不足。由于政策本身具有一定的时效性，一项政策在执行过程中可能由于现实情况发生变化而导致政策实施效果不理想，因此，极有必要在广东省人才政策体系中引入政策评估环节，全面系统评价重大人才政策的实施成效，了解人才政策的薄弱环节和制约因素，调整优化政策。

从产业转型升级、创新驱动发展遇到的实际问题和情况出发，广东省需要聚焦人才发展存在的瓶颈问题，突破体制机制障碍，出台更多针对性强、重点突出的人才政策，释放人才活力，如进一步深化人才发展体制机制改革，下放用人单位自主选择权，促进人才自由流动，加大对人才的奖励激励等，激发人才工作积极性。同时要改革创新，探索出台具有全国引领性、示范性的人才政策，在国家新一轮深化人才发展体制机制改革的浪潮中，广东省应继续发挥敢为人先、锐意进取的精神，积极探索，率先在全国出台一批具有示范引领作用的人才政策，如探索靶向引才模式，进一步提高重大人才工程中的人力资源成本费。

二、金融支持政策的不足

前文已经表明，广东省政府金融机构信贷支持、证券资本市场、地区金融发展水平对战略性新兴产业发展产生了显著的正向影响，影响程度要高于陕西省；金融支持也显著促进了广东省区域经济协调发展。然而，战略性新兴产业金融支持效率并不高，2011 ~2017 年，战略性新兴产业的上市公司金融支持为 DEA 无效，即金融效率较低。为探寻广东省战略性新兴产业金融支持效率低的原因，从政策制定和政策执行等方面呈现广东金融政策的不足：

第一，战略性新兴产业中小型企业融资需求难以得到满足。广东省战略性产业公司的融资渠道仍是比较狭窄，由于大部分战略性新兴产业企业都是中小型企业，难以达到上市公司的标准和要求，尽管目前的证券市场结构和组成已经较为丰富，诸如创业板、“新三板”等给中小企业的直接融资带来了更多的可能性，但还是难以满足庞大的战略性新兴产业企业的资金需求，大部分企业很难通过直接融资的渠道筹集资金。企业外源融资的主要途径是银行贷款，然而银行贷款条件较为严格、贷款周期相比战略性新兴产业发展周期过短、融资成本较高等问题，限制了战略性新兴产业企业的融资。李丹（2018）对广东佛山科技型小微企业融资情况进行抽样调查，结果发现，企业第一资金来源渠道是内部积累，占比高达 78.6%，第二资金来源渠道是银行贷款，占比 49.8%，第三资金来源渠道是政策性贷款，占比35.2%，而资本市场和私募股权融资在企业第一、第二资金来源的占比极低，仅占1%～3%。企业从银行成功取得贷款的比例也很低，能成功获得银行100%贷款比例的企业仅占9.5%，有30.2%的企业成功获得银行贷款的比例小于1/4。样本企业从银行申请到的贷款，接近70%的是一年以下的短期贷款，而且金额较小，难以满足企业购买生产线、设备改造等的资金需求。

第二，部门、机构之间的协同联动不够强。金融对产业的影响是涉及科技、金融、产业融合发展的系统工程，需要科技、金融、发展改革、经济、财政和银行、保险、证券监管等部门协同合作，需要政府、金融机构、科技园区、研发机构、科技企业、投资公司、担保公司、资本市场等要素的共同参与，需要国家、省、市、区、镇各级政府上下联动。目前，各级政府之间、政府各部门之间的协同联动机制不健全，政府的优势和资源尚未有效整合。省级政府部门中，科技归口科技厅，中小企业由经信委负责，金融机构的监管职责在“一行三局”，地方金融发展与服务工作在金融办，这种“多条腿走路”现象，在实际工作的配合中会打折扣。政府各职能部门在对各行业不间断监管过程中，积累了丰富的信息资源和数据，调研中有部门和机构反映，渴求能够共享这些信息资源，哪怕是有偿使用也可以，但掌握信息资源的部门出于自身考虑，对此往往采取消极态度，哪怕有关领导再三要求、多次协调也无济于事，需求方无奈之下，只好艰难地另起炉灶，再搞一套，造成重复建设和资源浪费。以部分省市联动准备金合作银行业务开展情况为例，根据《2018年上半年广州市科技型中小企业信贷风险补偿资金池运行情况通报》，广州市科技型中小企业信贷风险补偿资金池合作银行有8家，风险准备金额度相同，但是各个银行实际开展业务差异较大，截至2018年6月30日，8家银行累计发放贷款78.83亿元，排名前两名的中国银行、建设银行发放贷款数合计55.50亿元，占比70.40%，而排名后四位的中信银行、交通银行、招商银行、平安银行合计发放贷款8.37亿元，占比不足11%①，在风险准备金额度相同的情况下，未能使财政资金的使用效率充分释放。

第三，区域金融资源配置不均衡。金融业主要集聚在“核心区”，大部分金融资源集中在珠三角地区，粤东、粤西、粤北地区的金融资源占比较低，2019年末，广东省88.004%的存款余额和89.935%的贷款余额集中在珠三角地区，仅11.996%、10.065%的存款、贷款资金配置在了粤东西北地区，而同期粤东西北地区生产总值、固定资产投资、消费在全省的占比分别达19.292%、26.900%、22.616%。从总量看，粤东西北地区所获得的金融资源与经济总量存

① 狄磊：《广州创投周为企业创新打造劲健双翼》，南方网，2018年8月30日。

在不协调、不匹配的问题。从人均金融资源来看，2019 年粤东西北地区人均存、贷款余额分别为 5.187 万元、3.167 万元，分别比珠三角地区少 24.760 万元、19.102 万元。各城市金融特色不够突出，在政府引导下的目标趋同化会导致发展后劲不足，核心区内也存在发展的不平衡。深圳市科研实力雄厚，资本活跃，市场化程度高，风险投资、创业投资发展在全省一花独秀，科技、金融、产业融合效应凸显。珠三角其他市虽然基础较好，但与深圳相比仍有一定差距。在金融业聚集“核心区”发展的同时，“沿海经济带”和“北部经济区”的金融业发展则相对滞后，“核心区”的辐射带动作用不足，粤东西北的金融活力不足，金融业税收占比较低（陈嘉，2019）。从珠三角、粤东西北固定资产投资的资金来源来看，2019 年金融业比较发达、融资方式较为多样的珠三角地区来源于银行信贷的资金增长速度为 5.8%，而金融业比较落后、融资方式单一的粤东西北地区来源于银行信贷的资金增长速度分别为 -19.8%、-22.1% 和 -6.3%，说明这些金融资源未能有效运用和激活。

第四，科技金融工作系统性和政策创新力度有待加强。科技金融整体工作需加强系统设计和统筹实施。由于科技金融工作处于探索阶段，工作实施缺乏对应的目标设置，尤其是量化指标缺失，因此在工作的推进过程中，对目标的考核、对过程的把控等缺乏标准化的参照依据。金融促进产业发展，需要科技创新、金融创新的有机结合，其中，科技金融政策创新的作用至关重要。上海浦发银行与美国硅谷银行合作成立了浦发硅谷银行，引入硅谷银行业务运营模式，致力于打造科技企业的风险银行，在全国科技金融领域领先一步。汉口银行也借鉴硅谷银行经验与模式，在武汉光谷成立科技金融服务中心，支持科技型企业发展。苏州市将经营性财政资金放进基金池作为母基金，制定优惠措施，2010～2014 年共吸引全国各地 36 支优秀的基金管理团队前来落户成立投资基金公司，投资当地 800 多个科技项目，积聚了大批创新创业人才。相比之下，广东省虽然出台了一些政策措施，但创新力度和对境内外投资资金和机构的吸引力度明显不够，当前广东核心区金融业的发展在北有京沪、南有新（新加坡）港的区域结构影响下，由政府引导的国际高端金融发展路线并不太清晰，本地金融创新也多聚集在 P2P、理财保险等较低水平的互联网简单融合，涉及金融领域的高端业务，如风投、期权、基金管理等国际金融科技创新，在深圳、广州等核心区域并没有明显的发展优势（陈嘉，2019）。

第五，金融政策实施评估评价机制不健全。政策实施过程中，如在开展知识产权质押贷款业务过程中，往往缺乏权威机构对知识产权价值进行科学合理的评估，银行难以开展纯粹的知识产权质押贷款，只能以实物抵押为主，知识产权质押为辅，导致了缺乏实物抵押的小微科技企业贷款难。

第六，战略性新兴产业股权融资占比较低，融资结构有待进一步优化和调整。战略性新兴产业初期具有高投入、高风险、投资回收资金周期较长等特点，需要有多层次金融体系解决其融资问题。然而，广东省乃至全国的金融支持体系一直以银行金融机构为主的间接金融占主导地位，以股票、证券等为主的直接金融占比较低。全国层面上看，战略性新兴产业的资金来源主要依靠财政支持和债权融资模式，来自各级财政的资金占有较大的比重份额，股权融资等占比很低，而债权融资中又以短期借款为主，债券融资占比低且长期借款增长缓慢（胡吉亚，2019）。广东省政府配套了大量的财政专项资金以及创新创业扶持基金等支持战略性新兴产业的发展，然而占比过高的财政扶持资金比重导致战略性新兴产业对财政资金扶持的依赖程度较深，前期发展依赖财政资金而后续发展的资金来源不足，为此，企业需要拓展多方面的融资渠道。

三、财政投入政策的不足

前文已经表明，广东省财政资金的资源配置未达到最优状态，存在未充分利用现象。财政专项资金在一定程度上提升了广东省科技创新能力与产业竞争力。但广东财政投入政策还存在以下问题：

第一，广东省 R&D 经费投入存在明显的区域差异性和不均衡性，2019 年珠三角地区的科研经费支出为 2962.36 亿元，占全省 R&D 经费的 95.607%，其 R&D 经费投入强度为 3.41%，其中 R&D 经费投入强度最大的是深圳，为 4.93%，其次是珠海，为 3.15%，东莞和广州依次排在第 3 和第 4，分别为 3.06% 和 2.87%；东翼、西翼、山区 R&D 经费分别为 60.56 亿元、33.24 亿元和 42.33 亿元，分别占全省的 1.955%、1.073% 和 1.366%，其 R&D 经费投入强度分别为 0.87%、0.44%、0.68%[①]。财政投入力度的区域差异在一定程度上导致了区域发展差异，如珠三角地区培育高企的财政奖补政策力度大，市县累加的奖补金额平均超过 40 万元，特别是广州市、珠海市，其财政对单个企业培育奖补金额为 80 万～130 万元，而粤东西北地区高企培育奖补较少，市县累加的奖补金额平均为 22 万元，珠三角地区与粤东西北地区高企数量的比值，由 2014 年的 17.5∶1 提高到 2016 年的 19.0∶1，高企科技人员比值由 16.4∶1 提高到 16.9∶1，高企数量规模、高

① 广东省统计局、广东省科学技术厅、广东省财政厅：《2019 年广东省科技经费投入公报》，广东省统计信息网，2020 年 10 月 29 日。

企科技人才之间的差距进一步拉大①。

第二，财政投入资金在重点行业和基础领域的分布不够合理。根据深圳市审计局2020年发布的《2016至2018年生物医药等战略性新兴产业资金管理使用情况专项审计调查结果》②，2016～2018年，战略性新兴产业资金中分配投入生物医药产业9.42亿元。其中，深圳市发展改革委未布局生物医药产业中的数字生命领域；深圳市科技创新委2018年未分配投入生物医药产业，也未布局生物医药产业中的数字生命领域；深圳市工业和信息化局近三年均未分配投入生物医药产业。同时深圳市科技创新委对生物药品制品制造等重点领域企业投入不足，深圳市科技创新委2016～2018年战略性新兴产业资金财政分配总投入4.28亿元，对生物药品制品制造等重点领域企业仅投入2960万元。胡吉亚等（2020）研究发现，对战略性新兴产业的财政投入存在一定的“惯性”，导致资金使用效率不高，如从产能上看，新能源汽车产业规模较大，2018年，我国新能源汽车产销分别达到了127万辆和125.6万辆，同比增长59.9%和61.7%，已成为新能源汽车产业发展最快、产量最高的国家。与此同时，新能源汽车产业链基本完备，2018年我国新能源汽车动力电池装机总电量约为57.35亿瓦时，成为全球最大的动力电池生产国。2018年，我国风电新增装机量和累计装机规模连续6年居全球第一，光伏产业产量占据世界多半份额，太阳能热发电累计装机量也由2017年的29.3装机/兆瓦飙升至2018年的244.3装机/兆瓦。在高端装备产业，我国于2017年超越德国和英国，成为全球前3，在卫星研制与发射能力、高档数控机床等领域已经达到国际主流水平。然而，政府补贴至今仍主要向新能源汽车产业、新能源产业和高端装备产业倾斜。此外，广东省R&D经费投入到基础领域的比例太小。2019年，广东用于基础研究的经费投入为141.86亿元，比上年增长23.2%；应用研究经费247.28亿元，增长7.3%；试验发展经费2709.36亿元，增长14.9%。基础研究、应用研究和试验发展经费所占比重分别为4.6%、8.0%和87.4%，在基础领域投入的经费显然不足。

第三，财政投入推动创新过程中，“产学研”联合研发专利产业化存在制度性障碍。在2014～2018年科技创新战略专项资金绩效评价调研中，“建筑墙体检测服务机器人研发与产业化”项目，各项技术指标已经完成，但是由于联合承接企业经营情况不乐观，无法承接科研成果的产业化，造成研究成果在产业化的过程中停滞，经济效益指标与合同约定目标差距较大，原因有两个方面，一是由于

① 广东省财政厅：《2014－2018年科技创新战略专项资金绩效评价报告》，2019年3月1日。

② 深圳市发展和改革委员会：《关于我市2016－2018年生物医药产业资金管理使用情况审计调查报告整改情况的公告》，2020年9月18日。

产业化承接企业经营不善以及市场情况的变化，无法承接项目的产业化实施推进；二是在产业化合作企业无法承担相应职能的情况下，高校的专利制度无法明确界定专利权的归属，以及当前专利市场不成熟造成专利估价不科学，在专利成果形成以后，没有顺畅的转化机制，使得高校研究成果停留在办公室里，无法及时转化为经济成果①。

第四，财政投入专项资金使用过程中，存在主管部门职责不清晰、部门履职交叉、制度执行力度不够等情况。以深圳市 2016 ~ 2018 年生物医药等战略性新兴产业资金为例，2016 ~ 2018 年度，深圳市发展改革委、深圳市科技创新委和原深圳市经贸信息委相关业务处室提出年度直接资助资金预算，编制支出计划，业务主管处室分批次对外发布扶持计划申报通知和指南，但各业务主管部门未成立专家咨询委员会，未建立动态调整机制；业务主管部门职责不清晰，履职出现交叉，深圳市发展改革委与原市经贸信息委操作规程中扶持计划出现交叉重复的有：市级公共技术服务平台组建与提升扶持计划、市场准入认证扶持计划、“创新链 + 产业链”融合专项扶持计划、国家/省配套扶持计划等 4 个扶持类别②。东莞市财政局开展 2016 ~ 2018 年度分布式光伏项目绩效评价中发现，东莞市发展和改革局至市政府的请示《东莞市人民政府办公室文件呈批表》称，“第 1 ~ 5 批项目超出政策补助容量范围 3.17 兆瓦，其中 1 ~ 4 批超出 0.86 兆瓦已经市政府同意补助，第 5 批超出部分 2.31 兆瓦若严格执行政策文件规定则应取消补助资格；但市发展和改革局已对该批资助项目进行网上公示，涉及 176 户居民，若取消资助可能引发群体事件并有损政府公信力”，以上反映出两个问题，一是未严格按照《关于印发〈东莞市分布式光伏发电项目管理暂行办法〉的通知》的要求对规模指标进行管理，未做好指标规模的控制；二是申报材料的审核过程不够严格，超额装机容量未请示市政府就向公众公示，导致 2017 年的资金支付超出当年预算，相应的财务检查等必要的监控措施未落实到位③。

第五，战略性新兴产业资金扶持项目缺乏统筹规划。以深圳 2016 ~ 2018 年生物医药等战略性新兴产业资金投入生物医药产业为例，存在以下问题：（1）服务平台项目没有统筹规划、集聚发展。在 2016 ~ 2018 年到期项目和批复项目中，深圳市发展改革委和原市经贸信息委共扶持了 40 个服务平台项目，总投资 100190 万元，财政专项资金 17189 万元。在市发展改革委的 35 个项目中，属于

① 广东省财政厅：《2014 – 2018 年科技创新战略专项资金绩效评价报告》，2019 年 3 月 1 日。

② 深圳市发展和改革委员会：《关于我市 2016 – 2018 年生物医药产业资金管理使用情况审计调查报告整改情况的公告》，2020 年 9 月 18 日。

③ 东莞市财政局：《2016 – 2018 年度分布式光伏发电项目绩效评价报告》，2019 年 9 月 5 日。

医院申请的公共服务平台有17个，财政专项资金7940万元，其中有5家医院的项目名称均为“深圳药物临床试验基地公共服务平台”，财政专项资金投入共2480万元，经审计延伸调查，这5家医院均需在SOP模板建设完备的基础上再各自建立独具优势的公共服务平台，存在资源分散问题，项目缺乏统筹规划。（2）资助企业覆盖面窄，倾向支持大企业。深圳市有医疗器械许可证的企业815家，有生物医药许可证的企业70家，市发展改革委和市科技创新委三个年度共扶持企业121家，占全市生物医药企业885家的13.67%，覆盖面窄。2016～2018年深圳市发展改革委批复项目共110个、分配投入财政补助资金总计51334.92万元，涉及55家企业的77个项目。资助企业仅占全市生物医药企业885家的6.21%。（3）扶持方式单一，以直接资助、事前资助为主。2016～2018年市发展改革委和市科技创新委扶持263个项目，财政资助94204.92万元，除了市发展改革委1个项目采用贷款贴息方式扶持、财政资助12.78万元外，其余262个项目均采用直接资助方式。事前资助的项目212个、市财政资助83742.78万元，事前资助占市财政资助额的88.89%①。

第六，财政投入资金使用效率不高。以深圳2016～2018年生物医药等战略性新兴产业资金投入生物医药产业为例，2016～2017年市财政局批复通过的各部门战略性新兴产业资金预算，仅根据市政府产业发展政策确定战略性新兴产业资金预算总规模，每个业务主管部门的战略性新兴产业资金预算仅一条指标，未细化到产业类别；各业务主管部门在编制预算时未收集确定战略性新兴产业资金项目。2016～2018年，市财政局收到市发展改革委、市科技创新委和市经贸信息委关于撤销和中止生物医药项目的批复3份，均没有收到项目单位交回的银行缴款凭证和业务主管部门关于战略性新兴产业资金回收情况的文件；同时信息化技术手段不足，市财政局没有与业务主管部门和监管银行进行对账，无法提供2016～2018年期间战略性新兴产业资金退款情况，也无法提供2016～2018年期间全市监管银行中战略性新兴产业资金的收支结余情况。战略性新兴产业资金退款对账机制不完善。战略性新兴产业资金未及时使用或被司法机关采取强制措施，造成财政资金损失浪费②。

四、税收优惠政策的不足

在广东省新旧动能转换的关键时期，税收优惠政策增强了企业的创新意愿和

①② 深圳市发展和改革委员会：《关于我市2016－2018年生物医药产业资金管理使用情况审计调查报告整改情况的公告》，2020年9月18日。

创新能力，引导企业不断加大研发投入，同时提高了企业盈利能力和竞争力，在宏观层面上推动了广东省战略性新兴产业向价值链高端升级。然而，税收优惠政策在实施过程中，存在以下问题：

第一，税收优惠在一定程度上妨碍公平竞争。从促进经济高精尖发展的角度而言，税收优惠具有一定的合理性：加快了传统企业的淘汰速度，促进了社会资本的快速流动，吸引了向新兴产业投资的热情。但立足于促进经济社会长远发展、吸纳大量劳动力、稳定就业率的角度，为了促进新兴产业发展而制定的各类税收优惠的合理性和合法性都有待商榷。对新兴产业的扶持会导致其与传统产业在经济上的不平等地位，进而会影响到传统产业的发展、抑制其竞争力，长此以往，市场经济秩序也会受到无形却不可忽视的损害。对竞争主体区分行业对待，显然违背公平竞争的宗旨，这也是行政垄断、行业壁垒等顽疾得以存续的一大重要原因。

第二，税收优惠政策效果主要体现为锦上添花，而非雪中送炭。一般政府在制定税收优惠政策的过程中，根据企业类型不同给予了不同的待遇。具有雄厚经济实力的总部企业、知名企业和外资企业等，享有了更多的政策扶持与激励。姚子健等（2020）统计了 212 份税收优惠政策文件，发现仅仅有 11 份文件对中小微企业予以政策倾斜，经济利益导向的政策制定对于中小微企业的发展极为不利：地方政府以税收减免、税收返还、奖励金等激励本身就实力雄厚的大企业，使得强者更强，本就处于经济链条底层的中小微企业得不到重视，弱者更弱的现象屡见不鲜。在经济发展的过程中，龙头企业、知名企业固然具有不可或缺的带头作用、凝聚作用，但是以牺牲地方的公平竞争秩序为代价、以忽视本就在经济交往中处于弱势地位的中小微企业的根本利益为代价，大力支持大型企业的发展虽能带来一时的经济增长，但并非地方经济健康、有效发展的长远之计。

第三，税收优惠政策的影响存在明显的区域异质性和行业异质性。姚维保等（2020）针对广州、珠海、汕头等广东 21 个地市民营企业的税收优惠政策开展问卷调查，选取企业所在地区、企业登记类型、企业享受税收优惠类型和企业纳税信用等级四个方面，分析企业享受税收优惠政策情况以及民营企业对减税降费红利获得感方面的差异性，结果发现，粤北地区认为减税降费红利对企业帮助很大的占比最高，达 15.24%，粤东、粤西地区接近 50% 的企业认为减税降费红利对企业帮助较大；珠三角地区认为减税降费红利对企业帮助较小的占比达 40.55%，是四个地区之最。在珠三角、粤东、粤北三个地区都有较高比例的企业认为减税降费红利对企业的帮助不明确。问卷调查还显示，高新技术企业中已享受税收优惠政策的企业占比最多，达到72.96%，其次是小型微利企业，达到66.52%，一般企业中，近半数（47.43%）的企业不符合享受税收优惠政策的条件，说明高新技术企业能够享受的税收优惠政策范围最广，体现了政府对于创新技术的重视与扶持。一般企业和其他优惠资格的企业认为减税降费政策红利对企业帮助较大和较小的分布一致，不同点在于被认为其他优惠资格的企业中有更高比例的企业认为减税降费政策红利对企业帮助很大。小型微利企业中，认为减税降费政策对企业影响不好说的占比相较其他三种类型企业偏高，可能存在政策与企业发展不适配的问题。高新技术企业中，认为减税降费政策对企业没有帮助或情况不明确的占比极低，认为减税降费政策红利对企业帮助较大的占比超过50%，为其他各类情况之最，与高新技术企业能够享受的税收优惠政策范围最广的现实情况相对应，同样说明了政府对高新技术的扶持。

第四，增值税相关优惠政策不完善。李洁（2020）调研发现，实际操作中，增值税优惠政策不够完善。税法规定高新技术企业可以从购买研发设备中所获得的资金抵扣，但需要先购买后抵扣，从而无形地占据了企业提供的资金，减少其流动性。而且企业很难及时获得增值税减免优惠，根据税法，如企业的增值税税负超过3%，每月需按比率偿还。例如，一家生产的软件企业，根据既定政策，销售是在增值税征收期结束时提前征收增值税，然后退还相应的税款，但其手续复杂烦琐、时间拖延较长，占用企业资金太久不利于企业的发展。软件产品本身也要缴纳更高的税款，“即征即退”的税收优惠政策该企业如不能实际享受，显然不符合文件制度精神要求。此外，营改增后，增值税是流转税的一个重要组成部分，对于高技术企业来说，增值税的税收优惠政策却非常有限，只适用于两个行业，即集成电路和软件，只有当增值税税负达到7%和3%时才能适用。由此表明，行业的限制使企业享受的优惠政策较少。

第五，以所得税为主体的税收优惠政策与税收优惠政策的功能定位存在一定的偏离。税收优惠政策的基本定位应该是根据产业发展周期平滑各阶段的风险和收益，引导社会资源由产能过剩产业流向战略性新兴产业，弥补战略新兴产业在培育期及发展初期的风险以及战略性新兴产业的正外部性成本（宋丽颖，2019）。然而以所得税为主体的税收优惠政策则要求企业以盈利为前提享受优惠，基于战略性新兴产业的特点，其风险最大、最需要支持的阶段是企业进行研发、产品市场化的初期阶段，此时企业规模较小，营业收入水平不高，盈利水平较弱甚至处于亏损状态，难以享受所得税优惠政策所带来的福利。白景明等（2017）对547家小微企业的税费负担调查显示，规模越小的企业税费负担越重，现行的税收政策一方面未能针对小微企业的特殊性给予特殊的税制设计，另一方面未能根据它们不同发展阶段的需要来制定税收政策或制度安排。而且所得税优惠也有相对较高的门槛，如只有通过高新技术企业认证的高新技术企业才能享有15%的低税率优惠，许多企业因达不到此条件而无法享受税收优惠，吴锦民（2016）对茂名市企业创新创业的研究显示，所得税优惠政策的实施并没有给该市企业的科技研发带来显著成效。由此可见，当前的税收优惠政策并不能很好地起到扶持战略性新兴企业发展的作用，对于发展初期的企业激励效果较弱。

第六，研发费用和固定资产加速折旧的税收政策不够完善。目前研发费用的归集口径有三个标准，由于没有成文的标准，税务局核查压力和难度较大，导致企业发生研发费用时可以享受的优惠扣除比较少。而且扣除的范围是不合理的，由于我国税法在明确费用范围时采用的是列举法，与研发直接有关的费用覆盖不全面，近年来，尽管调整了研发费用的范围，但在企业实际费用归集时，很多与科研有关的费用依然不可以抵扣。此外，加计扣除额是根据扣除率和研究与开发费用计算的，一般来说，企业所得税税率越高，企业税负会越重。例如高新技术企业的税率为15%，普通企业为25%。对于固定资产加速折旧来讲，税收优惠力度因税会差异受到一定的限制，选择固定资产加速折旧的会计处理方法在不考虑时间价值时，企业所得税总额并没有发生变化，但大大延长了企业支付税款的时间，这有助于缓解企业的财务压力，降低企业的财务风险，即获得短期无息贷款。尽管如此，较之企业可以直接减免或抵免企业相关税收的优惠政策，延长征税期限对企业来说并不具有吸引力。

五、政府采购政策的不足

《广东省自主创新产品政府采购的若干意见》《广东省战略性新兴产业发展“十三五”规划》和《广东省加快战略性新兴产业发展实施方案》等政策的实施，加大了创新产品和服务的政府采购，以公开招标采购为主要形式的广东政府采购规模持续上升、服务类项目增长迅速、民企中标数量持续上升。但是也存在政府采购规模增速回落、政府采购政策促进环境质量改善的政策效果并不明显等问题。当前政府采购政策制度及其实施过程中存在的问题如下：

第一，政府采购存在事前监管形式化、事中监管不到位、事后监管不及时的现象（张晓丹等，2020）。具体表现为：（1）事前监管形式化。政府采购中的审批流程仍存在流于表面形式的缺陷，在政府采购立项的阶段，部分机构对实际采购需求没有进行调研，列出的采购清单缺乏实证性，而进行审批时虽然也要经过专家委员会进行审批，但是由于实践中专家委员会组成人员水平未能全部满足审批所需的专业化要求，往往提不出可行的建设性意见，不能起到事前监管的作用。（2）事中监管不到位。政府采购涉及的环节较多且利益相关主体众多，这对每个采购环节与利益相关主体的风险把控提出了更高的要求。目前政府采购各个环节中利益相关主体之间的冲突时有发生，折射出政府采购的事中监管不到位，一些风险监督环节存在法律法规没有规定的地方，也缺少社会监管。事中监管不到位致使事后发生的风险增多，甚至出现无人监管区的现状，严重影响了政府采购工作的顺利开展。（3）事后监管不及时。政府采购方与供应商达成采购协议后，根据合同所约定的权利与义务，双方民事主体均应按约定全面履行合同权利义务。实践中，政府采购存在"轻事后监督"现象，政府采购监管不能仅停留在事前审批监管，也要延伸到其他监管阶段之中，特别是事后监管不及时。

第二，政府采购监管法律制度不健全。一是法律依据缺位。对政府采购进行监管的法律依据主要是适用于全国的法律规定，多为原则性、抽象性的规定，例如《中华人民共和国政府采购法》及《中华人民共和国招投标法》，以及特定问题出现后出台的部门规章以及地方性法规。目前尚未形成统一的防范政府采购风险与解决政府采购纠纷的法律制度，抽象性的规定与分散性的地方性法规在实践中导致各个地方的"自由裁量权"太大，标准不统一，在解决政府采购纠纷时存在法律空白的困境，容易产生具有倾向性的裁判观点。二是惩处力度不足。政府采购目前正处于飞速发展时期，采购规模、采购物品和采购服务范围随着我国经济体量的增加逐步扩大，多样化的交易形式以及多边的利益相关主体，使政府采购领域内出现的失信违法行为逐年增多，而目前我国政府采购法律体系中对失信违法行为的惩处力度明显不足，很多地方仍然只是采取上失信名单这种简单方式用于警告惩处失信行为，并不能足够保护各方参与主体的利益。

第三，政府采购权责不对等。权责不对等是制约政府采购向规范化、科学化发展的重要因素之一，权力的集中是计划经济时代不得已的选择，在资源相对匮乏的时期，需要依靠有力的调度实现政府管理目标（白积洋，2020）。而当前市场经济为主导的时代背景以及我国服务型政府的转变，政府采购的职能也逐渐回归到服务公共利益的本位，在这一过程中就要求权责逐渐回归对等，也与我国政府采购的发展历程由最开始的重视对公权的控制与维护，最终发展为要探索制衡拥有公权力的采购人权利相一致。但是目前我国政府采购由于"管采分离"制度的实施，采购主体还存在责任不清晰，政府采购中心既要接受政府采购人对其"业务"的领导与监管，又因为隶属与委托代理关系要接受采购人"行政"的领导与监管，这一双重领导与监管模式，实际与“责权对等”的要求相背离，导致在实践中出现权责不对等的矛盾。

第四，中小企业政府采购参与度相对较低。从我国整体来讲，中小型企业参与政府采购工作的过程中，存在着显著的结构失衡的问题，使得政府采购工作的作用无法得到有效的发挥（刘乃强，2021）。现阶段中小型企业参与率比较低的主要原因有：（1）企业自身的体量比较小，产业结构单一，获取信息的能力比较差，使得企业自身缺乏参与到政府采购工作的积极性。（2）中小企业信用度不高且自身意识薄弱。中小企业在进行政府采购工作的时候缺乏自律性，不注重自身信用体系建设，为了追求经济效益，达到中标，有不少中小型企业存在着弄虚作假的问题，从影响自身的信用，造成以后的政府采购过程中标的份额越来越低。（3）政府采购商品需求与中小企业生产结构存在一定的不匹配性。政府采购的商品分为三类，即货物类、工程类及服务类，这些商品对技术水平和资金投入的要求高，而中小企业往往体量比较小，生产技术水平不高，在科技领域并没有掌握核心的技术，导致政府采购产品的生产商往往都是那些体量比较大、运营情况良好的大型企业。（4）缺乏完善的采购机制。政府采购工作目前并没有建立完善的采购机制。目前将政府采购代理机构作为负责政府采购工作的代理部门，但这种代理机构目前并不完善，并且没有建立起相应的管理机制，在进行工作的过程中存在着许多的漏洞，在实际运行的过程中为了追求经济效益而忽视了公平竞争的原则，使得中小型企业参与到政府采购工作的机会进一步减小。

第五，国有企业尚未建立统一的采购制度。《政府采购法》规定的采购当事人并不包含国有企业，而国有企业由于类型多样分属于不同的部门管理。如国务院国资委重点对非金融类央企进行监管，财政部重点对金融类央企展开监管，而地方国资委、地方财政部门、地方文化资产监管部门等重点对地方国有企业进行监管（刘晓宁，2021）。目前来看，还没有形成国有企业普遍适用的采购制度，大部分企业均根据自身需求和所在行业特点选择不同的采购方式。

第六，政府采购支持创新的政策落实存在一定的难度。事实上，不仅是广东，中国乃至全球政府采购支持创新的政策在具体落实中都存在一些共性难点（李研，2021）。（1）世界上大部分国家和地区的财政资金都是按照不同级别政府列支。地方政府层面，政府采购系统分散化严重且对创新产品和服务的采购缺乏所必需的技能和采购经验，大部分地方政府对此类财政支出并不“感冒”，这种情况在很大程度上限制了创新型采购的潜力。（2）政府部门的采购机构与负责推进创新的政府机构或主管部门相互独立运营，增加了推动以创新为导向的政府采购政策工具实施的难度。（3）创新产品或服务的采购面临诸多风险，如技术风险、特殊市场风险。风险规避使创新采购变得更具挑战性。特别是涉及重大金额的研发项目，很少有企业和公共机构愿意承担。（4）因为创新采购需要对战略进行长期的规划并对用户进行全面的分析，供应商需要花费足够的时间成本去开发技术或找到解决方案以满足那些具有挑战性的采购需求，在一定程度上会阻碍创新采购的发展。（5）对于市场上还不存在的产品和服务的创新采购，在规划和实施采购项目时，对采购人的要求颇高，需要其具有高度专业的精神和足够的知识及经验。

事实证明，政府采购可以为早期技术创造市场。许多美国的创新项目包括美国国防部高级研究计划局的创新项目，都需要依赖政府作为一个庞大的消费者来刺激没有商业市场的早期技术开发（方陵生，2020）。因此，除了研发支出和供应方面的激励措施外，政府可以利用其采购能力来刺激需求，为早期技术创造市场，通过扮演消费者的角色，政府可以利用市场激励来加速技术发展，还可以利用其预算来加速早期至中期技术的商业化和国内生产，当然，采购项目应建立基准，以便企业在过渡到商业模式时，减少对政府支持的依赖。

第四节　本章小结

为了探寻广东省战略性新兴产业核心竞争力培育中面临的制度障碍，明确广东省战略性新兴产业核心竞争力培育政策的改革方向和重点。本章在第六章的基础上，从人才队伍建设、金融支持、财政投入、税收优惠、政府采购 5 个方面对广东省促进战略性新兴产业发展的政策进行了梳理，并分析了政策绩效及政策不足。主要研究结论如下：

第一，人才队伍建设方面，从高层次人才规模来看，2010～2019 年享受国家津贴新增人数为 789 人，广东省高级职称批准人数由 2010 年的 19031 人增长至 2019 年的 30330 人，增长 159. 372%，平均每年增加 5. 315%；博士后招收人数增长较快，2010 年仅为 560 人，而 2019 年已达到 3835 人，增长 594. 821%①。然而，在顶尖人才方面，广东与北京、上海、江苏等差距仍然较大，截至 2017 年底，广东省的全职两院院士仅有 43 名，“973 计划”首席专家、长江学者等顶尖人才远少于北京、上海、江苏等省区市，2018 年高层次专业技术人员仅为 77

① 广东省统计局：《广东统计年鉴》（2020），中国统计出版社 2020 年版。

万人①。人才队伍建设政策的不足体现为：（1）人才相关政策项目执行过程监管不严、资金到位不及时、绩效目标过于笼统和考核标准不明确等问题，在一定程度上影响了人才引进政策效果。（2）广东省人才队伍建设政策类型分布不均衡，人才流动和人才激励方面的政策相对不足。（3）广东省人才政策实施细则偏少，细则制定具有一定的滞后性。（4）人才政策效果评估力度不足。

第二，金融支持方面，2010～2018年，广东省本外币各项存款余额从2010年的8.2万亿元增加到2018年的20万亿元，金融机构本外币各项贷款余额由2010年的5.2万亿元增长至2018年的14.5万亿元②。金融支持对广东省战略性新兴产业发展产生显著的正向影响，同时也显著促进了广东省区域经济协调发展。然而，战略性新兴产业金融支持效率并不高，2011～2017年，战略性新兴产业的上市公司金融支持为数据包络分析（DEA）无效。金融支持政策的不足表现为：（1）战略性新兴产业中小型企业融资需求难以得到满足。（2）部门、机构之间的协同联动不够强，各级政府之间、政府各部门之间的协同联动机制不健全，政府的优势和资源尚未有效整合。（3）区域金融资源配置不均衡，粤东西北地区获得的金融资源与经济总量存在不协调、不匹配的问题。（4）科技金融工作系统性和政策创新力度有待加强，广东省金融创新力度和对境内外投资资金和机构的吸引力度明显不够。（5）金融政策实施评估评价机制不健全，缺乏权威机构对知识产权价值进行科学合理的评估，导致缺乏实物抵押的小微科技企业贷款难。

第三，财政投入方面，广东省R&D经费投入强度由2011年的1.96%增长至2019年的2.88%，但与北京、上海、天津等地区相比，还存在一定的差距③。从投入产出效率来看，广东省财政资金的资源配置未达到最优状态，财政资金存在未充分利用现象。财政投入政策的不足表现为：（1）广东省R&D经费投入存在明显的区域差异性和不均衡性，2019年珠三角地区的科研经费支出为2962.36亿元，占全省R&D经费的95.607%④。（2）财政投入资金在重点行业及基础领域的分布不够合理。对战略性新兴产业如新能源汽车产业、高端电子新兴产业的财政投入存在一定的“惯性”，导致资金使用效率不高。而且广东省R&D经费投入到基础领域的比例太小，仅为4.6%⑤。（3）财政投入推动创新过程中，“产学研”联合研发专利产业化存在制度性障碍。（4）财政投入专项资金使用过程中，存在主管部门职责不清晰，部门履职存在交叉，制度执行力度不够等情况。（5）战略性新兴产业资金扶持项目缺乏统筹规划，公共服务平台存在资源分散

①②③④⑤ 广东省统计局：《广东统计年鉴》（2020），中国统计出版社2020年版。

问题。(6) 财政投入资金使用效率不高。

第四，税收优惠方面，2013～2016 年广东省国税系统减免企业所得税税额 1553.6 亿元，2018 年为企业减税 2314 亿元，2020 年减税降费 3000 亿元[①]。税收优惠政策增强了企业的创新意愿和创新能力，引导企业不断加大研发投入，同时提高了企业盈利能力和竞争力。税收优惠政策的不足表现为：(1) 税收优惠在一定程度上妨碍公平竞争。(2) 税收优惠政策效果主要体现为锦上添花，而非雪中送炭。(3) 税收优惠政策的影响存在明显的区域异质性和行业异质性。(4) 增值税相关优惠政策不完善。(5) 以所得税为主体的税收优惠政策与税收优惠政策的功能定位存在一定的偏离。(6) 研发费用和固定资产加速折旧的税收政策不够完善。

第五，政府采购方面，以公开招标采购为主要形式的广东省政府采购规模持续上升、服务类项目增长迅速、民营企业中标数量持续上升。但也存在政府采购规模增速回落、政府采购政策促进环境质量改善的政策效果不明显等问题。政府采购政策的不足表现为：(1) 政府采购存在事前监管形式化、事中监管不到位、事后监管不及时的现象。(2) 政府采购监管法律制度不健全，表现为法律依据缺位、惩处力度不足。(3) 政府采购权责不对等。(4) 中小企业政府采购参与度相对较低，政府采购商品需求与中小企业生产结构存在一定的不匹配性。(5) 国有企业尚未建立统一的采购制度。(6) 政府采购支持创新政策落实存在一定的难度，表现为地方政府采购系统分散化严重且对创新产品和服务的采购缺乏所必需的技能和采购经验；政府部门的采购机构与负责推进创新的政府机构或主管部门相互独立运营，增加了推动以创新为导向的政府采购政策工具的难度等。

① 广东省财政厅、国家税务总局广东省税务局：《广东：全方位落实落细减税降费政策统筹推进经济社会发展成效明显》，载《中国财政》2020 年第 24 期。

第八章　国外战略性新兴产业核心竞争力培育的经验与启示

第七章已经从人才队伍建设、金融支持、财政投入、税收优惠、政府采购 5 个方面对广东省促进战略性新兴产业发展的政策进行了梳理，并分析了政策绩效及政策不足。本章旨在通过分析世界先进国家和地区的产业促进政策，总结国外培育战略性新兴产业的经验和做法，为下一阶段广东省制定培育战略性新兴产业核心竞争力的政策提供参考。

第一节　国外战略性新兴产业的培育政策及案例

借鉴和参考别国和地区产业促进政策经验，进一步发掘广东省战略性新兴产业发展促进政策的不足和值得关注的环节，对制定符合广东省战略性新兴产业发展实际的产业促进政策有十分重要的意义。

一、日本

（一）日本电力产业改革

为了逐步调整能源结构，日本电力产业从 1995 年开始，开展了四次大规模市场化改革，每次市场化改革均以大胆引入市场竞争机制为主要目标（李慧敏，2017）。

第一次电力自由化改革（1995 年）的措施包括引入独立发电商参与发电市场；建立电力交易市场和电源竞标制度；对铁道公司等自身拥有输配电线网络的经营者配套设立“特定电气事业者”制度，允许其在规定区域内从事发电—输配电—售电“垂直一贯制”的电力经营业务。

第二次电力自由化改革（1999 年）围绕实现售电环节“部分市场化”进行，主要举措包括允许独立售电厂商参与电力销售市场。独立售电厂商可以对大规模工厂、办公楼、百货商店等签约电量在 2000 千瓦以上的特别高压使用者进行电力销售。在这部分电力销售市场废除市场进入、电力供给义务、电价等传统政府规制。同时，为了保障用户用电的持续稳定，在实现完全市场化之前的过渡时期，对十大电力公司设立“最终用电保障义务”。此外，这轮改革最突出的改革举措是设立委托拥有输送电网的电力公司进行电力输送的“托送制度”。

第三次电力自由化改革（2003 年）旨在进一步扩大售电环节市场化范围，2004 年日本电力部门将可以自由选择售电商的用户范围扩大到中等规模工厂、超市、中小高楼等签约电量 500 千瓦以上的高压用户，允许自由交易的范围扩大到年销售量的 63%。同时，完善“托送制度”，保障电线网络基础设施公平、透明、开放使用，对电力公司输配电部门商业信息的使用、发售电部门间交叉补贴行为等强化监管，实行输配电部门的会计独立，设立独立于输配电部门的中立机构——电力系统利用协议会，负责制定系统运行基本规则，处理系统运行争议等。此外，为实现电源结构配置多样化，提高各类交易主体市场参与活力，设立日本电力交易所（Japan Electric Power Exchange，JEPX）。

第四次电力自由化改革（2013 年）启动源于福岛核电站发生的严重核泄漏事故。日本各界开始反思本国的能源结构和发展状况，并为下一步充分高效利用清洁能源做制度上的准备。本轮改革分三个阶段进行：第一个阶段到 2015 年，主要改革内容是设立区域性系统运行机构；第二个阶段到 2016 年，实现发电、售电环节的全面市场化改革；第三阶段自 2018 ~ 2020 年，主要实现发电环节与输配电环节间法律层面的分离。按照改革进度安排，2015 年 4 月 1 日，日本成立了电力区域运行推进机构，旨在打破十大电力公司划分区域、垄断经营的单一模式，优化全日本区域内的电力资源配置，实现更稳定、高效的跨区域电力供给。

继在发电领域构建竞争性市场之后，2016 年 4 月日本开始推行售电领域的全面市场化改革。传统自然垄断行业对竞争机制的广泛引入，也使电力产业政策与竞争政策的关系更加紧密。为应对不同政策以及执法部门间的协调问题，在进行电力改革的同时，日本非常重视产业政策与竞争政策协调机制的构建，具体表现如下：

第一，产业政策部门与竞争政策执法部门相互配合，共同商讨电力产业市场化改革方案及具体监管方法。电力市场化改革不是行业监管部门单方独自推行的改革任务。早在 1982 年日本公正交易委员会就积极与通商产业省（后改组为

“经济产业省”）相互合作，共同探讨电力产业改革后的规制方式问题。两部门协商之后确立的监管方式，便于行业监管部门从事前监管的角度，结合行业监管实务，规范企业行为，并建立与竞争政策（侧重事后监管）相互配合的协作执法机制。

第二，为了整合电力产业政策与竞争政策以及两类执法部门的不同优势，公正交易委员会与经济产业省联合发布《公正电力交易指南》。该指南以推进竞争市场建设为基本理念，针对电力产业链的发送配售各个环节，详细列举了竞争政策所推崇和禁止的行为模式。针对每种行为模式，指出公正交易委员会和经济产业省各自发动监管的具体情形，以实现两种监管手段的密切配合和有效整合。

第三，实施电力市场竞争状况评价，评估产业政策的竞争影响，基于证据检验政策实施效果。2017 年 3 月日本电力和煤气交易监督委员会发布《电力市场状况评估》报告书，从消费者选择行为变化、电价降低程度、服务多样化程度、市场经营者竞争状况变动、电力交易市场活跃度、电网运营环境、商业模式及技术创新激励等多方面，定量评估电力市场竞争状况的变化。这种评估本质上体现了对竞争政策基本理念的尊重，产业政策的制定、调整均应该以实际的市场竞争状况为客观依据。

第四，执法过程中相互配合。例如，早在 2005 年“关西电力公司全电气化警告事件”中，竞争执法部门和产业监管部门就面临相互配合、协调执法的现实。在该案中，作为日本十大电力公司之一的关西电力公司为推行集中住宅全电气化计划，对采用全电气化和采用电煤混用的集中住宅开发商设定不同的交易条件。对该案的处理，日本没有过分拘泥于部门之间的管辖权限，而是采取竞争执法部门与行业监管部门主动沟通、共同协调的处理模式，由两部门分别从整体市场竞争秩序（竞争政策角度）和产业有序稳定发展（产业政策角度）两个角度实行协调执法。首先由公正交易委员会在与经济产业省沟通后，从行为对市场整体公平竞争影响的角度，对行为体在电力供应服务市场（第一市场）的竞争影响进行评价，给予警告处分（李慧等，2019）。在本案例中，日本从行业发展全局角度出发，通过分析行为在不同市场中的竞争影响，综合考虑竞争政策与产业政策所体现的不同规制目的，发挥各自的执法优势，相互配合，共同实现对行业的科学监管。

（二）日本车用氢能产业发展

氢能作为最具发展潜力的清洁二次能源，由于其具有低碳零污染和能源高效等特点，开发和利用氢能正成为全球能源科技革命的重要方向。从应用终端来看，车用氢能是氢能主要发展领域，而实际应用能否成功推广要依赖于上游和中游的技术突破。其中燃料电池作为氢能产业链的重要组成部分，其技术突破和实际应用决定了车用氢能的发展。在日本，车用氢能全产业链包括从燃料电池研发到燃料电池汽车（fuel cell vehicle，FCV）生产等一系列核心价值链，并以下游终端应用为推力。在减少碳排放、保障能源安全、促进经济增长等因素的驱动下，日本政府逐步明确了氢能在国家能源体系中的战略定位，进行了较早的产业发展布局，并发挥着战略指引和政企桥梁的作用，通过完善的政策体系化解车用氢能产业发展瓶颈。其主要的产业政策是以自上而下的国家战略布局为基础，以补贴等经济手段为依托，以科技研发为重点，并以广泛建立国际合作来扩大优势。

第一，国家战略引导的产业布局。国家的产业引领奠定了日本车用氢能发展的产业基础，是车用氢能产业发展的原动力。在氢能产业发展过程中，日本政府有两个重要的战略指导性文件，一是2017年日本发布的《氢能基本战略》，明确了日本发展“氢能社会”的三大根本目标：降低氢成本、大力推动可再生能源制氢、应用层面推广FCV及加快国内加氢站的普及。由此，日本在国家战略层面确立了氢能及燃料电池发展的未来主导地位。二是2014年日本氢燃料电池战略委员会起草了第一版《氢能燃料电池战略路线图》，并在2016年和2019年分别对其进行了修订，提出了FCV推广应用、燃料电池动力系统成本下降、加氢站建设及运营等一系列的发展目标，提出3个发展阶段及每个阶段的发展目标，旨在全方位引领日本氢能产业的发展（陈英姿等，2021）。

第二，政府多部门协同管理的产业组织机构。日本的车用氢能产业在国家战略指导的基础上，形成了由内阁会议总体监督指导，日本经济产业省、文部科学省、环境省协同管理负责，日本新能源与产业技术开发组织协调政府、学界和工业企业对新能源产业的开发与推动的组织体系（见图8－1）。

第三，激发市场活力的经济刺激政策。当前FCV和加氢站对政府补贴依赖程度较高，主要原因在于加氢站基础设施不完善和FCV的保有量小，其深层原因是成本较高。基于此，日本政府出台了多项经济刺激政策，一方面通过对加氢站建设进行补贴，扩大其国内氢能需求侧的市场潜力，2019年日本政府对加氢站技术研发的重点集中在提高密封件和软管材料的耐用性，共投入29.9亿日元，并投入100亿日元用于补贴加氢站的建设。另一方面加大氢能终端产品市场的供给，对消费者提供购置补贴培育FCV的市场需求。日本政府不但在FCV的购置层面给予补贴，并且在税制改革中明确给予其优惠，2019年10月后FCV的购买者仅需缴纳特殊绿化税，而且在首次车检后就将取消。几乎完全免税的税制优惠

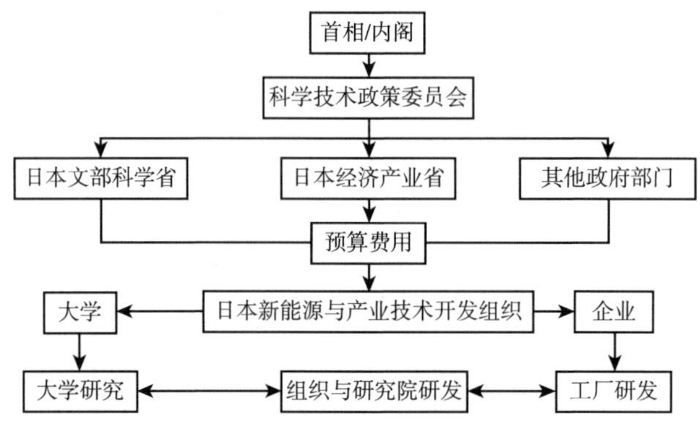

图 8－1　日本燃料电池发展合作技术路线

资料来源：陈英姿、刘建达：《日本车用氢能的产业发展及支持政策》，载《现代日本经济》2021 年第 2 期。

进一步降低消费者的购车成本，扩大 FCV 的市场需求。这种双向经济刺激政策有力地推动了 FCV 的产业化进程。

第四，搭建“政企学”创新平台给予研发支持。日本对氢能的研发支持以政府为主导，以大学研究人员为中心，利用企业开展示范项目。在政府推动大学与企业合作的基础上，日本车用氢能和燃料电池技术呈现出“政府 + 大学 + 企业”的合作开发模式。日本新能源与产业技术开发组织作为日本氢能和燃料电池示范项目管理、学术研究和工业运行的管理中心，从 1981 年开始进行燃料电池研究，日本政府对氢能和燃料电池技术研发支持主要以向日本新能源与产业技术开发组织投入专项科研经费为主。在研发初期，政府一直是研发资金的最大来源，随着车用氢能的产业化发展，丰田等汽车制造商也加入 FCV 的研发领域，它们的投资方式一方面是投资公司内部研发项目，另一方面是借助政府搭建的平台，与电池生产企业和研究机构合作，在安全性、技术标准等方面开展氢能和 FCV 共用技术的相关研究。基于政府、企业和大学三位一体的创新平台建立的这种政府与大学和产业界多方合作模式，既增加了学术交流，提高了研发活力，也共同促进了产业链的发展和完善。

第五，建立广泛的国际合作。2018 年 10 月 23 日，由日本经济产业省和新能源与产业技术开发组织牵头，来自世界 21 个国家的代表在东京共同召开“氢能部长级会议”，并发表了《东京声明》，《东京声明》从低价制氢、促进研发、推广教育等层面助力氢与燃料电池的国际合作。结合当前日本已经建立的澳大利亚和文莱氢供应链，可以看出，日本正多方位、多地域构建本国供氢系统，分散国际政治对国家能源供给的风险。

总体来看，日本车用氢能的发展以政府为主导，最终形成了“政企学”联合推动的模式。产业链层面既强调供给角度的优质氢源成本降低和固态高分子型燃料电池的研发，又强调需求角度的 FCV 商业化和加氢站的实际铺设与推广。

（三）日本新能源产业发展

日本积极推动新能源产业的发展有着深刻的背景和渊源，从国内来看，一是日本能源资源禀赋“先天不足”导致日本能源供给结构、能源需求结构、电源结构均以化石能源为主导，且化石能源供给九成以上依赖以中东地区为首的海外进口；二是 2011 年日本大地震以后，日本政府对过去以核电开发为主导的能源战略进行深刻反思，日本能源战略向清洁化转型。从国际来看，日本推进新能源开发利用进程主要是应对 20 世纪 70 年代的能源供给短缺危机与 20 世纪 90 年代末期地球环境危机。日本新能源产业的发展也不是一蹴而就的，而是经历了技术研发与利用普及扩大两个阶段缓慢发展起来的，从目前日本新能源产业发展现状来看，供给侧以太阳能发电为首、需求侧以新能源汽车为首的新能源产业取得了较大程度的发展。日本累计太阳能发电装机容量出现指数型增长趋势，2017 年累计达 4773 万千瓦，其中家用太阳能发电累计装机容量达 1296 万千瓦，占世界太阳能发电装机总容量的 12. 3%，位列世界第三位。以混合动力汽车为主导的日本新能源汽车市场销售份额由 2008 年的 2. 6% 增长到 2018 年的 37. 8%，十年间扩大了近 13 倍，2018 年混合动力汽车新车销售量达 143. 2 万台，与 2004 年相比销量增长了约 21 倍，2018 年纯电动汽车和插电式混合动力汽车 2018 年新车销售量分别为 2. 7 万台、2. 3 万台，截至 2018 年，日本的纯电动汽车、插电式混合动力汽车的累计销量仅次于中国和美国，位居世界第三位。①

为推动新能源产业发展，日本定期制定战略目标规划，在以资源能源厅、日本新能源与产业技术开发组织为首的国家层面推进框架与能源经济研究所为首的民间推进框架下，日本政府开展了包括供给侧与需求侧两个层面的新能源产业支持政策设计。具体如下：

第一，定期提出战略目标规划，引领新能源产业的发展。日本政府对不同时期推动新能源普及扩大的战略目标规划主要体现在经济产业省定期制定的《长期能源供需展望》与资源能源厅每 3 ~ 4 年制定的《能源基本计划》上，如东日本大地震以后，经过日本国内对核电去留问题的激烈争论，2014 年资源能源厅出台的第四次《能源基本计划》表明了坚持将核电作为基荷电源、在优先保证运

① 李晓乐：《日本新能源产业政策研究》，中国社会科学院研究生院学位论文，2020 年。

作生产安全性的前提下逐步恢复核电生产的基本态度。进而，在日本3E+S的能源政策基本原则下，经济产业省于2015年7月制定《长期能源供需展望》，对到2030年日本能源供需结构与电源结构做出具体战略目标规划。2018年第五次《能源基本计划》进一步提出将新能源向主力电源化方向发展的目标，强调不同新能源开发项目要突出支援施策的重点性。此外，日本内阁府能源环境会议在东日本大地震后出台的《革新能源环境战略》也对2012年配额制制度实施后新能源电力开发目标作出具体规划安排，并设定面向2015年、2020年及2030年的新能源发电量扩大的阶段性目标。

第二，以政府机构和民间机构协同作用的政策推进体制。（1）以资源能源厅、日本新能源与产业技术开发组织为首的国家层面推进框架。资源能源厅是日本经济产业省下属的主管日本各项能源事业开展的省厅，是日本能源政策领域最重要的中枢行政机构，定期出台《能源基本计划》与《长期能源供需展望》，展现能源政策的方向性与战略全局性；日本新能源与产业技术开发组织负责日本能源环境领域产业技术开发，接受来自经济产业省的财政预算与指导，通过官产学研合作展开新能源技术项目开发，制定技术战略，为国家层面的能源技术与普及扩大战略决策提供指导。（2）以能源经济研究所为首的民间新能源政策促进框架。日本能源经济研究所专门对日本能源与环境问题实施调查与研究，对国内外新能源发展动向及供需状况进行收集、整理、分析与预测，推进与国际能源领域的组织机构进行信息交流、项目合作，是日本能源政策领域的民间核心智库。

第三，以配额制、固定电价促进新能源利用普及扩大。配额制依据2002年6月颁布的《有关电力公司新能源利用的特别措施法》实施，赋予电力公司在其各年度电力供给量中实现一定比例新能源电力配额目标的义务，覆盖的新能源种类包括太阳能发电、风力发电、地热发电、中下水力发电、生物质能发电等，通过逐年提高新能源电力总配额目标量，达到逐步推进新能源电力目标配额扩大的目的。日本于2009年开始展开引入固定电价制的讨论，并以太阳能发电为试点引入剩余电力固定电价收购制度，经过三年的制度探索，2012年7月1日顺利实现向全量固定电价收购制度转变，种类上由单一的太阳能扩展到包括太阳能在内的五种新能源，收购方式由以自家消费为主的余量收购扩展到带有盈利性质的新能源电力全量收购。

第四，以补贴、税收优惠、融资等手段促进新能源设备投资。基于新能源开发利用的初期设备投资费用高的特点，日本政府针对新能源发电设备利用进行补贴、优惠税制与融资制度安排。补贴方面包括为普通家庭提供其太阳能发电系统投资经费补贴，对引入太阳热利用系统的地方公共团体、非营利民间团体、社会组织及民间企业实施差别化补贴。优惠税制方面包括面向企业的绿色投资减税制度，节能、新能源高度化投资促进税制，固定资产税减税优惠等税收优惠和面向个人与家庭的节能改造投资减税。此外，日本政府联合政策金融公库实施对中小企业及私人企业主购入、更新改造新能源发电设备所需的资金以贷款形式进行融资的优惠制度，对不同电源的新能源利用设备设定差别化贷款利率，对开发周期长且技术与经济成本性相对较差的风电、温度差、雪水等发电设备设定了相对较低的利率。

第五，以清洁能源汽车补贴、环保汽车减税、充电设施补贴等作用于新能源需求侧。近年来，日本相继推出清洁能源汽车补贴制度、环保汽车减税措施、充电设施建设补贴等支持政策，对新能源汽车的市场需求创造、相关基础设施建设与完善发挥了良好的引导作用。

二、美国

（一）美国化解产能过剩

第二次世界大战后美国工业和制造业发展可划分为五个阶段：第一个阶段是1948～1966年的高效期，相关产业产能利用率均值都在80%以上。第二个阶段是1967～1982年的冲击期，这一时期，美国工业产能利用率均值为82.73%，多数产业产能利用率出现下滑趋势，如汽车及零部件、初级金属制品、机械、石油和煤炭产品的产能利用率分别下降了28.22%、27.92%、23.76%和23.7%。第三个阶段是1983～2000年的恢复期，美国工业产能利用率均值为81.51%，初级金属制品、机械、电力和燃气公用事业、汽车及零部件的产能利用率分别上升了22.33%、16.95%、15.01%和14.19%。第四个阶段是2001～2008年的转折期，美国工业产能利用率均值为78%，汽车及零部件、非金属矿物制品、木制品、石油和煤炭产品、塑料和橡胶制品的产能利用率分别下降了14.81%、14.32%、8.34%、6.42%和6.21%。第五个阶段是2009～2017年的重整期，美国工业产能利用率均值为75.62%，除采矿业、纸制品、石油和煤炭产品的产能利用率均值在80%以上外，多数产业的产能利用率均值低于80%（王海兵，2018）。

以钢铁行业为例说明美国化解产能过程的政策措施。第二次世界大战后美国粗钢产业发展也经历了五个阶段：20世纪70年代初期前的发展期、20世纪70年代中期至20世纪80年代初的衰退期、20世纪80年代至20世纪90年代末的恢复期、21世纪初的调整期和2009年以后的停滞期。

为了化解产能过剩，美国从20世纪80年代初启动一系列改革措施：在宏观层面，里根政府实施了以降低税负为重点的“经济复兴法案”，包括个人所得税、资本收益税、公司税等内容在内的税制改革和包括加速钢铁企业快速折旧、提供大范围资金补贴等内容在内的财政支持，对经济企稳和需求恢复起到了积极作用；在微观层面，配合钢铁企业实施“钢材自愿限额协议”，下游汽车企业同时实施了“汽车自愿限额协议”，对钢铁价格上升起到了推动作用；在国际竞争层面，美国开始降低外国投资者准入门槛，鼓励外国企业进入美国国内从事钢铁产业生产经营，试图通过市场竞争手段化解产能过剩。1997 年，美国粗钢产量在全球粗钢总产量中的比重下降至 12. 33%，产能利用率达到 90. 33%。

钢铁产业调整期，美国取消政府补贴，让那些长期处于亏损且积重难返的企业，在市场竞争中被淘汰，优质企业通过市场化的兼并重组，提高产业集中度，增强竞争力；同时按照 1974 年贸易法中的“201 条款”，通过提高关税征收额、实施配额限制等贸易保护手段，提供钢铁产业转型升级的契机，引导外国钢铁企业进入美国本土进行投资生产；此外，还实施“信息高速公路计划”和“国家信息基础设施建设”，发展高技术产业和新兴产业，利用新技术对传统钢铁企业的生产经营进行改造，提升钢铁产业的整体技术水平。2008 年，美国粗钢产量在全球粗钢总产量中的比重下降至 6. 84%，产能利用率恢复到 81. 47%（王海兵，2018）。

钢铁产业停滞期，美国推出以“再工业化”为核心的先进制造业发展计划和以新兴产业为核心的未来产业发展部署，通过加大公路、铁路、宽带网络等基础设施对钢材的需求，通过规划绿色、低碳、环保的新材料、新能源、下一代信息技术、生物医药等新兴产业约束和优化传统钢铁产业的发展。其次，通过签署泛太平洋战略经济伙伴关系协定构建新型贸易格局，多方面推动钢铁产业过剩产能的对外输出。第三，制定《美国清洁能源安全法案》，提升资源环境约束力度，迫使高能耗、高污染的钢铁企业退出，倒逼兼并重组，进一步提高产业集中度；第四，利用财政资金支持钢铁产业的技术研发、救助下游汽车企业，如美国财政部给予通用、克莱斯勒以及部分零部件供应商的贷款救助等。2017 年，美国粗钢产量在全球粗钢总产量中的比重为 4. 82%，产能利用率为 74. 03%（王海兵，2018）。

（二）美国生物医药产业发展

当前，生物医药产业正在引领新一波技术产业革命，美国等生物产业大国纷纷对生物产业作出了战略部署：2012 年奥巴马政府颁布了《国家生物经济蓝图》，制定了发展包括遗传工程、DNA 测序和生物分子的自动化高通量操作等传统生物技术产业和合成生物学、蛋白质组学、生物信息学等新兴生物技术产业在内的战略目标，凭借生产要素优势、雄厚的科研实力、庞大的国内外市场需求以及高效的企业竞争环境，美国已成为生物医药领域竞争力最强的国家。推动美国生物医药产业快速发展的核心因素包括：

第一，雄厚的研发与创新实力和发达的风险投资。目前，美国生物医药产业已在世界上确立了国际优势，研发实力和产业发展领先全球。格罗尔等（Graul et al.，2019）报告，2018 年全球新上市的生物制剂中，65%是美国公司研发的；欧盟委员会公布的《2019 年全球企业研发投入排行榜》显示，2019 年全球研发强度最高的 10 家生物制药公司中有 5 家来自美国，其中美国默克公司以 98 亿欧元的研发投入金额排名世界第二。《2019 年世界最具创新力公司榜单》显示，入选该榜单的 10 家生物医药领域公司全部来自美国，而 2018 仅有 7 家美国生物医药公司上榜；高强度的研发和创新给美国带来的是生物医药产业的繁荣，《基因工程与生物技术新闻》杂志发布的《2019 年全球 25 大生物技术公司》显示，在 2019 年市值排名前 10 位的生物医药公司中，美国公司占据 6 席。风险投资是美国生物医药企业创业和发展的主要资本来源，生物医药产业具有研发周期长、投资风险高等特点，需要发达的资本市场提供支撑，美国生物医药领域的风险资金从 1998 年的 14 亿美元上升至 2000 年的 43.9 亿美元，2007 年达到 57.1 亿美元。

第二，高度集聚的产业集群和充满活力的企业市场竞争。美国生物医药产业形成了旧金山、波士顿、华盛顿、北卡罗来纳、圣地亚哥五大生物技术产业集聚区，其中位于旧金山的硅谷生物技术产业从业人员占美国生物技术产业从业人员的一半以上，销售收入占美国生物产业的 57%，企业研发投入占 59%，其销售额每年以近 40%的速度增长（张擎，2011）。摩根大通的会议报告（2020）[①] 指出，美国 2019 年年均生物医药 IPO 指数（31%）表现优于市场基准指数（24%）。2020 年 HBM 合伙人发布的 2020 年 HBM 制药/生物技术并购报告显示，美国生物医药行业并购非常活跃，其中有 18 家私营企业和 16 家上市企业的并购额超过了 1 亿美元，而欧洲仅有 9 家公司的并购额达到了这一水平，从并购趋势来看，2015 年以来美国生物医药产业并购额连续 4 年下滑，2019 年上升并达到高峰 1710.3 亿美元[②]。

第三，先进的监管体系和良好的政策环境。自 1998 年发布首个细胞和基因治疗行业指南以来，美国药品食品监督管理局陆续发布 30 项指南，对细胞基因治疗类产品形成一套相对完整的监管体系，并根据技术发展情况不断更新，对产品研发的各个环节给予企业指导，对于工艺成熟、风险收益比较高的产品大胆批

① J. P. Morgan. 2020 US Biotech Outlook. the 38th Annual J. P. Morgan Healthcare Conference, 2020.

② 张思玮：《2020 年中国医药生物技术十大进展揭晓》，载《中国科学报》2021 年第 1 期。

准上市，这一做法走在全球前列（王飞，2019）。此外，美国在政策层面形成了一个多层次的立体体系以支持生物产业的发展，在行政层面，美国总统、国会均设有专门的生物技术委员会来跟踪生物技术的发展；在法律法规层面，美国通过制定法律加强合作生物技术研究、鼓励发明创新和促进生物技术转移；在资本支持方面，美国建立了多种生物医药产业融资渠道；在产学研融合发展方面，美国形成了由联邦政府、州政府、企业、科研机构和大学构成的联合生物医药研发生产机制。

第四，促进生物医药原始创新能力提升的专利制度。生物医药产业是全球各国竞相发展的战略新兴产业之一，依赖于高度发达的生物制药技术，其中知识产权制度的保护，特别是专利制度，对于维系和激励生物医药产业的持续创新功不可没。与世界其他国家不同，美国长期以来在专利申请中实行“先发明制”，专利授予最先作出发明创造的人。2013 年美国《发明法案》将先发明制修改为发明人先申请制，以专利有效申请日为审查基准日，对新颖性、现有技术的认定进行了重大变革。1995 年乌拉圭回合谈判之后，美国出台临时专利申请制度，为发明人提供了一种类似于先申请作用的机制，同时为审查员提供了一个发明人大概发明构思的日期，相比较于先发明制，临时专利申请在程序上更具有可操作性，克服了先发明制发明构思创造的具体时间点不易举证的缺点，缩短了审查周期。然而，在先发明制下，临时申请并不能发挥抢夺专利申请权的优势，谁先获得专利权仍然是以谁是首次作出发明的人为依据，直到 2013 年美国《发明法案》的修改，彻底将先发明制改为发明人先申请制。先申请制下的临时专利申请极大的限缩了发明人对于发明创造的研究开发时间，迫使相互竞争的发明者尽可能早地提出专利申请以期获得专利保护（陈庆等，2020）。

三、欧盟

（一）欧盟产业政策原则与政策工具

欧盟自 20 世纪 90 年代以来，开始明确推行产业政策，并将产业政策作为其促进结构演进与产业竞争力提升最为重要的政策工具。欧盟产业政策体系的突出特点在于坚持市场导向与产业政策横向性的原则，以构建“产业创新发展的框架性条件”作为产业政策的主要内容。20 世纪 80 年代以前，欧洲国家主要实施选择性的产业政策，即政府选择主导产业、挑选“国家冠军企业”进行扶持，或者保护本国的衰退产业或者企业，以投资补贴、投资计划、公共银行贷款、生产限额、限价、准入管制贸易保护等手段直接干预市场与竞争，这些政策在战后经济重建和恢复时期曾起到一定的作用。但是，随着经济的发展，这种政策的有效性越来越差，干预措施往往不成功，还带来了寻租、经济僵化等一系列问题，基于此，欧盟新的产业政策体系确立了市场导向原则和产业政策横向性的原则，反对干预主义，强调政府应主要通过构建良好的环境来促进工业竞争力的提升与结构调整，如《欧盟条约》第157条就明确指出，共同体和各成员国应根据开放和竞争的市场原则采取行动。

产业政策服从竞争政策、产业政策与竞争政策协同的理念和原则是欧盟产业发展政策的又一特点。欧盟产业政策强调市场竞争原则，竞争政策目标就是保护有利于工业发展的竞争秩序。欧盟委员会认为，竞争是创新、竞争力和增长的最重要的驱动力，竞争政策应作为促进经济增长、生产力与竞争力提升的主要手段。在欧盟委员会看来，竞争是一个演变过程，竞争导致引入改进的产品和流程，淘汰无效率的公司，并将生产资源从撤退企业重新分配给新进入者或更有效的竞争对手。竞争将有效率的企业与低效率公司分开，并将投入和财务资源重新分配给最有效率的活动。因此，产业政策与竞争政策有同样的目标，即提升工业部门的竞争力。维护市场竞争不再被视为产业政策的障碍。对于部门性的产业政策而言，主要采取促进研发与创新活动、保护知识产权、提高劳动者技能等政策工具。

欧盟新产业政策通过不同的机制发挥作用，如资助供给侧新活动的开展，利用公共项目拉动需求，组织新市场，协调公私在研发、创新和投资方面的合作，主要的政策工具和手段有：

第一，制度环境建设，为产业创新发展与竞争力提升提供良好的环境。为了构建有利于促进研发和创新的制度环境，提升欧盟产业的创新能力与竞争能力，欧盟一方面借助竞争政策在欧盟内部构建统一开放、公平竞争的市场环境，完善投资环境，刺激私人研发投资；另一方面，完善知识产权保护制度并加强保护力度，完善内部市场一体化的相关法律制度，制定产品的技术规则和统一技术标准，促进各成员国之间的协调发展。

第二，大力开展公共研发，并支持企业研发活动。大学公共研究、公共实验室和机构一直是欧洲长期增长的关键因素。欧盟一直致力于推动欧盟层面及其欧盟成员国构建完善的公共研究体系，大力支持公共研究机构在环境、ICT应用与公共卫生领域的研发活动，并创设新的欧盟范围的公共研究组织和创新机构以聚焦于具体问题。欧盟公共研究和创新机构还向私营企业提供知识和经验丰富的人员，通过一系列的科技框架计划为研究、技术开发与推广活动提供强有力的资金支持，如欧盟第七个科技框架计划投入500亿欧元、以“2020远景”命名的第八个科技框架计划预算增加到702亿元（李晓萍等，2017）。欧盟不仅注重对前沿技术和高新技术研发的支持，还重视支持新技术在传统产业的应用研究，重视应用技术创新成果改造传统产业，推动产业结构升级。

第三，公共采购计划。公共支出的需求拉动作用是影响经济活动演进的重要因素，这种影响在高科技产品领域至关重要，为开发新产业提供了生产初期的需求拉动。欧盟各成员国政府公共采购合同金额之和占据欧盟内部GDP总量的19%（李晓萍等，2017）。欧盟为了发挥公共采购在促进产业竞争力提升中的作用，2016年以来陆续落地了三个公共采购部指令：一是促进中小企业的参与，中小型企业被视作欧盟经济的重要支柱和创新源泉；二是鼓励创新，公共部门要积极选购生产商提供的创新产品和服务，特别是那些尚未实现大规模商业化的产品和服务；三是促进绿色环保，要充分考虑在公共产品、服务和兴建的公共工程的整个生命周期对环境造成的负面影响降至最低。

第四，采用结构基金推动产业结构转型。欧洲地区发展基金和欧洲社会基金都是欧盟产业政策结构基金，欧洲地区发展基金重点支持欠发达地区的工业基础设施、研究与开发、职业培训等；支持能创造就业机会，改进工作与生活条件，职业培训，研究开发以及增进院校、科研机构与企业联系的项目；支持传统产业通过研发、工业设计提升产品的质量与知识技术含量。欧洲社会基金旨在开发人力资源和促进劳动力市场的社会融合，尽量降低转型带来的高失业等社会后果，通过培训和职业教育等方式推动传统制造业的劳动者更积极地适应转型。

（二）欧盟综合能源系统2020～2030年研发路线图

多能融合、互补利用的综合能源系统是实现能源转型目标的关键。近年来，欧盟在这一领域的规划和布局尤为突出，2018年制定了到2050年综合能源系统的发展愿景，并于2020年提出了《综合能源系统2020～2030年研发路线图》，明确了未来十年综合能源系统研究创新的重点领域和优先活动，总预算40亿欧元，其中25%用于研究，75%用于示范。路线图围绕消费者、产消合一者和能源社区，系统经济性，数字化，系统设计和规划，灵活性技术和系统灵活性，系统运行等6大研究领域进行120项研究和示范任务，旨在到2030年实现综合能源系统的12个功能，以支撑2050愿景的能源系统的高效组织、能源市场作为转型的关键驱动力、数字化为综合能源系统提供新服务、基础设施作为转型的关键、高效用能等5大构成要素（岳芳等，2021）。

欧盟将综合能源系统视为实现能源转型和碳中和欧洲的基础，构建了从远期愿景到中期路线、短期实施计划的系统性、协调统一的综合能源系统研发规划体系，该体系将欧盟的能源和气候目标与具体的实施路线紧密关联，建立起从宏观愿景到微观实施的可行路径。具体表现为：

第一，构建符合国情的多能互补智慧能源系统愿景目标。由于传统化石能源资源量严重不足，欧盟的化石能源消费严重依赖进口。为解决能源供应安全问题并应对气候变化危机，欧盟大力推进以可再生能源为主的清洁能源，以“一揽子政策”的形式将能源政策与气候政策相结合，推进电力、交通、建筑、工业等部门的脱碳，不断加深对综合能源系统在能源转型中作用的认识，提出能源系统应作为一个整体进行规划和运行，将不同能源载体、基础设施和消费部门联系起来。升级版“战略能源技术计划”改变了以往单纯从技术维度规划发展的做法，从能源系统的整体角度，聚焦于能源转型面临的关键挑战与目标来规划能源技术研发活动。欧盟在其综合能源系统第一版研发创新路线图（2017～2026 年）中就贯彻了这一理念，将研发重点从原本注重发展智能电网扩展为发展包含电、气、热网的综合能源系统，尤其强调将所有灵活性解决方案集成至电力系统中，以推进能源系统对波动性可再生能源的消纳。

第二，制定完善的短、中、长期研发战略规划框架。欧盟“战略能源技术计划”研发框架下确定了包含综合能源系统在内的 14 个技术领域。以综合能源系统为例对其研发战略框架体系进行介绍。欧盟制定了综合能源系统发展的长期愿景（2050 年）、中期研发路线图（2030 年）和短期研发实施计划（约 4 年为一个阶段），建立起从宏观到微观、从顶层设计到底层实施的研发战略框架体系，其中宏观 2050 年愿景解构为 5 大要素，明确了构建 5 大要素所需的 12 个功能及各功能 2050 年的目标，在此基础上确定了各功能 2030 年的目标和路线图。2030 路线图根据要实现的 12 大功能，确定了 6 个重点领域，分解为 24 个子领域，进一步落实为 120 项研究和示范任务，每项任务均基于技术成熟度确定 2030 年的发展目标及其支持实现的功能，建立起“功能—领域—子领域—任务”关系，使每项任务都明确指向其实现的功能，从而实现了宏观目标（功能）到具体研发优先事项（研究和示范任务）的分解。另外，欧盟综合能源系统研发战略秉承了“战略能源技术计划”实施框架体系的“中期路线图—短期实施计划”做法，通过短期实施计划分阶段实施路线图，定期评估实施进展，及时掌握实施效果和面临的关键挑战，以便在下一阶段实施计划中加以修订，确保短期实施计划能够与中期路线图目标保持一致。欧盟这一研发实施框架具备短、中、长期视野，兼顾了远期目标和近期计划，能够将宏观愿景落地为具体的研发事项，具备较强的可实施性，各任务目标指向明确。

第三，建立高效的研发创新组织体系。欧盟通过“战略能源技术计划”统筹协调能源技术的研发创新活动，以目标为导向打造能源科技创新价值链。在“战略能源技术计划”框架下，建立了全面的能源技术创新生态系统：由“战略能源技术计划”指导小组负责协调欧盟成员国的研究计划与“战略能源技术计划”保持一致；成立欧洲能源研究联盟以推动各成员国的大学及公立科研机构进行科研合作；成立欧洲技术与创新平台以汇集各成员国产学研利益相关方，主导制定欧洲各能源技术领域的中长期发展愿景和战略研究议程，并推动技术开发与产业发展；建立“战略能源技术计划”信息系统平台对能源技术研发战略的实施进展进行监测、评估和审查。具体到综合能源系统领域，则是通过欧洲能源转型智能网络技术与创新平台制定综合能源系统愿景、路线图和实施计划并管理相关资助项目，开展“智慧城市”“智能电网”“能源系统集成”等联合计划，指导相关基础研究和技术应用，确保对综合能源系统研发战略的有效实施。

第二节 国外战略性新兴产业的培育经验

总结日本、美国、欧盟的产业政策及产业发展案例中的理念和实践经验，找出培育产业竞争力的共性因素和关键因素，为广东省战略性新兴产业核心竞争力的培育政策的制定提供参考。

一、立法和规划先行

日本新能源汽车的产业支持政策以法律为基础，在相关法律的支持下，政府对新能源汽车的发展进行总体规划，通过财政、税收、金融等手段对新能源汽车进行政策支持，以实现政府所设定的各项目标。1995 年，日本出台了《科学技术基本法》，根据该法律的目标及内容，日本制定了新能源汽车技术研发规划及路线，并辅以相应的财政、金融支持，向新能源汽车研发投入了大量的资金，建立了官产学联合研发模式，并对技术标准进行不断地修订，以促进新能源汽车技术的提高。法律先行为新能源汽车产业支持政策的制定和完善指引了方向。以氢能的发展为例，日本首先制定了《促进新能源利用特别措施法》，确立了开发氢能在替代能源中的重要地位，随后制定了《氢能基本战略》等多个项目和计划，对氢能源技术的研发进行财政支持、税收支持和金融支持，提高开发氢能源的技术水平，促进燃料电池车的发展。

从日本支持新能源开发利用的法律法规体系来看，日本出台了《替代能源法》《新能源法》等能源基本法，颁布了《可再生能源组合标准（Renewable Portfolio Standards，RPS）》《上网电价政策（Feed-in Tariff，FIT）》等能源专门法、以法律法规形式规定配额制制度、配额制制度的具体实施细则，这使得日本新能源开发战略无论从总体框架规划还是具体支持政策的实施都有严密的法律规范支撑，制度实施过程权责边界清晰，市场监管有法可依；在法律法规覆盖的范围上，日本在新能源基本法与专门法的双重指导下，法律覆盖范围全面、针对性强，如《新能源法》明确新能源的概念、对象范围、行政与市场主体的定位，《能源供给结构高度化法》为太阳能发电余电收购制度奠定了法律框架，RPS、FIT 分别规定两制度的具体实施细则等。

在立法的基础上，产业发展还需要产业规划的引领和指导。如欧盟为了构建多能融合、互补利用的综合能源系统，实现能源转型目标，2018 年制定了到 2050 年综合能源系统发展的长期愿景（2050 年）、中期研发路线图（2030 年）和短期研发实施计划，建立起从宏观到微观、从顶层设计到底层实施的研发战略框架体系。

无论是车用氢能产业还是新能源产业的发展，日本都重视战略规划，如车用氢能产业的快速发展与 2017 年日本发布的《氢能基本战略》、2014 年日本氢燃料电池战略委员会起草的《氢能燃料电池战略路线图》等两个战略文件分不开，前者明确了日本发展“氢能社会”的三大根本目标，后者提出了燃料电池汽车推广应用、燃料电池动力系统成本下降、加氢站建设及运营等一系列的发展目标。在新能源产业发展过程中，日本定期提出战略目标规划，表现为经济产业省定期制定《长期能源供需展望》、资源能源厅每 3 ~ 4 年制定《能源基本计划》。

二、产业政策兼顾重点产业发展与市场竞争规则

在市场经济条件下，竞争政策与产业政策构成了政府在微观层面上进行资源配置、促进经济发展的两大类公共政策，竞争政策是充分发挥市场对资源优化配置的保障，产业政策是政府对经济发展发挥作用的重要手段。发挥市场对资源配置的决定性作用和更好发挥政府作用，必须协调好竞争政策与产业政策的关系。

从日本电力改革、车用氢能产业发展实践来看，在经济发展的不同阶段，由于市场的基本特征及经济的基础条件等不同，日本产业政策的取向、目标及手段

等是不同的。不同阶段的产业政策特点如下：（1）在工业化初期，日本基础产业严重落后，物质资源十分匮乏，经济发展瓶颈突出，供需矛盾极其尖锐，在短缺经济的状况下，日本先后制定和实施了一系列产业政策，通过直接参与产业间的资源配置，重点扶植基础产业的发展。（2）进入工业化中期以后，资源瓶颈相对缓和，同时为应对国际竞争和适应自由化，日本从过去的制度性干预逐渐转向行政性干预，更多地通过财政金融政策等间接手段来实现产业政策的目标，表现为逐渐放松政策规制，改革政府与企业的关系；参与产业内的资源配置，促进企业的集中和合并，使竞争形态从“过度竞争”转化为“有效竞争”；通过指南性而非指令性的中期经济计划，引导企业向重化工业化的产业结构方向发展，并通过建立政府主导型的产业体制，控制经济自由化的节奏。（3）工业化后期，日本投资资金相对过剩、国民经济增速下降、市场风险不断提高、内外不平衡日益突出、本币汇率迅速上升，同时，环境污染等经济高速增长的“代价”问题也十分突出。日本根据新的经济发展方向调整与优化产业结构，具体做法包括：把政策重心同时放在强化技术与资源开发、提供社会资本和公共服务、扶植新型产业及促进衰退产业转型等方面；产业选择从“重化工业化”向“知识密集化”转化；依靠产业政策实现经济增长方式的转型；以市场机制代替行政干预；在产业政策的实施过程中更加重视企业的自主选择；更加重视产业发展的远景规划，为企业的投资选择提供各种信息服务，并通过财政金融政策和对研发投入的资助等方式间接地影响企业的投资决策。

实际上，“二战”后日本经济一直在产业政策与竞争政策共同作用下发展，不同阶段产业政策与竞争政策的协调程度不同，20 年代 70 世纪末期以前以产业政策为主，20 世纪 70 年代中期到 20 世纪 90 年代竞争政策逐渐强化，此后二者开始协调发展。日本促进产业政策与竞争政策协调发展的机制包括以下几个方面：

（1）法律明确部门职能合理分工。为了推动产业政策向促进竞争目标转型升级，日本政府首先以行政组织改革为龙头，理顺组织间和组织内部的职责。1998 年日本颁布《中央省厅等改革基本法》（以下简称《基本法》），调整各部门的职责权限，包括改组通商产业省为经济产业省。《基本法》第 21 条明确了经济产业省的编制方针：推动产业政策转型升级，尊重市场原理，不再实施或者缩小以振兴个别产业或者调整产业间再分配为目的的产业政策措施；防止经济产业省与公正交易委员会围绕竞争政策相关事项产生摩擦，规定设立后的经济产业省不再涉足竞争政策相关事项，交由公正交易委员会专门负责；根据产业政策转型升级的实际进展，重新调整产业振兴部门的内部组织等等。在这一编制方针指导下，日本政府进一步颁布了《经济产业省设置法》（1999 年），对经济产业省行政干预的范围进行了明文规定。新设立的经济产业省在竞争政策相关领域需要充分尊重公正交易委员会的意见和决定。如此从法律层面对两大机构的具体权限予以明确，不仅可以减少产业政策与竞争政策在竞合适用领域产生过多的协调成本，更重要的是明确了产业政策部门对竞争政策部门的尊重，进一步确立了公正交易委员会的独立、权威地位。

（2）制定共同执法指南。制定共同执法指南是日本在探索协调产业政策与竞争政策相互关系中常用的手段之一。由于产业政策与竞争政策在监管目的、监管手段、救济措施等方面各有千秋，在谋求产业发展时，需要充分运用两种政策的不同作用，而具体如何协调，需要分行业具体分析。日本通过产业政策部门与竞争政策执法部门联合制定共同执法指南的方式，明确产业政策影响下相关经济主体的行为界限。比如，日本在开展电力产业市场化改革时，竞争政策执法机关不仅参与改革方案的制定，还与经济产业省联合制定《电力改革交易指南》（以下简称《交易指南》），该指南明确了经济产业省与公正交易委员会各自的管辖范围和执法责任，明确界定了《禁止垄断法》所禁止行为与《电力事业法》所禁止行为的不同构成要件和判断标准，内容设计细致，实际操作性较强，不仅在协调执法部门间相互关系方面，在便于经营者对自我行为实施自查、提前规范交易行为、降低违法风险等方面，都发挥了重要作用。

（3）明确竞争法实施细则。以《禁止垄断法》为主要依据制定的各类具体实施细则是日本竞争政策体系中非常重要的组成部分。这些实施细则由于更具体结合行业特征，更针对行业“痛点”，在某种意义上，比《禁止垄断法》条文本身更能发挥普及竞争政策思想、树立竞争政策权威、展现竞争政策精髓的重要作用。比如，针对“柔性”产业政策领域中的“行政指导”这一棘手问题，日本政府首先制定了《行政程序法》（1993 年），确保“行政指导”制定和实施的透明性，明确实施行政指导的基本原则、具体实施方式以及相关救济措施。但如何判定合法的行政指导对市场竞争产生影响的效果等问题，就需要依据公正交易委员会制定的《行政指导的竞争法指南》进行具体定夺，该指南深入剖析了行政指导的行为类型，明确了具有法律依据的行政指导和没有法律依据的行政指导在具体实施中的注意点，以及不同类型的行政指导基于竞争政策角度的不同定性和问题侧重，从而细化明确竞争政策对行政指导的适用准则。

（4）共同实施“政策评价制度”和“竞争影响评价制度”。政策评价制度是日本行政改革的重要一环，2001 年作为日本政府大部制改革的重要举措开始实施。该制度旨在对政策、法律的制定、预算分配等进行重点政策评价，并根据实施效果及社会经济情况的变化对政策进行积极调整和完善。《关于行政机关实施政策评价的法律》于 2002 年 4 月开始正式实施政策评价制度。政策评价制度意图在政策制定过程中实现“政策计划→政策实施→政策评价→政策调整→政策计划”的自我评价与调整的良性循环。为了提高政府规制的质量、指导政策实施，2009 年日本开始探索建立本国的竞争影响评价制度。竞争影响评价制度是在政策事前评价中对竞争状况影响进行的分析，要求所有政策在新设或改废时，将政策对竞争状况的影响作为成本之一进行综合考量，最终实现提高政策质量的目的。

除了日本以外，欧盟也侧重实施“软”产业政策，兼顾重点产业发展与市场竞争规则（刘猛，2020）。为推动欧洲单一市场发展及经济一体化进程，西欧国家曾推行严格的竞争规则，着力将贸易壁垒保持在较低水平，侧重实施研发投入补贴、组织企业联盟等“软”产业政策，以支持重点产业发展。欧盟层面，通过《欧盟运行条约》禁止成员国实施补贴、低息贷款、税收优惠等导致欧洲内部市场竞争扭曲的措施，为“软”产业政策留出了空间。欧盟定期制定出台“欧盟科研框架计划”，资助研究国际前沿和竞争性科技难点，通过“地平线 2020”科研规划强化预算支持开展基础性科研和前沿研究。成员国层面，德国主要通过公私合作来促进制造业等产业的发展，如通过“弗劳恩霍夫协会”支持应用研究，帮助产业界尤其是中小企业将研究成果转化为商业应用。德国州和地方政府为该协会提供 1/3 的科研经费，资助其开展前瞻性的研发工作。丹麦政府通过“绿色产业政策”为风力涡轮机行业提供支持，包括征收碳排放税、要求公用事业连接风力涡轮机以及用优惠价格购买风电等方式促进新兴的风电产业的发展。

三、产业政策从选择性产业政策转向功能性产业政策

20 世纪 70 年代开始，政府运用产业政策对经济活动进行调节，已经从选择性产业政策转向了功能性产业政策，产业政策的核心内容变成了向社会提供有关产业结构的长期展望和国际经济信息（田鑫，2020）。落欧（Lall，2001）研究了产业技术政策的具体实践，提出不同国家的产业技术政策在实施模式上具备不同的特点，分为功能性产业政策和选择性产业政策。大野健一（2015）认为，功能性产业政策是指通过支持人才培养、加大科技研发投入、强化基础设施建设等措施为企业的技术研发提供有用的资源、技术、知识、物质等条件，目标是提升所有产业及部门的生产率。齐格勒等（Ziegler et al.，1997）认为，功能性产业政策是一种市场友好型的产业政策，为企业技术创新提供良好的市场环境，激励

企业实现技术进步和产品升级，获取市场竞争优势。选择性产业政策表现为政府通过扶持和培育高新技术、战略性新兴产业等特定的产业，并对具体技术路线或具体工艺进行定向选择，进行差别化的支持，以缩短产业结构的演进过程，并实现经济赶超目标（于良春，2018）。

日本新能源汽车产业实施的就是功能性产业政策，具体表现如下：

第一，政策总目标是节约能源、降低尾气排放。政府负责创造有利于产业竞争力提升的条件，而非选择性的发展某一种技术路线的新能源汽车或者扶持特定厂商，无论是经济产业省对于新能源汽车产品的购买、充电桩等基础设施的普及、电池等核心零部件的研发等补助政策，还是国土交通省的减税免税政策，政策覆盖范围都非常广，没有指定具体技术路线，而是规定了有利于产业竞争力提升的条件，比如详细的节能减排性能和产品技术性能（如续航里程）标准，只要符合条件的标准就进行补贴。

第二，政策工具基于市场机制设计，强调市场竞争，补贴消费者而非厂商，提高资源配置效率。从清洁能源汽车补贴政策来看，补贴的是市场竞争的结果，即通过补贴消费者促进新能源汽车销量，该政策是回应《日本再兴战略2014》中提到的面向到2030年，新能源汽车销售要占新车销售量50%～70%的目标，加速新能源汽车的普及。市场机制和市场竞争原理还体现在补贴额度的设计上，下一代汽车振兴中心在对符合条件的申请者发放补贴时，将补贴额度与单次充电续航里程直接挂钩，电动汽车的续航里程越长，补贴力度越大，这种市场化的激励机制能够引导消费者购买更高性能新能源汽车产品，引导汽车制造商加大对动力电池等核心技术的研发力度，推出更具有吸引力的新能源汽车产品。

此外，马祖卡托（Mazzucato，2011）认为，美国的产业技术政策侧重于支持普适性技术的研究开发，并非针对某些特定行业进行支持，比如美国的航天、信息、医药、纳米等产业的早期基础研发都是依靠政府产业技术政策作为支持的。

四、政策利好贯穿全产业链

为了推动产业的快速发展，扶持政策贯穿全产业链，通过对产业链上、中、下游各个企业的扶持，全力促进企业做大做强。以日本新能源汽车产业为例，日本政府从研发设计、市场普及和消费等环节进行了全产业链式的扶持。

研发环节包括官产学联合研发支持政策、对新能源汽车研发提供低息贷款、政府投入资金支持新能源汽车的研发工作等。在官产学研联合研发方面，2016

年，日本经济产业省和技术部等制定了《通过官产学合作加强联合研究的指南》，扩大了新能源汽车官产学合作的范围，2018 年日本政府宣布日本新能源与产业技术综合开发机构与 15 家研究机构、23 家企业将开展合作，着重进行展新一代电池“全固态电池的研发”。在研发投入贷款方面，日本滋贺县大津市对研发新能源汽车的目标企业最高提供所需费用的 80%，利率为每年 1.5% 的低息贷款。在研发投入资金支持方面，2010 ~ 2015 年，日本政府向日本新能源产业的技术综合开发机构投入研发资金 529.8 亿日元，其中 2015 年向其投资了 40 亿日元以开展“燃料电池系统开发”、16.6 亿日元用于“氢的储运新技术研发”、20.5 亿日元用于“构建废弃能源制氢供应链的考核、实验事业”等；2018 年，日本政府投资 100 亿日元以支持“全固态电池”的研发，以弥补锂电池在安全性等方面的局限，提高电动汽车的性能（袁梦，2020）。

市场普及环节包括对新能源汽车相关基础设施建设进行补贴、新能源汽车城市推广政策、支持新能源汽车标准的制定等。2013 年，日本政府开始对电动汽车和插电式混合动力汽车的充电桩进行财政补贴，规定相关生产商在公共场合安装充电设施时，可以补贴充电设施建设成本和购置成本的 1/2。新能源汽车城市推广政策主要是针对被选取加入新能源汽车城市的地区，从创造电动汽车和插电式混合动力汽车的初始需求出发，对电动汽车和插电式混合动力汽车进行推广。此外，为提高新能源汽车在国际中的影响力，日本对新能源汽车各项指标进行标准化，采取阶段性的、战略性的标准化战略，日本 2010 年颁布《下一代汽车 2010》，将新能源汽车标准国际化战略具体分为电池性能和安全性标准的国际化、智能电网相关的标准国际化、强化公私部门标准化、审查体制和人才培养的标准化四个方面。

消费环节主要是为新能源汽车购置提供低息贷款、财政补贴和税收减免。日本在新能源汽车购置方面的贷款优惠项目主要以环境保护基金以及中小企业促进基金为主，以东京江东区的“环保措施基金”为例，东京江东区为想要购买新能源汽车的企业提供还款期为 6 年、贷款利率为 2.1%、贷款额度为 2000 万日元的低息贷款，同时还提供 1.1% 的贴息，实际利率仅为 1%，大大减轻了企业购买新能源汽车的负担。财政补贴方面，2012 年，日本行政评审会议提出，投资 444.1 亿日元对纯电动汽车和混合动力汽车进行补贴，2015 年以后，日本对新能源汽车的主要财政补贴对象为插电式混合动力汽车、纯电动汽车和燃料电池车。税收减免方面，2009 年，日本对电动汽车、混合动力汽车等获得认定的低排放且燃油量消耗低的车辆实行“绿色税制”和“环保车减税”政策，2019 年 10 月，日本国土交通省废除汽车购置环节 3% 的汽车购置税，引入了“环境绩效折扣”，同时，规定对新购入的电动汽车、燃料电池车和插电式混合动力汽车进行检查评估，对排放和燃油效率优异且对环境影响小的新注册车辆在下一个财年下调缴纳汽车税的规模（彭华，2019）。

五、健全的组织体系和多部门配合，同时重视社会参与度

产业政策的实施往往涉及经济、金融、科技等多个部门，为了保障政策实施效果，以下几点至关重要：

一是要有健全的组织体系。如欧盟通过“战略能源技术计划”统筹协调能源技术的研发创新活动，在“战略能源技术计划”框架下，建立了全面的能源技术创新生态系统：“战略能源技术计划”指导小组负责协调欧盟成员国的研究计划与“战略能源技术计划”保持一致；欧洲能源研究联盟推动各成员国的大学及公立科研机构进行科研合作；欧洲技术与创新平台推动技术开发与产业发展；“战略能源技术计划”信息系统平台监测、评估和审查能源技术研发战略的实施进展。日本车用氢能产业发展过程中也建立了多部门协同管理的产业组织机构，形成了政府多部门协同管理的产业组织机构。日本的车用氢能产业在国家战略指导的基础上，形成了由内阁会议总体监督指导，日本经济产业省、文部科学省、环境省协同管理负责，日本新能源与产业技术开发组织协调政府、学界和工业企业对新能源产业的开发与推动的组织体系，此外，由日本新能源与产业技术开发组织主导成立氢燃料电池战略委员会，针对性地负责日本氢能产业的发展。

二是加强多部门工作和政策的协同性。一方面需要有明确的操作指南，指导各个部门的工作。如在日本电力改革中，为了整合电力产业政策与竞争政策及两类执法部门的不同优势，公正交易委员会与经济产业省联合发布《公正电力交易指南》，作为两执法部门的执法手册和电力市场参与者的行为自律指南。另一方面要加强多部门的沟通和协调，政策要体现高水平的科学性和有效性无疑要做到精准施策，政策精准性不应仅限于单个政策层面，更应体现在政策体系乃至整个政策系统层面。一项政策往往与其他政策密切相关，由此潜藏着不同政策之间打架的可能：一方面，一项政策往往分级制定，如中央政府制定“指导意见”，省级政府制定“实施意见”和“实施方案”，地市级政府制定“实施办法”，基层政府和单位制定“实施细则”，这存在职责同构引发层级政府间政策打架的可能；另一方面，就同一政策问题，不同政府部门往往各自出台政策，从不同角度、不同逻辑来看待和处理政策问题，甚至将各自部门利益掺杂其中，这存在职

责分工引发的政府部门间打架的可能。政策打架现象当然是政策精准性的宿敌，要实现精准性政策，就必须在政府层级、部门之间开展充分的政策沟通，有效预防和矫正政策打架问题。如日本在2005年“关西电力公司全电气化警告事件”中，没有过分拘泥于部门之间的管辖权限，而是采取竞争执法部门与行业监管部门主动沟通、共同协调的处理模式，由两部门分别从整体市场竞争秩序和产业有序稳定发展两个角度实行协调执法，共同实现对行业的科学监管。

三是要广泛吸收社会力量参与。日本从新能源发展起步开始就十分重视发挥民间研究所、财团、协会等民间组织的作用，让社会资本积极参与到新能源产业发展中，倡导官产学研一体化推进各项新能源事业开展，建立以政府机构和民间机构协同作用的政策推进体制，以资源能源厅、日本新能源与产业技术开发组织为首的国家机构作为日本能源政策领域最重要的中枢行政机构，定期出台《能源基本计划》与《长期能源供需展望》，展现能源政策的方向性与战略全局性；以能源经济研究所为首的民间机构专门对日本能源与环境问题实施调查与研究，对国内外新能源发展动向及供需状况进行收集、整理、分析与预测，推进与国际能源领域的组织机构进行信息交流、项目合作，是日本能源政策领域的民间核心智库。多样化主体构成强大的“智囊团”，保障各个推进主体发挥自身优势，共同推进新能源产业发展。

六、政策组合的综合性、协调性和动态性影响政策效果

为了实现多元的政策目标，政策实施已经从单一政策过渡到政策工具的组合运用。作为实现政策目标的手段和方法，政策工具的精准选定在一定程度上决定了政策目标能否精准达成（曹建云等，2020）。政策工具既包括管制、直接供给等强制性工具，也包括市场、社会组织等自愿性工具，如在减少经济活动的外部性、实现污染控制目标方面，既有政府命令控制型政策工具如技术上或污染排放达不到标准就关闭企业，也有以市场为基础的矫正税和可交易的污染许可证等政策工具。这两种类型的政策工具既有一定的替代关系又有一定的互补关系，命令控制型政策工具实施过程简单，实施成本相对较低，见效快，但是由于不同企业执行标准的成本不同，“一刀切”的方式往往会降低资源配置效率，不利于技术进步和创新。矫正税和可交易的污染许可证制度赋予了企业选择执行标准或不执行标准接受惩罚的权利，追求利润最大化的理性人在价格的引导下可以实现资源的优化配置。关于两种类型的政策工具叠加使用的政策效果，研究结论并不一致，李冬琴（2018）研究发现命令控制型政策工具和矫正税结合使用，能以相对

较低的代价实现控制污染目标，促进企业环境产品和工艺创新。刘海英等（2020）则发现政策工具组合使用，如用能权实施可交易政策而碳排放权采用行政命令管制，政策工具之间会产生掣肘，其政策效果比单一的可交易政策的效果差。事实上，不同政策工具的作用机制和途径不同，在现有政策工具的基础上加入具有互补效应的政策工具，能降低现有政策工具的负面作用，强化政策效果，但是政策工具之间的替代效应甚至是反作用的存在会降低政策效果。因此，简单的政策叠加并不一定优于单一政策效果。然而，面对复杂的政策环境和多维度的政策问题，单一的政策工具往往难以实现多元化的政策目标。如赵爱武等（2018）模拟了环境技术创新激励政策的效果，发现当环境创新产品的市场竞争力相对较弱时，单一的补贴政策并不能显著促进环境技术创新，以政策工具之间的互补关系和替代关系为基础，优化政策工具组合、发挥“组合拳”的作用有利于实现政策目标，这也是当下普遍的做法（王春城，2018）。

从支持政策体系来看，日本新能源产业发展过程中，为了促进新能源技术研发、设备投融资、利用普及扩大、新能源电力并网等，制定了财政补贴、税收优惠、融资贷款优惠、配额制与固定电价制度、电力系统技术对策等一系列的支持政策体系。以丰田（Mirai FCV，2014）为例，若消费者在2015年购入该车，不仅享有“CEV导入补贴”，在购买环节抵用202万日元，还可以享受“环保车减税”和“绿色税制”的优惠，免除18.09万日元的车辆购置税和3万日元的汽车重量税及下一年度2.2万日元的汽车税，原本售价为723.6万日元的丰田Mirai FCV实际入手金额仅为521万日元（袁梦，2020）。

以美国钢铁行业化解产业过程的政策来看，产业政策具有明显的周期性和时代性。周期性突出表现在不同阶段化解产能过剩的方式可能相同，如针对钢铁企业兼并重组、国际合作、技术创新等方面的产业政策在不同阶段都有所体现。时代性突出表现在不同阶段化解产能过剩的方式尽管可能相同，但目标却有差异，如美国为化解钢铁产业产能过剩所实施的贸易保护手段，早期主要是为了鼓励外国企业进入美国国内，开展投资并从事钢铁生产经营，后来主要是为了给国内钢铁企业兼并重组提供转型契机。

七、通过政策效果评估提升政策绩效

政策评估是检验政策制定质量、发现政策执行问题、改进政策实施效果的重要途径。通过精准评策实现精准监控、精准纠偏、精准改进、精准学习，是持续增强政策精准性、不断实现精准性政策的重要机制。

20 世纪 90 年代以来，随着各国政府改革的推进，政策评估受到越来越多国家和国际组织的重视。

20 世纪 90 年代，日本的地方自治体率先引入政策评估制度，2001 年，日本颁布《政府政策评估法案》，规定了政策评估基本事项。目前，日本的中央政府各部门全部都开展政策评估，地方政府也在逐步将政策评估引入到管理中，多数政府部门开展事前评估、在执行过程中要进行中期评估、在执行结束时进行结题评估、在实施完成后一段时间还要开展事后评估，而且在每个评估做完后，都有反馈的环节，政府部门依据评估发现的问题，及时对不合理或不适当的项目或计划进行调整，并体现在下一财年的政府预算编制中（李志军，2013）。日本电力产业改革过程中也会定期实施电力市场竞争状况评价，评估产业政策的竞争影响，如 2017 年 3 月日本电力和煤气交易监督委员会发布《电力市场状况评估》报告书，从消费者选择行为变化、电价降低程度、服务多样化程度、市场经营者竞争状况变动、电力交易市场活跃度、电网运营环境、商业模式及技术创新激励等多方面，定量评估电力市场竞争状况的变化，并通过评估结果探讨对产业政策实施改、废、立。政策评估是日本行政改革的核心，也是政府绩效评估的主要内容。

欧盟综合能源系统研发战略秉承了“战略能源技术计划”实施框架体系的“中期路线图—短期实施计划”做法，通过短期实施计划分阶段实施路线图，定期评估实施进展，及时掌握实施效果，了解技术进展和面临的关键挑战，以便在下阶段实施计划中加以修订，确保短期实施计划能够与中期路线图目标保持一致。再如法国采用设评估专员、设评估处、设集体评估机构等三种方式对地方政府政策进行评估，政策评估有明确的法律保障，1985 年法国政府颁布法令，规定国家级的计划、项目未经政策评估不能启动，从法律上确立了政策评估的地位。法国有多个机构承担公共政策评估，包括国会、中央和地方行政机关、国家审计法院和地方审计法庭，以及由公务员、民选议员和评估专家组成的大区评估委员会。

20 世纪 50 年代美国实行绩效预算之后，受新公共管理运动和重塑政府运动的影响，几乎每一届政府都会在前任基础上提出新的政府绩效评估法案，如尼克松在任时实行目标管理，并于 1973 年颁布《联邦政府生产率测定方案》、卡特总统在任时推行零基预算、里根与老布什时期倡导全面质量管理、克林顿政府于 1993 年出台《政府绩效与结果法案》、2002 年小布什政府颁布《项目评估定级工具》。美国的政策评估机构主要有国会下属的政府审计办公室，监察长办公室，政府管理预算局，政策评估内容包括政策的必要性分析、政策的合法性及政策执行效果分析，评估方法是以定量为主、定性为辅，定量与定性相结合，基本方法是成本效益分析，通过成本效益分析为决策者选择有效率的方案。

第三节　对广东省培育战略性新兴产业核心竞争力的启示

日本、美国、欧盟培育战略性新兴产业的经验，为广东省政府部门制定培育战略性新兴产业核心竞争力的政策提供了极为有益的借鉴。

一、完善相关法律法规，强化规划指引

第七章已经表明，广东省扶持战略性新兴产业发展的政策中，存在“产学研”联合研发专利产业化制度性障碍、增值税相关优惠政策不完善、政府采购监管法律制度不健全、战略性新兴产业资金扶持项目缺乏统筹规划等问题，应该借鉴发达国家的做法，完善相关法律法规，强化规划指引。

法律法规是一个新兴行业发展必要的制度保障，当然，健全法律法规不仅仅是广东省要做的事情，更是中国需要加强的。如以新能源产业为例，我国相关的法律体系十分薄弱，新能源相关的法律法规基本仅限于2005年出台的《可再生能源法》这一基本法，且内容笼统、缺乏针对性，上网电价制度、保障性收购制度等新能源发电支持政策并无相应的专门法予以规范，仅通过发布“通知”“工作方案”“指导意见”“管理办法”等缺乏法律效力的文件予以公布并实施，层次较低，规范力度较弱，制度运行缺乏约束力，多存在各部门权责不清晰、监管缺位的现象；另外，在法律法规覆盖的范围上，中国新能源领域，除《可再生能源法》以外的规范性文件的内容覆盖范围小，多集中于光伏风力并网发电项目的推进、对新能源发电市场存在的类似消纳能力不足、补贴过度等一系列问题的探讨与意见指导等，而生物质能、地热、海洋能等新能源开发工作则较少涉及。针对现阶段我国新能源领域法律类型单一、涉及内容范围小、针对性弱等问题，应借鉴日本经验积极探索我国新能源领域相关法律法规的建设路径，一是把握国际、国内能源发展形势，根据新能源产业发展进程中出现的新问题、新趋势审时度势、适时对《可再生能源法》进行修订与调整，确保法律法规的时效性与针对性。二是应适当拓宽《可再生能源法》的覆盖范围，列入更具体的规划安排、技术支持政策、人才队伍建设、政府与市场边界、光伏风电以外新能源品种开发

等内容；三是参照日本《配额制度》《固定电价制度》，着重出台支持上网电价制度与全额保障性收购制度的相关专门法，为制度实施提供约束标准，保障制度实施有章可循。

为给战略性新兴产业发展提供清晰的指导，广东省政府和各级政府要制定“整体规划 + 专项规划”的战略规划，并统筹各区域新兴产业战略规划。广东省政府在战略性新兴产业“十三五”规划中提出，到 2020 年，实现战略性新兴产业增加值占 GDP 比重达到 16%，高技术制造业增加值占规模以上工业比重达 30% 以上的定量目标，也提出了提升产业规模、提高创新能力、增强企业竞争力、提高集聚水平等方向性目标。但是仍存在某一区域的某一具体项目，缺乏具有导向作用的战略规划及相关政策文件。例如，广州市当期创业投资政策体系中，缺乏以促进创业投资发展为主体的规划纲要，制约了广州创业投资的发展，为建立起围绕创业投资产业的政策体系，亟待发挥创业投资规划纲领作为体系核心的关键作用，从规划纲要、配套政策和实施细则三个层面去考虑政策的系统性和支撑性（周延，2019），弥补战略规划的缺位，扩充细分产业门类的发展规划，形成“广覆盖、细分类”的政策框架。同时要设计区域产业战略规划内容。2017 年 8 月印发的《广东省战略性新兴产业发展“十三五”规划》明确，战略性新兴产业的发展仍面临着各地发展参差不齐、整体创新水平不高、发展层次有待提升，高性能芯片、基因工程等关键核心技术竞争力不足，高端智能制造装备以及制造业所需关键原材料仍需大量依赖进口等挑战，而后出台的《关于加快我省战略性新兴产业发展的实施方案》并没有对广东省战略性新兴产业的区域布局、发展定位等问题进行部署，也没有对战略性新兴产业发展中，省政府和各地方、产业链各环节、企业与用户的利益分配和协调机制进行明确，在一定程度上无法避免为追逐利益而盲目投资、无序竞争的现象。只有统筹各地区的战略性新兴产业，对重复产业依据发展水平和区位优势进行优胜劣汰，重点划分各区域的发展方向，建设区域特色产业，提高产业发展效率，才能推动广东省战略性新兴产业的区域协调发展。事实上，产业和科技发展的规划指引的重要性已经引起了巡视组的注意，根据中共广东省科学技术厅党组关于巡视整改进展情况的通报①，巡视组指出了广东省科技厅实施科技创新驱动效果不明显、科技创新导向不利于全面调动科研力量的积极性等问题。

以广东省新能源行业为例，新能源领域自主创新水平低，关键技术的深入研发投入力度不足，光伏、风能发电领域的一些关键技术仍然受制于外国引进，太

① 惠州市大亚湾经济技术开发区审计局：《中共广东省审计厅党组关于巡视整改进展情况的通报》，2020 年 6 月 22 日。

阳热利用、生物质能、地热利用领域的技术开发项目仍处于示范探索阶段，距实现规模化、产业化、商业化利用还有较长距离，致使广东新能源产业链“大而不强”。这在一定程度上是由于广东省缺乏对新能源技术研发的总体规划，对新能源开发技术研发的支持力度相对不足，未形成支撑新能源产业技术创新的体制机制。广东省尚未提出未来综合能源系统的愿景目标，在发展新能源产业规划中，要借鉴日本和欧盟的经验，注重整个能源系统层面的优势互补与利用，对能源市场、数字基础设施、通信基础设施和能源基础设施进行合理布局规划，在高效、低碳多能互补智慧能源系统愿景中融合煤炭等化石能源、可再生能源（风、光等）、核能、氢能等多种能源载体，通过需求侧响应、电力与多种能源载体间的转换技术等，提升能源利用效率，实现工业、交通、建筑等终端用能部门的清洁高效和协调互补用能。此外，广东省公共研发方面主要通过重大专项、科技专项等重大研究计划发挥政府的主导作用，缺乏完整的研发战略实施框架和支持体系，研发活动呈现各自分散和部分重叠的局面；由于缺乏总体战略规划，难以区分各关键技术领域的重要性及优先级，既不能确保重点领域的全面覆盖，也不能保证研发活动的连续性。因此，广东省应基于我国多能互补智慧能源系统的长期愿景，关注能够大幅增强能源系统灵活性、实现供能端与用能端协同作用的技术，并针对各类技术的开发现状，制定短、中期开发路线，确定技术开发目标、挑战、优先事项并设置具体时间进程和资助预算。

二、理顺产业政策与竞争政策的关系

第六章广东省战略性新兴产业核心竞争力的影响因素分析结果表明，2010～2016年，政府研发资助与科技研发阶段、经济产出阶段的创新能力和创新效率的关联度都很高，但是创新的不同阶段，政府研发资助对创新能力和创新效率的影响方向却不同，如政府研发资助虽然与科技研发阶段创新能力的关联度较大，但其影响方向却是负向的，这可能是因为企业将政府研发资助作为自有研发投资的替代品，产生了“挤出效应”，同时信息不对称产生的道德风险问题会加强政府挤出效应，挤出效应的产生削减了企业的研发规模，阻碍了企业科技研发阶段创新能力的提升，这与政府的初衷背道而驰，也是党的十八大之后中央政府主张让市场成为资源要素分配关键手段的重要原因。而政府研发资助对经济产出阶段创新能力的影响是正的，但是影响不显著。产业市场化程度对创新两阶段的创新能力和创新效率的影响也不同，产业市场化程度对战略性新兴产业经济产出阶段创新能力的影响较大，说明科技成果的转化需要良好的市场竞争环境，这与科技研发阶段刚好相反，科技研发具有较强的正外部性，过度竞争会减少创新激励，经济产出阶段是在已有科技研发成果的基础上对成果进行转化，充分的竞争能促进经济主体加大创新投入，在存在市场准入障碍的情况下，由于来自行业内已有竞争者或者潜在进入者的压力较小，拥有较高市场份额的企业可以凭借垄断优势保持市场领先地位，创新动力不足，从而影响创新能力的提升。因此，战略性新兴产业发展过程中必须处理好产业政策与竞争政策的关系。

从政策依赖性与产业市场化程度来看，政策依赖是全球战略性新兴产业发展的必然路径，全球战略性新兴产业的发展壮大很大程度上得益于政府的政策支持。但和其他国家相比，以新能源产业发展为例，日本主要以指导型支持政策为主，重视运用经济手段引导新能源市场机制的充分发挥，并对政策实施等辅以强化法律规范与严格的市场监管，广东省乃至全国新能源支持政策的行政化色彩更浓，尤其是起步期，主要以组织型、行政管制型政策为主，市场这只“看不见的手”长期未充分发挥作用，这一方面容易使新能源投资企业以政府政策支持为“保护伞”作出非理性的投资选择，致使新能源产业存在严重的重数量、轻质量等问题；另一方面没有市场机制做引导、政府的财政资金投向具有一定盲目性，反而倾向于支持缺乏经济性、不合理的一些新能源项目，而急需财政支持的项目没有得到应有的支持，最终造成严重的市场扭曲与资源浪费。在新能源行业出现投资过剩、新能源电力消纳困难等问题后，广东省政府才逐步推出零补贴计划，降低新能源行业的政策依赖度，将政府职权归还于市场，向指导性政策转变。

广东省培育战略性新兴产业的核心竞争力，必须要理顺产业政策与竞争政策的关系。

第一，发挥产业政策与竞争政策互补协同效应。当前，中国学术界及政策部门对于产业政策的认识，主要还局限于政府以直接干预市场方式促进特定产业发展的认知，这一认知框架下，产业政策与市场机制、产业政策与竞争政策是对立的，围绕产业政策展开的争论往往演变成“产业政策的存废之争”“要市场还是要政府之争”。欧盟的产业政策理念与实践表明，政府有必要采取积极行动促进产业创新发展及竞争力提升，但是不必也尽可能不要采取直接干预市场的方式，而是通过构建良好制度环境、建立完善的产业技术创新及扩散相关公共服务体系、支持技术创新、通过培训和教育提升劳动者技能、辅助传统产业升级与退出等政策工具来实现政策目标。因此，未来产业政策研究焦点应该从“要不要产业政策”转到“要什么样的产业政策”“如何更好地制定实施产业政策”等上来。在加快产业政策转型的过程中，产业政策必须遵循公平竞争的基本原则，并与竞争政策形成互补协同效应。

第二，健全竞争政策的制度设计。竞争政策的强化是大势所趋，我国真正开始实施“反垄断”意义上的竞争政策至今大约有十年的时间，今后需要进一步完善竞争政策的法解释论，我国的《反垄断法》除了在条文本身及实施细节方面尚存在一些“立法论”层面的问题需要继续完善外，对《反垄断法》等竞争政策的“法解释论”层面的内容也亟待强化，尤其需要对竞争政策、法律条文关键词判断标准进行细化界定，需要对法律目标、公共利益、正当化事由等关乎条文背后价值衡量的内容进行深入论证，进一步提高竞争政策的逻辑性、理论性。可以参考日本针对行业具体问题制定执法指南的做法，在完善竞争政策的内部运行机制的同时，强化与外部执法部门的良性沟通，细化判断标准，提高竞争执法的可操作性。其次，还需要提升竞争执法的独立性，竞争政策执法部门需要积极主动介入产业政策领域，敢于发出不同声音，培养产业政策对竞争政策的尊重意识和习惯。第三，要重视对市场竞争状况的科学评估，要对市场是“竞争过度”“竞争不足”还是“竞争适当”这一现实情况进行科学判断，日本在电信、电力等特定改革领域实施的竞争影响评价制度值得借鉴和参考。

第三，充分发挥市场竞争及创新型企业的作用。战略性新兴产业存在诸多不确定因素，只有在市场经济下让企业之间相互竞争，才能发现市场机会并深层挖掘未来的创新点。一个新兴产业的发展和壮大，需要龙头企业和中小企业的相互支撑，龙头企业往往具有自己的核心竞争力和国际竞争优势，中小企业决策速度快、更具活力和生机，因此，广东省产业政策的制定还需将战略性新兴产业的基点放在企业竞争上，通过政策促进企业之间的公平竞争，保证创新型企业的健康发展。当前，能够获得政府扶持的企业往往是大型国有企业，而真正充满活力、可能进行技术创新的中小企业和民营企业往往因为投资风险大、资金不足而造成创新项目的流产，因此，广东省要重视战略性新兴产业中小企业、民营企业的发展，充分发挥市场竞争及创新型企业的作用。

三、加强选择性产业政策与功能性产业政策的协调运用

产业政策是经济发展的核心政策，发达国家和发展中国家都普遍存在产业政策，由于国家的经济发展阶段、政治环境等存在差异，不同国家或同一个国家的不同发展阶段或不同区域，适用不同类型的产业政策。从日本、美国、欧盟的产业政策变迁来看，其产业政策正在从选择性产业政策转向功能性产业政策，也取得了一定的成效。我国当前的产业政策在很大程度上仍是一种选择性产业政策，这不仅体现在对行业的选择方面，还体现在对特定技术、产品和工艺等的选择和

扶持方面，这在《钢铁产业发展政策》《汽车产业发展政策》以及《当前国家重点鼓励发展的产业、产品和技术目录》等文件中都有充分的体现（于良春，2018）。广东作为改革开放的前沿阵地，随着市场经济不断深化，其扶持战略性新兴产业发展的政策已经开始侧重对市场机制的运用，但是仍然具有典型的选择性产业政策特征，如市场准入、项目审批、供地审批、目录指导和强制淘汰落后产能等直接干预市场政策。当前从要素和投资为主的增长驱动方式向创新驱动为主转型的关键时期，广东省要培育战略性新兴产业的核心竞争力，还需要结合自身实际情况，实现选择性产业政策与功能性产业政策的协调运用。

从实证研究结果来看，大部分的实证研究证实了当前选择性政策对战略性新兴产业的积极作用显著。如金宇等（2019）从微观企业的视角，以高新技术企业认定为政策研究对象，基于 2007 ~ 2015 年 A 股上市公司数据，对选择性产业政策与企业专利质量的关系进行了研究，发现选择性产业政策有利于企业专利质量的提升，表现出政策“促进作用”，且该结论在经过放大实验效果的反向检验、测量多次认定的实验冲击、更换对照实验组、引入政策实施节点的安慰剂等一系列测试后依然稳健。选择性产业政策通过缓解企业融资约束、提升人力资本稳定性这两条路径对专利质量提升发挥作用。

第七章广东促进战略性新兴产业发展的政策绩效已经表明，选择性产业政策作为近年来广东省着力推动战略性新兴产业发展的重要手段，在促进创新数量和质量方面发挥了显著的积极作用，虽然现实中“骗政策”“伪高企”等现象依然存在，但从整体来看选择性产业政策在当前经济发展中起到了关键作用。因此，未来一段时间，政府部门的关注点应逐渐从选择性产业政策“是否实施”向“如何实施”转变，即“执行”是产业政策发挥资源配置和引导机制的重要环节，未来产业政策不是“去留存废”问题，而是如何在“选择性”和“普惠性”两者之间寻求平衡的问题，“普惠”中有“选择”“选择”中兼顾“普惠”，通过“普惠”实现产业政策的“公平性”，借助“选择性”遴选机制实现产业政策的“效率性”，从而抑制产业政策在经济增长中的负面作用，充分发挥市场在创新激励过程中的决定作用和竞争机制，实现精准创新支持（孙刚，2018）。

未来产业政策除了要从“要不要产业政策”转到“要什么样的产业政策”“如何更好地制定实施产业政策”之外，还需要转向如何实现选择性产业政策与功能性产业政策、综合产业政策的协调发展方面来，因为选择性产业政策的实施效果有赖于外部环境的支持，只有进一步改善产业发展环境，才能为战略性新兴产业的发展提供保障。具体而言，广东省产业政策的重点除了要选择特定的产业、特定的技术路线、特定的产品、特定的企业进行扶持或者限制，还需要为产业的创新发展构建日趋完善的框架条件，包括构建完善的制度环境、良好的产业创新发展公共服务体系与公共基础设施、对于技术研发与创新的普遍支持、建立统一开放与公平竞争的市场体系、更能适应产业发展与结构变迁的人力资本培养与教育体系等。在实施以上政策的同时，还应将其与行业发展情况与特征紧密结合起来，根据行业具体情况确定政策的重点、优化政策工具组合，实现为行业量身定制产业政策，真正做到“产业政策要准”。需要注意的是，实施功能性的产业政策并不是排斥在战略性领域可以有积极行动（例如，前沿技术和战略性新兴产业领域），而是说积极行动应该以横向性/功能性的政策工具来实施，例如，加强该领域科技公共服务体系建设，对于这些领域相关基础科学、通用技术、底层技术研究开发与扩散进行倾向性支持，加强该领域人才的培养，而不是通过倾向性的政策直接将信贷、土地等资源直接配置到特定的产业或者技术路线上。

做到选择性产业政策与功能性产业政策的协调发展，需要发挥民主决策，不断推进产业政策形成机制的改革。正确有效地制定产业政策非常困难，需要不断试错、不断改革。即便由最前沿的科学家组成产业政策委员会，也只能看到某一个领域上的技术变化。因此，发挥民主决策可能是解决办法。重大产业政策需要由政府、企业、专家充分论证，并广泛征求社会公众意见。在互联网时代，这样的政策形成是可以低成本实现的。同时，坚持反腐，避免产业政策权力寻租。没有一成不变的好体制、好政策，只有不断通过改革，才能有个相对不错的产业政策。

四、注重全产业链政策的均衡性

根据罗思韦尔和泽赫费尔德（Rothwell & Zegveld，1981）的分类，政策分为供给型、需求型和环境型三种类型，供给型政策和需求型政策分别表现为政策的推动力和拉动力，环境型政策起到间接的影响作用。政策工具同时作用于需求面和供给面，能调动生产者和消费者各方的积极性，激活从生产者决策到消费者行为改变不同决策链条中的作用机制，更好地实现政策目标。当需求拉动与技术供给不成比例时，强调需求拉动的不平衡政策组合会导致替代技术种类减少、强调技术供给的不平衡政策组合会降低对需求扩张的预期，更为均衡地使用需求拉动和技术推动工具对技术创新的积极影响往往更大（Guerzoni et al.，2015）。赖夏特和罗格（Reichardt & Rogge，2016）对德国风力行业的研究证实了需求拉动型政策工具和技术推动型政策工具之间存在正向的交互作用，组合使用对企业创新活动有积极作用。贡斯坦蒂尼（Costantini，2017）研究了 1990 ~2010 年 23 个经济合作与发展组织（OECD）成员方的政策组合特征对引导节能技术创新的影响，结果发现，政策组合的综合性和均衡性对技术创新具有积极作用，政策组合的均衡性越高，对技术创新的促进作用越强，而政策组合的非均衡性会阻碍技术创新。

第七章分析已经表明，广东省人才队伍建设政策类型分布不均衡，广东省人才政策类型以综合类政策为主，人才流动和人才激励方面的政策相对不足。事实上，全产业链政策不均衡在我国比较普遍。王燕妮（2017）梳理我国中央政府颁布的与新能源汽车产业相关的61份政策文本，发现新能源汽车的产业链维度中，消费端环节的政策工具最多，占46.28%的比重，其次为研发（24.79%）和生产（21.49%），投资占比最低（7.44%），由于我国汽车核心企业还处于初级发展阶段，政府为了保护新能源汽车新兴技术系统的形成和发展，积极利用消费端补贴、产品标准及公共采购等需求型政策工具来促使新能源汽车获得市场的认可，供给端的政策工具整体运用不足，说明政策对新能源汽车产业技术端的支持和投入还不够。杨薇等（2018）对我国海洋可再生工业产业政策的研究发现，产业政策对海洋产业链的基本环节都施加了影响，其中最为关注的是“技术研发”和“投资与生产”两个环节，比重分别高达32.09%和31.63%，原因主要是海洋能的开发属于科技含量高、多专业交叉、综合性强的高新产业，重研发、高投入是进行产业培育的必备条件之一；“上网输送”和“能源资源”环节也受到了一定关注，占比分别为13.49%和14.88%；对“消费”环节关注度最小，仅为7.91%。

广东省扶持战略性新兴产业发展的过程中，大部分产业政策覆盖了从供给到需求的全产业链，但也存在全产业链政策的均衡性不够的情况。以东莞“倍增计划”政策为例，为了应对全球性的高端制造业回流与区域性的低端制造业市场分流给东莞带来的挑战，推动产业高质量发展，东莞市政府2017年出台了《东莞市人民政府关于实施重点企业规模与效益倍增计划全面提升产业集约发展水平的意见》（以下简称“倍增计划”）和《实施重点企业规模与效益倍增计划行动方案》，在总结2017年经验的基础上，2018年提出了高质量倍增，出台了《深入推进企业高质量倍增发展助力构建现代化经济体系工作方案》，提出了“倍增新十条”。相比以往的一刀切、零碎化、孤岛化的政策，“倍增计划”建成了全要素、多层次、广覆盖的惠企政策体系，东莞市人民政府办公室、东莞市委办公室、东莞市实施重点企业规模与效益倍增计划工作领导小组办公室、东莞市经济和信息化局、东莞市国土资源局、东莞市补办产权手续工作办公室等部门，出台了10份战略层面的规划或方案、22份实施细则和18份管理办法，设立了26个专项资金，下设42个子项目，政策覆盖产业、科技、财税金融、区域开放、人才、土地、公共服务等领域。“倍增计划”目标是以2016年为基期，试点企业在3～5年的时间内实现规模与效益的倍增，并且自主创新能力处于全市、全省乃至全国前列。“倍增计划”政策涉及供给型、需求型和环境型政策，供给型政策包括对技术、人才、土地、资金等的扶持，需求型政策包括对服务外包、拓展国际市场、示范工程建设、重点技术推广等的扶持，环境型政策包括对财务金融、组织管理、市场规范和标准等方面的扶持，总体而言，政策涉及了全产业链，但是49.12%的政策是供给型政策，需求型政策仅占21.05%，表明政策扶持在市场推广和应用方面力度还有待加强。对“倍增计划”政策组合的均衡性与生产增长、创新增长关系的实证检验表明，均衡程度相对较高的政策组合显著地促进了企业的生产增长和创新增长，相比对照组，政策均衡程度较高的政策组合使实验组样本获得额外的0.155个单位的生产增长和0.189个单位的创新增长（曹建云等，2020）。

在战略性新兴产业发展的不同阶段，政策作用于产业链的侧重点应该有所不同，政府部门出台政策时，一方面需要考虑政策的均衡性，另一方面需要结合产业发展本身所处的阶段和产业技术特性制定政策。

五、建立高效的创新组织体系，加强多部门沟通和协同，吸纳社会力量参与

第七章战略性新兴产业政策分析已经指出，政策实施过程中存在多部门协同不够充分、缺乏统筹规划，导致政策或制度执行力度不够、财政投入资金使用效率不高的情况。因此，广东在下一阶段培育战略性新兴产业核心竞争力的实践中，应该借鉴国外经验，建立高效的创新组织体系，加强多部门沟通和协同，同时吸纳社会力量参与。

首先，要建立高效的研发创新组织体系。当前，广东省乃至全国科技发展的总体思路正从“技术追赶战略”向“技术优势战略”转变，战略性新兴产业规划应立足长远、脚踏实地，提升原始创新能力以塑造未来战略性新兴产业科技的领先优势。以新能源产业为例，未来能源系统必然向清洁、高效、多元和智慧化发展，亟须完善相关研发规划形成机制和组织实施机制，确保能够以长远发展的眼光确定重点方向和重点领域，并能系统化、可持续地统筹组织实施。多能互补智慧能源系统涉及能源供应、分配和应用的各个环节，相关技术覆盖多个学科，存在大量交叉领域的研究挑战。应参考欧盟经验，以目标为导向建立研发创新组

织体系，成立专有的管理平台以联合官、产、学、研的优势力量，充分参与战略规划研发和研发活动实施。多主体参与下，需要明确政府、企业、学校、科研机构等的角色，政府应当作为制定规划、财政支持的领导统筹者；企业应主动开拓市场，抓住市场需求。通过技术创新、产品创新等，将战略性产业产品推向市场；学校应当在专业以及科研建设方面详细规划，为战略性新兴产业提供人才保障；科研机构应当着重于吸引人才、进行科技研发，为战略性新兴产业提供技术支撑和保障。此外，为了保障各地市和区域工作的协同性，还应成立实施工作组协调广东与中央、广东省内各地市和区域的研发计划，确保研发活动协调一致。

其次，要加强多部门的沟通和协同，调整和优化产业政策执行与实施机制。欧盟在推行产业政策过程中，尤为重视构建完善的产业政策制定实施机制及程序。广东省也需要优化调整产业政策制定和实施机制，如设立产业政策委员会，尽可能避免行政部门在政策制定决策过程中的部门化与碎片化的问题。其次是建立审议会制度，为产业政策所涉及各相关利益群体参与政策过程提供制度性渠道，通过审议会制度，为不同政策方案的竞争与辩论提供舞台，便于更“好”的产业政策方案脱颖而出。同时要公开、透明审议过程，让各方信息与观点的交流与争论接受公众监督，防止政策制定者的不当行为和特定利益集团俘获政策制定者，有利于形成约束专家的声誉机制；此外，以项目制推动政策执行的精准化与落实，在产业发展战略之下设置不同的配套政策项目，每个政策项目都有明确的项目负责人、项目绩效目标以及分阶段实施的里程碑。

最后，要充分调动社会力量参与战略性新兴产业的建设和发展。社会力量在社会、经济和产业发展的影响已经得到了政府、学术界的普遍认可，如2020年5月26日中共深圳市委推进粤港澳大湾区建设领导小组印发《关于大力支持社会力量参与粤港澳大湾区和中国特色社会主义先行示范区建设的意见》，明确深圳市将从深化改革扩大开放、丰富“一国两制”事业发展新实践，科技创新更高水平发展，基础设施互联互通建设，战略性新兴产业，金融创新发展，国际及港澳专业服务合作，教育、文化、体育、旅游交流与合作，支持深港澳青年交流和港澳青年来深创新创业就业，参与“一带一路”建设9个方面着手，全力支持社会力量参与粤港澳大湾区和中国特色社会主义先行示范区建设工作。第七章的分析已经指出，战略性新兴产业促进政策中，无论是税收优惠、融资政策还是财政投入资金都主要惠及雄厚经济实力和雄厚资本的企业，战略性新兴产业中小型企业和民营企业的融资需求难以得到满足，而中小企业、民营企业往往也是最具有创新活动的企业，如华为作为我国最大的民营企业，根据2019年6月27日华为发布的创新和知识产权白皮书《尊重和保护知识产权是创新的必由之路》，华为每年将收入的10% ~15%投入到研发，过去十年累计研发投入超过4800亿元人民币。截至2018年底，华为在全球范围内获得授权专利87805项，其中有11152项是美国专利，是全球最大的专利持有企业之一。同时，华为也是全球PCT专利申请最多的公司之一，2018年华为向世界知识产权组织提交了5405份PCT申请（林亿，2019）。因此，广东省可以推广深圳的做法，在战略性新兴产业发展过程中，引导社会力量积极参与，并将社会力量参与程度纳入考核体系。

六、强化政策工具的综合性和区域政策的协调性

广东省培育战略性新兴产业发展过程中，政策工具的综合度还有待提升。以2016年东莞开始实施的“倍增计划”政策为例，为了促进经济高质量发展，一揽子政策包括支持兼并重组、“机器换人”应用项目、“两化”融合应用项目、信息化系统集成商项目、工业设计成果转化、自动化改造项目、智能化改造项目、智能制造示范项目、首台（套）重点技术装备项目、绿色清洁生产奖励项目、清洁生产奖励项目、电子商务销售企业奖励、电子商务服务企业奖励、东莞特色本土电子商务运营企业资助、电子商务平台资助、跨境电商企业奖励、跨境电子商务相关境外项目资助、支持服务外包企业做大做强、鼓励企业使用东莞市保税物流仓储设施、支持“超级中国干线”业务发展、加工贸易企业取得质量认证资助项目、试点企业服务包奖励政策、鼓励企业增资扩产、加强出口信用保险支持项目、支持外贸综合服务企业发展、新引进人才政策等，144个试点企业都获得了不同类型政策的组合支持，但是组合使用的政策强度还不够均衡，144个试点企业政策综合性均值为1.157，最大值为3.144，最小值为0.022；政策均衡性均值为1.082，最大值为2.670，最小值为0.028。144个试点企业中，政策组合综合程度高于平均水平的企业有48个，“倍增计划”实施前，48个企业营业收入和高技术产品销售收入的平均增长率分别为35.030%和47.337%，“倍增计划”实施后分别上升到58.288%和71.426%[①]，实证结果表明，综合程度相对较高的政策组合显著地促进了实验组企业的生产增长和创新增长。试点企业中，有51个企业的政策组合均衡程度高于平均水平，其营业收入和高技术产品销售收入的增长率分别从33.946%和47.924%上升到56.162%和69.579%，同期对照组企业从10.476%和5.812%上升到20.422%和13.399%[②]，无论是从绝对水平还是增长幅度来看，实验组都明显高于对照组，表明实验组相对较快的生产增

①② 曹建云、李红锦、方洪：《基于目标偏差的政策组合效果评价》，载《预测》2020年第4期。

长和创新增长得益于相对均衡的政策组合。相对于简单的政策叠加及政策综合程度低、强度不均衡的政策叠加，只有政策综合程度高、强度更均衡的政策组合才能显著促进生产增长和创新增长，"倍增计划"政策访谈也支持了这一结论，访谈中，多家试点企业的负责人表示，虽然"倍增计划"政策包括资金、土地、人才等多方面的扶持，但是实际执行过程中，企业获得的扶持主要是资金方面，而资金扶持的数量又很少，所以对企业的影响尤其是创新的激励和推动作用有限。同时，多个访谈对象认为，"试点企业"头衔的含金量会随试点企业的数量增长而降低，"倍增计划"政策不应该扩大试点企业的面，这反映出只有综合程度相对较高、政策力度相对较大的政策才能更好地激励试点企业。

第七章已经指出，无论是金融资源配置还是R&D经费投入，广东均存在明显的区域差异性和不均衡性，因此，区域政策的均衡性和协调性是下一阶段需要重视的问题之一。广东区域政策的均衡和协调，一方面是广东与国家产业结构政策的协调，广东需要依据国家的产业政策，结合广东产业发展基础和条件，确定有发展潜力的优势产业并加以扶持；另一方面是各地市之间政策的协调，即各地市在制定产业发展规划时，不仅要看到自己是否能发展某些产业，还应当看到其他地区是否更适合发展这些产业，是否已经发展了这些产业，通过地区之间优势与劣势的相互比较，明确本地区的绝对优势和相对优势之所在。区域政策的协调还需要实施区域制度和政策一体化，如在户籍制度、就业制度、教育制度、医疗制度和社会保障制度等方面加强地区之间的行政协调，构建统一的制度框架和实施细则，实现经济区域制度架构的融合。同时，构建区域产业发展政策协调和磋商机制，制定与协调各行政区域的政策等，减少政出多门、各自为政的现象，并逐步在招商引资、土地批租、外贸出口、人才流动、技术开发和信息共享等方面统一政策，在区域内营造交易成本降低的政策环境，区域产业政策不仅服务于各区域产业发展和竞争力的提高，而且还应服务于整体区域经济的协调发展。当然，也要防范各地市间的竞争可能导致产业政策陷入被迫竞相出台产业政策的"囚徒困境"（卢国懿，2010）。由于广东省各地市政府在制定产业政策时一般会跟进广东省已经制定的产业政策，但是在执行力度及配套措施上享有较大的自主权，从战略产业选择、配套扶持政策到政策执行力度，地区间差异较大。各地市政府之间围绕地区的经济发展水平展开竞争，而财政补贴、税收优惠、土地优惠等产业政策对于吸引企业投资，推动地区经济增长具有直接作用。在这种情况下，当一个地区不出台产业政策而其他地区制定了相关产业政策时，潜在的投资企业就会被其他地区的各种优惠条件所吸引，这势必影响本地经济发展绩效。因此，出台产业政策就成为该地区的占优策略，即使该地区受到财政收入所限不能给予直接的财政补贴，也往往可以通过土地优惠、税收优惠甚至是减弱环境监管要求等方式来吸引或挽留企业。因此，广东省培育战略性新兴产业的政策既要把握好区域政策的均衡度，又要避免区域政策过度竞争导致“囚徒困境”。

七、健全创新政策绩效评价管理制度体系，强化政策绩效评价

第七章广东省战略性新兴产业政策分析已经表明，人才相关政策大多通过项目补助等方式进行，但是项目执行过程中存在监管不严、资金到位不及时、绩效目标过于笼统和考核标准不明确等问题，在一定程度上影响了人才引进政策效果；而且人才政策、金融政策等实施评估评价机制不健全；政府采购存在事前监管形式化、事中监管不到位、事后监管不及时的现象。有鉴于此，广东省应该借鉴日本、美国和欧盟的做法，加强政策执行过程监管和政策效果评估。当前，要做好精准评策，实现“以评估促精准”，应该做到以下几点：

第一，健全和完善政策绩效评价制度框架体系。广东省是全国开展预算绩效管理较早的省份之一，第七章已经指出，绩效评价中还存在诸多不足，如绩效评价标准体系尚不健全、评价指标不能覆盖所有预算资金，评价指标和评价内容在一定程度上存在脱节现象、轻结果评价，评价结果应用不到位等。为此，广东省亟须健全和完善政策绩效评价管理体制。2019 年广东省出台了《关于全面实施预算绩效管理的若干意见》和《广东省省级财政预算绩效目标管理办法（试行）》等文件，各地市也陆续出台了绩效预算相关制度，为预算制度改革提供了法律保障。实践证明，只有法治才能提供最强有力的保障与最佳指引，采用行政手段推进绩效预算改革，在改革前期确实卓有成效，基本上可以将绩效管理制度快速融入政府预算、部门预算编制和预算执行全过程中，真正起到了“讲求绩效”的重要作用。然而，随着改革的不断深入，从行政层面上的政府绩效管理，上升到法律层面上已具备约束力的财政绩效预算，由于行政性规章有其局限性，不足以为绩效预算提供最佳约束与引导。改变资源配置方式必须依赖立法。建议学习美国等发达市场经济国家的做法，启动财政预算绩效立法工作，为预算绩效管理提供法律支撑。同时还需要一个健全完善的预算绩效管理制度框架体系，推动财政绩效管理高水平、高质量发展，避免单位在实施绩效管理工作时出现“知识盲区”，或者蓄意利用不完善的管理制度体系漏洞，进行低效、无效、高成本的预算绩效管理，着眼于预算绩效管理实现“全方位、全过程、全覆盖”，广东省需要根据实际情况完善已有的绩效管理制度，加快研究

出台部门整体预算绩效管理、第三方参与预算绩效管理、政策出台前预算绩效评价、政策执行国产绩效动态监控管理办法、政策绩效评价结果与预算安排挂钩激励约束等相关管理办法和制度，并运用大数据、云计算、AI等智能技术，建立预算绩效档案管理信息平台，加强预算绩效目标和标准体系建设，打造全省统一的标准“度量衡”。

第二，把握政策评估时机、规程和立场。在时机上，精准评策要推动政策评估常态化。当前，政策评估主要以定期的集中评估方式开展，其优点是省时、省力、成本低、不干扰日常的政策制定执行工作，但也存在明显的局限性：由于政策效果的产生是动态甚至不稳定的，且相当一部分政策效果需经较长时间才能生成并显现，而定期评估无法及时地精准跟进政策进展；由于政策影响是综合性、多层面、多维度的，而集中评估受时间约束往往难以充分掌握情况；由于有意义的政策影响往往是深层次的、不易发掘的，而集中评估同样由于观察时间限制而无法实现深刻洞察。对此，应建立并实行常态化的评估机制，由专门机构和人员对特定政策实施全天候、全过程、全方位跟踪评估，避免政策评估的滞后性、片面性和表面化。在规程上，精准评策要推动政策评估规范化。要实现精准评策，就要有章可循，要依托科学的评估体制、程序、方法、技术等规范。当前，尽管数学、社会学、经济学等学科发展出不少评估模式、模型、方法和技术，但专门针对政策评估的并不充分，尚未形成标准化、成熟、便捷的操作规程。在立场上，精准评策要推动政策评估独立化。第三方评估是实现评估独立性的一种有效方式，在实现精准评策中具有独特优势，应成为政策评估的普遍性、主流性方式。例如，在精准扶贫政策成效评估中，由于扶贫成效排名、贫困县“摘帽”等直接关系各级地方主政官员职务升迁，他们往往有强烈冲动，通过数字脱贫、形式主义帮扶措施、送米面油等慰问品换取农户满意度、对评估主体施压等应对措施，谋取自身利益（王春城，2018）。如果仅采用政府部门自评的方式，那么省市县乡村各级干部便有可能基于“共同利益”而走向“合谋”，为评估制造障碍。引入第三方评估，评估团队既有理论、方法和技术优势，又独立超然于评估对象，可全面、客观、深入调查扶贫工作成效和问题。因此“精准评策”环节搭建了与“精准研策”环节的对接桥梁，实现了“精准政策过程”的完整闭环。

第三，加强产业政策适用的科学评估。从日本的发展历史来看，影响日本产业政策与竞争政策关系变迁的主要因素是产业政策的主动调整和转型。广东省产业政策在某些领域也已经出现相同的趋势，但下一步如何推广落实科学转型，需要在以下方面寻求突破：一是深入具体行业的产业政策“个性化”转型方案。

由于不同区域经济、社会、产业发展存在一定的异质性，产业政策的转型无法具有固定模式，需要深入具体行业做具体分析，制定转型路线方案。产业政策向促进竞争、侧重竞争政策的转型需要对竞争状况进行更加深入细致的评估，科学匹配和发挥产业政策与竞争政策的不同优势，寻找促进经济发展、提升消费者福祉、增强产业竞争力的综合方案。二是需要重视“经济民主”目标的评定准则，广东省乃至全国产业政策转型需要摆脱“急功近利”的“唯效率观”，在日本产业政策转型中，竞争政策的一个重要目标是实现“经济民主”，重视保障中小企业的市场进入权，甚至运用“非对称”的产业政策，为中小企业平等进入市场提供法律制度保障。通过发挥弱小企业经济活力、抑制大企业滥用市场支配地位、激励大企业持续创新动力的作用，以“经济民主”带动效率提升。三是要落实公平竞争审查制度，目前中国已经建立了公平竞争审查制度，并于 2017 年 11 月推出了实施细则，要求政策制定部门在制定市场准入、产业发展、招商引资、招标投标、政府采购、经营行为规范、资质标准等涉及市场主体经济活动的政策措施时，进行公平竞争审查，评估对市场竞争的影响，防止排除、限制市场竞争。广东省在制定和出台政策时，应该加强对政策的必要性、成本收益及替代方案的分析，并嵌入分析政策的竞争影响，将公平竞争审查制度嵌入事前评价制度的“成本收益分析”中，落实公平竞争审查制度。

第四节 本章小结

本章在第七章广东省战略性新兴产业促进政策的基础上，总结国外培育战略性新兴产业中好的经验和做法，发掘广东省战略性新兴产业发展促进政策的不足和值得关注的环节。

通过梳理日本、美国和欧盟新能源产业和生物医药产业等领域的政策，发现国外培育产业竞争力的主要经验有：第一，重视立法和规划，产业支持政策以法律为基础，在立法的基础上，强化产业规划的引领和指导。第二，产业政策兼顾重点产业发展与市场竞争规则，竞争政策与产业政策构成了政府在微观层面上进行资源配置、促进经济发展的两大类公共政策，发挥市场对资源配置的决定性作用和更好发挥政府作用，必须协调好竞争政策与产业政策的关系。第三，产业政策从选择性产业政策转向功能性产业政策，产业政策的核心内容变成了向社会提供有关产业结构的长期展望和国际经济信息。第四，为了推动产业的快速发展，扶持政策贯穿全产业链，通过对产业链上、中、下游各个企业的扶持，全力促进企业做大做强。第五，产业政策的实施往往涉及经济、金融、科技等多个部门，为了保障政策实施效果，要建立健全的组织体系，加强多部门工作和政策的协同性，广泛吸收社会力量参与。第六，为了实现多元的政策目标，政策实施已经从单一政策过渡到政策工具的组合运用，政策组合的综合性、协调性和动态性在一定程度上决定了政策效果。第七，政策评估是检验政策制定质量、发现政策执行问题、改进政策实施效果的重要途径，通过精准评策实现精准监控、精准纠偏、精准改进、精准学习，是持续增强政策精准性、不断实现精准性政策的重要机制。

为培育战略性新兴产业核心竞争力，广东省需要努力做好以下几个方面的工作：

第一，针对“产学研”联合研发专利产业化制度性障碍、增值税相关优惠政策不完善、政府采购监管法律制度不健全、战略性新兴产业资金扶持项目缺乏统筹规划等问题，借鉴发达国家的做法，完善相关法律法规，强化规划指引，针对各类技术的开发现状，制定短、中期开发路线，确定技术开发目标、挑战、优先事项并设置具体时间进程和资助预算。

第二，在产业创新的不同阶段，产业政策的作用和效果不同，广东省培育战略性新兴产业的核心竞争力，必须要理顺产业政策与竞争政策的关系，在加快产业政策转型的过程中，应尤为重视产业政策与竞争政策的协同问题，产业政策必须遵循公平竞争的基本原则，并与竞争政策形成互补协同效应，这一方面需要健全竞争政策的制度设计，另一方面要充分发挥市场竞争及创新型企业的作用。

第三，当前从要素和投资为主的增长驱动方式向创新驱动为主转型的关键时期，广东省要培育战略性新兴产业的核心竞争力，还需要结合自身实际情况，实现选择性产业政策与功能性产业政策的协调运用，需要发挥民主决策，不断推进产业政策形成机制的改革。

第四，战略性新兴产业发展的不同阶段，政策作用于产业链的侧重点有所不同，政府部门出台政策时一方面需要考虑政策的均衡性，另一方面需要结合产业发展本身所处的阶段和产业技术特性制定政策。

第五，针对战略性新兴产业政策实施过程中存在多部门协同不够充分、缺乏统筹规划，导致政策或制度执行力度不够、财政投入资金使用效率不高的情况，广东省要借鉴国外经验，建立高效的创新组织体系，加强多部门沟通和协同，调整和优化产业政策执行与实施机制，同时广泛吸纳社会力量参与。

第六，广东省培育战略性新兴产业发展过程中，强化政策工具的综合性和区域政策的协调性是下一阶段政策关注的重点之一。区域政策的协调需要实施区域制度和政策一体化，构建区域产业发展政策协调和磋商机制，制定与协调各行政区域的政策等，减少政出多门、各自为政的现象，并逐步在招商引资、土地批租、外贸出口、人才流动、技术开发和信息共享等方面统一政策。同时要防范各地市间的竞争可能导致产业政策陷入被迫竞相出台产业政策的“囚徒困境”。

第七，针对政策项目执行过程监管不严、资金到位不及时、绩效目标过于笼统和考核标准不明确、政策实施评估评价机制不健全等问题，广东应该借鉴日本、美国和欧盟等的做法，加强政策执行过程监管和政策效果评估，健全和完善政策绩效评价制度框架体系，把握政策评估时机、规程和立场，加强产业政策适用的科学评估。

第九章　广东省战略性新兴产业核心竞争力的培育路径

自《国务院关于加快培育和发展战略性新兴产业的决定》发布以来，广东省政府出台了《关于贯彻落实国务院部署加快培育和发展战略性新兴产业的意见》《广东省战略性新兴产业发展“十二五”规划》《广东省战略性新兴产业发展“十三五”规划》《广东省人民政府关于培育发展战略性支柱产业集群和战略性新兴产业集群的意见》，一系列政策的推动下，以新一代信息技术、高端制造、生物医药、新能源等为代表的战略性新兴产业从小到大、从弱到优，涌现出一批创新力强、发展潜力大的优质企业，形成了强大的产业整体竞争优势，但也存在发展支撑点不多、新兴产业支撑不足、关键核心技术受制于人、高端产品供给不够、发展载体整体水平不高、稳产业链供应链压力大等困难和问题。“十四五”乃至未来10年，国际科技、产业、经济等合作的形势发生趋势性变化，新一轮科技革命和产业变革持续向纵深推进，新技术新业态蓬勃涌现，战略性新兴产业发展所急需的技术、资金、人才等创新要素的全球分布格局正在发生趋势性变革，主要发达国家和地区、新兴市场国家和地区纷纷加大力度招引创新要素，广东省战略性新兴产业的发展面临发达国家高精尖产业和发展中国家中低端产业的双重挤压，广东省亟须培育战略性新兴产业核心竞争力。本书认为在发展战略性新兴产业过程中，广东省应着眼于技术创新和产业变革，充分发挥政府、企业、科研院所和科技服务中介等多个主体的作用，落实战略性新兴产业核心竞争力的实现模式，即“科技研发—技术掌握—成果转化—产业推进”。结合第七章广东省促进战略性新兴产业发展政策的不足和第八章国外战略性新兴产业核心竞争力的培育经验，本章从关键技术供给机制、创新平台设计、科技人才工程、科技成果产业化及产业培育计划5个方面提出战略性新兴产业核心竞争力的培育途径。

第一节　关键技术供给机制

核心技术缺失，攸关企业生死存亡，也掣肘着经济高质量发展目标的实现，已成为广东省乃至全国经济发展及应对全球变局的“阿喀琉斯之踵”（李东红等，2021）。《中共广东省委关于制定广东省国民经济和社会发展第十四个五年规划和二〇三五年远景目标的建议》明确提出，打好关键核心技术攻坚战，积极探索关键核心技术攻关新型举国体制的“广东省路径”，着力突破一批关键共性技术、前沿引领技术、现代工程技术、颠覆性技术。围绕战略性支柱产业、新兴产业和未来产业发展，优化实施重点领域科技专项，加快在集成电路、新材料、工业软件、高端设备等领域补齐短板，着力在第五代移动通信、超高清显示等领域锻造长板，在人工智能、区块链、量子科技、空天科技、生命健康、生物育种等前沿领域加强研发布局，抢占战略制高点。完善关键技术的供给机制是推进产业创新和升级的重中之重，也是培育战略性新兴产业核心竞争力的重要途径。

一、完善技术研发链和供应链

战略性新兴产业是知识技术密集型产业，研发链和供应链的配备是战略性新兴产业供给机制趋于完善的先决条件。打造体系化的创新产业链有利于推动资金、人才及技术前中后端的流动与合作。我国企业技术创新一直相对滞后的根本原因在于没有形成一个完整的自主创新链。创新链之所以难以形成，主要在于创新链太长，任何一个环节脱节都会导致整个链条的断裂（南方日报评论员，2010）。提升战略性新兴产业的核心竞争力，首要的一环就是保证创新链条各个环节的有效衔接。

第一，从基础研究、新技术的提出、孵化、培育，到研发成功、推广、产业化的技术和研发成果，需要发挥政府和市场的作用。一方面，政府及相关部门具有宏观调控能力，能够强化产学研相结合的模式，引导和协助科研院所、企业技术中心、高校等研发机构加强对核心技术的基础研究和原始创新，并激励科技人员的科学成果与企业进行对接。另一方面，市场经济下可以使科技人员出售转让自己的科学成果，有效地促进关键技术的供给。

第二，要充分发挥资金支持作用。战略性新兴产业是高风险、短期投资需求大、回报期长的产业，充足的资金可以帮助其站稳脚跟。R&D 经费支出与创新能力息息相关，广东省 R&D 经费投入强度与国内综合科技进步水平较高的北京、上海、天津相比存在一定的差距，如 2019 年 R&D 经费投入强度为 2.88%，虽然高于全国水平（2.23%），但低于北京（6.31%）、上海（4.00%）和天津（3.28%）。数据显示，2017 年韩国和以色列成为研发强度最高的国家，分别为 4.55% 和 4.54%，远高于广东（杜德斌等，2019）。因此，广东省需进一步提高 R&D 经费投入强度，缓解科研机构研发经费短缺的问题。为了充分发挥资金支持、融通的政策支持作用，可以借鉴硅谷集团的科技金融服务模式，通过投贷联动、与风投机构合作等模式，满足科创企业的金融需求，也可以推进新型融资方式融合产业发展，大力促进以众筹金融为重点的互联网金融健康发展，发展科技信贷、组建各具特色的系列产业基金等，完善省市一体的科技金融综合服务体系。

二、强化企业创新主体和创新人才的作用

关键技术的突破归根结底需要发挥企业创新主体和创新人才的作用。根据中共广东省科学技术厅党组关于巡视整改进展情况的通报①，广东省科技创新导向不利于全面调动科研力量的积极性，广东省科技厅对此进行了整改，明确启动广东省科技创新中长期规划和“十四五”规划编制工作，针对重大原创性成果缺乏、基础研究投入不足、顶尖人才和团队短缺，龙头骨干企业、本土科研院所等创新主体参与程度不够等问题加大力度补齐短板。

企业是颠覆性技术创新的主要组织载体，在培育企业创新主体方面，要深入实施高新技术企业培育计划，建立培育后备库和数据库，完善高新技术企业培育的奖补政策，对纳入广东省高新技术企业培育库、未认定为国家高新技术企业的六大重点领域的企业，省市财政给予补助。探索实施高新技术企业分类认定和扶持制度，推动将认定范围扩展到信息服务、精准医疗等战略性新兴产业领域，着力提升六大重点领域高新技术企业的数量和质量。实施新兴产业创新企业百强工程，开展“一企一策”精准服务，培育形成一批有全球影响力的战略性新兴产业创新型骨干企业。支持龙头企业牵头组建产业技术创新联盟，组织实施产业关键核心技术、共性技术攻关。实施科技型中小微企业培育工程，健全创新公共服务体系，促进形成一批富有活力、专精特新的中小微创新型企业。

人才是发展战略性新兴产业永远不变的落脚点。随着市场经济的深入发展，

① 广东省科学技术厅：《中共广东省科学技术厅党组关于巡视整改进展情况的通报》，2020 年 6 月 12 日。

经济发展进入新常态，社会对创新型人才和高科技人才的需求日渐突出。人才集聚带来资金流和先进技术，进而促进科技成果的有效供给。为了吸纳充足的高科技人才，广东省一方面要积极吸收人才，多方位探索培养人才模式；另一方面要积极地留住人才，设置人才流动机制和人才考核管理指标。高校应渗透协同创新的理念，整合政府、高校和企业中的教育资源，构建多主体参与的人才培养模式，如可以考虑发展与科研院所协同培养人才的模式，充分利用博士后站点等的“引智”作用，吸引国内外优秀人才来研究院参与重点课题工作，充分发挥其在岗期间的作用，还可以同步设置考核制度，选择表现优异的人员正式入职，最大化提高人力资本的使用率（王牧华等，2014）。

三、设立重大科技专项或行动规划，突破产业关键核心技术和共性技术

重大行动规划起到引领作用和制度推进导向作用，要完善广东省战略性新兴产业技术供给机制，设立本土化、针对性强的行动规划十分必要。广东省要形成长期的新兴产业规划，最重要和最核心的就是设计适应和促进战略性新兴产业发展的制度供给，从战略高度建立起制度性优势，有意识地打造全方面的战略性新兴成果产业化供给机制，用资本、服务等要素赋能供给过程，并辅之以政府引导，建立良好的供给机制与战略创新环境，通过组织实施重大科技成果产业化专项，依托现有优势资源和龙头企业，重点支持战略性新兴产业重点领域关键共性技术产业化，突破产业链缺失环节，支持战略性新兴产业重点领域骨干龙头企业与产业链上下游关键企业组建产业联盟，开展新产品开发和核心技术攻关，如通过实施计算机与通信集成芯片、第三代半导体材料和器件、无人智能技术、人工智能、精准医学与干细胞等领域的重大科技专项，突破产业关键核心技术和共性技术，培育一批新兴产业技术创新源，夯实产业创新发展技术支撑。如广州2019年聚力关键核心技术攻关，实施重点领域研发计划，首批启动脑科学与类脑研究、新材料、人工智能应用场景示范、智能网联汽车等8个重大科技专项①。广东省下一阶段应该引进国家高水平创新研究院等战略科技力量成建制落地，推动国家纳米科学中心、中科院空天信息研究院、中科院微电子所等落地并启动实施一批重大项目。

---

① 广州市科学技术局：《广州市科学技术局2019年工作总结和2020年工作计划》，广州市人民政府网，2020年5月15日。

第二节 创新平台设计

为贯彻落实《中共广东省委广东省人民政府关于全面深化科技体制改革加快创新驱动发展的决定》，提升广东省原始创新能力和产业技术创新能力，完善科技成果转移转化服务体系，2016 年广东省人民政府印发《广东省科技创新平台体系建设方案》，明确到 2020 年，基本建成领域布局合理、功能层次明晰、创新链条全面，具有广东特色和优势的科技创新平台体系。2017 年 8 月《关于加快我省战略性新兴产业发展的实施方案》进一步提出，要加强产业创新平台建设，围绕重点领域，探索企业主导、院校协作、多元投资、成果分享的新模式，整合产业链上下游创新资源，建设一批国家级和省级新兴产业创新中心和制造业创新中心，增强新兴产业集成创新、协同创新能力；并明确“十三五”期间，全省新组建 40 家省工程实验室、200 家省工程技术研究中心和 300 家省企业技术中心等省级创新平台，争取国家在广东省新建 20 家左右国家级创新平台。在一系列政策措施下，创新平台建设和引进取得了一定的成效，截至 2018 年 11 月，广东省部级以上各类创新平台 300 多个①，2020 年 5 月国家高性能医疗器械创新中心落户深圳，该中心是全国组建的 16 个国家制造业创新中心之一，也是广东省第二家、深圳首家国家制造业创新中心②。各地市创新平台建设也有一定的进展，以广州为例，2019 年广州新增省级新型研发机构 18 家，总量达到 63 家，广州共有国家重点实验室 20 家（占全省 69%）、省重点实验室 237 家（占全省 66%），华南（广州）技术转移中心线上总平台“华转网”正式上线运营，共有科技企业孵化器 368 家、众创空间 252 家。32 家孵化器、29 家众创空间获得 A 类评价，均居全省第 1，新认定 10 家国家级科技企业孵化器，数量居全国第 1。③ 但总体而言，创新平台建设进度和成效与《关于加快我省战略性新兴产业发展的实施方案》中的目标还存在明显的差距。《中共广东省委关于制定广东省国民经济和社会发展第十四个五年规划和二〇三五年远景目标的建议》进一步提出，推动省级创新平台重组整合，发挥大企业引领支撑作用，推动产业链上中下游、大中小微

---

① 广东省人民政府网：《粤省部级以上创新平台超过 300 个 产学研为广东创新注入强大动力》，2018 年 11 月 4 日。

② 广东省人民政府网：《广东第二家国家创新中心落户深圳》，2020 年 5 月 9 日。

③ 广州市科学技术局：《广州市科学技术局 2019 年工作总结和 2020 年工作计划》，广州市人民政府网，2020 年 5 月 15 日。

企业融通创新，持续推动高新技术企业“树标提质”，高水平建设共性技术平台。

技术创新平台是科技成果转化的桥梁和纽带，有利于提高企业技术创新效率和增强竞争力。传统平台观认为，平台是一种界面或治理工具，在创新中，平台通常被假定为外生力量，但事实上，平台本身能在创新中发挥积极作用，如科佐利诺等（Cozzolino et al.，2018）研究发现，在位企业通过更改封闭的商业模式，转而发展开放的、基于平台的商业模式，能够抓住外部机会、降低成本，从而抵御颠覆者。李东红等（2021）对百度 Apollo 自动驾驶开放平台的案例研究证实了平台在跨界网络驱动的颠覆性技术创新中发挥着主观能动的作用，推动着技术的更新迭代和技术的商业化进程，平台网络不仅仅是企业推进颠覆性技术创新的重要组织载体，以平台为界面的技术网络、市场网络及二者的交错互动是企业赖以实现技术复杂性和集成性高、技术开发与商业化周期长的颠覆性技术创新的核心要素，同时，平台还是其企业向跨界网络演进的关键推手。因此，创新平台建设是战略性新兴产业发展的核心竞争力培育的关键一环，创新平台应该集引领带动性、综合性、交叉性、集成性、开放性、共享性、经济性于一体，对于技术集聚、人才集聚、资源共享、信息交流起到良好的促进作用。

一、搭建多形式的创新平台

从创新平台的主要类型来看，有研发端的高新高端产业开发平台、促进科技成果转化的采购交易平台、起到中介承接作用的科技中介服务平台以及其他类型的新兴平台，如创业平台以及科技金融服务平台等。要重视促进中小企业的科技信息共享平台构建，第三次科技革命以来，企业的行为模式发生改变，企业的小型化成为企业生产能力提高的结果，过去大企业主导的产业发展模式将向以科技型中小企业为主、大中小企业联盟为特征的发展形态转变。发挥高等院校科技创新平台的作用，促进学科的交叉、融合与资源的共享，要以学科建设为核心，充分集成各个方面资源，打造高水平创新人才涌现的知识平台，要集中人力、财力和物力建好实验设备与信息资源的共享平台。进一步改革人事管理体制，对进入平台研究的人员实行招聘合同制，制定相应的工资待遇政策。

在创新平台建设的过程中，广东省要联合政府部门、企业、高校和科研院所，以及其他相关创新机构，如产业联盟、产业基地、资源服务信息平台、科技型企业融资担保平台、小额贷款公司、科技型中小企业金融服务平台等，汇集高新技术产业创新资源，组织创新产业联盟，组建专利池和产品测试中心等公共平台，制定行业标准体系，抢占核心技术制高点。

二、制定有效的平台运行机制

在技术创新过程中，机制建设是重中之重。创新平台涉及多个利益主体，有效的平台运行机制是确保平台高效运转的前提和保障。广东省在创新平台运行机制方面，可以借鉴欧洲卓越可持续水技术中心（Wetsus）的模式，将运行机制与参与主体利益深度结合起来。

作为促进前沿技术发展的创新平台机构，Wetsus致力于促进水处理技术的突破性创新，通过联通高校与企业，促进企业和科研机构多学科合作，加强关联性和集群效应，实现创新、合作和商业转化，推动解决全球水环境问题。Wetsus成立初期（2003～2007年），经费以政府每年0.5亿元补贴资金为主，之后逐渐加入企业投入及高校实物支持。2016～2020年，Wetsus年均收入1.17亿元，收入来源包括政府各科研项目资金支持0.57亿元、会员费0.44亿元、竞争性收入0.16亿元（李瑞玲，2020）。Wetsus采用市场驱动下的项目组织与转化机制，项目由市场需求驱动，将科技成果与商业价值相关联，通过多学科交叉合作模式，将来自不同国家、不同技术研究院、不同学科的55位专家紧密联系起来，共同在Wetsus实验室解决产业界提出的问题，实现水技术重大创新。Wetsus运行机制中尤为值得借鉴的是其实现利益平衡点的知识产权管理机制，为了让科研成果高效转化，Wetsus兼顾各方利益，制定了知识产权保护政策，将知识产权与会员制挂钩，所有专利均由作为中间媒介的Wetsus提出申请、支付费用并享有知识产权；专利转化或用作商业用途时，Wetsus向会员企业收取费用，并与执行研究的技术研究院及大学平分收益，研究机构也可将收入奖励给从事研发的科学家；对于水务局或饮用水公司等用户类会员企业，Wetsus授予其免费使用权。这种做法规避了知识产权转移中潜在的矛盾，使政府机关、技术研究院及大学、会员企业等各方权责利清晰，达到风险共担、利益共享的平衡点，也更利于知识产权的有效转化或商业化。

参考Wetsus的运作机制与经验，结合广东省创新平台实际情况，广东省需要加强以下五个方面：第一，强化创新运行机制设计。技术创新具有多主体、长链条、长周期的特性，是开放的复杂系统，涉及政府、科研机构及高校、工业企业、国际组织等多个主体。科技创新平台机制建设要素包含资金、人才、项目、知识产权、会员等，需重视“多重机制”的畅通与协作。从Wetsus经验来看，知识产权管理与会员制紧密结合，可将产业切实需求转化为科研攻关方向，将科研成果高效转化为技术商品，实现激发市场与科研动力、加大政府资金使用靶向性的双重效果。项目机制与会员制的结合使付费企业成为需求提出者和评估者，小团队项目组织形式为各主体利益提供了切实保护，各主体高度信任合作更利于科技创新，博士生联合培养机制也对 Wetsus 内生发展提供了长效动力。广东省科技创新平台不妨借鉴 Wetsus 经验，整合学科以及产业界资源，以商业化开发为目标，将运行机制与参与主体利益深度结合起来，形成创新长效机制以及创新环境“软件”保障机制。第二，要进一步优化科技创新资金配置，当前广东省乃至全国源头创新、“卡脖子”技术突破、重大科学技术研发，多以科研机构及高校为主阵地，以科研项目为纽带，以科研资金形式进行资助或支持，现有科创体系存在着项目成果转化率低、裁判员与运动员不分等权责利模糊、科技成果转化考核不健全等问题。建议从广东省相关科技专项中，为科技创新平台配置科创资金，实现资金精准、高效、动态配置与使用，推动科研资金组织与管理方式的改革创新。第三，科技创新平台要充分整合学科界与产业界资源，围绕产业重大需求，以产业为裁判，遴选、评估、转化项目，以科研团队为运动员，组织跨学科、跨领域、跨专业的重大技术攻关项目，在现有科研体系下为科技创新平台打通重大科研项目资金通道，一方面有利于从产业与广东省重大需求出发，将资金投入到有较大商业开发价值的重大技术上，形成知识产权，开展转化与创业孵化，实现科技到产业的良性循环；另一方面有利于撬动资本杠杆，增强政府资金使用效率，降低企业研发成本，通过风险共担、利益共享实现多赢。第四，建立有效的科技资源跨部门共享的协调机制。当前广东省科技资源共享管理机制存在障碍，过程中的信息采集、分类、加工、存储、交换、发布等管理制度不健全，部门间资源共享缺少参照，技术标准不统一。建议根据各领域不同资源特点和管理格局，分门别类制定资源共享激励机制，进一步制定并细化《广东省人民政府促进大型科学仪器设施开放共享的实施意见》的配套措施，促进珠三角城市群综合科技服务平台高层协调机制的建立，形成全社会共建共享的氛围，引导、激励和促进科技资源的有效共享。第五，建立健全平台运行的评估机制和评价指标体系，开展平台服务成效、服务能力、服务质量和资源整合指标的评估，推动平台开放共享服务，促进科技资源共享的优化配置和高效利用。

三、针对核心技术“卡脖子”难题，组建创新联合体

为解决制约重点产业发展的“卡脖子”技术和关键核心技术问题，集聚产学研各方优势力量，需要组建创新联合体。我国“十四五”规划建议提出，支持企业牵头组建创新联合体，承担国家重大科技项目。广东省要积极探索创新联

合体的有效路径，组建创新联合体，开展联合攻关，将关键核心技术掌握在自己手中，在未来实现科技自立自强。创新联合体建设中，要充分发挥领军企业领头羊的作用，带头管理好创新联合体，将市场、技术、人才、资本等各种要素聚合起来，让这一新平台发挥最大的效用。好的创新联合体不仅要有优质的企业主体，更需要科技力量的助力，为了提升科技创新能力和实验室的创新水平，可以将省级实验室、相关大学等联合起来，打造重大战略科技力量，不断突破技术壁垒，带动整个行业向前迈进。做强创新平台，还需要广东省在政策、资金等方面的全力支持，如在综合考虑产业链基础、领军企业和科教资源等各方面优势的基础上，有效解决创新联合体组织管理不足、资源配置效率不高、创新成果权属不明、政府引导和支持不够等问题，从长远出发布局好创新联合体，并从专项科研资金中划出一定比例，支持企业创新联合体进行基础研发，扩展产学研用融合通道，形成相互促进、滋养共生的良好格局，让创新联合体赋能产业链和技术链。

第三节　科技人才工程

建设科技人才工程，提高人才队伍水平，无疑是强化创新驱动发展的智力支撑。“珠江人才计划”“扬帆计划”“广东杰青”等重大人才创新工程在一定程度上为发展战略性新兴产业奠定了人才基础，然而科学技术发展迅速、产品更新换代周期短、市场竞争激烈，人才流动频繁，发展战略性新兴产业需要充分吸纳不同领域不同层次的人才，特别是高端技术人才。《中共广东省委关于制定广东省国民经济和社会发展第十四个五年规划和二〇三五年远景目标的建议》明确提出，制定人才强省建设意见和三年行动方案，实施更加开放的人才政策，培养造就更多国际一流战略科技人才、科技领军人才和高水平创新团队，壮大具有国际竞争力的青年科技人才后备军。增强高等院校、科研院所基础研究领域人才培养能力，扩大研究生招生规模，提高研究生教育质量。把握全球人才流动新趋势，优化实施“珠江人才计划”“广东特支计划”等人才工程，完善人才优粤卡制度。加强创新型、应用型、技能型人才培养，壮大高水平工程师和高技能人才队伍。健全以创新能力、质量、实效、贡献为导向的科技人才评价体系。健全创新激励和保障体制，加快形成充分体现创新要素价值的收益分配机制，健全职务发明成果权益分享机制。大力弘扬科学家精神，加强作风学风、科技伦理和科研诚信建设。建立科技人才工程，关键是要构建完善的人才体系、创新人才培养模式和人才流动机制。

一、构建完善的人才体系

人才体系这一概念尽管在媒体上以及日常生活中出现的较多，但是在学术界还没有一个标准和统一的定义。人才体系不只是一个单一的体系，而是一个复杂的系统，它包含对人才的获取、培育、使用、保留等针对人才本身的环节，也包括对影响这各个环节运行的外部环境的掌握和控制。人才体系是指一个以人才的获取为核心，以人才的应用为目的，以人才的吸引和培育为途径，以人才的保留为支点，并借助对外部环境包括但不限于市场、经济、政策、机制等的影响，建设一支具有强大创新能力的人才队伍的系统（臧金亮等，2021）。

当前，我国目前所形成的自主创新的人才体系是以创新人才推进计划、青年英才开发计划、企业经营管理人才素质提升工程、高素质教育人才培养工程等 12 项重大人才工程为基础，以各项人才专项计划为抓手，以中央到地方各级政府人才保障机制为保障的人才体系。该体系存在明显的短板：一是缺乏专门的人才基本法，容易在构建人才体系的过程中出现人才政策的趋同化甚至互相冲突。二是人才政策“碎片化”，各部门纷纷出台各种人才专项计划，由于缺乏统一的管理、指导和监督，使得各个专项计划缺乏明确的功能定位和协调，导致部分人才专项计划之间出现互相重叠甚至互相冲突的现象，也因为各部门缺乏协调和沟通，导致专项计划在某些冷门领域或细节方面产生遗漏或忽略的现象。三是缺乏良好的人才生态环境，如在人才评价方面，海外人才具有政策性优势，导致本土人才的创新积极性和热情被大大削减。在海外引才方面，缺乏人才引进之后与之相应配套的人才的保留、应用和评价的长效机制。

为构建完善的人才体系，需要从以下几个方面采取措施：一是出台与人才有关的基本法律，完善人才法律体系。就有关人才问题出台基本的法律是国际上构建良好人才体系的成功经验，例如，美国为了吸引和管理人才，出台了《移民法》，并分别在 1952 年、1965 年、1990 年分别进行了适时的修订，为美国人才体系的构建和完善起了重要的支撑作用。只有通过专门的人才基本法，才能在人才政策的制定、人才保障机制的良好运行、人才的获取和应用等方面做到有法可依，保证各项措施的延续性、一致性和协调性。二是调整有关机构职能，建立人才综合管理体系。从全国层面来看，最根本的是要建立人才综合管理体系。国家人才管理中心作为国家最高的人才管理机构，依据国家的战略、大政方针、法律法规等进行人才政策等的制定和出台，教育部、科技部、国家基金委等作为与人才相关的机构都要向国家人才管理中心进行汇报工作，并接受国家人才管理中心的监督和管理，地方人才管理中心作为国家人才管理中心的直属和派出机构，直接监督地方各级人才相关机构的政策的执行，并负责地方上各人才相关机构的沟通、协调和资源分配等事宜，并就地区差异性而对相关政策进行符合区域实际的微调并向国家人才管理中心报备。该体系通过统一领导、多级监督、实时沟通和协调等可以解决人才政策“碎片化”问题，并且可以为互联互通蓝图下中国自主创新的人才体系建设提供全方位、科学化的支持，提高人才管理的效率，节省人才管理的成本。三是打造良好的人才生态环境，构建良好人才保障机制。要在人才的生存、发展、激励和评价等方面做到更科学、更具有人性化。应建立从国家层面到地方政府的分级人才计划，以互联互通发展需求为导向，通过多种方式满足人才对包括科研环境、人文环境、家庭情感等在内的各项需求，完善人才制度的可操作性，提高人才政策的温度与黏度，充分尊重人才个人价值，稳定人才的生活成本，打造宜居生活环境。这就需要政府、企业、高校和科研院所等多方主体联动，适时的沟通和协调。

此外，广东省政府应当发挥规划统筹性和政策导向性，一方面要平衡人才培养与产业需求；另一方面要加强对产业发展的规划和引导，防止某一行业过热或者过冷发展。相关政府部门应当健全并完善战略性新兴产业科技人才政策支持体系，从根本上提高科技人才及其组成团队的社会地位，为科技人才的发展创造更好的环境。

二、创新人才培养模式

当前，广东省乃至全国在人才培养上都存在高校人才培养和企业人才需求脱节的情况：首先，高等教育与社会经济发展的科研、生产脱节，没有能够充分发挥高等学校在知识创新、传播和社会应用等方面的作用，高校专业结构调整严重滞后于企业产业结构调整和社会人才需求的变化。其次，学校定位不准、专业特色不明显，在专业设置上难以适应当前产业结构调整的需要，各高校的人才培养模式趋同，专业设置过于狭窄、单一和陈旧，缺少同战略性新兴产业发展相关的专业，不能适应战略性新兴产业发展对人才培养的要求，对于新兴产业学科的建设相对薄弱。

在创新人才培养方面，政府部门在制定战略性新兴产业人才建设政策中，应积极鼓励校企联合培养人才机制。通过加快高校教育体系改革，鼓励校企合作，采用以重点需求为导向，以战略产业重大专项为依托的人才培养模式，根据企业对新型人才的需求方向，共同设计与开发课程体系和课堂教学方式，建立高效的人才培养模式。广东高校相关学科专业建设和人才培养应该与产业需求实现无缝对接，建议大力发展战略性新兴产业相关领域的重点学科，推进学科群与产业群对接，实现学校专业教学和地方产业发展的双向互动，形成与新兴产业布局相适应的学科专业布局；教材更新、教学方式、师资培训，要适应战略性新兴产业发展速度和需求；产学研深度合作，进一步优化人才培养模式，比如企业与有关高等学校、职业学校合作，面向新兴产业，建设一批紧缺人才培训基地，又比如企业与高校院所合作开办系列培训班。通过企业实训和学校理论教育相结合的方式，实现教育资源与企业资源共享，促进校企优势互补，同时也可以根据企业对人才的需求对口培养，以满足企业的特定需求，满足新兴产业的技术人才需求，加速人才特别是技能型人才培养。企业加强与高校的合作既是应承担的社会责任，同时对合作双方来讲是互利共赢的。

创新人才的培养还需要鼓励学术组织与社会力量合作。要组建更多的科技专项研究团队，在现有技术体系内部中组建有潜力的人才团队进行系统化的培训，举办国家级高研班、省级高研班，多渠道培育创新型企业优秀人才，为提升广东战略性新兴产业核心竞争力提供有力人才支撑。通过搭建技能提升平台，顺应经济社会数字化、智能化、服务化趋势，在人工智能、新一代通信、生命健康、前沿材料等领域深入实施专业技术人才知识更新工程，可以利用职业培训培养基础实施类技术人才，培育高素质工匠人才队伍，坚持“走出去、请进来”，大力开展“技工教育国际交流合作”，鼓励示范院校与制造业先进国家职业院校开展合作，培育国际性工匠人才。实施高技能人才振兴计划，多设立一些国家级、省级高技能人才培训基地，建立起覆盖城乡的高技能人才培养网络和绝招绝技代际传承机制。

在培养对象上，要突出培养符合战略性新兴产业需求的紧缺人才。要支持和鼓励有条件的高等学校从本科教育入手，加速教学内容、课程体系、教学方法和管理体制与运行机制的改革和创新，积极培养战略性新兴产业相关专业的人才，满足战略性新兴产业发展对高素质人才的迫切需求。此外，科学研究越来越依赖于交叉学科的发展，相比传统产业，战略性新兴产业对知识条件和核心技术依赖性更高，这就要求人才队伍具备更高的学科素养和学科知识能力，更重要的是要具备创新思维，这种创新思维往往来自大跨度的联想及宽阔的知识面。不同学科之间的相互碰撞及相互佐证有利于激发人们的想象力和创造力。因此，广东省发展战略性新兴产业要注重对复合型知识人才的培养。在培养模式上，可以借鉴体育和艺术人才的培养模式，从青少年中甚至孩童中选拔优秀苗子，开始定向、有针对性重点培养各种类型的高科技人才，将一些有天赋的孩子从“应试教育”

的“泥潭”中拔出来，摆脱各种考试的桎梏，接受科技环境的熏陶，挖掘孩子对科学技术的天赋和潜能；或参考当年工农兵大学生的培养模式，从初中毕业生中选拔优秀科技人才直升科技大学专科研究院。

三、创新人才流动机制

目前，广东省高端创新型人才较为缺乏，要在短期内突破战略性新兴产业的核心关键技术，在很大程度上还得依靠人才的引进。人才引进部门应适应广东战略性新兴产业发展的需要，以提高自主创新能力为核心，以科技领军人才、创业人才、创新团队为重点，依托重大科研项目、重大工程项目、重点学科和重点科研基地，大力引进一批掌握核心技术、带动新兴学科、发展战略性新兴产业的科技领军人才和高水平创新团队。同时，继续加大广东省自然科学基金、科技攻关、火炬计划、星火计划等科技项目对重点学科带头人、优秀创新团队、博士后、海外留学回国人员等高层次人才的扶持力度，通过外聘或兼职、合作与交流、讲学和咨询等方式，柔性引进海内外高端人才。高层次人才的引进需要创新人才引进的体制机制、人才评价和管理机制、人才共享机制。

第一，创新体制机制，吸引人才。一是建立完善的人才激励制度。加大对战略性新兴产业高层次人才的科技奖励力度，设立专项基金，鼓励企业建立以知识、技能、管理等创新要素参与利益分配，对技术成果、知识产权试行股权、期权等激励方式。二是创新机制，广纳人才。针对高技术研发人才尤其是芯片、芯片设计及工艺、材料、后勤动力、高端传感器工艺等方面的工程师的招引难度大，建议按照市场经济规律推动人才有序流动，共享人才资源，实现人尽其才、才尽其用、用有所成，营造促进人才发展的良好环境和机制，这就要求着力营造科研成果产业化转化的良好环境；有计划、分步骤地实施高端人才战略；对重点发展产业人才实行政策倾斜。三是筑巢引凤，打造高端创新平台，吸引高层次人才迅速集聚。通过搭建自主创新平台，在全省多增设国家级企业技术中心、省级企业技术中心、院士工作站、博士后科研流动站、博士后科研工作站、博士后创新实践基地、省级以上“双创”示范基地等，培育更多创新型中小型企业，吸引更多科技创新团队前来。当然，还需要持续加大人才经费投入，引导用人单位按照“谁用人、谁投入”的原则落实，并给予配套支持，同时鼓励各县（市、区）增加财政投入，为人才引进和落地等提供较为充足的资金保障。

第二，改革人才评价机制，激发人才创新活力。一是广东省要持续推进人才分类评价机制改革，引入多元主体评价，适应各行业对人才的不同需求，引入企业、行业协会、学会组织等多元主体评价，结合战略性新兴产业企业在实践探索过程中的经验，建立健全“政府统筹、社团主导、企业协同、人才参与”的人才评价专业体系的动态调整机制。二是要逐步完善大数据与物联网、信息技术制造业、人工智能与智能装备等专业类别职称评审标准，为新兴产业专业技术人才开辟职业晋升通道。三是要让企业和市场真正成为人才评价的主体，对大数据与物联网、信息技术制造业、人工智能与智能装备等战略性新兴产业，要下放职称自主评审权，让企业自主评价选拔人才，使人才真正具备市场适用性。四是要修订职称评价标准，坚持凭能力、实绩、贡献评价人才，对战略性新兴产业科研人才、引进海外高层次人才和急需紧缺人才，建立职称评审绿色通道，不受学历、资历、地域、身份、单位性质和岗位结构比例限制，采取灵活多样的方式申报相应的专业技术职称。让职称评价标准向品德、能力和业绩三方面靠拢，强化“职称是干出来的、不是评出来的”评价导向。打通政策堵点，允许战略性新兴产业领域高技能人才参加职称评审，专业技术人才参加职业技能鉴定评审，实现专业技术人才与高技能人才职业发展通道“双贯通”。

第三，建立人才管理改革试验区，是创新人才体制机制的重要途径。建议从两个层面考虑：一是建立领军人物、高端人才试验区，二是建立本土人才、技术骨干人才试验区。所谓领军人物、高端人才试验区，建议以开发区为依托，充分发挥园区优势，建立人才管理改革试验区，用 3 ~ 5 年时间，打造“高端人才集聚、科技创新活跃、政策环境优化、新兴产业快速发展”的人才管理改革试验区，并形成可复制、可推广的做法和模式。而本土人才、技术骨干人才试验区，则是以市属国有企业为主阵地，充分发挥国企在工资、绩效和个人成长方面的优势，统筹事业单位的技术骨干、管理人才，实现人尽其才。

第四，开启共享模式，让各领域人才相互流动。当前，广东省各地市人才发展中存在着优秀人才单打独斗、高层次人才认定标准有待完善等问题。广东省要充分发挥粤港澳大湾区地处沿海改革开放区、政策优惠力度大的比较优势，聚集海外人才，粤港澳大湾区内部要率先推进人才资格互认，积极推进“内陆—港澳台—国外人才”的全方位人才开放格局的形成。建议打通政府与企业的界限，建立适宜的评价考核机制，允许行政机关、事业单位中具有相关领域突出才能的公职人员到重点企业短期挂职；创新人才资源共享模式，让各领域的优秀专业人才团队可以在不同的企业和项目之间流动；营造更加平等的竞争环境，加大对本地服务尤其是优秀企业和人才的服务购买力度，让他们实现自我提升的同时，更好助力质量强省建设，建议先开展试点工作，探索形成一批可复制、可推广的经验后，进而向其他地市推广。在推进科技人事制度改革、完善用人机制方面，可以参考美国专家、学者、官员以及其他人才能在公共部门与工商界等私营部门之间流动的人才旋转门机制，探索加深由身份管理到岗位管理、固定岗与流动岗相结合的岗位设置制度。

第四节　科技成果产业化

科技成果产业化使技术转化为生产力，使产品价值的科技含量不断增加，带来巨大的经济效益。2002 年，温州率全国之先，联合国内部分大院名校共同组建成立公共科技创新服务平台——国家大院名校温州联合研究院，目前，该院共有浙江大学、哈尔滨工业大学、西北工业大学等入驻高校 11 所、科研院所 6 家，常驻专家 30 余人，截至 2019 年，参与共建各类创新载体 200 余个，实施科技项目和解决技术难题 3000 多项，实现技术交易额达 10 亿元，有力促进了温州市对外科技交流与产学研合作，对浙江温州科技成果产业化发展效果显著。[①] 一般来讲，由于委托研发比内部开发成本更低，作为科研成果需求方的企业往往委托高校和科研院所开展相关研究，高校或科研院所作为供给方提供研发技术、生产、组织和市场知识，不仅可以降低企业的运行和交易成本，还可以获得知识溢出效益、规模经济效益。然而，广东省当前的战略性新兴产业发展过程中，“技术—产业”“两张皮”的问题仍然比较突出，作为走向市场的“最后一公里”，科技成果转化率低，已成为广东省科学技术领域较为突出的问题。在推进科技成果产业化的过程中，要围绕战略性新兴产业中的重点领域，组织实施一批应用研发重大专项，重点推进核心技术的后续研发和转化应用，着力推进重大科技成果转化示范、先进技术推广应用和成果转化服务体系建设，尤其是加强科技服务平台建设，引导科技成果与企业生产对接，畅通科技成果转化的通道。按科技成果产业化的运行关键要素，可以从人才、资金、平台、管理 4 个方面推动科技成果产业化。

一、工科院校评职称突出成果转化，健全人才激励机制

要提升科技成果转化成功率，就要从科技人员的实际情况出发，针对其现实困境与限制，对科研体制进行改革与创新，提出具有针对性、科学性、可行性的

---

① 温州市人民政府网：《上海应用技术大学入驻国家大院名校温州联合研究院》，2019 年 4 月 24 日。

改革转化方案，并积极落实，调动科技人员创新积极性。与此同时，还应对科研人员制定健全的奖励机制，可将科技研发与岗位聘用、职称评定等内容相结合，促进科技成果转化率提升，实现从无到有的跨越式发展。目前，很多工科高校教师的技术成果具有产业化价值，而市场恰恰又缺少高科技的好项目，很多企业也正在寻找技术迭代、转型升级的机会；另外，工科高校的成果转化率却偏低。国家知识产权局的数据显示，截至2019年底，仅“双一流”大学拥有的发明专利（高价值专利）就超过25万件，其中浙江大学、清华大学的发明专利都超过了2万件。但即便是这些高价值的发明专利，进行技术成果转化的比例也偏低。以清华大学为例，2020年专利转让数量为1795件，位居全国高校第一名，却也不到9%①。因此，工科院校和科研院所在新时代需要不断解放思想，要改变“论文导向”“帽子导向”“项目导向”等片面的人才评价体系，要敢于探索科技成果转化导向制度，鼓励更多有本事的教师有意愿、有激情去国家需要的任何创新领域开疆辟土，鼓励科研人员把实验室的成果应用到国家经济发展的关键领域，解决我国产业升级的问题。广东省科技成果产业化的人才机制建设，还要强化税收减免、股权激励、财政补贴引导、科研人员在岗创业、政府优先采购自主知识产品等激励措施，鼓励科研人员以技术、知识产权入股，扩大自主支配权限，调动高校、院所、企业等各类人才技术转移、成果转化工作的积极性（王廷宾，2016）。

二、加大资金保障，完善风险分担体系和产学研利益分配机制

我国科技成果转化总体状况并不理想，转化率远低于发达国家，相当一部分科技成果获得鉴定后就被束之高阁。造成这一局面的原因很多，其中一个重要原因是对科技成果中试阶段的投入不足，缺乏从实验室科技成果到产业化技术的中间平台。具体表现在：其一，高校和科研院所普遍缺乏中试基地，大部分科技成果处于实验室阶段，应用于实际生产还必须进行二次或三次开发。而作为科技成果需求方的企业，为了规避风险，不愿引进或投资于这类科技成果。其二，科技成果转化一般投入大、周期长、技术风险和市场风险高，难以从常规的商业渠道获得足够的资金支持②。实际上，科技成果转化风险是多元化的，在科技成果转化的过程中都有可能存在，一般的科技成果转化涉及三个阶段，即科技成果进入

① 袁于飞：《几十万件专利“沉睡”院校评教授能否突出成果转化》，载《中国青年报》2021年4月13日。

② 杨勇、吴颖、张伟：《破除科技成果转化“中梗阻”》，载《人民日报》2017年3月23日。

生产性试验阶段、科技成果产品化交易阶段、产业化阶段。不同阶段存在的风险不同。例如在生产性试验阶段，主要存在的是技术不成熟性风险，由于该阶段不太涉及财务资金或是社会力量参与，因此资金风险等较小；在产品化交易阶段，由于已经经历过生产性试验，技术风险相应下降，但是财务风险和投入风险会因投入的提高而有相应增加，因此，要加大资金保障，完善风险分担体系和产学研利益分配机制。一是加大扶持力度，设立政府引导型专项资金，最大化发挥财政科技投入的导向作用，探索实行项目引导资金招投标，试行科技成果转化与技术交易专项补贴制度，支持技术加工基地建设，发展技术加工产业。政府各级科技资金应逐步从主要支持实验室科技研发转向实验室科技研发与技术加工并重，切实提高政府科技资金对科技成果中试阶段的投入。二是要构建和完善以政府、企业、社会投资者共同参与的利益共享、风险共担的多元化科技投融资体系，减少企业承受新技术生产面临的风险。大力发展科技金融，形成合理的收益分享、风险分担机制。建立技术加工基地、发展科技产业离不开金融的支持，要引导商业银行创新面向技术加工基地建设和技术加工产业发展的科技金融产品；创新金融机构科技金融产品盈利模式，允许开展针对技术加工基地和技术加工产业的直接投资业务，用股权收益补偿投入风险、分享技术加工产业高速增长的收益。积极引导支持风险资金、天使资金等金融资本投入技术加工基地建设和产业发展。同时由于科技成果转化需要大量资金的投入支持，企业应该建立专门的风险投资部门，应用知识产权保护手段应对风险，加强对投入资金的风险管控能力。三是要完善产学研合作利益分配机制。企业、科研机构、高校甚至同行企业组成战略联盟开展联合研发是一种趋势，然而同行业企业之间或多或少存在着竞争关系，研发的主体之间利益不可避免存在冲突，如何设计合作研发的利益分配机制成了亟待解决的问题。只有解决了合作各方的利益冲突问题，才能更好地促进研究开发的合作。在这个环节，可以借鉴美国的经验：在政府与企业合作研究与开发过程中，研究与开发项目的成果由企业申报专利，专利权归企业所有，但如果该企业不能很好地利用专利成果，尽快使其商业化并获得相应的经济效益，政府有权将专利权转让给其他企业或机构使用。合作研究与开发涉及最终产品，政府、科研机构、高校和企业在合作研发中，应根据具体情况通用协议的方式来约束双方的责任和义务，分担产品在市场中的风险。

三、建立产业创新实验室，完善科技成果产业化平台建设

科技成果转化难题亟须新的平台模式，当前既有主流的三种科技成果转化平

台模式，包括高校科研院所技术转移办公室、产业技术研究院和科技企业孵化器，各有局限。高校科研院所技术转移办公室往往由于规模所限、可转化的科技成果数量有限，难以实现规模经济和专业化发展。产业技术研究院通常是地方依托高校或科研院所共建，科技成果转化是其基本职能之一，投资基金也多是标配。但成果转化服务主要是面向其自身研发项目，技术源与团队也多来自所依托共建单位。地方支持发起产业技术研究院是服务于当地招商所需，而当地产业环境条件等对于有些项目发展而言未必是较优的。科技企业孵化器发展面临的问题包括服务能力较弱，难以支撑入孵企业的成长发展，提供的服务基本相同，主要以提供办公空间为主，另提供一些商务办公和物业保障等基础服务，缺乏金融供给服务平台、科技信息服务平台等，企业孵化效果不乐观（蔺全录等，2019）。因此，还亟须探索新的平台模式，帮助进一步解决阻碍科技成果转化的因素。乔为国（2021）提出了产业创新实验室模式，根据面向对象及需求、核心能力、组织模式、财务收益方式等设计构建产业创新室的逻辑及运行机制，作为一种新型平台模式，产业创新实验室具有九个特征：所服务目标项目主要来源于社会上独立发明人、目标项目偏硬科技、技术比较成熟、处于产业化较早期、技术发明人参与创业、创业伙伴角色定位、具有商业模式设计及资源整合集成能力、市场化运营、开放性平台等。产业创新实验室本质上归属于知识密集型服务业，决定其单个规模有限。以产业创新实验室为枢纽的科技成果转化的“钻石体系”生态构建，存在多种启动路径。产业创新实验室可以采用“虚拟孵化器＋商业与创新服务网络”方式低成本启动。产业创新实验室和其他平台模式间更多是互补性的关系，建议政府部门可以支持若干试点示范等，以完善适合自身实际情况的科技成果转化平台体系。

四、提高成果产业化管理水平，推动技术需求与创新成果的精准对接

管理因素是实现科技成果产业化中各类要素有机结合的协调因素，包括激励、协调、风险管控等方面的制度和机制。为鼓励成果转化工作的有序推进，规范科技成果转化管理运营相关工作，应制定并不断完善规章制度、管理办法，为科技创新和成果转化的双轮驱动保驾护航。高校作为科技成果的主要供给者，应该打破过去重基础轻应用、重数量轻质量的惯性思维，改革高校教师科研考评体系，积极引导教师参加产学研协同创新科技成果转化工作（应崇杰等，2019）；要将发展和推广企业博士后工作站作为推进科技成果产业化的新形式，通过建立

企业博士后科研工作站，把高校知识创新资源与企业技术应用平台结合起来，充分发挥科研机构与企业作为创新价值链上两个重要环节的作用，促进科技成果转化。

要推动技术需求与创新成果的精准对接，采用多层次、多渠道和多思路挖掘需求的工作方法，深入调研龙头企业、规上企业、上市企业、高新企业、初创企业等不同类型的企业，联动产业发展协会、新型研发机构等本土创新机构逆向推荐企业需求。挖掘需求方面，一方面可以采用线下实地走访，专家联动，组建需求挖掘专家小组，深入分析产业链条，分批次、多层次、高密度走访企业，挖掘企业创新难题；同时联动高校院所的行业技术专家、产业专家等，共同对企业的技术需求进行挖掘及初步对接沟通。另一方面可以通过在园区孵化器开展宣讲，广泛联动孵化园区，对园区内企业技术需求进行摸底，并通过线下走访、电话访谈等方式，挖掘企业技术瓶颈及未来发展规划的技术需求。此外，还可以广泛联动产业协会、行业协会、新型研发机构、投资机构等创新机构，推荐企业需求、联络会员单位和龙头企业，以座谈会、直连企业、线上报名、实地走访等多种方式，挖掘企业行业共性需求。将挖掘出的需求通过发布会、各种宣传媒介进行公开发布，广泛征集技术解决方案，实现创新技术需求与创新成果的精准对接。

第五节　产业培育计划

《广东省人民政府关于培育发展战略性支柱产业集群和战略性新兴产业集群的意见》和《中共广东省委关于制定广东省国民经济和社会发展第十四个五年规划和二〇三五年远景目标的建议》将战略性新兴产业发展作为推动高质量发展、加快建设现代产业体系、促进产业迈向全球价值链中高端的新引擎和重要载体。根据《国务院关于加快培育和发展战略性新兴产业的决定》和《战略性新兴产业分类（2018）》明确的战略性新兴产业行业分类，结合数据可得性，本章节分析广东省战略性新兴产业主要行业的培育计划，明确今后一段时期发展的重点，为补强战略性新兴产业发展“短板”、实现广东省产业转型发展提供思路。

一、节能环保产业

广东省节能环保产业已经建立了相对完善的产业链条，并打造了一批重大平台载体，如肇庆高新技术产业开发区等国家级环保产业园区和国家生态工业示范园区、南海国家生态工业建设示范园区暨华南环保科技产业园等环保生态工业园区，环保产业企业总体保持稳中有升的良性发展态势。2019 年节能环保产业有效发明专利量 1.38 万件，约占全国的 11%[①]，节能环保产业创新能力稳步提升。

存在的问题：一是企业规模较小，中小企业占绝大多数。截至 2017 年，广东省 40 家环保上市公司中，70% 的企业年收入在 5000 万元以下[②]；截至 2019 年，百亿级企业仅 2 家；龙头骨干企业主要集中在水污染治理和固体废物处置利用领域，安全应急、大气污染治理、土壤修复、环境监测、专用设备等领域龙头骨干企业较少，截至 2018 年，仅有 1 家节能环保装备相关企业（格林美股份有限公司）产值达到 100 亿元以上，龙头骨干企业的带动作用有待进一步提高。二是产业集聚度不高。从地域上看，相关企业主要分布在粤港澳大湾区的广州、深圳、佛山、东莞等城市，粤西、粤东区域节能环保产业发展速度缓慢，且企业规模较小、个性化生产和社会化协作程度不高、节能环保设备标准化水平不高，产品技术含量和附加值较低，未形成集聚发展的协同效应。三是自主创新能力不强，缺乏基础性、开拓性、颠覆性技术创新。技术研发大部分领域以常规技术为主，同质化现象较为突出；部分关键设备和核心部件受制于人，大气监测设备和水处理反渗透膜等材料主要依赖进口；一些具有知识产权的节能环保装备在性能和效率上与国外顶尖设备仍具有较大差距，部分急需、高效的核心零部件以及成套设备的国产市场替代率依然低下。四是科技成果转化率较低。企业需求方与技术供给方及科研院所存在信息不对称的现象，研发与应用仍存在一定隔阂。五是节能环保行业的相关标准体系也不够健全。虽已搭建了节能环保装备标准体系，但依然存在标准数量少、内容不够规范以及分布不均等具体问题，框架体系对行业发展的带动作用仍显不足。目前，诸如设备运转效率评价指标不完善、生产设备质量不高、质量认证监督机制尚未建立等问题依然存在。

发展的目标：根据《广东省培育安全应急与环保战略性新兴产业集群行动计划（2021－2025 年）》，节能环保产业发展的目标是到 2025 年，广东省节能环保产业发展质量明显提升，绿色发展支撑保障能力显著增强，形成龙头带动、产业集聚、协同创新的节能环保产业体系。

发展的重点：一是加快落实顶层设计，完善相关产业政策体系。节能环保装备行业相关政策规划的制定和推广要从相关装备技术和产品的全生命周期去考

---

① 中国鹤山政府网：《广东省十大战略性支柱产业集群和十大战略性新兴产业集群行动计划汇编》，2020 年 11 月 19 日。

② 丁媚英：《广东环保企业迎来新的产业发展空间》，载《环境》2017 年第 10 期。

量。根据《广东省节能减排“十三五”规划》《广东省大气污染防治条例》《广东省土壤污染防治条例》《广东省固体废物污染环境防治条例》以及《广东省打好污染防治攻坚战三年行动计划（2018－2020年）》的总体部署，应尽快出台相关配套措施。全面落实生产者责任延伸制，扩大再生产品的政府采购范围；构建和完善相关产业标准体系，包括建立相关设备质量标准体系，完善相关产业统计核算体系，加快提高节能环保领域核心产品能效标准、能耗限额标准以及污染物排放标准等多项标准。二是加强技术创新驱动，补齐产业链“卡脖子”短板。鼓励和引导节能环保龙头企业及高校院所在节能环保产业开展关键核心技术自主研发，强化技术驱动战略，对开展技术创新的中小微企业给予资金支持，加大对节能环保产业新工艺、新技术研发的投入，提高企业自主创新能力，形成核心关键技术；搭建节能环保产业技术创新平台，支持产业共性和关键性技术的研发，突破节能电气装备、多污染物协同治理、碳捕集与利用、固体废物处置利用等领域的核心关键技术、先进基础工艺。建立以市场为导向的科技成果转化体系，以节能环保领域强制性标准为基础，推动地方标准、行业标准、团体标准建设，注重科技成果适用性与经济性的契合，实现产学研用协同推进；鼓励产学研技术创新联盟的建立，支持各产业链节点企业共同提出的满足市场重点需求的整体解决方案。三是做大做强产业集聚区，加速产业集群化和规模化发展。增强龙头企业辐射带动能力，发挥格林美、铁汉生态、东旭蓝天等省内重点企业的领头雁效应，培植若干产业特色突出、能够整合产业链、为客户提供“一站式”解决方案的大型综合节能环保服务型企业。鼓励企业通过并购、重组等方式实现主业壮大，拓展产业链，打造龙头骨干企业，充分发挥省属、市属国有企业的导向作用，吸引和带动社会资本积极参与节能环保绿色产业集群，加速推进产业集聚化、园区化发展，发挥聚集带动作用。四是注重节能与环保的协同效应，加快与新一代信息产业相融合。推广热泵技术在环境基础设施中的运用，降低固体废物控制、区域水污染等节能环保装备的运转能耗，发挥节能减排综合效应。加快推动新一代信息技术与节能环保产业融合发展，充分发挥人工智能、云计算、大数据等技术，搭建新一代数字化节能环保开放创新平台、网络化在线自动监控监测运维系统等，全方位、多角度地对相关监控数据进行全天候采集，并对采集数据实施综合分析，同时通过科学法对当下环境状况进行有效评估，并形成整体解决方案；加大与微波遥感、环境遥感、水文气象等遥感领域技术融合力度，打破传统节能环保理念中的地域限制。五是推动绿色生产和消费体系建设。加快建立绿色生产和消费相关法规、标准、政策体系，增加环境友好型原料和技术供给能力，培育创建绿色工厂、绿色设计产品、绿色园区、绿色供应链示范，推动生产者责任延伸和产品全生命周期管理，促进源头减量、清洁生产、资源循环、末端治理。扩大绿色产品生产和消费，积极推进绿色产品政府采购。

二、核电装备产业

广东省已经成为全球核电产业链上的一块高地，拥有“华龙一号”核电品牌和台山核电项目、大亚湾核电站等重要工程基地，以珠江口为圆心的两小时经济圈里，已经集聚了从设计研发、设备制造、性能验证到工程建设、生产运营、人才培养的较为完善的核电产业链。

存在的问题：一是核电站建设的周期长、建设成本高，在一定程度上阻碍广东核电装备产业的发展。广东省电力发展受到资源约束，省内煤炭和油气资源比较匮乏，煤炭保有量在全国来说还是很低，而煤电占广东火电的90%，进入新常态后，广东省火电退役规模加大，火电发电比例从78.5%下降到69.7%[①]，加快核电发展并普及应用十分紧迫。二是2015～2018年，我国核电审批进入断档期，核电产业链相关企业面临经营困难、人才流失等问题，目前核电三代机组仍处于发展初期，三代核电技术造价仍较高，盈利能力不高[②]。三是备选的沿海核电厂址的资源减少，后续需要向内陆核电发展等。

发展的目标：根据中国核能行业协会《关于统筹推进新时代核能产业高质量发展的有关建议》，2035年目标为初步实现核电强国建设目标。核能装备制造方面，要攻克核电领域“卡脖子”技术，全面实现核电关键设备的自主研发、设计和制造，核能装备制造质量稳定性达到国际领先水平，核电设备智能化制造水平显著提升，培育出具有全球竞争力的世界一流核电成套装备供应商，装备制造企业的设备制造技术、质量水平和生产效率达到国际先进水平。核能科技创新方面，要建成先进核电、核燃料循环技术体系和实验验证体系，形成完整的先进核电技术型号系列，小堆技术实现系列化示范发展，聚变堆研发取得重大进展，MOX燃料元件在快堆和热堆得到应用，掌握大型后处理工程的设计技术；实现核电厂智慧运营。

发展的重点：一是大力推动核电装备关键技术研发，推进先进核电技术创新发展。在关键技术研发和关键零部件研制上给予政策和资金上的大力支持，由核

---

① 卞勇、曾雪兰、李淑贞等：《基于三部门划分的广东省能源碳排放驱动因素特征研究》，载《中国能源》2019年第8期。

② 经济观察报官方账号：《政策开闸、资本入局中国核电产业结束三年“暂停”谨慎重启》，经济观察网，2019年8月2日。

电业主、设计院、装备制造企业协同攻关，实现关键设备的国产化替代，做到自主可控。对“华龙一号”和“国和一号”不断持续改进和优化，在确保安全的前提下提升其经济性，推动系列化发展；推进高温堆、快堆相关优化改进取得重要进展，适时开展商业化工程建设推广；依据经济社会发展需求，加强革新型小型模块化先进堆技术的研发及商业化推广；面向未来布局钠冷快堆、高温气冷堆、钍基熔盐堆、铅冷快堆等四代堆与聚变堆的研究，统筹示范项目建设；将新型先进核电自主化攻关与创新重点项目列入科技重大专项支持。二是加强关键设备及原材料等自主化攻关。加大核能产业链关键设备、部件及原材料研发支持力度，尽快实现核心技术自主可控，解决“卡脖子”问题；进一步加强对核能领域关键设备材料“首台套”国产化研发与应用的政策支持；推动装备制造业改进和优化制造工艺，对标国际先进水平提升制造质量。三是加强核电基础研究和关键技术研究。开展严重事故预防缓解技术、数字化反应堆关键技术、核电延寿关键技术研究；开展核电关键软件、材料、元器件的自主研发和应用，逐步实现国产化替代。四是推进核能产业与信息技术的深度融合。推进核能产业在设计、装备制造、工程建设、运行管理、退役、核燃料加工制造、后处理等领域与人工智能、机器人、大数据、5G、区块链等信息技术深度融合，促进核能全产业链转型升级，提高管理效率和全员劳动生产率，降低成本，提升核能产业核心竞争力。五是充分开发国内国外核电市场。在国内，发展核电要避免大起大落，应持续发展壮大核电装机容量。在国外，充分发挥技术、成本、产业链综合优势，以核电为龙头，全产业链走出去，带动国内装备制造业发展。

三、新材料产业

广东省既是新材料生产大省，又是新材料的需求大省，产业发展基础良好，相比其他省区市，广东省新材料产业研发水平较高，2016～2017 年新材料产业专利全国申请总量为 156764 件，其中广东省为 6771 件，位列全国第 2，占全国的 4.32%①，骨干企业带动作用凸显，产业集聚态势初步形成。

存在的问题：一是材料创新系统能力不足，关键技术和关键材料存在卡脖子问题。核心技术和专用装备水平相对落后，关键材料和核心部件保障能力不足，部分关键原材料、核心工艺技术、装备、关键零部件等受制于人，自动化和智能化技术装备水平与发达国家相比存在较大差距，传统产品占比较大，高端产品较

① 彭雪辉、尹怡然、吴小洁等：《广东省战略性新兴产业专利统计简报 2017（下）》，载《科技管理研究》2018 年第 9 期。

少（段丹晨，2019）。由于长期存在基础研究不够、企业融通不够、产用结合不够、要素联动不够等问题，新材料产业发展一直滞后于装备制造，重大装备、重大工程往往最后才能确定材料方案，“等米下锅”的现象非常突出。二是人才缺口大，尤其是交叉学科背景的高素质从业人员比例低、数量少，由此带来企业管理、产品质量及环保等问题。由于长期以传统产业为主，缺乏新材料的下游应用场景和相应的人才（王艳秀，2019），以海洋新材料为例，广东省乃至全国现阶段海洋新材料的从业人员，大多出自普通材料领域，对海洋环境的认知不如专门从事海洋工作的人员，在实际研发工作中，只能承担较低技术含量的任务，没有源头创新的研究能力，难以形成有效竞争力（谭艳等，2020）。三是传统生产方式与研发路径已经不足以满足新材料市场的要求。新材料产业发展存在一定的地域关联性，新材料产品的供应以往是局限于某个具有优势的地域，如在广东省内清远、梅州、河源等市主要发展稀土新材料，阳江发展硅胶新材料，广州、深圳、佛山、中山、肇庆等市重点发展高性能复合材料及战略前沿材料[①]，在现代化生产制造快速发展的情况下，需求的产生具有时间和空间的双重不确定性，亟须对传统生产方式和研发路径进行改革，解除对生产信息扩散和技术效应外溢作用的约束，更好地满足对新材料的需求。

发展的目标：根据《广东省培育前沿新材料战略性新兴产业集群行动计划（2021－2025年）》，到2025年，广东省要培育发展一批高科技、高成长型企业、“专精特新”企业和未来企业，做大一批在国内外有较强竞争力和产业链整合能力的龙头企业，建成一批大科学装置、省实验室、新型研发机构等高水平创新载体，建立起自主创新能力强、技术特色明显、规模化程度高、产业配套齐全、全国领先的产业体系，基本建成世界级新材料创新中心、具有全球重要影响力的研发和制造高地。

发展的重点：一是要构建自主创新体系，突破核心技术。建立健全以企业为主体、市场为导向、产学研用结合的自主创新体系，发挥市场对技术研发方向、路线选择、创新要素配置导向作用，加速成果产业化。打通基础研究、应用研究和产业技术研究创新全链条，持续支持对前沿变革性材料和技术的探索；加强先进材料产业化工艺创新，开发高端制备装备。加快支撑技术开发、产品研制的具有公益属性的产业技术创新基础设施建设，提高关键技术领域创新能力。积极推动建设散裂中子源二期、先进光源等材料科学领域重大科技基础设施，建设省实验室、高水平研发机构等一批高水平创新平台；推动企业设立高水平研发机构，

① 深圳中商情大数据股份有限公司：《中商产业研究院：〈2019年中国新材料产业投资前景研究报告〉发布》，2019年9月29日。

鼓励企业联合高水平创新平台共建联合工程中心、实验室，加快前沿新材料产业的跨越发展。围绕制造业高质量发展需求，以重大研发平台和重点企业为依托，发挥大科学装置、省实验室的优势，突破一批产业急需的战略性、前瞻性、颠覆性技术，获得一批产业带动性强、具有自主知识产权的关键技术和重点产品。支持龙头企业围绕石墨烯、超材料、新型显示、高温超导、非晶合金等领域开展专利导航，加强知识产权储备和运营。针对代表性关键卡脖子的新材料设立重大研究专项，持续滚动支持相关材料研究，进一步推动新材料的研究与产业化。对于高端碳纤维、高性能陶瓷纤维、高性能钛合金、高性能传感器材料等新材料，由于国外技术封锁，短期内无法实现自主创新的，应给予长期持续的政策扶持，促使其在研究和应用方面取得突破（段丹晨，2019）。二是加快人才培养和引进。加强材料专业学科建设，开展重点人才培养，依托重点高校、研究机构等创新载体，推动材料领域高端人才及团队的引进和聚集，推动职业院校与企业合作，鼓励骨干企业与高等院校开展协同育人。探索吸引人才、留住人才的政策机制。结合产业发展需求，引进高层次、创新型前沿新材料领域的领军人才和团队，着力推动各类资金、重大人才工程与新材料产业的对接。鼓励企业采取技术或知识产权入股等激励措施吸引人才。完善人才培养机制，整合政府、高校、科研院所、企业各方面资源，设立学生实训基地，积极开展多层次在职培训，培养新材料产业的应用型人才。三是新材料产业向高端化、规模化集约型发展。要着力发展新型化工材料、新能源材料、电子信息材料等具有高技术含量、高附加值的新型材料，以金发科技、杰事杰新材料等龙头企业为依托，力争突破高性能金属材料、无机非金属材料、高分子材料等一批产业关键技术，做大做强新材料产业，建成华南地区产业特色鲜明、具有较强竞争力和影响力的新材料产业基地。四是要集中资源在关键材料上实现突破，提高产业技术自给率和科技成果转化率。材料先行助力工业制造，为先进制造业等产业的材料供应铺垫基石；加快落地前沿新材料创新成果与典型应用，抢占未来新材料产业竞争制高点，为“广东智造”转型升级提供强有力的支撑（江姗，2017）。

四、生物医药产业

广东省是我国主要的生物医药产业基地之一，中药和化学药制造的销售规模位居全国前列，形成以医疗器械为特色、以生物药和生物技术服务为新增长点的生物医药产业体系，广东省生物医药产业研发创新能力位居全国前列，广东省内一批龙头骨干企业已在生物医药领域掌握了部分核心关键技术。如微芯生物历时

12 年自主研发的一类新药西达本胺，作为一种抗肿瘤口服药物填补了我国 T 细胞淋巴瘤治疗药物的空白（陈彦玲，2020）。

存在的问题：一是生物医药研发投入不强，创新能力不足。近年来，广东医药企业每年投入研发的费用不断增长，约占销售收入 4%，但与上海 5.6%、国际平均水平 13%、美国 17% ~18% 的研发投入强度相比，仍存在巨大差异（赵逸靖，2019）。在创新药物方面，全国 2018 年批准上市的 48 个新药中，广东省暂无上市药物，江苏省上市 7 个，为全国第一；截至 2019 年 8 月，全国上市销售中通过质量和疗效一致性评价的药物中，广东拥有 17 个，数量仅为江苏的 1/3；2017 ~2019 年纳入优先审评药物品种中，广东拥有 64 个，数量仅为江苏的 1/2（刘玲玉等，2020）。二是关键技术和装备缺乏。高端产品的关键技术、关键部件和关键工艺尚未完全掌握，这是广东乃至全国医疗器械产业的“卡脖子”问题，也是国产医疗设备总跟不上国外产品更新换代步伐的主要原因（叶青，2019）。广东省生物医药创新型企业有华大基因、海瑞普等，但是与国外相比还有较大发展空间。从具体技术看，“南药”是广东省特色产业，但目前南药科学种植水平低，难以满足中药规模化生产的需要，达不到国际市场对药材的技术要求。在生物药方面，哺乳动物细胞大规模培养、嵌合抗体和人源化抗体技术等是制约广东省生物药发展的技术瓶颈。干细胞临床应用、组织工程构建、生物医用材料设计和直接成型、重大疾病分子诊断等与广东优势生物产业相关的关键技术也亟待突破。三是生物医药高端创新平台和生物医药服务机构数量偏少。截至 2019 年底，广东省共拥有国家临床医学研究中心 3 家，远远少于北京（24 家），只有上海（6 家）的一半；在第四批 18 家国家临床医学研究中心公示名单中，广东仅有 1 家，少于北京（8 家）、浙江（3 家）（徐越等，2020）。从外包服务机构看，截至 2018 年 12 月 31 日，我国共有 41 家合同研究组织上市企业，其中广东省有 2 家，数量远少于江苏省的 7 家；广东省合同研究组织上市企业营业收入总额约 18575 万元，利润约 996 万元，仅分别为江苏省的 1.54% 和 0.37%，广东省医药外包服务企业实力与有效供应相对不足。从服务平台效率看，广东省目前共有临床试验平台 54 家，数量为全国第一（刘玲玉等，2020），但国家药品监督管理局数据显示，广东省承接的临床试验数量依然偏低，2019 年我国开展临床试验最多的临床试验机构前 20 位名单中，广东省暂无机构上榜，江苏省有 1 家上榜机构。试验药品主要集中在Ⅱ、Ⅲ期临床试验，具备Ⅰ期临床试验的机构承接试验不多。四是粤港澳医疗数据和生物样品等跨境流动体制机制障碍仍未破除。粤港澳涉及“一个国家、两种政治制度体制、三种法律制度、三个关税区”，三地医疗体制不一，医疗数据采集、传输、共享标准以及对生物制品的管理制度、标准存在较大差异，医疗数据和血液等生物样品尚未能够在大湾区内的高校、科研院所和实验室跨境使用，严重制约三地生物医药在更深层次的融合创新。

发展的目标：根据《广东省发展生物医药与健康战略性支柱产业集群行动计划（2021－2025年）》，到2025年，广东省要实现生物医药产业规模、集聚效应、创新能力国内一流，建成10个特色鲜明、规模效益显著、辐射带动效应明显的综合性产业园区；在生物药、化学药、现代中药等领域形成若干个优势产业；建成一批合同研发生产、产业中试、药物非临床评价、临床研究等公共服务平台；体制机制、服务体系、市场竞争力国际领先，打造万亿级产业集群，加快进位赶超，建成具有国际影响力的产业高地。

发展的重点：一是创新人才引进机制，强化专业技术人才培育。广东省应加快出台生物医药专项人才政策，定向引进一批行业高端技术人才、创业领军人才、国际化人才、产业紧缺人才；加强对医药行业技术工人的培养，塑造工匠精神，创建广东医药制造新品牌；创新人才激励体制机制，实施企业家培养计划，放开人才激励的机制创新，鼓励医药企业加大向关键岗位和优秀人才收入分配的倾斜力度，完善技术参股、入股等产权激励机制；改革研发和产业化人才评价、激励机制，鼓励高校和科研院所研发和产业化人员进行创新研究、在岗离岗创业。二是强化生物医药关键核心技术供给。组织实施生物医药领域的基础与应用基础研究重大项目，建立同行评议和稳定性支持机制，推进源头创新和底层基础性技术突破。根据产业需求，积极开展生物技术安全、生物医用材料、合成生物学和绿色生物制造等重大新药创制专项，实施精准医学与干细胞、新药创制、中医药关键技术装备、高端医疗器械等省重点专项，在药物创制等领域突破一批具有重大支撑的关键技术。三是加快生物医药重大科研实验平台建设。强化再生医学与健康省实验室、生命信息与生物医药省实验室建设，赋予其人财物自主权，争取成为生命健康领域国家实验室的重要组成部分；围绕生物医药重点领域，布局建设若干个粤港澳联合实验室。推进国家基因库、人类细胞谱系装置、精准医学影像大设施等一批重大科技基础设施建设，打造生物医药重大科技基础设施集群；充分发挥国家超级计算广州中心和深圳中心、东莞散裂中子源等大科学装置作用，吸引国内外顶尖科学家和团队协同开展生物信息、药物筛选、生物大分子和蛋白质等基础与应用基础研究。四是促进生物医药创新要素高效跨境流动。完善粤港澳生物制品、生物材料、实验动物通关机制，海关部门对进入名录的单位开展信用培育，给予经过海关认证的单位通关便利支持。争取国家允许粤港澳科研合作项目需要的医疗数据和血液等生物样品，在粤港澳大湾区内限定的高校、科研机构和实验室跨境使用，探索在粤港澳联合实验室先行试点实施。允许在粤港澳大湾区内地九市开业的指定医疗机构使用临床急需、已在港澳上市的药品，使用临床急需、港澳公立医院已采购使用、具有临床应用先进性的医疗器械。推动中成药注册、检验标准在粤港澳大湾区内互认，构建一体化中药评审机制。

五、新能源汽车产业

广东省是国内主要汽车生产基地之一，共有规模以上汽车及零部件企业876家。随着比亚迪、广汽传祺等自主品牌发展壮大，小鹏汽车、腾势汽车、广汽蔚来等新能源造车企业逐步发展，形成了日系、欧美系和自主品牌多元化汽车产业格局，汽车产量连续三年居全国第1位（陈彦玲，2020）。

存在的问题：一是整车制造、燃料电池研发方面缺乏核心技术，与世界先进水平存在较大差距。与传统的燃油汽车不同，新能源汽车最重要的部分是电池、电机和电子控制系统，电池达到高标准的动力和安全一直是新能源汽车的发展门槛，发动机、变速箱等关键零部件自给率不高，许多关键技术和零部件依赖国外进口，没有自主创新技术和自有研发产权（谢文浩等，2019）。二是充电基础设施配套尚不完善。截至2017年，广东已有汽车充电桩企业72家、496座集中式充电站和4.44万个分散式充电桩，充电桩数量建设居于全国第二，基建规模较大，但布局不合理、通用性差、利用效率不高，充电基础设施规模与密度仍不能满足电动汽车出行的基本需求（左俊，2019）。三是新能源汽车推广难度高，销量不佳。一方面是新能源汽车续航能力、充电时长等充电技术尚不成熟，另一方面是政府补贴下降和部分车企骗补行为影响了新能源汽车的发展热度。四是行业标准不完善。新能源汽车产业目前还没有统一的行业标准，新能源汽车充电站、动力电池、充电桩接口等标准目前处于“鱼龙混杂”的状态，各地、各企业采用的标准各异，导致行业难以管理整合（唐珏，2018）。

发展的目标：根据2020年国务院办公厅印发的《新能源汽车产业发展规划（2021－2035年）》，到2025年，新能源汽车市场竞争力明显增强，动力电池、驱动电机、车用操作系统等关键技术取得重大突破，安全水平全面提升。纯电动乘用车新车平均电耗降至12.0千瓦时/百公里，新能源汽车新车销售量达到汽车新车销售总量的20%左右，高度自动驾驶汽车实现限定区域和特定场景商业化应用，充换电服务便利性显著提高。纯电动汽车成为新销售车辆的主流，公共领域用车全面电动化，燃料电池汽车实现商业化应用，高度自动驾驶汽车实现规模化应用，充换电服务网络便捷高效，氢燃料供给体系建设稳步推进，有效促进节能减排水平和社会运行效率的提升。

发展的重点：一是强化整车集成技术创新，加快共性技术创新平台建设。广东省应抓住国家倡导发展新能源汽车产业的有利机遇，以提升技术研发水平和市场竞争力为核心，开展新能源汽车动力电池重大专项，建立整车开发平台，加快研发混合动力和纯电动汽车关键技术，推动新能源汽车产业迅速发展，加快建设国家节能与新能源汽车示范推广试点城市。以纯电动汽车、插电式混合动力汽车、燃料电池汽车为“三纵”，布局整车技术创新链。研发新一代模块化高性能整车平台，攻关纯电动汽车底盘一体化设计、多能源动力系统集成技术，突破整车智能能量管理控制、轻量化、低摩阻等共性节能技术，提升电池管理、充电连接、结构设计等安全技术水平，提高新能源汽车整车综合性能。聚焦核心工艺、专用材料、关键零部件、制造装备等短板弱项，从不同技术路径积极探索，提高关键共性技术供给能力。引导汽车、能源、交通、信息通信等跨领域合作，建立面向未来出行的新能源汽车与智慧能源、智能交通融合创新平台，联合攻关基础交叉关键技术，提升新能源汽车及关联产业融合创新能力。二是加快充换电基础设施建设，提升充电基础设施服务水平。科学布局充换电基础设施，加强与城乡建设规划、电网规划及物业管理、城市停车等的统筹协调。依托“互联网+”智慧能源，提升智能化水平，积极推广智能有序慢充为主、应急快充为辅的居民区充电服务模式，加快形成适度超前、快充为主、慢充为辅的高速公路和城乡公共充电网络，鼓励开展换电模式应用，加强智能有序充电、大功率充电、无线充电等新型充电技术研发，提高充电便利性和产品可靠性。引导企业联合建立充电设施运营服务平台，实现互联互通、信息共享与统一结算。加强充电设备与配电系统安全监测预警等技术研发，规范无线充电设施电磁频谱使用，提高充电设施安全性、一致性、可靠性，提升服务保障水平。三是依托国家节能与新能源汽车示范推广试点城市建设，大力开展新能源汽车的示范推广。为了在需求端刺激新能源汽车产业发展，可以加强消费引导。四是加强标准和规则建设。建议政府质检部门连同电网、企业制定动力电池安全化、池块化标准体系，健全新能源汽车整车、零部件以及维修保养检测、充换电等安全标准和法规制度，尤其是要建立充电基础设施统一的标识认可机制，包括兼容性、安全性和电磁兼容等统一的标识内容，制定充电设施运营管理规范及相关技术标准。建立新能源汽车与相关产业融合发展的综合标准体系，明确车用操作系统、车用基础地图、车桩信息共享、云控基础平台等技术接口标准。建立跨行业、跨领域的综合大数据平台，促进各类数据共建共享与互联互通。

六、航天航空产业

广东省航空航天产业发展已经具有一定的实力，珠海航空产业园已成为国家新型工业化（航空产业）示范基地，广州南沙打造航天航空产业园，广东省已集聚了一大批卫星应用机构和企业。2019 年，国内首颗由国家立项、面向未来引力波空间探测技术试验卫星“天琴一号”发射成功，标志着中国天琴空间引力波探测计划迈进“太空试验”阶段。广东在商业航天方面正逐渐形成产业闭环，从制造到应用服务构成了较为完整的产业生态。

存在的问题：一是航空航天产业规划出台滞后。广东省仅在 2012 年出台了《广东省航空航天产业“十二五”规划》，而且航空产业规划为全产业链，缺乏投入和培育周期的基本规划。二是研发设计、主机集成、核心部件等产业链配套基础薄弱。航空航天的关键基础材料零部件缺少，无法形成有竞争力的高端产品和系统设备，关键技术“卡脖子”“缺芯”“少核”难发展，军工航空项目和民用航空需求难以形成合力。带动作用强的共性基础平台、高能级产业载体、领军型头部企业、行业顶尖人才等依然不足，航空航天青年工程师队伍储备亟须扩充。

发展的目标：到 2025 年，航空航天制造、创新、服务能力显著增强，重点领域制造能力显著增强，火箭总装制造、大飞机关联制造、无人机核心制造、数字化装配等制造能力迈向新的高度。关键环节创新能力显著增强。战略合作持续深化，合作共建、集聚培育科研院所、新型研发机构和航空航天领域人才，航天发动机、飞机大部件、北斗芯片、航空航天新材料等研发能力进一步提升。场景应用服务能力显著增强。航空运营服务网、空天数字服务网更加健全，集中力量具有市场竞争力的航空航天应用服务企业。通航应用、无人机应用、北斗应用等场景进一步拓展丰富，有力支撑生活消费、应急救援和相关行业发展，运营服务能力迈向新的高度。

发展的重点：一是加强规划引领。建议制定并出台广东省航空航天产业“十四五”规划，明确航空航天产业建设的主要目标和布局，并引导地市制定相应的规划，明确资金投入和培育周期。二是构建开放式区域创新体系，提高研发及产业化水平。航空航天业作为一个技术密集型的高科技产业，要更好地发展技术先导作用，带动区域研发能力提升，通过技术转化促进区域装备制造业发展，并通过技术扩散带动周边产业发展，不是短时期一蹴而就的，也不是单靠几个企业就可以实现的，需要构建区域创新体系来支撑技术效应的传递。在区域创新体系中，政府对航空航天战略性产业的发展起宏观调控的主导作用，企业作为创新的主体，要在研发的上下游与高校、科研机构密切合作；高校和科研机构处于产业技术创新生态系统的上游，是产业技术创新活动的智力资源提供者，要通过与企业的合作，推动技术创新成果的转化，实现技术创新成果的商业化和产业化。创新体系要充分吸收金融机构、律师机构、孵化器等中介部门和社会组织的力量。同时依托中航通飞、万泽航空、大疆等一批骨干企业，支持企业、高校、研究机构建立省航空产业创新平台，大力推动航空发动机及高温合金材料、高温涂层材料、航空低成本复合材料、防腐蚀材料、润滑材料研发及产业化，推动核心技术、关键基础元器件的国产化。三是大力推进航空装备产业发展。支持广州临空经济示范区和深圳、珠海通用航空产业综合示范区建设；支持广州市与中科院开展空天科技合作，推动广东中科空天科技研究院及产业化基地建设。支持珠海航空产业园建设，推动中航通飞 AG600 水陆两用飞机批量生产和通用航空科研及试飞设施建设。支持摩天宇发动机维修项目建设。提升空投/空运、水陆两栖救援等特种交通应急保障技术装备的发展水平，加大多功能高机动救援无人机等智能无人应急救援技术装备的推广使用力度。围绕高端公务机及无人机等研发制造，推动产业链各环节协同发展，完善产业上下游配套，打造全产业生态系统。四是加快发展卫星及应用产业。推动建立全省卫星应用数据中心、卫星数据共享与综合服务平台，重点突破卫星终端射频与基带芯片、相控阵天线、高分辨率高光谱遥感图像处理系统、高光谱定量反演等核心技术，支持高通量宽带卫星通信系统、空间信息综合应用平台、卫星遥感定标场、定量遥感真实性检验场、卫星地面接收站等基础设施建设。支持卫星通信、卫星导航、卫星遥感三大领域融合发展，推动卫星在自然资源、生态环境农业农村、海洋与航空通信、智能交通、应急救灾、森林防火、定位服务、气象监测等重大经济和民生领域的普及和推广。围绕自然灾害防治重大需求，增强新型应急指挥通信技术、监测预警和灾害信息获取技术的装备保障能力。立足北斗导航系统等国家卫星重大工程及亚太系列、珠海一号等本地卫星资源，打造卫星互联网，推动粤港澳大湾区卫星互联网应用示范。

七、海洋产业

广东作为全国海洋经济第一大省，连续 25 年都是全国排第一。海洋经济对广东区域经济的发展发挥越来越举足轻重的作用，2019 年广东海洋生产总值在全国率先突破 2 万亿元，达到 21059 亿元，同比增长 9.0%，占地区生产总值的

19.6%，占全国海洋生产总值的23.6%，海洋生产总值连续25年位居全国首位。广东海洋产业结构不断优化，2019年海洋三次产业结构比为1.9∶36.4∶61.7（广东省自然资源厅，2020）。

存在的问题：一是海洋产业集群发展水平还有待提高。广东省虽然在海洋经济规模方面占据优势，但在海洋产业集群发展方面并未表现出优势，相反海洋产业集群发展规模及成熟度与其他省份相比还有一定差距（杜军等，2016）。二是广东省海洋工程装备产业存在研发设计和高端制造环节受制于人、中低端装备制造产能过剩、高端专业人才不足以及产业认证、检测、标准体系不完善等问题。广东省在发展海洋工程装备产业过程中，比较注重产业规模的扩张，不太重视关键核心技术的研发和提升，导致在研发设计和高端制造环节与国际先进水平相比存在较大差距。如省内船舶设计软件大都使用国外的Tribon M3、Vantage Marine、FORAN等，省内企业中望龙腾虽然也发布了一系列设计软件，但与国外高端产品相比，至少存在一代差距，产品普及率也不高；海洋修井设备、油井试油设备、船舶动力与电力系统、深潜水设备系统等制造技术尚处于起步阶段，远远不能适应广东海洋经济高质量发展的要求。产能方面，随着全球海洋工程装备市场的持续恶化，中低端装备制造领域产能过剩的问题日益严重。人才方面，目前广东海洋工程装备产业领域高层次人才供给不足，人才供需矛盾已成为制约产业进一步发展的瓶颈，广东省海洋工程产业从业人员大多来自传统船舶工业、装备制造业及海洋产业领域，海洋工程专业设计机构及人才较少，尤其是高端技术装备的基础研发人才、创新型研发人才、高级营销和项目管理人才等严重匮乏。产业认证、检测、标准方面，广东省海洋工程装备行业中介机构建设不足，行业发展尚不规范，海洋工程装备基础共性标准、关键技术标准、产品标准和应用标准等标准体系不健全，部分地方标准及企业标准执行不到位，权威性第三方检验检测平台数量较少，产品质量监管不到位。三是海洋生态文明建设机制建设存在一定的困难。表现为多元共治主体缺乏，牺牲环境获取短期利益的行为普遍，海洋生态环境保护意识不强，非政府组织参与海洋生态环境保护的意愿不足。信息公开透明程度不高，信息共享不对称，信息传播平台与机制运转失灵。海洋生态环境保护或海洋生态文明建设相关的法律法规体系尚未完善，政府各职能部门之间、政府与社会公众之间的权利与义务及其相互协调，尚未有明确的法律界定，限制了多元主体共治海洋生态文明建设的正常进行。四是广东省沿海经济带经济增长与海洋环境处于严重不协调状态，海洋环境恶化形势不断加剧。张玉强等（2021）基于环境库茨涅兹理论，构建了广东省沿海经济带主要海洋污染物排放量与人均GDP的线性回归模型，探索海洋环境随经济增长的变化规律，结果表明，2006~2017年，珠三角和粤西的经济增长伴随着海洋环境质量下降，粤东经济增长与海洋环境的协调关系有所缓和，在多个年份出现海洋环境随着经济增长而好转的优质协调状态。广东省沿海经济带海洋污染综合水平与经济增长的环境库茨涅兹曲线呈现单调递增的线型，海洋环境恶化形势不断加剧。

发展的目标：根据《广东省加快发展海洋六大产业行动方案（2019－2021年）》①，到2021年，广东省海洋六大产业发展指标体系建立健全，产业高质量发展取得显著成效，实现产业增加值1800亿元左右，年增速达20%以上，占全省海洋生产总值达8%以上，打造2~3个产值超千亿元级的产业集群，成为广东省现代化沿海经济带建设和粤港澳大湾区发展的重要引擎。

发展的重点：一是以国家推进“海洋强国战略”为契机，以海洋经济综合试验区为抓手，把握政策机遇，加快推进东、中、西三大经济区建设，因地制宜制定海洋产业发展政策，适时推出一批三次海洋产业集群发展项目，通过政府引导、市场主体积极参与建设的方式推动海洋产业集群发展。二是推进海洋工程装备产业关键核心技术攻关，加强创新创业人才队伍建设，构建海洋工程装备产业良好生态，推动海洋工程装备产业向产业链高端环节跃升。在核心技术攻关方面，要围绕广东省海洋工程装备产业技术“卡脖子”“卡脑子”问题，加大对“海洋高端装备制造及资源保护与利用”等省重大、重点专项的支持力度，集聚国内外优势力量加强船舶设计软件、智能船舶、智能海洋工程装备及配套设施、海洋修井设备、船舶动力与电力系统等关键核心技术研发，尽快实现国产替代。鼓励支持研发能力强的行业龙头骨干企业，联合上下游企业及高校、科研院所等机构开展产学研协同攻关，力争形成一批具有自主知识产权的核心技术、关键零部件及重大装备，补齐产业技术发展短板。同时要加强与科技部、工信部等国家部委的合作，创建一批海洋工程领域的科技企业孵化器、国家技术创新中心、重点实验室等国家级创新平台，增强技术攻关能力，提升产业整体竞争能力。打造一批具有国际竞争力的海洋工程装备龙头企业。实施海洋工程装备龙头骨干企业培育计划，重点支持招商局深圳重工、中船黄埔文冲船舶有限公司、广州广船国际股份有限公司、广东省精铟海洋工程股份有限公司等具有创新能力的企业做大做强，打造一批具有国际影响力的海洋工程装备行业龙头企业。在人才队伍建设方面，利用“珠江人才计划”“扬帆计划”等面向全球精准引进一批海洋工程装备领域行业领军人才、“高精尖”技术人才、高端创新创业人才及团队；支持中山大学、广东海洋大学等高校院所加强海洋工程装备相关学科建设，引进和培养

① 广东省自然资源厅：《广东省加快发展海洋六大产业行动方案（2019－2021年）》2019年12月31日。

一批海洋工程研发设计、装备制造等领域的专业技能型人才。在产业生态方面，要积极推进招商引资、招商引技工作；推动建设广州国家级智慧海洋创新研究院、深圳海工装备国家级测试基地、珠海无人艇与智能船舶测试和评估体系海上综合测试场等海洋工程装备创新平台，打造海洋工程装备产业创新高地；鼓励和支持企业围绕智能船舶、智能制造等重点领域开展相关标准研究，积极参与国际、国家级行业标准的制修订工作，提升市场竞争话语权。三是完善多元主体共治机制。政府应做好顶层设计，规划好长远建设机制和实践路线图，充分发挥市场主体在生态文明建设中作用，发挥社会组织的纽带作用，积极引入公众参与，完善多元主体结构。优化生态文明建设多元参与的文化环境，创新培养和引进海洋生态文明建设的人才机制，加强海洋生态文明建设领域人才建设，特别是监测观测专业人才队伍建设，提高海洋科技创新在海洋生态文明建设中的驱动引领作用。四是完善海洋环境与经济增长的协调机制。完善海洋环境保护法律体系，提高政策法规权威性，健全地方生态环保制度，将海洋污染物排放总量控制纳入环保立法，规定排污控制的具体标准和实施办法。建立可持续的协同发展行政机制，建立省级综合管理机构提出切实可行的协同发展目标和实施计划；成员城市安排有关部门积极协调配合，下设子部门负责具体落实，确保省级规划在市级层面的顺利推进。同时充分发挥经济调控的作用，通过确定排污权初始配给方案和市场价格，形成排污权市场交易常态化运行机制，不仅可提高企业污染排放成本从而限制各类海洋污染物排放，而且能将排污权交易的收益用于海洋环境治理和修复，在促进经济增长与海洋环境协调发展中发挥海洋生态补偿机制的作用。

八、新一代信息技术产业

《广东省培育发展“双十”产业集群行动计划编制工作方案》中明确提出，将电子信息产业作为广东省战略性支柱产业集群加快推动培育发展。2019 年广东电子信息产业营业收入 4.3 万亿元，连续 29 年居全国第一，占广东工业营业收入的 29.4%，成为支撑广东经济发展的主导力量。广东在 5G 技术、高端芯片、操作系统等高端技术领域拥有全球领先技术，数字经济专利数量居全国前列①。

存在的问题：一是关键领域“卡脖子”、核心技术攻关持续性投入不足。虽然近几年广东省集成电路制造市场规模不断扩大，但专利布局数量仍然有限。人

① 中商产业研究院：《2020 年前三季度广东新一代电子信息产业聚集情况分析：集中珠三角地区》，中国情报网，2020 年 12 月 19 日。

工智能系统方面的专利申请为6.8%，低于全球的11.0%和国内8.0%。广东省人工智能领域的专利申请更多的是应用场景及智能消费设备相关的专利技术，核心的人工智能系统技术有待进一步加强，在芯片领域的研发能力仍存在短板，广东集成电路制造领域的专利只占广东省电子核心产业专利总量的0.5%[①]。二是创新质量还有待进一步提高。从授权专利数量来看，广东省新一代信息技术产业近20年整体授权率为33%左右，五大分支技术中，人工智能分支的专利授权率较高，为49.1%，也仅有这一分支的授权率略高于全国平均水平48.8%，整体专利申请质量不高。三是部分领域处于产品价值链中低端、产业链协同联动发展不足等问题，制约了全省新一代电子信息产业的发展。广东省是全国电子信息产业大省，也是集成电路需求大省。但从供给质量上看，广东集成电路产业低端供给过剩，高端供给不足。目前，除深圳海思等个别大企业能在高端、通用芯片领域参与全球竞争以外，大多数企业规模小、实力弱，产品主要应用于消费类产品等技术要求相对不高的领域，处于产品价值链的中低端。产品档次偏低，也直接导致广东电子信息产业“缺核少芯”问题严重，85%以上的芯片都依赖进口，并且需向国外公司支付巨额专利费用，大幅增加生产成本，对国家产业安全也造成隐患。与其他省市相比，广东省芯片上市企业主要集中在芯片设计领域，在芯片制造、封测、设备材料等领域的企业布局相对不足。广东省在芯片设计领域拥有较强的竞争力，但在芯片制造、封测等其他产业链环节仍然存在短板。在封装测试领域，传统封装方式仍占据主导，先进封装技术只占到全国总量的约20%[②]。广东省新一代电子信息产业与新兴产业交叉领域始终发展相对缓慢，对传统产业的带动不足，没有充分发挥出对传统产业的提升作用，协同创新能力没有充分发挥。

发展的目标：根据《广东省发展新一代电子信息战略性支柱产业集群行动计划（2021－2025年）》[③]，到2025年，将广东省建设成为全球新一代通信设备、新型网络、手机及新型智能终端、半导体元器件、新一代信息技术创新应用产业集聚区。

发展的重点：一是将政策重点放在产业尖端技术的突破上。加大政策支持力度，制定出台半导体集成电路、5G等重点领域产业发展政策文件，加大对重点

① 李幸子：《“数”立信心丨广东新一代信息技术产业创新专利增长迅速》，新华网，2020年4月16日。

② 《广东集成电路（芯片）产业发展研究报告》，载《广东经济》2018年第115期。

③ 深圳市南山区工业和信息化局官网：《广东省十大战略性支柱产业集群和十大战略性新兴产业集群行动计划汇编》，2020年11月26日。

领域的扶持力度，对引进标志性重大项目按“一事一议”方式进行支持，引导社会资金和金融资本支持产业集群创新发展。加强创新链部署，持续推进关键核心技术攻关，提升产业整体技术创新水平，积极引导华为、中兴等行业龙头骨干企业根据自身发展和产品竞争的需要，加强产业前沿技术研发布局，着力加强对细分行业领域专用芯片的研发和布局，重点在移动智能终端处理器芯片、物联网芯片、家电和多媒体芯片、卫星导航芯片等方面进行技术攻关，通过自主研发突破“卡脖子”技术，形成一批自主可控的高端芯片产品品牌，抢占未来芯片市场。二是培育具有核心竞争力的企业集群，构建科技创新型平台，提高创新质量。壮大龙头骨干企业实力，支持骨干企业开展强强联合、上下游整合等多种形式的产业合作，形成以大企业集团为核心的产业组织形态。支持龙头企业与境外技术先进企业、高校、研究机构建立战略联盟，开展技术交流与合作。引进国际领军企业，依托中国电子信息博览会等国际交流活动，积极引进集成电路先进制造工艺、高端电子元器件、智能传感器、新型显示等重点企业和重大项目落户。支持龙头企业和研发机构牵头建设国家级和省级制造业创新中心、技术创新中心、企业技术中心、重点实验室等重大创新平台，依托国家和省级重点实验室、企业技术中心等研究机构，瞄准新一代电子信息技术前沿，组建面向基础研究的公共平台，重点突破产业链关键共性核心技术。鼓励骨干企业和上下游企业利用中国（广东）知识产权保护中心专利快速预审平台加快核心专利的授权及布局工作。依托行业组织和产业联盟，鼓励各类主体参与建设中试验证基地等新一代信息技术产业专业公共服务平台，提供技术研发、成果转化、标准制定、产品检测、人才服务和品牌推广等专业服务。三是完善产业链，向高端领域发展。在新一代通信与网络、软件、智能终端、人工智能、物联网、汽车电子等新一代电子信息产业领域推动企业加强研发攻关，完善上下游配套，补齐产业链短板，构建产业创新生态体系，引入“揭榜挂帅”机制，发挥广东智能终端市场优势，开展芯片设计企业与终端应用企业对接合作，打造“芯屏器核”的全产业生态体系。

九、高端装备制造产业

广东省作为全国制造大省，一直以来都高度重视装备制造业特别是高端装备制造业的发展，制定出台了《珠江西岸先进装备制造产业带布局和项目规划（2015－2020年）》《广东省智能制造发展规划（2015－2025年）》《广东省先进制造业发展“十三五”规划》《关于进一步完善扶持先进装备制造业发展财政政策措施的通知》《广东省培育高端装备制造战略性新兴产业集群行动计划（2021－2025年）》等，引导和带动广州、深圳、佛山、东莞、珠海等地大力发展高端数控机床、智能机器人、海洋工程装备、航空装备等高端装备制造业。2019年广东高端装备制造业实现营业收入近1800亿元①。

存在的问题：一是部分产业细分领域核心技术、核心零部件及重大装备面临“卡脖子”问题。广东省高端装备制造业存在“大而不强”的问题，主要表现为高新技术产品少，核心技术及设备掌握少，高档数控系统、高可靠性电主轴、海上钻井动力系统、光栅、轴承、光刻机等关键部件对外进口依赖度。广东省高新技术产品达到国际技术水平的仅占20%左右，拥有自主核心技术的制造业企业不足10%，高端装备和关键零部件、软件依赖进口。如高端机器人和高端自动控制系统、高档数控机床、高档数控系统80%以上市场份额被国外产品占领，国产工业机器人配套减速器、伺服电机等进口比例为90%，驱动器进口比例为80%（杨斌等，2021）。二是研发创新能力不足导致对产业链关键环节缺乏主控能力。高端装备制造产业研发投入大、周期长、不确定因素多，广东省企业长期以来存在“重引进、轻开发，重模仿、轻创新”的倾向，通过“拿来主义”实现短期经济效益最大化，陷入了“引进—落后—再引进—再落后”的怪圈；而且广东省高端装备制造业领域产学研合作不够紧密，科技成果转移和产业化能力不高，缺少能够对全球产业分工和价值链产生重要影响的国际化创新型企业，导致广东高端装备制造业整体上处于产业链中低端环节，产业链高科技含量、高附加值的关键环节基本被美日欧等发达国家和地区掌控，面临“高端失守”的困境。三是高端装备制造业的认证、检测、标准、产品质量管理等体系仍有待完善。由于目前国内主管部门对高端装备制造的概念界定及划分还没有形成统一认识，在统计学上也没有针对高端装备制造进行分类统计，导致缺乏统一规范的统计口径和产品功能性认证，不利于产业的统筹发展；同时，工业机器人、农业装备等一些重点领域的技术标准、产品标准等有待制定和完善，高水平检验检测机构数量较少，专业技术人才比较缺乏，在一定程度上制约了装备制造业的进一步发展。

发展的目标：根据《广东省培育高端装备制造战略性新兴产业集群行动计划（2021－2025年）》，到2025年，在高端装备制造领域承担一批国家级项目，建成若干国家级、省级创新中心和实验室，推动一批重点领域核心技术和关键零部件取得重大突破；龙头企业带动能力显著增强，产业配套协同能力明显提升；将

① 深圳市南山区工业和信息化局官网：《广东省十大战略性支柱产业集群和十大战略性新兴产业集群行动计划汇编》，2020年11月26日。

广东省打造成全国高端数控机床、海洋工程装备、航空装备、卫星及应用、轨道交通装备等高端装备制造的重要基地。

发展的重点：一是突破产业发展瓶颈和短板，推进重点领域关键核心技术攻关。系统梳理并创造条件支持解决海洋工程装备、航空装备、卫星及应用、轨道交通装备等产业发展存在的瓶颈和短板问题，大力实施创新链突破，完善人才链和政策链，依托行业龙头企业及上下游配套企业开展技术协同攻关，支持核心产品研发和产业化，着力突破机床整机及关键部件高速高精、多轴联动、复合加工、精度保持、实时监测、可靠稳定性增长等关键核心技术。建立高端装备制造常态化信息跟踪分析机制，特别是聚焦国外出口管制、技术封锁、产品断供等领域，加大对智能机器人与装备制造、新能源汽车、激光与增材制造等重大重点专项的支持力度，研究设立海洋工程装备、航空装备重点专项，精准突破一批产业发展急需的核心技术、关键零部件及重大装备，加速国产替代进程，实现关键核心技术的自主可控。二是研究实施“灯塔工厂”培育工程，培育具有核心竞争力的龙头骨干企业。“灯塔工厂”是指在第四次工业革命阶段，技术应用整合工作方面卓有成效，堪为全球表率的领先企业。目前全球只有 44 家“灯塔工厂”，其中，广东省只有富士康 1 家。建议广东研究实施“灯塔工厂”培育工程，对标“灯塔工厂”的 4 项标准（实现重点影响、成功整合多个案例、拥有可扩展的技术平台、在关键推动因素中表现优异），从政策、资金、技术、人才、土地等方面大力支持高端装备制造业等领域龙头企业创新发展，力争在 5 年内打造一批制造业领域的世界一流企业。同时支持骨干企业加快技术创新和产业化发展，开展强强联合、上下游整合等多种形式的产业合作，发展成为具有核心竞争力的行业龙头企业和企业集团。三是进一步完善高端装备制造业的认证、检测、标准、产品质量管理等体系。建立健全产业标准体系，开展高端装备制造标准化试点，推动企业开展质量国际对标，积极开展高端品质认证。在数控机床、海上风电、通用航空、海工装备、集成电路装备等高端装备细分领域组建产业技术创新联盟，加大对检测认证服务平台的支持力度，鼓励组建高端装备检测认证服务平台，开展第三方检测、标准制修订及认证服务。

十、数字创意产业

目前数字创意产业正在步入快速发展期，我国已经形成了京津冀、长三角、珠三角三大数字创意产业聚集区，广东省数字创意产业规模和发展水平全国领先，游戏、动漫、电竞、数字音乐居全国首位，直播、短视频等新业态发展迅猛，数字技术加速渗透，国际化程度不断提高。2020 年广东省发布了首个推动数字创意产业发展的政策文件《广东省培育数字创意战略性新兴产业集群行动计划（2021－2025 年）》。据不完全统计，2019 年广东省数字创意产业营业收入约 4200 亿元，其中，游戏产业约 1898 亿元，占全国 76.9%；动漫产业约 610 亿元，占全国 32.8%①。广东省拥有腾讯综合性国际巨头，网易游戏、三七互娱等游戏龙头企业和华强方特、奥飞娱乐等动漫领军企业，孵化培育了 YY、虎牙、网易 CC 等知名直播平台，酷狗、QQ 音乐等 5 家数字音乐平台入选全国前十。广东省数字创意产业集群发展优势明显，初步形成覆盖创作生产、传播运营、消费服务、衍生品制造等各环节的产业链，在不少细分领域建立起领先优势，广州、深圳、珠海、汕头、东莞、佛山、中山等产业集聚地各具特色。

存在的问题：一是原创生态有待完善，内容原创能力不足，优质内容稀缺制约数字创意产业发展。当前创意抄袭和同质化现象严重，折射出的是内容原创力不足和知识产权保护乏力，如游戏“换皮”，即保留原有游戏的角色、情景设计，只是进行美术加工，换个图像呈现；抖音用户翻拍抄袭同款短视频等。内容的精品化、多次开发程度不高，原创知识产权的生命力不强。优质作品供给不足，劣质作品产能过剩，随着用户审美水平及个性化需求的提高，对数字创意产业的产品和服务提出了更高的要求，内容为王成为产业发展的准绳。二是数字建模、交互引擎、后期特效系统等开发工具、基础软件对外依赖程度高，关键技术“卡脖子”问题突出。当前，工业网络标准、技术、产业基本被外商掌控，且标准众多、互通性差，高端工业传感器、工业控制系统、关键工业软件等基本被国外垄断。全球工业现场总线、工业以太网标准协议全部由少数国外企业掌握，95% 以上的工业以太网网络设备市场由国外垄断。工业控制领域 95% 以上的高端可编辑逻辑控制器市场、50% 以上的高端分散控制系统市场被国外厂商垄断。国外企业计算机辅助设计、计算机辅助工程设计、以产品研发设计过程管理为主的信息系统等高端工业软件占据了国内航天、航空、汽车等行业 90% 的市场（创新和高技术发展司，2019）。三是原创人才、复合人才短缺，缺乏科学合理的人才引进、评价和激励机制，人才流失压力大。数字创意产业要拥有高技术水平、熟知人们社会文化需求、能够有效利用资本市场融资等方面的复合型高端人才，而相关人才的培养需要更长时间的积淀。四是环境有待优化。以平台为核心的数字创意产业新业态，给传统政府监管模式带来新挑战，不规范经营问题凸显。平台经济开创了“人人即商家，人人即媒体”的新时代，由于准入门槛低，经营

① 《广东省十大战略性支柱产业集群和十大战略性新兴产业集群行动计划汇编》，深圳市南山区工业和信息化局政府信息公开网，2020 年 11 月 26 日。

者良莠不齐，网络售假等不规范经营现象时有发生，侵犯消费者权益。互联网平台汇聚海量用户数据，数据价值不断提升，用户个人信息泄露和非法利用、数据非法跨境流动等风险不断增大，各类恶性事件频发。

发展的目标：根据《广东省培育数字创意战略性新兴产业集群行动计划（2021－2025年）》，广东省要以数字技术为核心驱动力，以高端化、专业化、国际化为主攻方向，巩固提升优势产业，提速发展新业态，2025年数字创意产业营业收入突破6000亿元，产业链建设上有效补强内容原创、知识产权（intellectual property，IP）运营等薄弱环节，内容原创上培育一批优质数字内容原创作品和精品IP并打造知名数字创意品牌，产业平台建设上高标准建设省级数字创意产业园，打造全球数字创意产业发展高地。

发展的重点：一是建设优质IP资源库，坚持内容为王原则，加大原创保护支持力度。结合国家文化大数据体系建设，建设省级优质IP项目库，培育一批原创品牌项目、团队和企业。鼓励基于中华优秀传统文化的创新创作，实施岭南文化原创精品扶持工程，丰富优质IP资源。鼓励头部企业建设IP授权中心，打造版权交易平台和全国领先的版权运营中心，推动版权保护、交易、流通和增值。支持广东南方文化产权交易所、深圳文化产权交易所建设文化艺术品版权区块链应用研发基地。支持华侨经济文化合作试验区创建国家版权和数字贸易基地，开展文化影视企业股权交易试点。如今数字创意产业与IP价值紧密结合的市场背景下，要增强大众版权意识、加大盗版资源监管力度、增强数字版权保护技术、加强知识产权保护，加快互联网立法控制，并采取相应制裁手段。二是加强关键核心技术攻关。围绕产业链部署创新链，实施重点科技专项，加快数字特效、图像渲染、虚拟现实（virtual reality，VR）、全息成像、裸眼3D、区块链等重点领域关键核心技术攻关，加大空间和情感感知等基础性技术研发力度。推动数字电视（深圳）国家工程实验室、数字家庭互动应用国家地方联合工程实验室、广东省数字创意技术工程实验室等创新平台建设。鼓励省实验室加强智能科学、体验科学等基础研究和应用基础研究。支持重点围绕VR交互算法、显示光栅、传感追踪等技术领域开展高价值专利培育。三是加快复合型人才培养，完善人才评价机制。数字创意产业是信息技术产业与文化创意产业的深度融合，高质量的创意源更具有高融合性的特征。数字创意人才应具有很强的实践能力并兼通艺术与数字技术，有多学科的综合素养。当前应注意复合型人才培养，鼓励高等院校、科研院所设立数字创意学院或开设有关专业学科，建设完善针对数字创意新技术、新模式、新业态的课程和实践能力教学体系；培养互联网思维，在互联网环境下，培养学生的用户思维、平台思维、跨界思维、迭代思维以及大数据思维等互联网思维。可以借鉴电子科技大学“互联网+”复合型精英人才培养计划，构建“5个1”特色人才培养体系①，打造包含学术精英、行业精英、创业精英相互融合的“精英人才成长生态圈”。实施广东技工工程，共建校企联合研发中心和人才实训基地，开展协同育人和职业培训，推行企校双师联合培养为主的企业新型学徒制，培养数字创意技能人才。健全完善数字创意人才评价机制，将数字创意人才纳入各类高层次、高技术人才引进计划。四是继续深化“放管服”改革，构建产业生态体系。完善的产业体系是数字创意产业核心技术攻关突破的立足点，广东省应该在加强核心技术产业体系上下功夫，打通技术创新链、产品链、价值链，加快建立政府、高校、科研机构和企业间多层次的合作体系，开展“政、产、学、研、资”合作，鼓励共创技术产业联盟。一方面要突出“放”，在市场准入门槛方面，让国有企业和民营企业拥有相同的市场地位，减少当前存在的“所有制歧视”和“规模歧视”；另一方面要探索“管”，特别是平台型企业的管理，不断创新“互联网+监管”模式，使用技术监管和社会监督的组合拳，强调平台的“自治”和社会的“共治”，对网络游戏、短视频平台的社会监督尤其重要，监管既要包容审慎，也要守住底线；此外，还要优化“服”，构建便利的营商环境，特别突出对内容生产者的服务，强化著作权、名誉权的保障，激励内容原创生产。探索知识产权、技术、创意、内容等生产要素金融产品化，建立科学合理的市场价值评估体系，盘活数字创意资源，使之更顺畅地在市场上流动，推进数字创意产业向高附加值环节转型。

第六节　本章小结

在第七章广东省促进战略性新兴产业发展政策的不足和第八章国外战略性新兴产业核心竞争力培育经验和政策启示的基础上，本章遵循“科技研发—技术掌握—成果转化—产业推进”的思路，从关键技术供给机制、创新平台设计、科技人才工程、科技成果产业化及产业培育计划5个方面提出战略性新兴产业核心竞争力培育途径。

一是通过完善技术研发链和供应链，强化企业创新主体和创新人才的作用，

① “5个1”：1个必修课程平台，1个专业选修模块，1个出国支持计划，1个实践实训环节，1个网络教育环境。1个必修课程平台包括与“互联网+”相关的网络、通信、软件、数据、商务、管理等基础课程。1个专业选修模块包括与“互联网+”制造、材料、能源、金融、政务、教育、环境、电商等方向相关的专业领域课程。

通过设立重大科技专项或行动规划，突破产业关键核心技术和共性技术，完善关键技术供给机制，推进产业创新和升级。

二是通过搭建多形式的创新平台，制定有效的平台运行机制，针对核心技术“卡脖子”难题，组建创新联合体等，为科技成果转化搭建桥梁和纽带，提高企业技术创新效率和增强竞争力。

三是构建完善的人才体系，创新人才培养模式和流动机制，建设科技人才工程，提高人才队伍水平，强化创新驱动发展的智力。

四是通过工科院校评职称突出成果转化，健全人才激励机制；建立产业创新实验室，完善科技成果产业化平台建设；加大资金保障，完善风险分担体系和产学研利益分配机制；提高成果产业化管理水平，推动技术需求与创新成果的精准对接等促进科技成果产业化。

五是实施节能环保产业、核电装备产业、新材料产业、生物医药产业、新能源汽车产业、航空航天产业、海洋产业、新一代信息技术产业、高端装备制造产业、数字创意产业培育计划，明确今后一段时期发展的重点，补强战略性新兴产业发展“短板”。

参考文献

[1]［日］藤田昌久、［美］保罗·克鲁格曼：《空间经济学——城市、区域与国际贸易》，梁琦译，中国人民大学出版社 2011 年版。

[2]［美］迈克尔·波特：《国家竞争优势》，李明轩、邱如美译，华夏出版社 2002 年版。

[3]《广东省十大战略性支柱产业集群和十大战略性新兴产业集群行动计划汇编》，深圳市南山区工业和信息化局政府信息公开网，2020 年 11 月 26 日。

[4] 中国核能行业协会：《关于统筹推进新时代核能产业高质量发展的有关建议》，中国核电信息网，2021 年 2 月 2 日。

[5] 格劳尔、皮娜、克鲁塞斯：《2018 年全球新药研发报告——第 1 部分：新药和生物制剂（Ⅰ）》，载《药学进展》2019 年第 4 期。

[6] 白积洋：《政府采购支持深圳建设中国特色社会主义先行示范区的思考》，载《中国政府采购》2020 年第 6 期。

[7] 白景明、许文、何平：《建言小微企业税收政策》，载《中国经济报告》2017 年第 2 期。

[8] 白俊红、李婧：《政府 R&D 资助与企业技术创新——基于效率视角的实证分析》，载《金融研究》2011 年第 6 期。

[9] 蔡昉、都阳、王美艳：《经济发展方式转变与节能减排内在动力》，载《经济研究》2008 年第 6 期。

[10] 曹虹剑、余文斗：《中国战略性新兴产业国际竞争力评价》，载《经济数学》2017 年第 1 期。

[11] 曹建云、李红锦、方洪：《基于目标偏差的政策组合效果评价》，载《预测》2020 年第 4 期。

[12] 曹建云：《现代服务业竞争力评价体系构建及其评价》，载《西北人

口》2012 年第 6 期。

[13] 曹威麟、姚静静、余玲玲:《我国人才集聚与三次产业集聚关系研究》,载《科研管理》2015 年第 12 期。

[14] 曹勇、蒋振宇、孙合林、阮茜:《知识溢出效应、创新意愿与创新能力——来自战略性新兴产业企业的实证研究》,载《科学学研究》2016 年第 1 期。

[15] 常玉、卢尚丰、刘显东:《高新技术产业开发区技术创新能力评价指标体系的构建》,载《科技管理研究》2004 年第 1 期。

[16] 陈弘、陈晓红:《区域产业结构趋同下企业采用新技术的策略》,载《财经科学》2008 年第 4 期。

[17] 陈嘉:《"发挥税收职能助力经济发展"专题(1)税收反映广东"稳金融"初见成效稳中隐忧不平衡——基于税收视角的广东金融发展分析及周期研判》,载《广东经济》2019 年第 5 期。

[18] 陈敏翼、拓晓瑞:《大力发展海洋工程装备 全面推进广东海洋强省建设》,载《广东科技》2021 年第 2 期。

[19] 陈萍、贾志永、龚小欢:《基于投入产出指数的高技术产业技术创新能力实证研究》,载《科学学研究》2009 年第 2 期。

[20] 陈庆、蒋鸣娜、张世联:《美国专利政策对生物医药产业的影响与制度启示》,载《中国发明与专利》2020 年第 11 期。

[21] 陈伟、冯志军:《技术创新能力和效率的协调性研究——基于黑龙江装备制造业大中型企业的实证分析》,载《中国科技论坛》2010 年第 7 期。

[22] 陈伟、刘锦志、杨早立:《高专利密集度产业创新效率及影响因素研究——基于 DEA-Malmquist 指数和 Tobit 模型》,载《科技管理研究》2015 年第 21 期。

[23] 陈修德、梁彤缨:《中国高新技术产业研发效率及其影响因素——基于面板数据 SFPF 模型的实证研究》,载《科学学研究》2010 年第 8 期。

[24] 陈彦玲:《"科技创新引领经济发展"专题(2)"十四五"广东重点发展高科技产业的选择建议》,载《广东经济》2020 年第 1 期。

[25] 陈英姿、刘建达:《日本车用氢能的产业发展及支持政策》,载《现代日本经济》2021 年第 25 期。

[26] 陈瑜、谢富纪:《战略性新兴产业空间形态创新的前沿探析与未来展望》,载《科技管理研究》2015 年第 1 期。

[27] 陈泽聪、徐钟秀:《我国制造业技术创新效率的实证分析——兼论与

市场竞争的相关性》，载《厦门大学学报（哲学社会科学版）》2006 年第 6 期。

[28] 程贵孙、芮明杰：《战略性新兴产业理论研究新进展》，载《商业经济与管理》2013 年第 8 期。

[29] 国家发展改革委创新和高技术发展司：《浙江数字创意产业发展问题与对策分析》，中华人民共和国国家发展和改革委员会网，2019 年 11 月 19 日。

[30] 大野健一：《学会工业化：从给予式增长到价值创造》，陈经伟译，中信出版社 2015 年版。

[31] 代碧波、孙东生、姚凤阁：《我国制造业技术创新效率的变动及其影响因素——基于 2001 - 2008 年 29 个行业的面板数据分析》，载《情报杂志》2012 年第 3 期。

[32] 戴魁早、刘友金：《行业市场化进程与创新绩效——中国高技术产业的经验分析》，载《数量经济技术经济研究》2013 年第 9 期。

[33] 党国英、秦开强：《高技术产业的技术创新效率与影响因素——对五大类 23 个分行业的效率分析》，载《产经评论》2015 年第 2 期。

[34] 邓久根、卢凤姿：《产业创新系统：创新系统的核心》，载《演化与创新经济学评论》2017 年第 1 期。

[35] 邓路、高连水：《FDI 强度与自主创新效率——基于我国高新技术产业的面板数据》，载《经济与管理研究》2009 年第 4 期。

[36] 邓彦、卢鹏光：《战略性新兴产业金融支持效率研究——以广东省为例》，载《会计之友》2016 年第 24 期。

[37] 董成：《产业集中度与企业创新绩效相关性研究——基于中国高技术产业的实证研究》，载《经济研究导刊》2011 年第 21 期。

[38] 董登珍、吴翠、龚明：《湖北省战略性新兴产业自主创新能力评价研究》，载《科技进步与对策》2016 年第 12 期。

[39] 杜德斌、段德忠、夏启繁：《中美科技竞争力比较研究》，载《世界地理研究》2019 年第 4 期。

[40] 杜军、鄢波、王许兵：《广东海洋产业集群集聚水平测度及比较研究》，载《科技进步与对策》2016 年 7 期。

[41] 段丹晨：《国家仍需大力推进新材料产业发展》，载《中国建材报》2019 年 3 月 15 日。

[42] 段健：《江苏省战略性新兴产业竞争力研究》，华东师范大学学位论文，2013 年。

[43] 樊纲：《竞争力的核心不是先进技术而是低成本》，载《领导决策信

息》2001 年第 4 期。

［44］方大春、张凡、芮明杰：《我国高新技术产业创新效率及其影响因素实证研究——基于面板数据随机前沿模型》，载《科技管理研究》2016 年第 7 期。

［45］方芳：《我国战略性新兴产业效率的测算》，载《统计与决策》2014 年第 24 期。

［46］方陵生：《从产业政策到创新战略：日本、欧洲和美国的经验教训》，载《世界科学》2020 年第 12 期。

［47］冯根福、刘军虎、徐志霖：《中国工业部门研发效率及其影响因素实证分析》，载《中国工业经济》2006 年第 11 期。

［48］冯志军、陈伟：《中国高技术产业研发创新效率研究——基于资源约束型两阶段 DEA 模型的新视角》，载《系统工程理论与实践》2014 年第 5 期。

［49］傅蔷、赵雪敏、蒙文川：《广东省新能源汽车应用对能源需求及城市环境影响分析》，载《商业经济研究》2017 年第 13 期。

［50］高达宏：《基于灰色关联的高技术产业创新能力分析》，载《科技管理研究》2010 年第 16 期。

［51］龚辉：《我国减税降费政策的回顾与梳理》，载《经济研究导刊》2021 年第 7 期。

［52］广东省政府采购大数据研究院：《2018 年度广东省政府采购大数据分析报告》，政府采购大数据网，2019 年 1 年 10 日。

［53］广东省自然资源厅：《广东海洋经济发展报告（2020）》，广东省自然资源厅网，2020 年 6 月 10 日。

［54］桂黄宝、胡珍、孙璞、刘奇祥：《中国政府采购政策促进环境质量改善了吗？——基于空间计量的实证评估》，载《管理评论》2021 年第 2 期。

［55］桂黄宝、李航：《政府补贴、产权性质与战略性新兴产业创新绩效：来自上市挂牌公司微观数据的分析》，载《科技进步与对策》2019 年第 14 期。

［56］桂黄宝：《我国高技术产业产出效应分析：扩散还是回波？——基于 FEDER 模型的空间计量检验》，载《科学学研究》2014 年第 4 期。

［57］郭京福：《产业竞争力研究》，载《经济论坛》2004 年第 14 期。

［58］郭庆、刘彤彤：《我国文化产业竞争力影响因素的灰色关联度分析》，载《山东科技大学学报》2017 年第 5 期。

［59］贺正楚、吴艳、周震虹：《战略性新兴产业评估指标的实证遴选及其应用》，载《中国科技论坛》2011 年第 5 期。

［60］洪勇、张红虹：《新兴产业培育政策传导机制的系统分析：兼评中国战略性新兴产业培育政策》，载《中国软科学》2015 年第 6 期。

［61］胡海青、魏薇、张丹、张琅：《金融支持战略性新兴产业发展宏观实证研究——以广东省与陕西省高新技术企业为例》，载《生产力研究》2019 年第 6 期。

［62］胡吉亚：《财税政策激发战略性新兴产业创新能力：效应问题及优化路径》，载《深圳大学学报（人文社会科学版）》2020 年第 5 期。

［63］胡吉亚：《战略性新兴产业融资现状分析与创新路径选择——基于 120 家样本企业数据》，载《新疆社会科学》2019 年第 5 期。

［64］胡琰欣、屈小娥、赵昱钧：《对外直接投资的逆向创新溢出效应——基于中国省际面板数据的门槛回归分析》，载《现代财经》2018 年第 5 期。

［65］黄建康、赵宗瑜、施佳敏：《江苏省战略性新兴产业发展的金融支持研究：基于上市公司的实证分析》，载《科技管理研究》2016 年第 2 期。

［66］黄欠：《安徽省战略性新兴产业竞争力评价研究》，安徽大学学位论文，2013 年。

［67］黄庆华：《战略性新兴产业的背景、政策演进与个案例证》，载《改革》2011 年第 9 期。

［68］江姗：《新材料引领 抢占全球创新产业高地》，载《南方日报》2017 年 11 月 6 日。

［69］姜南：《我国省域战略性新兴产业专利竞争优势研究》，载《情报杂志》2017 年第 10 期。

［70］金碚：《中国工业国际竞争力——理论、方法与实证研究》，经济管理出版社 1997 年版。

［71］金成：《战略性新兴产业技术创新能力的计量分析》，载《统计与决策》2019 年第 5 期。

［72］金宇、王培林、富钰媛：《选择性产业政策提升了我国专利质量吗？——基于微观企业的实验研究》，载《产业经济研究》2019 年第 6 期。

［73］靳光辉、刘志远、花贵如：《政策不确定性与企业投资：基于战略性新兴产业的实证研究》，载《管理评论》2016 年第 9 期。

［74］郎咸平：《产业链阴谋》，东方出版社 2008 年版。

［75］雷淑珍、高煜、刘振清：《政府财政干预、异质性 FDI 与区域创新能力》，载《科研管理》2021 年第 2 期。

［76］李成、李熙：《战略性新兴产业财政支持效率分析——以广东省为

例》，载《科技管理研究》2016年第9期。

［77］李丹：《科技型小微企业融资问题及对策的实证研究——以广东佛山市科技型小微企业为例》，载《价值工程》2018年第24期。

［78］李东红、陈昱蓉、周平录：《破解颠覆性技术创新的跨界网络治理路径——基于百度Apollo自动驾驶开放平台的案例研究》，载《管理世界》2021年第4期。

［79］李冬琴：《环境政策工具组合、环境技术创新与绩效》，载《科学学研究》2018年第12期。

［80］李慧、王忠：《产业政策与竞争政策能否协调——日本产业政策与竞争政策协调机制及其启示》，载《日本学刊》2019年第2期。

［81］李慧敏：《电力产业反垄断法适用问题研究——对日本电力自由化改革的考察》，载《价格理论与实践》2017年第11期。

［82］李洁：《高新技术企业税收优惠政策问题探索——以江苏省泰州市为例》，载《中小企业管理与科技》2020年第10期。

［83］李娟娟：《战略性新兴产业成长中的产学研联盟创新研究》，浙江师范大学学位论文，2013年。

［84］李良成、高畅：《战略性新兴产业知识产权政策分析框架研究》，载《科技进步与对策》2014年第12期。

［85］李萌、杨扬：《经济新常态下战略性新兴产业金融支持效率评价及影响因素研究》，载《经济体制改革》2017年第1期。

［86］李苗苗、肖洪钧、傅吉新：《财政政策、企业R&D投入与技术创新能力——基于战略性新兴产业上市公司的实证研究》，载《管理评论》2014年第8期。

［87］李牧南、褚雁群、王流云：《专利质量的不同维度指标与托宾Q值的关系测度》，载《科学学研究》2019年第7期。

［88］李平、刘利利：《政府研发资助、企业研发投入与中国创新效率》，载《科研管理》2017年第1期。

［89］李瑞玲：《将运行机制与参与主体利益深度结合——Wetsus经验对我国科技创新平台建设的启示》，载《环境经济》2020年第17期。

［90］李向东、李南、刘东皇：《高技术产业创新效率影响因素分析》，载《统计与决策》2015年第6期。

［91］李晓萍、罗俊：《欧盟产业政策的发展与启示》，载《学习与探索》2017年第10期。

［92］李研：《发达国家政府采购支持创新的启示》，载《中国政府采购报》2021年1月26日。

［93］李艳华、严丹：《航空航天产业提升区域经济发展质量的机理与路径研究》，载《区域经济评论》2020年第1期。

［94］李正卫、张祥富、张萍萍：《区域学习能力对创新绩效影响研究：基于我国各省市的实证分析》，载《科技管理研究》2012年第20期。

［95］李志军：《国外公共政策评估情况和主要做法以及对我国的启示》，载《中国经济时报》2013年5月8日。

［96］梁威、刘满凤：《战略性新兴产业与区域经济耦合协调发展研究：以江西省为例》，载《华东经济管理》2016年第5期。

［97］廖进球：《论市场经济中的政府》，中国财政经济出版社1998年版。

［98］廖晓东、袁永、胡海鹏、黄珍霞：《新冠肺炎疫情防控下广东生物医药产业创新发展对策研究》，载《科技创新发展战略研究》2020年第4期。

［99］林亿：《一文看懂华为全实力：十年技术研发投入超4800亿，P30手机85天销量破千万》，深圳湾网，2019年6月27日。

［100］蔺全录、朱建雄：《我国科技企业孵化器发展现状及对策研究》，载《科技管理研究》2019年第14期。

［101］刘海英、丁莹：《环境补贴经济效应的门限特征分析》，载《数量经济研究》2020年第2期。

［102］刘继兵、王定超、夏玲：《政府补助对战略性新兴产业创新效率影响研究》，载《科技进步与对策》2014年第23期。

［103］刘继兵、王琪、马环宇：《制度环境对战略性新兴产业创新能力的影响》，载《科技进步与对策》2015年第23期。

［104］刘佳刚、汤玮：《战略性新兴产业发展演化规律及空间布局分析》，载《中国科技论坛》2015年第4期。

［105］刘玲玉、严帅：《粤苏生物医药产业发展对比研究及对广东的启示》，载《科技管理研究》2020年第6期。

［106］刘猛：《美国、欧盟、日本产业政策有何异同》，载《中国财经报》2020年11月28日。

［107］刘乃强：《我国中小企业参与政府采购的问题及建议》，载《财经界》2021年第3期。

［108］刘晓宁：《中国自贸区战略下的政府采购市场开放：现状、借鉴与策略》，载《经济体制改革》2021年第1期。

[109] 刘鰓、孟勇：《市场化进程如何影响地区产业集聚的创新绩效——来自中国高技术行业的经验证据》，载《经济经纬》2020年第1期。

[110] 刘友金、黄鲁成：《技术创新与产业的跨越式发展——A-U模型的改进及其应用》，载《中国软科学》2001年第2期。

[111] 刘佐菁、江湧、陈敏：《广东近10年人才政策研究——基于政策文本视角》，载《科技管理研究》2017年第5期。

[112] 柳瑞禹：《中部六省科技创新效率与影响因素研究》，载《资源开发市场》2016年第3期。

[113] 卢国懿：《政府在协调区域产业结构中经济政策的均衡性体现》，载《价值工程》2010年第4期。

[114] 陆国庆、王舟、张春宇：《中国战略性新兴产业政府创新补贴的绩效研究》，载《经济研究》2014年第7期。

[115] 马军伟、王剑华：《战略性新兴产业的金融支持效率评价及影响因素研究：以江苏省为例》，载《中国科技论坛》2016年第8期。

[116] 马军伟：《金融支持战略性新兴产业发展的内在机理研究》，载《科技管理研究》2013年第17期。

[117] 毛静：《四川省战略性新兴产业自主创新能力评价》，成都理工大学学位论文，2016年。

[118] 苗文龙、何德旭、周潮：《企业创新行为差异与政府技术创新支出效应》，载《经济研究》2019年第1期。

[119] 南方日报评论员：《让人才与市场成为创新链的“左膀右臂”》，载《南方日报》2010年11月11日。

[120] 南晓莉、韩秋：《战略性新兴产业政策不确定性对研发投资的影响》，载《科学学研究》2019年第2期。

[121] 牛静敏、陈子豪、王勇：《广东省金融支持高校科技成果转化路径研究》，载《科技经济导刊》2021年第1期。

[122] 欧凌峰：《基于技术创新视角的广东省新兴产业竞争力评价研究》，华南理工大学学位论文，2013年。

[123] 裴玲玲：《科技人才集聚与高技术产业发展的互动关系》，载《科学学研究》2018年第5期。

[124] 彭华：《中外新能源汽车政策模式比较》，载《东北亚经济研究》2019年第4期。

[125] 彭雪辉、尹怡然、吴小洁、孙娟、刘雪娇：《广东省战略性新兴产业

专利统计简报2017（下)》，载《科技管理研究》2018 年第 9 期。

［126］齐亚伟：《区域创新能力与创新效率的协调性分析》，载《江西师范大学学报（自然科学版)》2015 年第 1 期。

［127］钱燕云：《中德企业技术创新效率的评价和比较研究》，载《科学学与科学技术管理》2003 年第 11 期。

［128］乔为国：《产业创新实验室（i2 Lab)：一种新型科技成果转化平台模式设计研究》，载《科学学与科学技术管理》2021 年第 3 期。

［129］曲永军、毕新华：《后发地区战略性新兴产业成长动力研究》，载《社会科学战线》2014 年第 5 期。

［130］冉秋红、任重：《企业智力资本结构与自主创新绩效：运用 DEA 方法的实践验证》，载《科技进步与对策》2012 年第 12 期。

［131］任征宇：《战略性新兴产业金融支持效率研究——基于七大产业的上市公司证据》，载《财会通讯》2021 年第 4 期。

［132］邵云飞、穆荣平、李刚磊：《我国战略性新兴产业创新能力评价及政策研究》，载《科技进步与对策》2020 年第 2 期。

［133］佘时飞：《后发优势、技术吸收与珠三角自主创新》，载《企业活力》2010 年第 10 期。

［134］盛世豪：《产业竞争论》，杭州大学出版社 1999 年版。

［135］施卓宏、朱海玲：《基于钻石模型的战略性新兴产业评价体系构建》，载《统计与决策》2014 年第 10 期。

［136］宋丽颖：《提高战略性新兴产业税收优惠政策的精准性》，载《中国财经报》2019 年 11 月 12 日。

［137］宋艳、常菊、陈琳：《专利质量对企业绩效的影响研究——技术创新类型的调节作用》，载《科学学研究》2020 年第 9 期。

［138］苏屹、周文璐、吴雷：《自主创新的创新过程与概念辨析研究》，载《科学管理研究》2013 年第 2 期。

［139］孙刚：《选择性高科技产业政策能被精准执行吗——基于“高新技术企业”认定的证据》，载《经济学家》2018 年第 8 期。

［140］孙国民、陈东：《战略性新兴产业集群：形成机理及发展动向》，载《中国科技论坛》2018 年第 11 期。

［141］孙国民：《战略性新兴产业概念界定：一个文献综述》，载《科学管理研究》2014 年第 2 期。

［142］孙健、尤雯：《人才集聚与产业集聚的互动关系研究》，载《管理世

界》2008 年第 3 期。

［143］孙理军、吕雪、周国华、王恒彦:《战略性新兴产业自主发展水平的测度研究》，载《宏观经济研究》2020 年第 1 期。

［144］孙伍琴、朱顺林:《金融发展促进技术创新的效率研究——基于 Malmuquist 指数的分析》，载《统计研究》2008 年第 3 期。

［145］孙颖、包海波:《战略性新兴产业的知识产权作用机制研究》，载《科技管理研究》2013 年第 5 期。

［146］孙治宇、王庚:《国内需求培育抑或国外市场拓展：我国战略性新兴产业发展的市场驱动力研究》，载《企业经济》2019 年第 1 期。

［147］谭蓉娟:《战略性新兴产业竞争力维度结构与测度——低碳经济背景下广东省数据的实证研究》，载《科学学研究》2012 年第 5 期。

［148］谭艳、胡良斌、左新兵、赖敏斌、闫丽佳:《基于 PEST 模型的深圳海洋新材料发展研究和对策建议》，载《特区经济》2020 年第 2 期。

［149］唐珏:《政策工具视角下的广东省新能源汽车产业政策研究》，华南理工大学学位论文，2018 年。

［150］田文颖:《科技创新 引领广东新能源汽车技术发展》，载《广东科技》2020 年第 12 期。

［151］田鑫:《论功能性产业政策的目标和政策工具——基于日本新能源汽车产业的案例分析》，载《科学学与科学技术管理》2020 年第 35 期。

［152］涂文明:《我国战略性新兴产业区域集聚的发展路径与实践模式》，载《现代经济探讨》2012 年第 9 期。

［153］宛群超、杨晓岚、邓峰:《外商直接投资如何影响省域创新效率——兼论环境规制的空间调节效应》，载《科技管理研究》2018 年第 5 期。

［154］万小丽:《区域专利质量评价指标体系研究》，载《知识产权》2013 年第 8 期。

［155］汪琦:《技术创新与市场需求的互动机制及对产业升级的传导效应》，载《河北经贸大学学报》2006 年第 1 期。

［156］汪卫斌、陈收:《高科技企业核心竞争力与企业效率关联性实证研究》，载《求索》2007 年第 11 期。

［157］王成刚:《高端装备制造企业组织创新与技术创新匹配决策研究》，经济科学出版社 2021 年版。

［158］王春晨、徐晔:《我国战略性新兴产业的效率评价——基于超效率 DEA 与面板 Logit 模型》，载《江西师范大学学报（自然科学版）》2016 年第 5 期。

[159] 王春城：《政策精准性与精准性政策——“精准时代”的一个重要公共政策走向》，载《中国行政管理》2018 年第 1 期。

[160] 王飞：《美国生物医药产业创新的升级规律及启示》，载《南京社会科学》2019 年第 8 期。

[161] 王国贞、田英法：《河北省产业技术创新能力评价》，载《经济论坛》2002 年第 19 期。

[162] 王海兵：《产业政策化解产能过剩的国际经验与启示——以美国和日本钢铁产业为例》，载《现代日本经济》2018 年第 11 期。

[163] 王海宁、李姗姗、王强：《科研转化能力与转化效率的协调性分析——基于 2012 - 2016 年教育部直属 64 所高校数据》，载《科技管理研究》2018 年第 20 期。

[164] 王红军：《战略性新兴产业创新能力评估及提升路径研究》，载《技术与创新管理》2013 年第 5 期。

[165] 王宏起、苏萍、王珊珊：《基于战略性新兴产业集群的区域共享平台 O2O 服务模式》，载《中国科技论坛》2016 年第 7 期。

[166] 王宏起、杨仲基、武建龙、李玥：《战略性新兴产业核心能力形成机理研究》，载《科研管理》2018 年第 2 期。

[167] 王华：《更严厉的知识产权保护制度有利于技术创新吗?》，载《经济研究》2011 年第 S2 期。

[168] 王欢、杨勇、林兴浩、王龙、王彬：《广东省节能环保装备产业发展现状分析与对策建议》，载《广东科技》2021 年第 4 期。

[169] 王欢芳、王娇蕊、宾厚：《战略性新兴产业创新能力影响因素研究综述》，载《湖南工业大学学报（社会科学版）》2020 年第 2 期。

[170] 王茴、段进：《战略性新兴产业发展中政府补贴政策的选择》，载《管理现代化》2015 年第 3 期。

[171] 王惠、卞艺杰、王树乔、李小聪：《地理禀赋、对外贸易与工业技术创新效率——基于面板分位数的经验分析》，载《管理评论》2017 年第 3 期。

[172] 王建南：《我国中小制造业企业核心竞争力的构建》，武汉大学学位论文，2005 年。

[173] 王牧华、全晓洁：《美国研究型大学本科拔尖创新人才培养及启示》，载《教育研究》2014 年第 12 期。

[174] 王书山：《集中度对技术创新绩效影响研究》，西安工业大学学位论文，2012 年。

［175］王铁男、徐云咪：《管理创新能力调节下技术创新能力对企业绩效的影响》，载《技术经济》2012 年第 10 期。

［176］王廷宾：《立足国家重大需求，探索科技成果转化新模式——以中国科学院对医疗器械产业成果转化模式的探究为例》，载《科技促进发展》2016 年第 5 期。

［177］王伟、邓伟平：《高技术产业三阶段创新效率及其影响因素分析——基于 EBM 模型和 Tobit 模型》，载《软科学》2017 年第 11 期。

［178］王艳秀：《新材料产业的竞争力与发展策略研究》，载《江南论坛》2019 年第 5 期。

［179］王燕妮：《中国新能源汽车产业支持政策再分析——基于政策工具、价值链和产业链三维度》，载《现代管理科学》2017 年第 5 期。

［180］王章豹、孙陈：《基于主成分分析的装备制造业行业技术创新能力评价研究》，载《工业技术经济》2007 年第 12 期。

［181］韦影：《企业社会资本对技术创新绩效的影响》，浙江大学学位论文，2006 年。

［182］魏国平、黄亦鹏：《中国战略性新兴产业知识产权能力与竞争优势培育》，载《南京政治学院学报》2015 年第 6 期。

［183］吴超鹏、唐菂：《知识产权保护执法力度、技术创新与企业绩效：来自中国上市公司的证据》，载《经济研究》2016 年第 11 期。

［184］吴贵生：《技术创新管理》，清华大学出版社 2002 年版。

［185］吴锦明：《税收优惠政策影响技术创新价值化三阶段的实证分析——以广东茂名 2001－2013 年数据为例》，载《财经界（学术版）》2016 年第 2 期。

［186］武咸云、陈艳、李秀兰：《战略性新兴产业研发投入、政府补助与企业价值》，载《科研管理》2017 年第 9 期。

［187］肖利平、谢丹阳：《国外技术引进与本土创新增长：互补还是替代——基于异质吸收能力的视角》，载《中国工业经济》2016 年第 9 期。

［188］肖文、林高榜：《政府支持、研发管理与技术创新效率——基于中国工业行业的实证分析》，载《管理世界》2014 年第 4 期。

［189］谢申祥、刘培德、王孝松：《价格竞争、战略性贸易政策调整与企业出口模式选择》，载《经济研究》2018 年第 10 期。

［190］谢文浩、曾栋材：《基于新钻石模型的广东省新能源汽车产业竞争力评价实证研究》，载《科技管理研究》2019 年第 9 期。

［191］谢言、高山行：《基于自主创新的企业技术竞争力研究》，载《科学

学与科学技术管理》2013 年第 1 期。

［192］熊勇清、范世伟、刘晓燕：《新能源汽车财政补贴与制造商研发投入强度差异——制造商战略决策层面异质性视角》，载《科学学与科学技术管理》2018 年第 6 期。

［193］熊正德、林雪：《战略性新兴产业上市公司金融支持效率及其影响因素研究》，载《经济管理》2010 年第 11 期。

［194］徐欣：《企业自主研发与技术引进的协同—平衡效应——基于中国上市公司的实证分析》，载《经济管理》2013 年第 7 期。

［195］徐越、孙国君：《浙江省生物医药产业技术创新战略联盟发展成效及存在问题分析》，载《产业与科技论坛》2020 年第 4 期。

［196］许骞：《创新开放度、知识吸收能力对企业创新绩效的影响机制研究——基于环境动态性视角》，载《预测》2020 年第 5 期。

［197］杨斌、拓晓瑞、刘启强：《大力发展高端装备制造业全面推动广东制造强省建设》，载《广东科技》2021 年第 2 期。

［198］杨明：《技术创新推动产业形成的理论及模式选择》，载《长春理工大学学报》2003 年第 3 期。

［199］杨荣海、李亚波：《战略性新兴产业企业治理金融支持动力源分析》，载《软科学》2017 年第 10 期。

［200］杨薇、栾维新：《政策工具——产业链视角的中国海洋可再生能源产业政策研究》，载《科技管理研究》2018 年第 10 期。

［201］杨伟、刘益、沈灏、王龙伟：《管理创新与营销创新对企业绩效的实证研究——基于新创企业和成熟企业的分类样本》，载《科学学与科学技术管理》2011 年第 3 期。

［202］杨祖荣：《抓住新科技革命的机遇——访全国人大常委会副委员长、中国科学院院长路甬祥》，载《解放军报》2009 年 6 月 14 日。

［203］姚维保、申晨、李淑一：《减税降费促进了民营经济发展吗？——基于广东民营企业的数据实证》，载《会计之友》2020 年第 7 期。

［204］姚子健、李慧妍：《我国地方税收优惠制度的问题与完善——基于对 212 份税收优惠政策文本的研究》，载《公共财政研究》2020 年第 6 期。

［205］叶丹、黄庆华：《区域创新环境对高技术产业创新效率的影响研究——基于 DEA-Malmquist 方法》，载《宏观经济研究》2017 年第 8 期。

［206］叶青：《发展生物医药产业须打造完整的“生态系统环境”》，载《科技日报》2019 年 6 月 12 日。

[207] 叶祥松、刘敬：《异质性研发、政府支持与中国科技创新困境》，载《经济研究》2018 年第 9 期。

[208] 殷铁良：《发展高端装备要提倡赶超战略》，载《中国工业报》2012 年第 7 期。

[209] 闫军：《成本优势才是真正的核心竞争力》，载《施工企业管理》2017 年第 10 期。

[210] 尹政清、白京羽、林晓锋：《美国生物医药产业竞争力分析与启示》，载《中国生物工程杂志》2020 年第 9 期。

[211] 应崇杰、姚磊、徐青：《英国近年来促进科技成果产业化的举措及启示》，载《政策瞭望》2019 年第 2 期。

[212] 于良春：《中国的竞争政策与产业政策：作用、关系与协调机制》，载《经济与管理研究》2018 年第 10 期。

[213] 余泳泽、武鹏、林建兵：《价值链视角下的我国高技术产业细分行业研发效率研究》，载《科学学与科学技术管理》2010 年第 5 期。

[214] 俞立平：《高技术产业引进技术为什么会下降》，载《科学学研究》2016 年第 11 期。

[215] 喻登科、周荣：《战略性新兴产业集群全要素网络模型及要素共享机制研究》，载《科技进步与对策》2016 年第 3 期。

[216] 袁梦：《日本新能源汽车产业支持政策研究》，吉林大学学位论文，2020 年。

[217] 袁勇：《浙江省高新技术企业技术创新效率与影响因素研究》，浙江工业大学学位论文，2012 年。

[218] 岳芳、郭楷模、陈伟：《欧盟综合能源系统 2020 – 2030 年研发路线图及其启示与建议》，载《世界科技研究与发展》2021 年第 2 期。

[219] 臧金亮、张向前：《互联互通蓝图下中国自主创新的人才体系建设研究》，载《科技管理研究》2021 年第 3 期。

[220] 张超：《提升产业竞争力的理论与对策探微》，载《宏观经济研究》2002 年第 5 期。

[221] 张恒、周中林、郑军：《长江三角洲城市群科技服务业效率评价——基于超效率 DEA 模型及视窗分析》，载《科技进步与对策》2019 年第 5 期。

[222] 张化尧：《基于多种外溢机制的国际贸易与我国技术进步关系》，载《国际贸易问题》2012 年第 5 期。

[223] 张金昌：《国际竞争力评价的理论和方法研究》，中国社会科学院研

究生院学位论文，2001 年。

[224] 张莉芳：《政府补贴、国际化战略和企业创新能力：基于中国战略性新兴产业的经验研究》，载《商业研究》2018 年第 6 期。

[225] 张擎：《美国生物医药产业园区发展特点及启示》，载《中国高新区》2011 年第 4 期。

[226] 张庆：《高技术产业技术创新效率研究》，华中科技大学学位论文 2013 年。

[227] 张晓丹、高焱燊：《新公共管理视角下政府采购监管创新机制研究》，载《地方财政研究》2020 年第 12 期。

[228] 张晓月、陈鹏龙、赵魏理：《专利质量对企业绩效的作用关系研究——以创业板上市公司为例》，载《科技管理研究》2017 年第 22 期。

[229] 张屹巍、易云洲、周开禹、刘勇、李恩青、邓伟平：《金融支持广东区域经济协调发展：绩效评估与对策》，载《南方金融》2016 年第 6 期。

[230] 张永安、胡佩：《交互效应视角下政府补助、内部资源与创新绩效关系研究：以战略性新兴产业上市企业为例》，载《科技进步与对策》2019 年第 18 期。

[231] 张玉强、李民梁：《广东沿海经济带海洋环境与经济增长的协调关系实证研究》，载《海洋开发与管理》2021 年第 4 期。

[232] 张振翼、张立艺、武玙璠：《我国战略性新兴产业发展环境变化及策略研究》，载《中国工程科学》2020 年第 2 期。

[233] 张治河、潘晶晶、李鹏：《战略性新兴产业创新能力评价、演化及规律探索》，载《科研管理》2015 年第 2 期。

[234] 张治河、潘晶晶、李鹏：《战略性新兴产业创新能力评价、演化及规律探索》，载《科研管理》2015 年第 3 期。

[235] 张自力、丘书俊、何新慧：《高新技术企业自主创新与金融支持效率——基于广东的数据分析》，载《广东金融学院学报》2010 年第 6 期。

[236] 章成帅：《中国高技术产业创新效率研究：一个文献综述》，载《中国科技论坛》2016 年第 4 期。

[237] 赵爱武、关洪军：《企业环境技术创新激励政策优化组合模拟与分析》，载《管理科学》2018 年第 6 期。

[238] 赵红、李换云：《研发投入、FDI 的 R&D 溢出与自主创新效率的研究——基于重庆制造业的面板数据（2000－2007）》，载《科技管理研究》2011 年第 3 期。

[239] 赵天一:《战略性新兴产业科技金融支持路径及体系研究》,载《科技进步与对策》2013 年第 8 期。

[240] 赵晓庆、郑林英:《浙江省电子行业创新能力分析》,载《管理工程学报》2009 年第 S1 期。

[241] 赵逸靖:《广州生物医药集群合作创新网络动态演化研究》,广州大学学位论文,2019 年。

[242] 中国人大竞争力与评价研究中心研究组:《中国国际竞争力发展报告(2001)——21 世纪发展主体研究》,中国人民大学出版社 2001 年版。

[243] 周松兰、刘栋:《粤韩战略性新兴产业知识产权差距与破解路线》,载《科技管理研究》2016 年第 21 期。

[244] 周亚虹、蒲余路、陈诗一、方芳:《政府补贴与新型产业发展——以新能源为例》,载《经济研究》2015 年第 6 期。

[245] 周延:《基于政策文本分析的广州市创业投资产业政策研究》,华南理工大学学位论文,2019 年。

[246] 朱斌、欧伟强:《海峡两岸战略性新兴产业集群协同演进研究》,载《科研管理》2016 年第 7 期。

[247] 朱春奎:《产业竞争力的理论研究》,载《生产力研究》2003 年第 6 期。

[248] 朱雅彦:《技术赶超战略下后发企业技术学习能力案例研究》,载《现代财经(天津财经大学学报)》2012 年第 8 期。

[249] 朱有为、徐康宁:《中国高技术产业研发效率的实证研究》,载《中国工业经济》2006 年第 11 期。

[250] 朱钰、杨锋、张孝琪:《中部六省创新效率测度及影响因素研究》,载《安徽工程大学学报》2020 年第 3 期。

[251] 左俊:《广东省新能源汽车产业发展的扶持政策研究》,广西师范大学学位论文,2019 年。

[252] A. O. Hichman, The Sratgey of Economic Development. *New Haven*: *Yale University Press*, 1958: 123 - 128.

[253] Andersen P. and Petersen N. C., A Procedure for Ranking Efficient Units in Data Envelopment Analysis. *Management Science*, 1993, 39 (10): 1261 - 1264.

[254] Berger F., Blind K. and Thumm N., Filing Behaviour Regarding Essential Patents in Industry Standards. *Research Policy*, 2012, 41 (1): 216 - 225.

[255] Bronzini R. and Piselli P., The Impact of R&D Subsidies on Firm Innova-

tion. *Research Policy*, 2016, 45 (2): 442 – 457.

[256] C. Perez. , The Double Bubble at the Turn of the Century Technological Roots and Structural Implicaions. *Cambridge Joumal of Economics*, 2009, 33 (4): 779 – 805.

[257] Charnes A. , Clark C. T. and Cooper W. W. , A Developmental Study of Data Envelopment Analysis in Measuring the Efficiency of Maintenance Units in the U. S. Air Forces. *Annals of Operations Research*, 1984, 2 (1): 95 – 112.

[258] Charnes A. , Cooper W. W. and Lewin A. Y. , Data Envelopment Analysis: Theory, Methodology and Application. *Norwell*, *Massachusetts*: *Kluwer Academic Publishers*, 1994: 12 – 60.

[259] Charnes A. , Cooper W. W. and Rhodes E. , Measuring the Efficiency of Decision-Making Units. *European Journal of Socio-Economic Planning Sciences*, 1978, 6 (2): 429 – 444.

[260] Chen V. Z. , Li J. , Shapiro D. M. and Zhang X. , Ownership Structure and Innovation: An Emerging Market Perspective. *Asia Pacific Journal of Management*, 2014, 31 (10): 1 – 24.

[261] Costantini V. , Crespi F. and Palma A. , Characterizing the Policy Mix and its Impact on Eco-Innovation: A Patent Analysis of Energy-Efficient Technologies. *Research Policy*, 2017, 46 (2): 799 – 819.

[262] Cozzolino A. , Verona G. and Rothaermel F. T. , Unpacking the Disruption Process: New Technology, Business Models and Incumbent Adaptation. *Journal of Management Studies*, 2018, 55 (7): 1166 – 1202.

[263] D. A. Higon, The Impact of R&D Spillovers on UK Manufacturing TFP: A Dynamic Panel Approach. *Research Policy*, 2007, 36 (7): 949 – 963.

[264] D. B. Keesing, Labor Skills and Comparative Advantage. *American Economic Review*, 1966, 56 (2): 249 – 258.

[265] Dakhli M. and Clercq D. , Human Capital, Social Capital, and Innovation: A Multi-Country Study. *Entrepreneurship & Regional Development*, 2004, 16 (2): 107 – 128.

[266] Estrada I. , Faems D. and De Faria P. , Coopetition and Product Innovation Performance: The Role of Internal Knowledge Sharing Mechanisms and Formal Knowledge Protection Mechanisms. *Industrial Marketing Management*, 2016, 53 (1): 56 – 65.

[267] Fan C. C., and Scott A. J., Industrial Agglomeration and Development: A Survey of Spatial Economic Issues in East Asia and a Statistical Analysis of Chinese Regions. *Economic Geography*, 2003, 79 (3): 295 - 319.

[268] Feldman M. P. and Kelley M. R., The Ex Ante Assessment of Knowledge Spillovers: Government R&D Policy, Economic Incentives and Private Firm Behavior. *Research Policy*, 2006, 35 (1): 1509 - 1521.

[269] Feldman M. P. and Uudetsch D. B., Innovation in Cities, Science-based Diversity, Specialization, Localized Competion. *European Economic Review*, 1999, 43 (1): 409 - 429.

[270] Fosfuri A. and Tribo J. A., Exploring the Antecedents of Potential Absorptive Capacity and Its Impact on Innovative Performance. *The International Journal of Management Science*, 2007, 19 (4): 257 - 289.

[271] Freeman C. and Perez C., Structural Crises of Adjustment, Business Cycles and Investment Behavior. In G. Dosi, et al. Eds., *Technical Change and Economic Theory*. London: Francis Pinter, 1988: 38 - 66.

[272] Gnyawali D. R. and Srivastava M. K., Complementary Effects of Clusters and Networks on Firm Innovation: A Conceptual Model. *Journal of Engineering and Technology Management*, 2013, 30 (1): 1 - 20.

[273] Gonzalez X., Jaumandreu J. and Pazo C., Barriers to Innovation and Subsidy Effectiveness. *Rand Journal of Economics*, 2005, 36 (4): 930 - 950.

[274] Gruber W., Mehta D. and Vernon R., The R&D Factor in International Trade and International Investment of United States Industries. *Journal of Political Economy*, 1967, 75 (1): 20 - 35.

[275] Guariglia A. and Liu P., To What Extent Do Financing Constraints Affect Chinese Firms' Innovation Activities?. *International Review of Financial Analysis*, 2014, 36 (3): 223 - 240.

[276] Guellec D. and Pottelsberghe B. V., The Impact of Public R&D Expenditure on Business R&D. *Economics of Innovation and New Technology*, 2003, 12 (3): 225 - 243.

[277] Guerzoni M. and Raiteri E., Demand-Side vs Supply-Side Technology Policies: Hidden Treatment and New Empirical Evidence on the Policy Mix. *Research Policy*, 2015, 44 (3): 726 - 747.

[278] H. M. Ketels, Industrial Policy in the United States. *Journal of Industry*

Competition & Trade, 2007, 7 (3 - 4): 147 - 167.

[279] Helena Y. T. and Chiu, How Network Competence and Network Location Influence Innovation Performance. *Journal of Business & Industrial Marketing*, 2009, 24 (1 - 2): 46 - 55.

[280] Hendriks M., Voeten B. and Kroep L., Human Resource Allocation in a Multi - Project R&D Environment: Resource Capacity Allocation and Project Portfolio Planning in Practice. *International Journal of Project Management*, 1999, 17 (3): 181 - 188.

[281] Horii R., Wants and Past Knowledge: Growth Cycles with Emerging Industries. *Discussion Papers in Economics and Business*, Osaka University, Graduate School of Economics. 2006.

[282] Hurwitz J., Lines S. and Montgomery B., The Link-Age Between Management Practices, Intangibles Performance and Stock Returns. *Journal of Intellectual Capital*, 2002, 3 (1): 51 - 61.

[283] I. Busom, An Empirical Evaluation of the Effects of R&D Subsidies. *Economics of Innovation and New Technology*, 2000, 9 (2): 111 - 148.

[284] J. Schmookler, Invention and Economic Growth. Cambridge: *Harvard University Press*, 1966: 25 - 38.

[285] J. A. Schumpeter, The Theory of Economic Development. *Cambridge: Harvard University Press*, 1911: 85 - 126.

[286] J. A. Schumpeter, The Theory of Economic Development: An Inquiry into Profits, Capital, Credit, Interest, and the Business Cycle (Social Science Classics Series). *Social Science Electronic Publishing*, 2012, 3 (1): 90 - 91.

[287] Jeong H. and Townsend R. M., Sources and TFP Growth: Occupational Choice and Financial Deepening. *Economic Theory*, 2007, 32 (1): 179 - 221.

[288] K. J. Arrow, Economic Welfare and the Allocation of Resources for Invention. NBER Chapters, in: *The Rate and Direction of Inventive Activity: Economic and Social Factors.* National Bureau of Economic Research, Inc. 1962: 609 - 626.

[289] Ke Wang, Shiwei Yu and Wei Zhang., China's Regional Energy and Environmental Efficiency: A DEA Window Analysis Based Dynamic Evaluation. *Mathematical and Computer Modelling*, 2013, 58 (5): 1117 - 1127.

[290] Kwan L. Y. and Chiu C. Y., Country Variations in Different Innovation Outputs: The Interactive Effect of Institutional Support and Human Capital. *Journal of*

Organizational Behavior, 2015, 36 (7): 1050 - 1070.

[291] Lall S., Comparing National Competitive Performance: An Economic Analysis of World Economic Forum's Competitiveness Index. *QEH Working Paper*, 2001 (53).

[292] Lee I. H. and Marvel M. R., The Moderating Effects of Home Region Orientation on R&D Investment and International SME Performance: Lessons from Korea. *European Management Journal*, 2009, 27 (5): 316 - 326.

[293] Los B. and Verspagen B., R&D Spillovers and Productivity: Evidence from US Manufacturing Microdata. *Empirical Economics*, 2000, 25 (1): 127 - 148.

[294] Lubik S., Lim S. and Platts K., Market-Pull and Technology - Push in Manufacturing Start-Ups in Emerging Industries. *Journal of Manufacturing Technology Management*, 2013, 24 (1): 10 - 27.

[295] M. Feldstein, Rethinking the Role of Fiscal Policy. *The American Economic Review*, 2009, 99 (2): 556 - 559.

[296] M. Mazzucato, *The Entrepreneurial State: Debunking Public vs. Private Sector Myths*. London: Anthem Press, 2013: 86 - 120.

[297] Maurseth P. B. and Verspagen B., Knowledge Spillovers in Europe: A Patent Citations Analysis. *Scandinavian Journal of Economics*, 2002, 104 (4): 531 - 545.

[298] Narin F., Noma E. and Perry R., Patents as Indicators of Corporate Technological Strength. *Research Policy*, 1987, 16 (2): 143 - 155.

[299] Operti E. and Carnabuci G., Public Knowledge, Private Gain: The Effect of Spillover Networks on Firms' Innovative Performance. *Journal of Management*, 2014, 40 (4): 1042 - 1074.

[300] P. Koellinger, The Relationship Between Technology, Innovation and Firm Performance: Empirical Evidence from E-Business in Europe. *Research Policy*, 2008, 37 (8): 1317 - 1328.

[301] Prahalad C. K. and Hamel G., The Core Competence of the Corporation. *Harvard Business Review*, 1990, 68 (3): 79 - 91.

[302] Revilla A. J. and Fernández Z., The Relation between Firm Size and R&D Productivity in Different Technological Regimes. *Technovation*, 2012, 32 (11): 609 - 623.

[303] Robson M. and Townsend J., The Size Distribution of Innovation Firms in

the UK: 1945 – 1983. *The Journal of Industrial Economics*, 1987, 35 (3): 297 – 316.

[304] Rogge K. S. and Reichardt K., Policy Mixes for Sustainability Transitions: An Extended Concept and Framework for Analysis. *Research Policy*, 2016, 45 (8): 1620 – 1635.

[305] Romer P. M., Endogenous Technological Change. *Journal of Political Economy*, 2007, 98 (8): 71 – 102.

[306] Rothwell R. and Zegveld W., *Industrial Innovation and Public Policy: Preparing for the* 1980*s and* 1990*s*. London: Frances Printer, 1981: 38 – 42.

[307] S. Adam, Quality over Quantity: Strategies for Improving the Return on Your Patents. *The Computer & Internet Lawyer*, 2006, 32 (12): 18 – 22.

[308] Schankerman M. and Pakes A., Estimates of the Value of Patent Rights in European Countries during the Post – 1950 Period. *The Economic Journal*, 1986, 96 (2): 1052 – 1076.

[309] Scherer F. M. and Ross D., *Industrial Market Structure and Economic Performance*. Boston: Houghton Mifflin Company, 1990: 125 – 134.

[310] Stock G. N., Greis N. P. and Fischer W. A., Firm Size and Dynamic Technological Innovation. *Technovation*, 2002, 22 (9): 537 – 579.

[311] T. Kenderdine, China's Industrial Policy, Strategic Emerging Industries and Space Law. *Asia & the Pacific Policy Studies*, 2017, 4 (2): 325 – 342.

[312] Trajtenberg, M., Product Inovations, Price Indices and the Measurement of Economic Performance. *NBER Working Paper*, No. 3261, 1990.

[313] Tsai Y., Lin J. and Kurekova L., Innovative R&D and Optimal Investment under Uncertainty in High-tech Industries: An Implication for Emerging Economies. *Research Policy*, 2009, 38 (8): 1388 – 1395.

[314] Ziegler J. N. and Ithaca N. Y., *Strategies for Innovation in France and Germany*. NewYork: Cornell University Press, 1997: 25 – 68.

后　记

博士毕业论文没有整理出书，一直觉得挺遗憾。刚开始工作那几年，看到跟我同龄的同事陆陆续续出版了专著，心里好生羡慕。原本我也可以将自己的博士毕业论文整理出书的，但由于后知后觉，错过了出版的最佳时机。工作的前几年，又由于教学任务繁重和研究方向调整，让我无暇顾及出书一事。几年之后再想出书时，发现博士论文中的数据和方法都比较陈旧，而且由于工作后一直研究产业发展问题，没有再深入研究博士论文中的就业问题，放下手头的工作专门更新博士论文中的数据和方法可行性不高，出书一事只好作罢。

我对出书是有执念的。在主持了《广州市现代服务业竞争力研究》《广东省现代服务业竞争力评价及其发展重点研究》《广州战略性主导产业科技发展制高点研究》《专利密集型产业对广东省经济的贡献研究报告》《广州现代服务业与制造业融合发展机制与路径研究》等产业竞争力和产业发展课题后，我对产业发展问题的研究思路和研究体系日渐清晰。2015 年《广东战略性新兴产业核心竞争力的培育及其制度创新研究》获得广东省科技厅立项，我认为出书的时机已经到了，我从 2017 年底项目内容基本完成之时就开始筹划出书，在此期间兴奋了好一阵，有一种要做母亲的喜悦，人生第一本专著要面世，虽然算不上鸿篇巨著，但也是点灯熬油的心血，有点像十月怀胎。

战略性新兴产业的专利数据有几百万条，9 个细分行业专利数据的筛选和处理数据工作量巨大。在此我要特别感谢可爱又有智慧的学生们，尤其是田锦屏、马壮潮和方洪，是他们跟我一起想办法，用 Matlab 和 R 软件编程来处理数据，减少了工作量，节约了时间。在他们身上，我看到了年轻人面对困难，迎难而上、不服输的那股狠劲。

我还要特别感谢我的家人，《广东战略性新兴产业核心竞争力的培育及其制度创新研究》课题立项时，儿子 3 岁；书稿完成时，儿子 8 岁，女儿 4 岁。我记得有一天，儿子问我，妈妈你怎么经常加班？总是不陪我玩？我顿时心生愧疚，我跟儿子说，等妈妈书稿完成了，一定多陪你玩。儿子一听我说书稿，瞪大眼睛反问道，妈妈，你要写书？就是我看的《植物大战僵尸》一样的书吗？我说，妈妈是在写书，不过你要大一些才能看懂。儿子兴奋又疑惑地说，等你写完了，我倒要看看有什么不一样。从那以后，儿子经常把一叠 A4 纸裁成 4 等份用订书机订好，在上面画植物大战僵尸或枪战主题的连环画，画完后取个名字写在封面上，骄傲地说，妈妈，我又写了一本书。在以后的一段时间里，儿子再也没有抱怨过妈妈陪得太少，似乎他也很期待我能早日出书。在孩子们最需要我陪伴的时候，我却总是加班，每每和丈夫谈论到孩子的问题时，心里就很难过。在此，我要特别感谢我的家人，是你们把两个孩子的生活和学习照顾得妥妥帖帖，让我无后顾之忧，是你们对我的理解和包容给了我直面困难的勇气，是你们的支持让我顺利完成了书稿的写作。

在此我还要感谢广东省科技厅给予的经费支持，感激所有关心、爱护和帮助过我的每一个人！

曹建云

2021 年 7 月于华南理工大学